임상현장에서의

창의적인 심리도식치료 기법

Gillian Heath · Helen Startup 편저 | **이은희 · 송영희** 공역

Creative Methods in Schema Therapy

Advances and Innovation in Clinical Practice

학지사

Creative Methods in Schema Therapy:
Advances and Innovation in Clinical Practice
by Gillian Heath and Helen Startup

역자 서문

우리는 그동안 『심리도식치료』, 『심리도식치료 임상 가이드』, 『부부 심리도식치료』, 『내면으로부터 심리도식치료 경험하기』 등 여러 권의 심리도식치료 관련 서적을 번역하여 독자들에게 심리도식치료 관련 이론과 실제에 관한 내용을 제공하였습니다. 또한 (사)한국심리도식치료협회에서 심리도식 상담전문가 자격 과정을 개설하여 심리도식치료 이론과 기법을 보급하고 있습니다. 그런데 이 과정에서 만난 관련 종사자들과 전공자들의 공통적인 의견과 요구 사항은 심리도식치료의 구체적인 기법과 개입의 방법들을 어떻게 활용해야 할지에 어려움이 있어서 좀 더 진전된 최신의 경향성이나 구체적인 기법(특히, 심상 재구성하기)을 알고 싶어 하는 경우가 많았습니다.

우리는 현장의 이러한 목소리를 들으면서 다양한 심리도식치료 최신 기법에 관하여 구체적이고 생생하게 기술된 『Creative Methods in Schema Therapy』를 접하게 되어 최신의 기법을 갈망하는 우리나라 독자들에게 소개하게 되었습니다. 이 책은 심리도식치료를 창시한 Jeffrey Young을 포함한 전 세계의 선도적인 37인의 심리도식 치료자가 20개의 장을 개별적으로 집필한 내용을 집대성한 편집서로서 독자들이 궁금해하는 다양한 전문적인 심리도식치료 기법을 상세히 설명하고 있습니다. 이 책에서는 기법의 최신 추세 및 구체적인 개입 방법을 사례로 보여 주고 있어서, 독자들이 이러한 새로운 작업방식을 자신의 심리치료 실무에 통합할 수 있을 것으로 생각됩니다.

이 책은 크게 심리도식치료 사례개념화, 심상을 사용하는 창의적 기법, 의자 작업과 양식대화 및 놀이를 사용하는 창의적 기법, 공감적 직면과 치료 관계, 건강한 성인양식을 개발하고, 치료 종결하기 등의 내용으로 구성되어 있어서 심리도식치료 이론과 기법에 관련된 모든 내용이 총망라되어 있습니다. 특히, 심리도식치료에서 많이 사용되는 심상을 활용하여 아동기 기억, 복합외상 및 PTSD를 다루는 기법은 지금까지 다른 책에서 부분적으로만 소개되고 있는 내용을 심층적으로 자세하게 설명하고 있습니다.

이 책은 심리도식치료를 현장에서 실제 활용하고 있는 치료자들뿐 아니라 심리도식치료

기법을 자신의 실무에 활용하고자 하는 종사자에게 매우 도움이 될 것입니다. 또한 최신 이론에 대해서 더 깊이 알고 싶어 하는 상담 및 심리치료 관련 전공자들에게도 심리도식치료 이론과 기법을 효과적으로 학습할 수 있는 좋은 책이 될 것입니다. 독자들은 이 책에 소개된 다양한 심리도식치료 기법을 활용하여 깊이 있는 상담 및 심리치료를 진행할 수 있을 것입니다.

2023년 7월

역자 일동

서문

심리도식치료(Schema Therapy)는 성격적 요인과 관련된 만성 질환을 치료하기 위해 점점 더 널리 사용되는 접근법이다. 그 인기에는 몇 가지 주요 이유가 있다. 첫째, 초기 핵심 발달 욕구의 만성적인 좌절이 성인 정신병리학의 핵심이라는 전제(특히, 스펙트럼의 가장 끝에서 심각하게 나타날 때)는 치료자와 내담자 모두에게 직관적으로 이해가 된다. 그것은 또한 심리적 고통의 맥락적 · 관계적 기원을 명명하기 위해 표준화되고 자비로운 틀을 제공한다. 더욱이, 치료의 통합적 특성(경험적 작업방식뿐 아니라 인지적 및 행동적 작업방식 제공)은 임상적 변화에 대한 여러 가지 잠재적 경로를 제공하므로 매우 매력적이다. 특히, 우리가 초기 및 장기간의 외상을 견뎌 낸 내담자들을 가장 잘 지원하는 방법을 고려할 때, 심리도식치료에 경험적 기법을 통합하는 것은, 치료 효과에 강력하게 기여하는 것으로 나타났다. 또한 제한된 재양육의 주 원리는 치료자가 미충족된 내담자의 핵심 욕구에 맞추어 조율하면서 정서적으로 교정된 심리도식 치유 경험을 제공할 수 있도록 한다. 이 관계적 구성 요소는 처음으로 경험하는 조화롭고 안전한 관계로 때때로 내담자에게 환영받는다. 치료자들은 인지행동적 접근법과 정신분석학적 접근법과 같은 '인지적' 논리에 대한 강조로 이전에는 제약을 느꼈으며, 내담자의 신념과 애착 체계에서 느끼는 관계적 연결이나 '정서적' 변화가 너무 적다고 보고한다.

'심리도식 양식 지도'를 통해 개념화하는 데 사용할 수 있는 심리도식 양식의 개념은 단순한 증상의 요약이 아니라 개인의 완전한 '자아'에 대한 공유된 설명으로 작용한다. 치료가 진행됨에 따라 치료의 전개 과정과 치료 목표 계획 및 추적하기 위한 '지침'을 제공한다. 실제로 내담자 집단에 대한 질적 연구는 심리도식 양식이 치료의 가장 강력한 구성 요소 중 하나로 믿어지고 있음을 시사한다. 마지막으로, 치료 연구에서 나타난 또 다른 흥미로운 관찰은 인지행동치료, 부부치료, 아동/청소년 치료와 같은 다른 치료양식 내에서 심리도식치료 기법의 통합이 최근 급증하고 있으며, 일부 특정 임상 문제에 대한 핵심 증상을 목표로 하는 '독립형' 치료와 같은 기법의 사용이 증가하고 있다는 것이다. 핵심 기법의 하나인 심상 재구성하기에 대한 증거 기반은 빠르게 확장되고 있으며 (복합) PTSD, 사회불안 장애, 신체 이형 장애, 우울증 등을 포함하여 다양한 장애에 대한 효과가 임상 실험을 통해 입증되었다.

현재 심리도식치료에 대한 소개를 제공하거나 모델의 특정 적용에 대해 논의하는 책이 여러 권 있다. 일반적으로, 이러한 책에서는 핵심 방법의 기본적인 응용을 설명한다. 그러나 이러한 핵심 작업방식은 내담자의 욕구를 더 잘 충족시키고, 더 복잡한 문제를 개선하고, 더 광범위한 환경에서 사용하기 위해 진화해 왔다. 이러한 변화와 발전은 심리도식치료의 진화와 잠재력에 도달하는 데 필요하다. 임상 실무자들이 전문 워크숍이나 훈련에서 이러한 창의적 새로운 기법에 가끔 노출될 수 있지만, 아직 이러한 혁신에 대한 충분한 요약을 제공하는 단일 교재는 없다. 이 책은 바로 이것을 제공하고 사례개념화, 제한된 재양육, 심상, 의자 작업 및 변화를 위한 치료 관계를 포함한 광범위한 방법에 걸친 개발의 포괄적이고 흥미진진한 개요를 제공한다. 각각의 혁신은 핵심 원리와 임상 사례에 의해 활기를 띠게 하며, 따라서 임상 기술을 더욱 심화시키고 내담자와 함께 더 임상 변화와 안녕을 촉진하려는 사람들의 욕구를 충족시킨다. 이 책은 선도적인 심리도식치료자들이 집필한 각 장을 통해 심리도식치료의 최신 발전에 대한 포괄적이고 수준 높은 개관을 제공한다.

암스테르담 대학교
임상심리학 교수
Arnoud Arntz

차례

제2부 | 심상을 사용한 창의적 방법

제3부 | 의자 작업, 양식 대화 및 놀이를 사용한 창의적 방법

심리도식치료에 대한 소개: 기원, 개요, 연구 현황 및 향후 방향

– Cathy Flanagan[1], Travis Atkinson[2]와 Jeffrey Young[3]

심리도식치료(Schema Therapy: ST)는 인지행동 · 애착 · 게슈탈트 · 대상관계 · 구성주의 · 정신분석학 학파의 요소들을 풍부하고 통일된 개념과 치료 모델로 결합한 통합 치료법이다(Young, Klosko & Weishaar, 2003, p. 1). 이것은 인지행동치료(Cognitive Behavior Therapy: CBT)의 '제2의 물결'에 속하는데, 그 주된 초점은 정신적 표상의 맥락이나 과정이 아니라 내용이었기 때문이다(Luyten, Blatt & Fonagy, 2013; Roediger, Stevens & Brockman, 2018 참조).

이전의 인지행동 모델은 내담자가 치료 프로토콜을 준수하고, 자신의 인식과 감정에 접근하고, 명확한 치료 목표를 파악하고, 논리적 대화를 통해 문제 인식과 행동을 변화시키고, 치료자와 비교적 쉽게 협력 관계를 맺을 수 있다는 주요 가정에 기초했다. 인지행동 전통에서 훈련받은 Jeffrey Young은 기존 모델이 성격장애가 있는 내담자에게는 부적절하다는 것을 주의 깊게 살펴보았다. 이들은 종종 엄격하게 자기 영속적이고 자기 패배적인 주기에 갇혀 있었고 기존의 단기 개입에 반응하지 않거나 재발했다. 그래서 그는 그들의 특성과 특정한 욕구를 더 잘 해결할 수 있는 치료 전략을 규명하기 시작했다.

---

1) 아일랜드의 UCD(University College Dublin)에서 박사 학위를 받았으며 UC 버클리(University of California-Berkeley)의 Richard Lazarus 박사 및 펜실베이니아 대학교의 인지치료 센터의 Aaron Beck 박사와 함께 박사후과정 연구를 수행했다. Jeffrey Young 박사와 함께 뉴욕의 심리도식치료 교육 센터(Schema Therapy Insititute of New York)에서 임상 코디네이터 및 선임 슈퍼바이저로서의 역할을 수행하면서 심리도식치료 모델의 초기 개발에 참여했다.

2) 뉴욕 심리도식치료 교육 센터 소장이다. 그는 뉴욕 심리도식치료협회 설립을 도왔고, 수년 동안 Jeff Young 박사와 함께 뉴욕 인지치료 센터의 스태프로 일했다. 그는 공인 고급 개인 및 커플 심리도식 치료사, 슈퍼바이저 및 트레이너이다.

3) 심리도식치료의 창립자이자 뉴욕 심리도식치료 및 인지치료 센터 소장이다. 그는 콜롬비아 대학교의 정신건강의학과 교수로 재직 중이며 인지치료 아카데미 창립 연구원이며 국제 심리도식치료협회의 공동 창립자이다. 그는 권위 있는 NEEI 올해의 정신건강 교육자상을 비롯하여 교육 기술에 대해 국제적으로 탁월한 평가를 지속적으로 받고 있다.

핵심 개념

Young은 다른 치료 모델들로 눈을 돌리면서 더 폭넓은 관계적 관점에서 이론적 영감을 얻었으며(Ainsworth et al., 1978; Bowlby, 1988) 심상 및 의자 작업과 같은 경험적 기법의 임상적 확장 가능성을 발견했다. 1980년대에 다른 인지치료자들도 더 복합적인 사례들을 치료하고 이를 해결하기 위해 대인 관계 이론들을 활용하면서 그러한 문제를 인식하고 있었다(Safran, 1984 참조). 물론, 수 세대에 걸친 임상 실무자들과 이론가들은 어린 시절과 청소년기에 있었던 역경의 장기적 영향으로부터 치유되도록 돕는 동일한 도전에 직면해 있었다(Baer & Martinez, 2006; Bakerman-Kranenburg & van IJzendoorn, 2009; Mikulincer & Shaver, 2012). 다시 말해, Young이 던진 질문은 새로운 것은 아니었다.

그러나 Young의 생각에서 진정으로 혁신적인 것은 '초기부적응도식(Early Maladaptive Schemas: EMS)'의 개념이었다. 안정 애착, 자율성, 합당한 욕구와 감정을 표현할 자유, 자발성과 놀이, 현실적인 한계와 자기 통제에 대한 다섯 가지 핵심 욕구를 가정한다. Young은 이러한 핵심 욕구가 만성적으로 충족되지 않을 때 아동은 박탈, 유기 또는 불신과 같은 특정 경험에 대해 초기부적응도식 또는 과민 반응을 형성할 것이라고 제안했다(Young et al., 2003; Flanagan, 2010). 초기부적응도식은 원래 자신과 타인과의 관계에 관한 기억, 감정, 인지 및 신체 감각으로 구성된 광범위하고 만연한 주제 또는 패턴으로 정의되었으며, 아동기 또는 청소년기에 발달하고 평생에 걸쳐 정교화되고 상당한 정도로 역기능적이다(Young et al., 2003, p. 7). 시간이 흐르면서 다른 정의들이 많이 제시되었다(Eurelings-Bontekoe et al., 2010; Van Genderen, Rijkeboer & Arntz, 2012; Roediger, 2012).

아이들은 심각하고 긴 역경에도 불구하고 자신들의 세계를 이해하고 적응하려고 노력할 것이다. 결과적으로, 그러한 경험을 이해하고 처리하려는 노력에서, 자신과 다른 사람들에 대한 아이의 시각은 체계적으로 편향될 수 있다(Young et al., 2003). Young이 도식 습득에서 기질의 역할을 강조한 것은 앞을 내다보는 지혜였다. 차별적 감수성(differential susceptibility)에 관한 연구는 유아기에도 일부 아이들은 다른 아이들보다 양육환경에 의해 더 많은 영향을 받는다는 것을 보여 주며(Boyce & Ellis, 2005; Belsky et al., 2007), 이것은 또한 양육자의 행동에 영향을 주어 자기 영속적인 주기를 생성할 수 있다. 따라서 기질적으로 민감한 아이들은 덜 민감한 아이들보다 부정적인 초기 경험의 영향을 더 많이 받을 수 있다(Lockwood & Perris, 2012 참조).

'Young의 심리도식 질문지(Young Schema Questionnaire)'를 사용하여 18개의 핵심 도식이

확인되었으며 '심리도식 영역'이라는 충족되지 않은 정서적 욕구의 다섯 가지 광범위한 범주로 분류화되었다. 손상된 자율성과 수행, 단절 및 거절, 손상된 한계, 타인 지향성, 과잉경계 및 억제 영역이 있다. 마지막으로, 초기부적응도식은 과잉 보상, 회피 및 굴복의 과정을 통해 유지되거나 영속된다고 하는데, 이는 넓게 말하면 위협에 대한 세 가지 기본 대응인 싸움(fight), 도망(flight) 및 얼어붙음(freeze)에 해당한다. 과잉 보상(overcompensation)에서 사람들은 심리도식의 반대가 사실인 것처럼 생각하고, 느끼고, 행동하고, 연관시킴으로써 심리도식과 싸운다. 만약 그들이 어렸을 때 가치가 없다고 느꼈다면, 성인으로서 그들은 완벽해지려고 노력한다. 만약 그들이 어렸을 때 예속당했다면, 성인으로서 그들은 반항적이거나 도발적일 것이다. 심리도식 회피(avoidance)에서 개인은 심리도식이 활성화되지 않도록 환경을 조정하려고 한다. 그것을 촉발시킬 가능성이 있는 생각이나 이미지를 차단한다. 또한 심리도식을 느끼는 것을 피하고 심리도식 활성화를 피하려고 약물을 복용하거나, 과음하거나, 과식하거나, 일 중독자가 될 수 있다. 굴복(surrender)에서 개인은 내적 일관성과 예측 가능성을 유지하기 위해 심리도식에 사실상 굴복한다. 그들은 그것과 싸우거나 피하려고 하지 않는다. 대신, 심리도식을 실제라고 받아들이고, 그것의 고통을 직접 느끼고, 그것을 영속시키고, 확인하는 방식으로 행동한다.

치료의 주요 목표는 내담자들이 그들의 초기부적응도식을 정복하고, 새로운 대처 방법을 습득하고 그들의 욕구를 더 적응적인 방법으로 충족시킴으로써 치유하는 것을 돕는 것이었다. 치료 관계는 치료자가 제한된 재양육 과정을 통해 내담자의 핵심 욕구 중 일부에 맞추어 조율하고 충족시키기 위한 환경을 제공하는 것이 중심적인 것으로 여겨져 왔다(Young et al., 2003). 이에 대해서는 다음 절에서 자세히 설명한다.

따라서 처음부터 심리도식치료는 표준 인지행동치료와 다른 일련의 가정과 기대에서 작동했다. 내담자 문제의 발달적 기원에 분명한 초점을 맞추고 내담자–치료자 관계에 중점을 두고 교정적 · 정서적 경험을 촉진하기 위한 경험적 기법을 광범위하게 사용했다.

심리도식 양식 모델

심리도식치료가 발전함에 따라, 복합적인 증상을 가진 경우와 여러 심리도식이 있는 경우, 더 편리한 접근이 필요하다는 것이 점차 더 분명해졌다. 이로 인해 Young은 처음에는 모델의 단순화와 치료 방법의 정교화를 목표로 한 양식(mode) 구조를 만들었다. 양식의 개념은 경계성 성격장애와 자기애성 성격장애(Young & Flanagan, 1998)를 개념화하는 데 처음 사용되었다. Young은 원래 양식을 "현재 개인에 대해 활성화된 (적응적 또는 부적응적) 심리도식 또는 심리도식 작동"(Young et al., 2003, p. 37)과 "다른 측면과 완전히 통합되지 않은 특정 심리도식과 심리도식 작동을 포함하는 자아의 한 측면"으로 정의했다(Younget al., 2003, p. 40). 초기부적응도식과 마찬가지로 이후에 많은 정의가 제공되었다(Lobbestael, van Vreeswijk & Arntz, 2007; Edwards & Arntz, 2012; Van Genderen et al., 2012; Roediger, 2012).

'심리도식 양식 모델'의 첫 번째 버전에서 Young 등(2003)은 양식이 아동양식, 역기능적 대처양식, 역기능적 부모양식 및 건강한 성인양식의 네 가지 광범위한 범주로 분류될 수 있다고 제안했다. 아동양식은 타고난 것으로 생각되며 보편적인 핵심 욕구와 감정을 포함한다. Young은 취약한, 화난, 충동적 및 행복한 아동의 네 가지 주요 하위 유형을 제안했으며(Young et al., 2003, p. 273) 또한 아동의 초기 환경이 그들의 표현을 강화하거나 억제할 수 있다고 제안했다.

역기능적 대처양식은, 예를 들어 정서적으로 빈곤하거나 억압적이거나 파괴적이었던 초기 환경에서 충족되지 않은 핵심 욕구를 충족시키려는 아동의 시도를 나타낸다. 슬프게도, 내담자가 어렸을 때 이러한 양식이 적응적이었다 하더라도 성인 세계에서는 부적응적이고 자기 패배적으로 된다. 세 가지 대처양식은 굴복, 회피, 과잉 보상이다. 그것들은 이미 설명한 대처 과정과 거의 일치한다. 초기부적응도식과 마찬가지로, 개별 아동의 특정한 충족되지 않은 욕구, 기질, 양육 모델에 대한 차별적 민감성, 가족 체계 내의 건강하지 못한 강화 수반성을 포함하여 다양한 요인이 한 방식의 발달에 영향을 미친다는 것은 그럴듯하다(Cutland Green & Heath, 2016).

역기능적 부모양식은 어린 시절 경험한 양육의 부정적인 요소들의 내면화된 표현으로 생각할 수 있으며, 자기 비판적이고 위협적이며 요구적인 내부 '목소리' 또는 자기 대화 형태를 취할 수 있다. 즉, 일시적으로 자신의 부모가 되어 어린 시절에 부모가 대했던 방식으로 자신을 대한다(Young et al., 2003, p. 276).

건강한 성인은 다른 양식(Young et al., 2003, p. 277)에 비해 핵심 욕구를 충족시키기 위해 조정하고 통합함으로써 '집행' 기능을 제공한다. 그것은 수용전념치료(Acceptance and Commitment Therapy: ACT)의 관찰자 자아개념(Hayes, Strosahl & Wilson, 1999) 및 자기 상태에 대한 인식과 조절에 대한 증가에 중점을 둔 자비로운 마음의 개념과 유사하다(Gilbert, 2010). 다른 양식과 더 효과적으로 작업하기 위해 내담자의 건강한 성인을 구축하고 강화하는 것이 심리도식치료 양식 작업의 가장 중요한 목표이다. 그렇게 함으로써, 자신의 아동양식에서 경험하는 감정과 충족되지 않은 욕구에 대한 인식을 점차 발전시키고, 또한 양육적이고 균형 잡힌 방식에 맞추어 조율하고, 인정하고, 반응하는 능력을 발전시킨다. 마찬가지로, 그들은 역기능적인 부모양식 및 대처양식을 인식하고, 협상하고, 점진적으로 완화하는 법을 배운다.

심리도식 양식 개념화

Young은 10가지 양식에 대한 자신의 최초의 개념화를 고수한다. 취약한, 화난, 충동적/비 훈육 양식 및 행복한 아동양식, 순응적 굴복자, 분리된 보호자(보호는 방어의 의미) 및 과잉보상자 대처양식 그리고 마지막으로 처벌적 부모, 요구적 부모 및 건강한 성인양식이 그것이다. 그러나 그 사이에 양식에 대한 계속된 연구 관심으로 지속해서 증가했다. 현재 22가지 양식이 제안되었으며(Bernstein, Arntz & de Vos, 2007) 임상 실무자들과 연구자들은 "특정 성격유형을 이해하는 데 이러한 양식이 필요하다고 느끼기 때문에 더 많은 양식을 계속해서 '추가'시킬 것으로" 생각된다(Lobbestael, van Vreeswijk & Arntz, 2007, p. 82).

양식은 임상 경험을 기반으로 개발되었기 때문에 임상 양상의 변화를 설명하기 위해 더 많은 양식의 추가가 필요한 것으로 간주되었다(Young et al., 2007). 자기 과시자(self-aggrandizer) 양식은 자기애적 성격의 특징을 이해하는 데 필수적이라고 생각되었으며, 비슷한 맥락에서 Lobbestael 등(2007)은 법의학적(과학적 범죄조사) 환경의 작업에서 확인된 '교활한 조종자(conning and manipulative)' '화난 보호자(angry protector)' 및 '약탈자(predator)' 양식의 추가를 언급했다(Bernstein, Arntz & de Vos, 2007). 마찬가지로, Edwards는 '상처받은 아동에게 굴복(surrender to damaged child)' 및 '멍 때리는 보호자(spaced out protector)' 양식을 제안했다. Bamber(2006)는 관리자와 감독자를 부모로 보는 '양육적 부모(nurturing parent)' 양식을 추가했다. 임상 수준에서 치료자와 내담자는 종종 독특한 아동 및 부모양식을 만든다. 이것들은 종종 기본양식 범주의 변형된 모습이다.

그러나 다양한 장애에서 어떤 양식이 나타나는지 확인하려는 노력이 점점 더 많아지고, 그러한 목표를 달성하려는 도전 과제가 분명해져서 양식 개념화의 궁극적인 목표에 대한 의문이 제기되고 있다. 즉, 모든 성격장애 양식을 포착하기 위한 노력을 계속하거나, 성격장애를 보다 일반적인 용어로 이해하기 위한 제한된 기본양식 세트를 제공하기 위함이다(Lobbestael et al., 2007; Van Genderen et al., 2012). 성격장애를 일반적 용어로 이해하기 위함은 단순화(simplication)의 원래 목표에 더 부합하는 것처럼 보일 것이다(Flanagan, 2014 참조). 이러한 우려에도 불구하고, 경계성 성격장애와 자기애성 성격장애에 처음 적용된 이후로 양식 모델은 다양한 성격장애에 더 널리 사용되었으며, 이로 인해 경험적 연구가 증가했다(다음 절에 설명되어 있음).

당연히 양식 확인에 대한 강조가 증가함에 따라, 초기 애착과 재양육자로서 치료자의 역할에 관한 관심도 증가하고 있다. 그 결과, 심리도식치료는 교정적인 정서적 경험을 촉진하기 위한 두 가지 근본적이고 보완적인 치료적 입장, 즉 제한된 재양육(limited reparenting)과 공감적 직면(empathetic confrontation)을 통합했다. 이 두 개념은 초기 치료 학파에서 채택되었으며, 현재 심리도식치료 실제의 중심이다(Edwards & Arntz, 2012). 요약하자면, 심리도식 치료자를 위한 핵심 지향점은 아동의 욕구에 공감하고, 건강한 표현을 장려하는 동시에 처벌적이거나 과도하게 관대하지 않으면서 분명한, 건강한 재양육 인물의 '역할'을 취하는 것이다.

설명한 바와 같이, 심리도식치료의 진화에서, 양식 모델은 나중에 등장했고 최근에 있어서 확장의 주요 초점이었다. 그러나 개별 내담자의 욕구와 심리도식 프로파일에 따라, 치료자는 여전히 개별 초기부적응도식 및 양식 모두에서 작업한다는 점에 유의해야 한다.

우리는 이제 주요 심리도식치료 기법에 대한 개요를 제공할 것이며, 이 모든 기법은 후속 장에서 더 깊이 다루어질 것이다.

심리도식치료 기법

심리도식치료에 대한 내담자와 치료자의 관점에 대한 질적 연구에서, 가장 도움이 되는 것으로 밝혀진 측면은 이론적 모델의 명확성, 헌신적인 치료 관계 및 특정 치료기법이었다(de Klerk et al., 2016). 모델의 구성 요소가 설명되었기 때문에 이제는 심리도식치료에서 치료자-내담자 관계의 본질과 치료 도구의 창의적인 확장 및 적용에 중점을 둔다.

심리도식치료에서의 치료 관계

많은 심리치료 결과의 연구는 치료자 요인의 영향을 통제하려고 시도하면서 다양한 이론 및 기법적 접근의 효과를 비교하는 데 중점을 둔다. 그러나 성격장애의 문제는 특히 대인 관계 영역에서 뚜렷하게 나타나므로 내담자-치료자 관계가 좋은 치료 결과에 중추적인 역할을 한다. 더욱이, 현재 증거는 치료 동맹과 특정 기법이 상호작용하고 서로 영향을 미칠 수 있다는 것을 나타내며, 이것은 임상적 개선의 기초가 되는 변화 과정을 촉진하는 데 도움이 될 수 있음을 나타낸다(Spinhoven et al., 2007 참조).

제한된 재양육

제한된 재양육은 핵심 욕구가 충족되지 않을 때 심리도식과 양식이 발생한다는 기본 가정에서 직접적으로 비롯된다. 그것은 전문적 치료 관계의 범위 내에서 '실존 인물'로 관계하는 치료자에 대한 애착을 확립하는 것을 포함한다는 점에서 건강한 양육과 유사하다(Arntz & Jacob, 2012). 심리도식치료의 주요 목표는 유대감, 자율성, 바람 또는 안정성과 같은 다양한 욕구 사항을 충족시킴으로써 어린 시절에 놓쳤던 교정적 욕구 기반 경험을 내담자에게 제공하는 것이다(Flanagan, 2010). 개입은 진정한 따뜻함, 이해와 공감, 안전과 보호, 인정, 표현의 자유 및 적절한 한계와 경계의 경험을 촉진하는 것을 목표로 한다.

충족되지 않은 특정 욕구와 심리도식과 관계없이 치료자가 취약한 아동에게 접근하고 건강한 성인양식을 구축할 수 있는 지지적이고 진정한 연결을 만드는 것이 목표이다. 효과적인 치료는 취약한 아동과의 연결 및 건강한 성인 강화 모두에 중점을 둔다. 내담자는 회피적이고 보상적인 대처양식을 직면하고 극복하며 건강하지 못한 부모양식과 싸우는 법을 배운다. 치료가 진전됨에 따라, 건강한 성인이 자신의 욕구를 충족시키는 것과 함께 예상된 위험을 감수하고 다른 사람들에게 다가가면서 대인 관계를 향상시킨다(Farrell et al., 2009). 내담자–치료자 동맹 없이는 이후의 어떤 변화도 진행될 수 없는 구속력이다(Young et al., 2003; Spinhoven et al., 2007).

설명된 바와 같이, 그리고 다른 접근법과는 달리 심리도식치료는 치료자가 내담자의 정서적 욕구 중 일부를 직접적으로 충족시키도록 권장하며, 그렇게 할 때 돌봄이 내면화되어 내담자의 건강한 성인양식의 일부를 형성한다고 믿는다. 또한 이 안전한 관계는 내담자들이 심하게 고통스러운 감정을 표현하고, 그들의 대인 관계 스타일과 그것이 그들의 관계에 영향을 미치는 방식에 도움이 되지 않는 믿음에 도전하고, 결국 새로운 행동을 실험할 때 치료자를 신뢰하는 위험을 감수할 수 있는 기초를 마련한다. 당연히 내담자에게 돌봄, 관심, 인정 및 칭찬을 제공하는 심리도식 치료자가 더 효과적이지만(de Klerk et al., 2016 참조), 효과적인 재양육 못지않게 필수적인 것은 공감적 직면이다.

공감적 직면

공감적 직면은 제한된 재양육의 자연스러운 확장이며 그 자체로 양식을 변경하는 전략이다. 정상적인 좋은 양육에서처럼 그것은 부드러움과 동시에 분명한 형태를 취한다. 여기서 공감은 내담자가 좌절을 견디도록 돕는 것과 결합된다. 사전에 확립된 강력한 동맹을 통해 치료자는 부적응적 대처양식이 어떻게 발달했는지에 대한 연민으로 다룰 수 있으며, 동시에 그와 관련된 건강하지 못한 행동에도 직면할 수 있게 한다. 대처양식을 다룰 때 치료자는 내담자와 함께 개인의 대처방식이 어떻게 발전했는지, 충족되지 않은 욕구가 무엇인지와 이러한 방식으로 계속 작동하는 데 따른 이점과 손실을 탐색한다.

분리된 보호자(detached protector) 또는 자기 과시자와 같은 대처양식은 치료에 있어 큰 어려움을 줄 수 있지만, 종종 성격의 매우 유용한 측면을 반영한다. 비록 궁극적으로 자기 패배적이지만, 그것들은 그들의 근본적인 욕구를 충족시키기 위한 그 사람의 최선의 노력을 나타낸다. 그래서 공감적 직면의 중요한 측면은 치료자가 특정한 부적응 양식에 대한 자신의 경험을 공유하는 것을 수반한다. 이는 내담자가 피드백을 충분히 신뢰하고 견딜 수 있도록 숙련된 방법으로 수행되고, 또한 멀리서 양식을 관찰함으로써 어느 정도 객관성을 얻을 수 있도록 하는 것이 중요하다. 그렇게 함으로써, 치료자와 내담자는 함께 수행했을 수 있는 양식의 생존 역할을 이해할 수 있고, 내담자의 욕구가 더 균형 있고 적응적인 방식으로 충족될 수 있는 방법을 찾아보기 시작한다. 이 과정에서 치료자는 내담자의 대처양식에 대한 반응을 염두에 두어야 과잉 보상하거나 회피하는 경향을 부주의하게 강화하지 않는다.

요컨대, 치료자는 내담자의 욕구와 양식 활성화를 추적하고 맞추어 조율하도록 노력하고, 또한 문제 양식 파악을 위해 필요할 때 끼어들거나, 양식의 대인 관계 영향에 대한 경험을 공유하면서 그것들을 적극적으로 다루도록 적응하려고 노력한다. 과잉 보상 양식은 도전적이고 제한적인 설정을 요구할 수 있지만, 탐구적이나 잠정적인 입장은 굴복 및 회피 양식에 더 효과적일 수 있다. 예를 들어, 치료자는 내담자가 압도당하는 것을 방지하기 위한 분리된 보호자의 노력을 탐색하거나, 특정 상황에서 일부 분리 기능의 이점을 인식하여 변화에 대한 단계적 접근법을 취할 수 있다. 처벌적 또는 요구적 부모양식과 작업할 때, 치료자는 비판적이거나 공격적이지 않으면서 분명하고 안심시키는 태도를 유지하며 공감적으로 양식에 직면한다(Arntz & Jacob, 2012).

제한된 재양육과 공감적 직면에는 심리도식치료의 효과를 방해할 수 있는 몇 가지 함정이 있다. 만약 치료자가 공감이 충분하다고 믿는다면, 적절한 한계를 설정하는 것을 놓칠 수 있다. 마찬가지로, 치료자가 내담자를 좌절시키거나 도전하게 하는 것에 대해 지나치게 조심할 수 있거나, 또는 의도하지 않게 역기능적 양식이 치료를 제어하게 할 수 있다. 좌절감을 느끼게 하는 동시에 돌봄 기법을 사용하는 치료자는 더 나은 결과를 얻는다. 즉, 교정적 · 정서적 경험을 통해 변화를 일으키기 위해서는 내담자가 불편함을 감수하고 작업하도록 격려해야 한다(de Klerk et al., 2016).

경험적 기법

이론보다는 실제적인 개입에 초점을 맞추도록 훈련된 심리도식 치료자들은 내담자 중도탈락률을 낮추는 등 더 좋은 결과를 얻는 경향이 있다(Giesen−Bloo et al., 2006; Bamelis et al., 2014). 심리도식치료에서 사용되는 가장 눈에 띄는 경험적 도구는 심상 재구성하기 및 변형적 의자 작업이다. 제한된 양육과 공감적 직면과 마찬가지로, 이러한 기법들은 초기 치료 학파에서 사용된 방법으로부터 도입되었지만, 심리도식치료 모델의 틀 내에서 확장되어 현재 심리도식치료 실제의 중심이다(Edwards & Arntz, 2012 참조).

심상 재구성하기

심상 재구성하기(imagery rescripting)는 시각화와 상상력의 힘을 사용하여 정서적으로 의미 있는 과거의 경험을 확인하고 변화시키며, 이는 현재의 변화를 초래한다(Arntz, 2015 참조). 내담자들은 어린 시절의 기억을 논의할 때 보통 '회상'하고 사건을 다시 말하지만 '회상'에서 '경험'으로 이동하도록 돕는 것이 중요하다. 어떤 경우는 특정한 사건에 대한 기억보다는 연관성이 있는 심상으로 작업한다. 심상 재구성하기는 치료자가 감정을 강화하고 개인의 신상 기억에 연결함으로써 심리도식과 양식을 활성화하는 것을 포함한다(Arntz & Jacob, 2012). 현재 촉발된 사건을 ('정서 가교'를 만들어) 주요 아동기 심상에 연결하는 이 과정은 강력한 감정을 불러일으킬 수 있으므로 치료자가 내담자 경험의 의미에 맞출 수 있을 정도로 잘 이해하는 것이 중요하다. 더 큰 조율을 통해 과거 사건에 대한 보다 명확한 연결을 만들 수 있다(de Klerk et al., 2016 참조). 당연히 심상 재구성하기는 외상성 아동기 경험에 대한 주요 개입이다(Arntz & Jacob, 2012).

초기 아동기 경험이 보통 심상 재구성하기의 초점이지만 치료자는 내담자의 성인 생활에서 정서적으로 관련된 기억에 대해 작업할 수도 있다. 어느 경우든, 기억의 세부 정보는 수정되지 않지만, 내담자의 욕구를 충족시킬 수 있는 방식으로 심상이 재구성된다. 즉, 심리도식과 부적응 양식에 직면함으로써 기억의 의미가 변경된다(Arntz & Jacob, 2012; Roediger et al., 2018). 불안, 수치심, 무력감, 슬픔과 같은 감정들은 심상에서 경험될 수 있다. 치료자(또는 내담자의 건강한 성인)는 이러한 감정에 맞추어 조율하고 내담자의 핵심 욕구가 충족되는 해독제 또는 대안을 제공하려고 노력한다. 일부 심상 작업은, 특히 안전감, 자신감 및 희망과 같은 건강한 대안을 개발하는 것을 목표로 한다.

일반적으로, 심상 재구성하기의 구조는 개별 회기나 치료 과정에서 여러 부분으로 나눌 수 있다. 먼저, 치료자는 내담자에게 안전지대의 심상을 만들고 묘사하도록 권한다. 다음으로, 치료자는 내담자를 현재의 삶에서 혼란스러운 상황으로 이동한다. 그리고 현재 상황을 내담자가 접근할 수 있는 가장 초기의 기억에 연결하고 취약한 아동의 감정과 욕구에 초점을 맞추는 것을 포함하여 상황에 대한 설명을 요청한다. 그런 다음, 치료의 초기 단계에서는 치료자에 의해 대표되고 나중에는 내담자 자신의 건강한 성인에 의해 대표되는 건강한 성인(healthy adult) 인물을 소개한다. 건강한 성인은 신체적 안전에서 시작하여 더 깊은 정서적 욕구를 해결하는 것으로써 아동의 욕구를 충족시킨다. 그런 다음, 치료자는 내담자를 원래의 혼란스러운 상황으로 돌아가서 지금 여기에서 내담자의 욕구를 해결하는 방식으로 건강한 성인의 동일한 접근 방식을 모델링할 수 있다(Arntz, 2011).

심상 재구성하기의 주요 목표는 치료자와 건강한 성인이 취약한 아동의 감정과 욕구를 공감하고 인정하여 내담자가 자신의 욕구를 충족시키는 것이 어떤 것인지 경험할 수 있도록 하는 것이다. 심상 재구성하기는 요구적 또는 처벌적 부모양식에 직면하기 위해 사용될 수도 있다. 이 반복되는 과정을 통해 새로운 의미가 역기능적 양식에 의해 영속화되는 부정적인 메시지를 대체하거나 적어도 완화할 수 있다(Arntz & Jacob, 2012; Roediger et al., 2018). 증거에 따르면 심상 재구성하기를 포함하는 심리도식치료 회기가 늘어날수록 결과가 더 좋다는 것을 시사한다(Morina et al., 2017).

변형적 의자 작업

원래 게슈탈트 치료의 창시자인 Perls의 작업을 통해 알려졌지만, 의자 작업은 점점 더 심리도식치료에 통합되고 있다(Kellogg, 2012, 2018). 그것은, 첫째, 자신의 내면 부분, 자아 또는 양식에 목소리를 부여하는 것, 둘째, 과거, 현재 또는 미래의 장면을 재연하거나 다시 재연하는 것이 치유력과 변화시키는 힘이 있다는 믿음에 근거한다.

의자 작업은 양식 대화를 꺼리거나, 할 수 없거나, 심상 재구성하기 같은 훈련에 저항하는 내담자에게 추가적인 경험적 도구를 제공할 수 있다. 의자 작업은 탐색적 또는 개방형 방식으로 사용될 수 있어서 좀 더 집중적인 개입보다 위협적이지 않을 수 있다. 그러나 엄격한 대처양식과 직접 작업하고 부정적인 부모양식을 다루고 제한된 재양육의 긍정적인 효과를 강화하기 위하여 사용될 수 있다. 즉, 의자 작업은 다양한 치료 단계에서 창의적으로 활용될 수 있다.

이러한 심리치료적 대화 또는 의자 작업에는 두 가지 주요 형태가 있다. 첫째, '빈 의자'에서 내담자는 한 의자에 앉아서 반대편 의자에 미해결된 정서적인 과제가 있는 다른 사람을 상상하도록 초대받는다. 둘째, '두 개의 의자' 형태에서 내담자는 내적 갈등과 함께 작업하는 경우가 많다. 이러한 형태는 이제 '외부'와 '내부' 대화로 더 자주 언급된다. Kellogg(2018)는 한 개 또는 두 개의 의자를 사용하는 양극성과 내부 또는 외부 대화를 갖는 양극성을 상쇄 균형화하는 네 개의 대화 매트릭스를 제시했다.

다중의자 작업은 상호작용하는 다양한 성격과 개념적으로 유사한 상충되는 양식들을 내담자가 목소리를 낼 수 있도록 돕기 위해 심리도식치료에서도 사용된다(Roediger et al., 2018). 여기서 각 양식에 의자가 할당되고 내담자는 순환 주기에 따라 배치된 이 의자 사이를 교대하며 작업한다. 내담자는 각 의자 또는 양식에 목소리를 제공하여 각 의자의 견해와 감정을 표현함으로써 어긋나는 관점과 감정을 노골적으로 드러내는 것이다. 그런 다음, 치료자는 내담자의 건강한 성인양식이 취약한 아동을 인정하고 위로하거나, 화난 아동이 자신의 분노를 표현하고 경험의 진정성을 증명하도록 요청하거나 한계와 경계를 설정하면서 공감을 표현함으로써 충동적인 아동을 다루도록 작업할 수 있다. 요구적 부모는 관점 취하기와 한계 설정을 통해 건강한 성인에 의해 균형을 맞출 수 있지만, 처벌적 부모는 직면하고 완전히 억제되거나 적어도 내담자의 취약한 아동이 보호받고 있다고 느낄 수 있도록 뒤로 밀려난다.

치료자의 도움으로 내담자는 역기능적 부모 및 대처양식의 단점을 평가하는 법을 배울 수 있다. 다중의자 작업에서 건강한 성인은 또한 오케스트라의 지휘자 역할을 하여 내담자의 양식에 내재한 강점(예: 과잉통제자의 결정이나 충동적인 아동의 에너지)을 강조하면서 동시에 어떤 양식도 지나치게 우세해지거나 욕구를 충족시키는 것을 방해하지 않도록 해야 한다.

지속적인 임상적 연구와 실천 기반의 증거가 다른 경험적 개입과 함께 심상 재구성하기 및 의자 작업의 치료 효과를 더욱 증대시킬 것으로 기대된다.

결론 및 향후 방향

Edwards와 Arntz(2012)는 심리도식치료를 세 단계로 정의한다. 첫 번째는 Young 등(2003)에서 개요가 설명된 심리도식치료 핵심 개념에 대한 Young의 독창적인 개념화였다. 두 번째는, 네덜란드의 결과 연구와 모델의 경험적 기반을 확장하기 위한 지속적인 노력이 있었다. 여기서 주요한 진보는 심리도식치료가 경계성 성격장애에 대해 전문적이고 높이 평가되는 정신역동치료보다 우수하다는 것을 보여 주는 무작위 통제실험(Randomised Controlled Trial: RCT)의 결과였다(Giesen-Bloo et al., 2006). 다른 많은 연구가 C군, 편집성, 자기애성, 연극성, 반사회성 성격장애를 포함하는 거의 모든 성격장애에 양식 모델을 적용했다(Bernstein et al., 2007; Bamelis et al., 2011; Arntz & Jacob, 2012; Jacob & Arntz, 2013). 마지막으로, 심리도식치료는 집단 환경에서도 효과적으로 적용되었다. 집단치료의 원리를 심리도식치료의 원리와 통합하는 것은 심리도식치료의 치료 방안에 또 다른 차원을 추가했다. 또한 이러한 개발의 가치는 경계성 성격장애 내담자를 대상으로 한 무작위 통제실험의 결과에서 입증되었다(Farrell, Shaw & Webber, 2009). 더 최근에 Roediger 등(2018)은 심리도식치료의 '제3의 물결'인 상황에 맞는(contextual) 심리도식치료를 진전시켰다. 시간이 지남에 따라 심리도식치료 모델의 이러한 확장이 더 많이 나타날 가능성이 있다.

그러나 이러한 유망한 발전에도 불구하고 우리는 또한 신중하게 진행할 필요가 있다. 정신건강 장애 전반에 걸친 심리도식치료에 대한 최근 체계적인 검토 결과는 엇갈리고 있다(Taylor, Bee & Haddock, 2017). 연구 결과에 대한 검토는 무엇보다도 엄격한 배제 기준을 충족하는 소수의 연구로 인해 제한되었다. 또한 심리도식치료 모델은 증상 변화가 "초기부적응도식에 대한 변화의 결과물"이 되어야 한다고 제안한다는 점에서 심리도식 변화와 증상 변화의 증거에 특히 초점을 맞췄다(p. 458). 그들은 심리도식치료가 성격장애에서 초기부적응도식(EMS)을 감소시키고 증상을 개선하는 측면에서 효과를 입증했다고 결론짓는다(예: Nordahl & Nysæter, 2005; Nadort et al., 2009; Renner et al., 2013; Dickhaut & Arntz, 2014; Videler et al., 2014). 그러나 만성 우울증(Malogiannis et al., 2014), 섭식장애(Simpson et al., 2010), 광장 공포증(Gude & Hoffart, 2008) 및 외상 후 스트레스 장애(PTSD)와 같은 1축 장애의 치료에 대한 심리도식치료의 적용에 관한 관심이 증가하지만, 그들은 이러한 장애에서의 심리도식 변화의 현재 증거가 부족하다고 판단한다. 예측할 수 있듯이, 그들은 심리도식치료의 기본 기제로서 심리도식 변화를 지지하기 위한 추가 연구의 필요성을 주장한다. 다른 사람들은 결론에 있어 더 낙관적이다. 예를 들어, Renner 등(2016)은 만성 우울증에 대한 유망한 치료법으로 심리도식치료에 대한 새로운 증거를 주장하지만, 그들은 또한 심리도식치료의 근본적인 변화 기제를 더 잘 이해할 필요가 있다고 강조한다.

다시 말해서, 심리도식치료는 진화하는 모델이며 기술적으로나 개념적으로나 계속해서 미세 조정이 필요할 것이다. 이 중 첫 번째와 관련하여, Jacob과 Arntz(2013)는 집단 대 개별 심리도식치료의 비교 효과를 확립하기 위한 연구와 함께 심리도식치료를 변증법적 행동치료 또는 마음챙김 기반 치료와 같은 잘 확립된 다른 치료 접근법과 직접 비교할 것을 권고하였다. 또한 기법에 대한 집중은 변화 기제를 탐색하는 대가로 이루어질 수 있으므로, 심리도식치료 필수 성분을 확인하기 위해 추가적인 해체연구들(dismantling studies)도 필요하다(예: Nadort et al., 2009 참조). 다시 말해서, 변화를 촉진하는 데 가장 중요한 기법과 모집단을 더 잘 이해하는 것이 필수적이다. 이러한 연구는 이러한 핵심 요소에 초점을 맞추기 위해 개입을 조정하는 데 도움이 될 것이며 그렇게 함으로써 치료의 전반적인 효과와 비용 효율성을 모두 높일 수 있다(Jacob & Arntz, 2013; Bamelis et al., 2014, 2015).

개념적 완전성의 문제에 관해서는 이론적 통일성과 일관된 원리의 적용이 모든 치료 계획에 필수적이기 때문에(Chapman, Turner, & Dixon-Gordon, 2011; Byrne & Egan, 2018 참조) 심리도식치료의 기법 연구 부문의 측면을 개선하고 발전시키기 위한 노력과 함께 모델의 핵심인 이론적 구성을 평가하는 것도 마찬가지로 중요하다. 여기서 우리는 Sempertigui 등(2013)에 의해서 검토된 결론에 경각심을 갖게 된다. 그들은 심리도식치료의 여러 요소에 대한 지지적인 증거에도 불구하고 "어떤 경우에는 기반이 너무 강하지 않고, 항상 일관적이지 않으며 이론에도 여전히 경험적 간극이 있다."라는 사실에 주의를 환기시킨다(p. 443). 다시 말해서, 심리도식치료 모델을 지지하는 증거가 있음에도 불구하고, 모델의 구성 요소 부분의 특이성 부족과 이론의 상당한 차이를 포함하는 엇갈린 결과도 있다.

이러한 맥락에서 심리도식치료에서 애착이론의 중심적 역할에도 불구하고 특정 초기부적응도식과 애착 유형 간의 관계에 대한 조사가 연구의 주요 초점이 되지 않았다는 것은 놀라운 일이다. 그렇긴 하지만, 그러한 개념적이고 이론적인 문제들을 탐구하는 것을 목표로 하는 몇몇 연구들이 있다. 여기에서 찾은 결과는 명확하지만 복잡한 상호관계와 심리도식치료가 타인이 아닌 자기에 초점을 맞추었다는 소견을 주장한다(Platts, Mason, & Tyson, 2005; Bosmans et al., 2010; Simard, Moss, & Pascuzzo, 2011). 자기의 경우는 또 다른 명백한 결함과 관련이 있다. 자기와 타인의 내적 작동 모델(Internal Working Model: IWM)이 서로 다른 애착 유형에 반영되도록 이론화되었음에도 심리도식치료 이론에서는 내적 작동 모델의 개념에 대한 언급은 거의 없다. 마지막으로, 이러한 최근의 모든 연구는 양식의 개념을 고려하지 않고 수행되었다는 점에 주목할 필요가 있다. 따라서 이러한 상호 연관된 모든 구조를 보다 목적의식을 가지고 검토하는 것이 시기적절해 보일 것이다(Flanagan, 출판 준비 중). 다시 말해서, 앞의 Sempertigui 등(2013)의 의견에 따라 심리도식치료는 모델의 무결성이 보존될 수 있도록 개념적 · 이론적 기반을 다듬고 확장해야 하는 절박한 필요성이 있다. 처음부터 심리도식치료는 인지행동, 게슈탈트, 대상 관계 및 정신분석 학파를 포함한 다른 치료 학파에 많은 구성 요소와 임상 도구를 차용한 통합 모델로 정의되었다. 통합에는 네 가지 주요 모델(이론적 · 기법적 절충, 공통 요소 및 동화적 통합)이 있다. 심리도식치료는 동화적 통합(assimilative integration)의 범주에 속하며, 이는 "다른 방향의 기법과 원리를 신중하게 통합하면서 기본 이론적 방향에 고정되어 있음"을 의미한다(Castonguay et al., 2015, p. 366). 동화적 통합 추세는 임상 실무자, 연구자 모두에게 호소력이 있다. 특히 임상 실무자의 경우 일반적인 치료방식의 기반을 흔들지 않으면서 임상 목록을 확장할 수 있다. 그러나 바로 이러한 이유로 심리도식치료의 임상 도구와 기술을 개선하기 위한 실증 연구와 함께 모델의 이론적 토대를 더욱 다듬는 것이 필수적이다.

결론적으로, 개발 중인 모든 치료 모델과 마찬가지로 개념적 발전뿐만 아니라 지속적인 기법 혁신이 불가피할 것이다. 심리도식치료 기법의 확장 범위와 효과는 유망하며 이 책 전반에 걸쳐 설명될 것이다. 그러나 우리는 또한 심리도식치료가 동화적 통합의 예로서 그 지위를 유지하도록 해야 한다. 다시 말해서, 비교연구와 해체연구를 수행하는 것은 물론, 동시에 이론적 토대를 공고히 해야 한다는 점을 염두에 두어야 할 것이다. 이는 초기부적응도식 및 양식과 같은 핵심 용어의 정의를 강화하고, 내적 작동 모델 및 애착 유형의 급증하는 연구 및 개발 문헌을 파악하며, 다른 치료 학파의 아이디어와 기법에 개방적인 상태로 유지함으로써 달성될 것이다(이 과정에서 심리도식치료 모델의 핵심 요소를 희석하거나 왜곡하지 않아야 함; Flanagan, 출판 준비 중).

Castonguay 등(2015, p. 369)은 "… 심리치료의 효과를 향상시키는 한 가지 유익한 방법은 우리의 개념적 · 경험적 · 임상적 기초를 구축하는 동시에 지식 추구자들의 다른 공동체에서 작업하는 연구자들과 실무자들의 잠재적 기여에 우리 자신을 개방하는 것이다."라고 권고한다. 따라서 책임 있는 임상 실무자로서 우리는 심리도식치료의 실제와 관련된 주제에 대한 지식을 지속해서 갱신해야 한다. 특정 내담자의 욕구를 가장 잘 해결하기 위해 특정 치료에 어떤 기법을 추가해야 하며, 그 이유는 무엇인가? 치료자가 선호하는 또는 주된 방향과 다른 개입을 시행하기 전에 얼마나 많은 추가 훈련을 받아야 하는가? 우리는 또한 시간을 내어 자신을 확인하고 자비롭게 자기성찰을 하고, 그렇게 함으로써 우리 자신의 개인적 취약점과 한계, '맹점'과 인간의 결점을 염두에 둘 필요가 있다. 다시 말해서, 증거 기반 실제를 최신 상태로 유지하고, 우리 자신을 돌보고, 우리의 작업에서 치료 관계를 우선시함으로써 우리는 우리의 소중한 내담자의 생명을 다루기에 적절하고 필요한 수준의 건강한 긍정과 존중의 마음으로 신중하게 진행할 수 있다. 이제 이 문제에 대해 살펴보겠다.

참고문헌

Ainsworth, M. D. S., Blehar, M. C., Waters, E., & Wall, S. (1978). *Patterns of attachment: A psychological study of the Strange Situation*. Hillsdale, NJ: Erlbaum.

Arntz, A. (2011). Imagery rescripting for personality disorders. *Cognitive and Behavioral Practice, 18*, 466-481.

Arntz, A. (2015). Imagery rescripting for personality disorders: Healing early maladaptive schemas. In N. Thomas & D. McKay (Eds.), *Working with emotion in cognitive behavioral therapy techniques for clinical practice*, 175-202. New York: Guilford Press.

Arntz, A., & Jacob, G. (2012). *Schema therapy in practice*. Sussex: Wiley.

Baer, J. C. & Martinez, C. D. (2006). Child maltreatment and insecure attachment: A meta-analysis. *Journal of Reproductive and Infant Psychology, 24*(3), 187-197.

Bakerman-Kranenburg, M. J., & van IJzendoorn, M. H. (2009). The first 10,000 Adult Attachment Interviews: Distribution of adult attachment representations in clinical and non-clinical groups. *Attachment and Human Development, 11*(3), 223-263.

Bamber, M. R. (2006). *CBT for occupational stress in health professionals: Introducing a schema-focused approach*. London: Routledge.

Bamelis, I. I. M., Renner, F., Heidkamp, D., & Arntz, A. (2011). Extended schema mode conceptualizations for specific personality disorders: An empirical study. *Journal of Personality Disorders, 25*, 41-58.

Bamelis, L. L. M., Arntz, A., Wetzelaer, P., Verdoorn, R., & Evers, S. M. A. A. (2015). Economic evaluation of schema therapy and clarification-oriented psychotherapy for personality disorders: A multicenter, randomized controlled trial. *Journal of Clinical Psychiatry, 76*, e1432-e1440.

Bamelis, L. L. M., Evers, S. M. A. A., Spinhoven, P., & Arntz, A. (2014). Results of a multicenter randomized controlled trial of the clinical effectiveness of schema therapy for personality disorders. *American Journal of Psychiatry, 171*, 305-322.

Belsky, J., Bakermans-Kranenburg, M. J., & van IJzendoorn, M. H. (2007). For better and for worse. *Differential Susceptibility to Environmental Influences. Current Directions in Psychological Science, 16*(6), 300-304.

Bernstein, D. P., Arntz, A., & de Vos, M. (2007). Schema focused therapy in forensic settings: Theoretical model and recommendations for best clinical practice. *International Journal of Forensic Mental Health, 6*, 169-183.

Bosmans, G., Braet, C., & Leen, V. V. (2010). Attachment and symptoms of psychopathology: Early maladaptive schemas as a cognitive link? *Clinical Psychology and Psychotherapy, 17*(5), 374-385.

Bowlby, J. (1988). *A secure base: Parent-child attachment and healthy human development.* New York: Basic Books.

Boyce, W. T., & Ellis, B. J. (2005). Biological sensitivity to context: An evolutionary-developmental theory of the origins and functions of stress reactivity. *Development and Psychopathology, 17*(2), 271-301.

Byrne, G., & Egan, J. (2018). A review of the effectiveness of mechanisms of change for three psychological interventions for borderline personality disorder. *Clinical Social Work Journal, 46*, 174-186.

Castonguay, L. G., Eubanks, C., Goldfried, M., Muran, C., & Lutz, W. (2015). Research on psychotherapy integration: Building on the past, looking to the future. *Psychotherapy Research, 25*(3), 365-382.

Chapman, A. L., Turner, B. J., & Dixon-Gordon, K. L. (2011). To integrate or not to integrate dialectical behavior therapy with other therapy approaches? *Clinical Social Work Journal, 39*, 170-179.

Cockram, D., Drummond, P., & Lee, C. (2010). Role and treatment of early maladaptive schemas in Vietnam veterans with PTSD. *Clinical Psychology and Psychotherapy, 17*, 165-182.

Cutland Green, T. J., & Heath, G. (2016). Schema therapy. In A. Carr & M. McNulty (Eds.), *The handbook of adult clinical psychology*, 1032-1073. London: Routledge, Taylor & Francis Group.

de Klerk, N., Abma, T. A., Bamelis, L. L. M., & Artnz, A. (2016). Schema therapy for personality disorders: A qualitative study of patients' and therapists' perspectives. *Behavioural and Cognitive Psychotherapy, 45*, 31-45.

Dickhaut, V., & Arntz, A. (2014). Combined group and individual schema therapy for borderline personality disorder: A pilot study. *Journal of Behavior Therapy and Experimental Psychiatry, 45*(2), 242-251.

Edwards, D., & Arntz, A. (2012). Schema therapy in historical perspective. In M. van Vreeswijk, J. Broersen, & M. Nadort (Eds.), *The Wiley-Blackwell handbook of schema therapy*, 3-26. Chichester: John Wiley & Sons.

Eurelings-Bontekoe, E. H. M., Luyten, P., Ijssennagger, M., van Vreeswijk, M., & Koelen, J. (2010). Relationship between personality organization and Young's cognitive model of personality pathology. *Personality and Individual Differences, 49*, 198-203.

Farrell, J. M., Shaw, I. A., & Webber, M. A. (2009). A schema-focused approach to group psychotherapy for outpatients with borderline personality disorder: A randomized controlled trial. *Journal of Behavior Therapy and Experimental Psychiatry, 40*(2), 317-328.

Flanagan, C. M. (2010). The case for needs in psychotherapy. *Journal of Psychotherapy Integration, 20*, 1-36.

Flanagan, C. M. (2014). Unmet needs and maladaptive modes: A new way to approach longer term problems. *Journal of Psychotherapy Integration, 24*, 208-222.

Flanagan, C. M. (In preparation). Internal working models: Missing link or hidden in plain sight?, pp. 14-15.

Giesen-Bloo, J., van Dyck, R., Spinhoven, P., van Tilbureg, W., Dirksen, C., van Asselt, T., & Arntz, A. (2006). Outpatient psychotherapy for borderline personality disorder. Randomized trial of schema-focused therapy versus transference-focused psychotherapy. *Archives of General Psychiatry, 63*, 649-658.

Gilbert, P. (2010). *Compassion focused therapy: Distinctive features.* Chichester: Routledge.

Gude, T., & Hoffart, H. (2008). Change in interpersonal problems after cognitive agoraphobia and schema focused therapy versus psychodynamic treatment as usual of inpatients with agoraphobia and Cluster C personality disorders. *Scandinavian Journal of Psychology, 49*, 195-199.

Hayes, S. C., Strosahl, K. D., & Wilson, K. G. (1999). *Acceptance and commitment therapy: An experiential approach to behaviour change.* New York: Guilford Press.

Jacob, G. A., & Arntz, A. (2013). Schema therapy for personality disorders—A review. *International Journal of Cognitive Therapy, 6*(2), 171-185.

Kellogg, S. H. (2012). On speaking one's mind: Using chairwork dialogues in schema therapy. In M. van Vreeswijk, J. Broersen, & M. Nadort (Eds), *The Wiley-Blackwell handbook of schema therapy*, 197-207. Chichester: John Wiley & Sons.

Kellogg, S. H. (2018). Transformational chairwork: Five ways of using therapeutic dialogues. *NYSPA Notebook, 19*, 8-9.

Lobbestael, J., van Vreeswijk, M., & Arntz, A. (2007). Shedding light on schema modes: A clarification of the mode concept and its current research status. *Netherlands Journal of Psychology, 63*, 76-85.

Lockwood, G., & Perris, P. (2012) A new look at core emotional needs. In M. van Vreeswijk, J. Broersen, & M. Nadort (Eds), *The Wiley-Blackwell handbook of schema therapy*, 41-66. Chichester: John Wiley & Sons.

Luyten, P., Blatt, S. J., & Fonagy, P. (2013). Impairments in self structures in depression and suicide in psychodynamic and cognitive behavioral approaches: Implications for clinical practice and research. *International Journal of Cognitive Therapy, 6*(3), 265-279.

Malogiannis, I. A., Arntz, A., Spyropoulou, A., Tsartsara, E., Aggeli, A., Karveli, S., & Zervas, I. (2014). Schema therapy for patients with chronic depression: A single case series study. *Journal of Behavior Therapy and Experimental Psychiatry, 45*, 319-329.

Mikulincer, M., & Shaver, P. R. (2012). An attachment perspective on psychopathology. *World Psychiatry, 11*(1), 11-15.

Morina, N., Lancee, J., & Arntz, A. (2017). Imagery rescripting as a clinical intervention for aversive memories: A meta-analysis. *Journal of Behavior Therapy and Experimental Psychiatry, 55*, 6-15.

Nadort, M., Arntz, A., Smit, J. A., Giesen-Bloo, J., Eikelenboom, M., Spinover, P., van Asselt, T. et al. (2009). Implementation of outpatient schema therapy for borderline personality disorder with versus without crisis support by the therapist outside office hours: A randomized trial. *Behaviour Research and Therapy, 47*, 961-973.

Nordahl, H. M., & Nysæter, T. E. (2005). Schema therapy for patients with borderline personality disorder: A single case series. *Journal of Behavior Therapy and Experimental Psychiatry, 36*, 254-264.

Platts, H., Mason, O., & Tyson, M. (2005). Early maladaptive schemas and adult attachment in a UK clinical population. *Psychology and Psychotherapy, 78*, 549-564.

Renner, F., Arntz, A., Peeters, F. P., Lobbestael, J., & Hubers, M. J. (2016). Schema therapy for chronic depression: Results of a multiple single case series. *Journal of Behavior Therapy and Experimental Psychiatry, 51,* 66-73.

Renner, F., van Goor, M., Huibers, M., Arntz, A., Butz, B., & Bernstein, D. (2013). Short-term group schema cognitive-behavioral therapy for young adults with personality disorders and personality disorder features: Associations with changes in symptomatic distress, schemas, schema modes and coping styles. *Behaviour Research and Therapy, 51*, 487-492.

Roediger, E. (2012). Why are mindfulness and acceptance central elements for therapeutic change in schema therapy too? In M. van Vreeswijk, J. Broersen, & M. Nadort (Eds.), *The Wiley-Blackwell handbook of schema therapy,* 239-247. Chichester: John Wiley & Sons.

Roediger, E., Stevens, B., & Brockman, R. (2018). *Contextual schema therapy.* Oakland, CA: Context Press.

Safran, J. D. (1984). Assessing the cognitive interpersonal cycle. *Cognitive Therapy and Research, 8*, 333-348.

Sempertigui, G. A., Karreman, A., Arntz, A., & Bekker, M. H. J. (2013). Schema therapy for borderline personality disorder: A comprehensive review of its empirical foundations, effectiveness, and implementation possibilities. *Clinical Psychology Review, 33,* 426-444.

Simard, V., Moss, E., & Pascuzzo, K. (2011). Early maladaptive schemas and child and adult attachment: A 15-year longitudinal study. *Psychology and Psychotherapy: Theory, Research and Practice, 84*, 349-366.

Simpson, S., Morrow, E., van Vreeswijk, M., & Reid, C. (2010). Group schema therapy for eating disorders: A pilot study. *Frontiers in Psychology in Clinical Settings, 1*, 182.

Spinhoven, P., Giesen-Bloo, J., van Dyck, R., Kooiman, K., & Arntz, A. (2007). Thetherapeutic alliance in schema-focused therapy and transference-focused psychotherapy for borderline personality disorder. *Journal of Consulting Clinical Psychology, 75*, 104-115.

Taylor, C. D. J., Bee, P., & Haddock, G. (2017). Does schema therapy change schemas and symptoms? A systematic review across mental health disorders. *Psychology and Psychotherapy: Theory, Research, and Practice, 3*, 456-479.

Van Genderen, H., Rijkeboer, M., & Arntz, A. (2012). Theoretical model: Schemas, coping styles, and modes. In M. van Vreeswijk, J. Broersen, & M. Nadort (Eds), *The Wiley-Blackwell handbook of schema therapy*, 27-40. Chichester: John Wiley & Sons.

Videler, A. C., Rossi, G., Schoevaars, M., Van der Feltz-Cornelis, C. M., & van Alphen, S. P. J. (2014). Effects of schema group therapy in older outpatients: A proof of concept study. *International Psychogeriatrics, 26*, 1709-1717.

Young, J., Arntz, A., Atkinson, T., Lobbestael, J., Weishaar, M. E., & van Vreeswijk, M. F. (2007). *The Schema Mode Inventory (SMI)*. New York: Schema Therapy Institute.

Young, J. & Flanagan, C. (1998). Schema-focused therapy for narcissistic patients. In E. Ronningstam (Ed.), *Disorders of narcissism: Diagnostic, clinical, and empirical implications*, 239-268. Washington, DC: American Psychiatric Press.

Young, J., Klosko, J. S., & Weishaar, M. E. (2003). *Schema therapy: A practitioner's guide*. New York: Guilford Press

제 1 부

평가, 개념화 및 핵심 욕구

제1장

심리도식치료의 평가와 개념화

– Tara Cutland Green[1)]와 Anna Balfour[2)]

서론

숙련된 평가와 정확하고 협력적으로 개발된 사례개념화[3)]는 효과적인 심리도식치료의 기초를 형성한다.[4)] 이 초기 단계는 내담자[5)]와 의미 있는 관계를 구축하고 치료에 참여시키고 심리도식치료가 어떻게 변화를 가져오는지 알려 주는 것이 포함된다.

심리도식치료는 내담자의 문제를 충족되지 않은 정서적 욕구(과거 및 현재),[6)] 관련된 심리도식,[7)] 대처방식 및 부적응적 대처양식[여기서부터 '대처양식(coping modes)' '측면(sides)' 또는 '부분(parts)']의 관점에서 본다. 당신과 당신의 내담자는 마치 탐정처럼, 이 퍼즐 조각들을 찾아서 맞춰 나가면서 그들의 패턴의 그림을 통합하여 앞으로 나아갈 길을 지도화하는 것을

1) 런던에서 활동하는 컨설턴트 임상심리학자이다. 그녀는 뉴욕 심리도식치료연구소(New York Institute of Schema Therapy)에서 Jeffrey Young에게 교육을 받아 인증된 고급 심리도식 치료자 및 트레이너-슈퍼바이저가 되었다. 그녀는 영국, 폴란드 및 불가리아에서 심리도식치료 교육을 제공했으며 심리도식치료 관련 교육(Schema Therapy Associates Training)의 Gillian Heath 박사와 공동 책임자이다.

2) 영국 공인 심리학자로서 1997년부터 심리도식치료와 함께 작업해 왔으며 Jeffrey Young에게 훈련을 받은 영국 최초의 기수(cohort)이다. 그녀는 고급 심리도식 치료자 트레이너-슈퍼바이저이다. 그녀는 전쟁 외상 생존자들과 라이베리아에서 작업한 후 2006년에 미국으로 이주했으며 국가 공인 상담사이다.

3) 공식화 및 사례개념화라는 용어는 특정 이론적 모델(이 경우 심리도식치료)에서 내담자의 표현에 대한 이해를 나타내기 위해 상호 교환적으로(같은 의미로) 사용될 것이다.

4) 역자 주: 정신의학과 임상심리학 분야에서 '사례공식화'라는 용어를 주로 사용하였고, 상담 및 심리치료 분야에서는 '사례개념화'가 오랫동안 사용되어 왔다. 현재는 '사례개념화'라는 용어가 모든 정신건강 분야에서 널리 사용되고 있다.

5) '내담자(client)'가 아닌 '환자(patient)'라는 용어는 장기간의 일관성을 위해 사용되며 저자가 승인하지 않은 의학적 모델의 사용을 의미하지는 않는다. 따라서 역자들은 환자를 내담자로 통일하였다.

6) 심리도식치료는 건강한 심리적 발달을 위한 아동기의 다섯 가지 핵심 영역을 가정한다(Young & Klosko, 2003). 타인에 대한 안정 애착, 자율성, 역량 및 정체감, 합당한 욕구와 감정을 표현할 자유, 자발성과 놀이, 현실적인 한계와 자기 통제가 그것이다.

7) 하나 이상의 어린 시절의 욕구가 지속적으로 충족되지 않을 때, 기질 및 문화와 같은 잠재적인 다른 요인과의 상호작용에서 개인은 '인식, 감정 및 신체 감각의 자기 패배적 생활방식'으로 정의된 초기부적응도식('심리도식'으로 단축됨)이 발달할 수 있다(Young et al., 2003).

목표로 하고 있다. 이것은 표준 심리평가에서 사용할 효과적인 질문과 탐색을 통해 발견되지만, 내담자가 이야기하는 방식, 당신과 관계하는 방식 및 내담자와 당신 사이에서 유발되는 것을 알아차림으로써 발견된다. 그들의 경험의 모든 측면에 주의를 기울이면서, 심상, 의자 작업과 같은 방법들 및 심리도식치료 질문지도 또한 추가 정보를 수집하는 귀중한 수단을 제공한다.

초기 경험과 현재의 삶의 패턴, 그리고 그것들 사이의 연결고리를 탐색하는 데 초점화된 기간은 그 자체로 내담자가 도움이 되지 않는 생각이나 행동 습관에서 벗어나기 시작하는 메타 인식을 제공할 수 있다. 자신을 정확하고 깊이 이해할 수 있는 틀을 제공하면 그들을 도울 수 있는 치료자의 능력에 대한 확신, 희망, 치료에 참여할 동기를 부여할 수 있다.

이 장에서는 평가와 사례개념화에 대한 몇 가지 세부적인 접근 방식과 창의적인 관점을 제시하며, 짐과 그의 치료자인 미라의 사례를 통해 이를 설명한다.

평가 및 개념화의 역할

심리도식치료의 적합성 결정

심리도식치료는 원래 문제가 오래 지속되고, 어린 시절이나 청소년기에 기원을 둔 사람들을 위해 개발되었다(Young et al., 2003). 이와 함께, 심리도식치료의 획기적인 무작위 통제 실험(RCT; Giesen-Bloo et al., 2006; Bamelis et al., 2014)은 성격장애에 대한 심리도식치료에 좋은 결과를 보여 주었다. 많은 저자는 이론적 근거를 바탕으로 단기치료가 필요한 덜 복합적인 문제들에 심리도식치료를 활용해야 한다고 주장하며 이를 뒷받침하는 사례 연구를 제시한다(예: Renner et al., 2013; Reusch, 2015 및 Van Vreeswijk et al., 2012). 덜 복합적인 문제들에 대한 효과를 뒷받침하는 증거가 점점 더 많이 나타나고 있다(예: Carter et al., 2013; Renner et al., 2016; Tapia et al., 2018). 그러나 추가적 연구가 많이 필요하다.

따라서 CBT(Cognitive-Behavior Therapy)와 같은 NICE가 권장하는 치료법이 축 I 장애에 대한 첫 번째 접근법으로 고려될 수 있지만, 표준 치료법으로 진전되지 않는 내담자들에 대해서는 심리도식치료도 고려될 수 있다. 최근 영국의 한 연구(Hepgul et al. 2016)에 따르면, IAPT(Improving Access to Psycholopical Therapies, 심리치료에 대한 접근성 향상: 불안과 우울증에 대한 시간 제한이 있는, 주로 CBT 서비스)를 통해 치료를 받으려는 사람의 약 3분의 2가 심각한 성격장애 특징을 가지고 있으며, 이러한 질환의 존재는 치료 결과의 효과가 더 떨어지는 것과 연관될 것이다(Goddard et al., 2015). 특히, 이렇게 좀 더 복합적일 때 심리도식치료를 유용하게 고려할 수 있다.

그러나 심리도식치료가 모든 내담자에게 적합한 것은 아니다. 원래 금기 사항에는 활동성 정신병 및 만성 또는 중등도에서 중증까지의 알코올 또는 약물 사용이 포함되었다(Young et al., 2003 참조). 그런데도 임상 보고서는 유해한 부모 또는 역기능적 대처양식의 표현으로 정신병적 경험을 개념화하는 것이 근본적인 충족되지 않은 욕구를 확인하는 데 도움이 될 수 있으며, 이는 개입을 유용하게 안내할 수 있다고 제안한다. 또한 심리도식치료는 물질 의존성 내담자들을 위해 개작 및 평가되었으며, 초기에 고무적인 결과를 얻었다.[8)]

치유 과정의 시작

평가 및 개념화 과정은 제한된 재양육의 특정 표현을 고려한다. 어린아이의 건강한 양육과 마찬가지로, 당신은 당신의 내담자와 그들의 활동에 관심을 보이고 주의를 기울이며, 그들의 독특한 내부 세계를 인정하고, 그들이 사물을 명명하고 이해하는 데 도움이 되는 언어와 개념을 제공한다. 그러한 양육이 부족했던 내담자들은 결과적으로 이러한 초기 회기들에서 스스로 치유되는 것을 발견할 수 있다.

지침 작성하기

완전한 개념화는 증상뿐만 아니라 한 사람으로서의 내담자에 대한 이해를 제공한다. 이는 이후의 모든 것에 대한 지침이 되어 주어진 순간에 내담자의 욕구에 대응하고 이론적으로 일관된 틀 내에서 다양한 변화 방법을 끌어낼 수 있다.

저는 항상 사례개념화가, 만약 이루어지지 않는다면 치료는 효과가 없을 것이고, 실제로 당신이 하는 일을 안내하는 데 중심적이라는 것을 느꼈습니다……. 만약 당신이 내담자가 자라면서

8) 초기 소규모 무작위 실험에서는 이 이중 초점 심리도식치료에 대한 유망한 결과를 보여 주었다(Ball, 2007; Ball et al., 2005; Linehan et al., 1999, 2002). 그러나 Ball 등(2011)의 실험은 단일 초점 치료가 더 효과적일 수 있음을 시사하며, 이는 물질 의존성 내담자와 함께 작업할 때 심리도식치료 구성 요소를 포함하는 데 명확한 근거가 필요함을 나타낸다.

> 아동기와 청소년기에 무슨 일이 일어났는지 이해하지 못한다면, 그들을 더 낫게 할 수 없습니다. 그들의 심리도식과 양식을 아는 것만으로는 그 일을 할 수 없습니다. 그들의 문제가 어떻게 시작되었는지 이해해야 합니다.
>
> Jeff Young

평가

짐의 사례

36세의 건설 노동자인 짐(Jim)은 우울증 치료를 위해 의원에서 의뢰되었는데(최근의 폭력적 분출에 대해 언급됨) 짐은 치료자인 미라(Mira)와의 첫 번째 회기에 들어갔을 때 차갑고 냉담하게 보였으며 시선 접촉을 피했다. 치료자는 스스로가 약간 초조해하는 것을 알아차렸으며, 그에게 무엇 때문에 의원 진료를 받았는지 물었다. 그는 바닥을 바라보며 짜증스러운 어조로 여자친구 사라(Sara)에게 무슨 일이 생겼다고 말하면서 "나는 그녀가 나를 떠나리라는 것을 알고 있어요. 그냥 알아요. 그렇게 되면 모든 걸 끝내는 편이 좋을 것 같아요."라고 말했다. 그는 자신이 왜 그곳에 있었는지 모르겠다면서 "당신과 이야기한다고 해서 사라가 나와 함께하지는 않을 거예요."라고 말했다. 치료자는 "당신은 절망감을 느끼고 있네요."라고 반영했다. 그러자 짐은 "아니요. 절망적입니다."라고 쏘아붙였다. 치료자는 공격받는 기분이 약간 드는 걸 알아차렸지만 공감적 자세를 취하면서 "그렇다면 여기 있는 이유가 무엇인가요?"라고 반영하였다. 짐이 "그러게요."라고 대답했다.

그러자 치료자가 "당신이 나와 함께 여기에 있는 것은 어떤 기분인가요?"라고 물었다. 그는 "불편해요."라고 말하며 안절부절못하기 시작했다. "이런 얘기를 하는 게 무슨 의미가 있는지 모르겠군요." 얼굴이 새빨개져 부끄러움을 암시했다. "내가 한심하고 나약하게 느껴져요."라고 했다. 치료자는 "글쎄요, 저는 당신이 한심하거나 나약하다고 생각하지 않아요. 여기까지 오는 데 큰 용기가 필요했던 것이 분명해요."라고 응답했다.

치료자는 그가 자제력과 자존감을 되찾기 위해 조금 더 많은 도움이 필요할 수 있음을 감지했다. 그가 불편함을 너무 많이 느껴 두 번째 회기에 오지 않을지도 모른다고 걱정했다. 짐이 여자친구를 얼마나 아끼는지 분명히 언급했고, 그녀와 논쟁을 짐이 후회하고 있다고 추측했다. 짐은 더 마음을 열기 시작했고, 자신이 비참해지는 것에 사라가 질려 가고 있으며("아무도 그녀를 탓할 수 없어요."), 다른 사람을 만나고 있다고 생각했다. 그는 감정에 휘둘리지 않는 것에 자부심을 느꼈지만, 지난주에는 "망쳤다."라고 말했다. 그는 퇴근길에 그녀의 차가 술집 밖에 있는 것을 알아차렸다. 그녀는 그날 오후에 어머니 댁에 간다고 말했었다. 나중에 그녀가 집에 돌아왔을 때, 그는 그녀가 바람을 피웠다고 비난했고, 그녀의 전화기를 잡아채서 부쉈다. 그 이야기를 하면서 그는 두 손으로 머리를 감쌌다. 치료자는 "당신은 그 일로 꽤 화가 난 것처럼 보이네요. 지금 기분이 어떠신지 궁금해요."라고 말했다. 그가 "저 빌어먹을 전화기는 교체하는 데 500파운드(약 76만 원)가 넘게 들었어요!"라고 대답했다. 치료자는 자신의 질문에서 벗어난 그의 답변과 짜증스러운 말투로 인해 밀어내는 느낌을 알아차렸다. 그의 분노가 그 자신을 향하고 있는 것처럼 보인다고 반영하면서 잠시 말을 멈추고, "당신이 한 일 때문에 자신에게 꽤 화가 난 것 같은데요?"라고 물었다. 그는 "제가 어떻게 그렇게 멍청한 짓을 할 수 있었을까요? 내가 왜 그랬을까요? 그녀는 단지 친구에게 생일 카드를 전달하기 위해 술집에 갔을 뿐이었어요."라고 말했다.

치료자는 계속해서 사라와의 관계에 대해 더 물었다. 정서적으로 '단절'되어 있는 그에 대해 사라는 어떻게 불평하는지와 사라가 사랑스럽기는 하지만 이전의 여자친구들과 전 부인이 그랬던 것처럼 사라도 역시 자신을 속이고도 남을 사람이라고 불평하는 것을 들었다. 그는 또한 그 사건 이후에 심리치료를 받아야 한다고 말한 사람이 사라였으며, 그렇지 않으면 떠날 것이라고 말하였다고 했다. 하지만 그녀는 함께 사는 곳에서 떠나지 않았고 최근에 그에게 사랑한다고 말했다.

치료자는 그에게 이전에 사라가 떠나면 "모든 것을 끝내는 것이 좋을 것 같다."라고 말했을 때 무슨 뜻이었는지 물었다. 그는 또다시 실패하고, 또다시 거절당하고, 다시 혼자 사는 것을 견딜 수가 없었다고 말했다. 그는 구체적인 계획을 세우지 않았고, 어머니가 살아계시는 동안에는 아니겠지만, 근처에 있는 '자살 다리'라는 별명을 가진 높은 다리에 대해서 생각했었다.

회기가 끝나기 전에 치료자는 짐에게 다음과 같은 이야기를 나누었다. "당신이 한 일에 대해 끔찍하게 느끼고, 계속 자책하고, 사라가 떠날까 봐 두려워하는 것을 볼 수 있었어요. 당신이 이런 것들에 대해 이야기하는 것이 정말 불편하다는 것을 알지만, 저는 당신이 힘들지 않게 느끼도록 돕고 싶고, 무엇이 폭발을 초래했는지 이해하도록 돕고, 자신에 대해 더 나은 시각을 갖게 하고, 그러한 순간들을 다루는 다른 방법들을 발달시키도록 돕고 싶어요. 분명히 사라에 대해 애정이 깊지만, 그 관계에 대해서는 불안감을 느끼고 있어요. 당신이 지금은 생각이 다르시겠지만, 제 생각에는 그녀가 잘 해내고 싶어 하는 것 같고 제가 도와드릴 수 있을 것 같아요. 이것을 시도해 보고 저를 다시 만나는 것에 대해 어떻게 생각하세요?"

그는 '그것을 한번 해 보기'로 동의했다.

초기 회기의 치료적 작업에는 여러 단계가 있다. 예를 들어, 앞의 발췌문에서 치료자는 짐이 마음을 열고 자기성찰을 하고, 희망을 불러일으키고, 자신의 감정을 관리하며, 또한 인지적인 차원에서 그의 어려움의 본질을 개념화하는 것을 목표로 하는 안전한 환경을 만들려고 시도하고 있다.

심리도식치료에서 평가의 특징

심리도식치료의 평가 면담은 표준 임상적 면담과 유사하다. 그러나 중요한 차이점은 치료의 목표, 병력 또는 이전의 치료에 대한 어떤 것을 요구하든 간에, 그들의 충족되지 않은 정서적 · 관계적 욕구와 그들의 심리도식과 양식의 기원과 현재 보이는 양상을 발견하는 것을 목표로 한다는 것이다. 그런 다음, 원하는 변화를 일으키는 데 필요한 것이 무엇인지 함께 탐색한다. 충족되지 않은 욕구를 확인하는 것은 또한 치유를 가능하게 하는 제한된 재양육의 특수한 특성을 나타낼 것이다.

당신이 핵심 욕구를 잘 이해하고 18가지 부적응 도식(Young et al. 2003, pp. 14-17)과 원형의 심리도식 양식[Bernstein 및 동료의 유용한 설명(Van den Broek et al., 2011) 참조] 및 『부정적 사고패턴 깨기(Breaking Negative Thinking Patterns)』(Jacob et al., 2015)를 잘 알게 되면, 내담자가 '퍼즐'의 관련 부분을 더 쉽게 이해하도록 도움을 줄 수 있다.

내담자가 당신과 이야기를 나눌 때, 그들이 언급하는 감정(예: 두려움, 외로움, 좌절감)이나 얼굴이나 신체에 나타나는 감정(예: 아래를 내려다보거나 벌떡 일어서는 것)에 특히 주의를 기울여라. 이러한 감정들은 종종 그들의 '취약한 아동' 양식에 대해 알 기회를 제공한다. 요구나 비판을 포함하여 명시적이거나 암묵적인, 부정적이고 자기 주도적인 메시지를 들어 보라. 이 메시지는 내면의 '유해한 부모' 양식의 메시지를 표현할 수 있다. 자기 과시, 과도한 순종 또는 정서적 단절과 같은 가능한 '대처양식'을 식별하는 데 도움이 되도록 당신과의 상호작용의 특성과 이것이 당신의 기분에 어떻게 영향을 미치는지 주목하라. 마지막으로, 창의력이나 용기와 같은 강점[9]과 그들이 추구하는 관심사를 포함한 내담자의 '건강한 성인'의

9) VIA(Value in Action) 성격 강점(Peterson & Seligman, 2004)을 참조하면 내담자가 간과하거나 최소화하는 긍정적인 특성을 발견하고 이름을 붙이고 단언하는 데 도움이 될 수 있다.

징후를 살펴보라. 이것은 당신과 내담자 사이에 의미 있는 은유와 유쾌한 상호작용을 일으킬 수 있다.

평가를 위한 심상은 심리도식치료에서 사용되는 강력한 경험적 기법으로서, 주요 어린 시절 경험의 영향, 충족되지 않은 욕구의 특성, 관련 심리도식과 양식 및 그 기원에 대한 당신과 내담자의 이해를 심화시킨다. 이 방법은 제2장에 자세히 설명되어 있으므로 여기서는 설명하지 않는다.

치료자는 짐의 첫 번째 회기를 되돌아보면서 다음과 같은 심리도식과 양식을 가정했고, 따라서 이 초기 단계에서도 개념화하기 시작했다.

짐의 시선 접촉 회피, 얼굴이 붉어지는 것, 나약하다는 느낌, 사라가 자신에게 질려하는 것은 비난받을 수 없다는 그의 생각은 결함/수치심 도식을 시사했다. 치료자는 처벌적 부모 양식이 일반적으로 이 심리도식을 수반하고 수치스러운 메시지를 전달한다는 것을 알아차리고 가설을 세웠다. 이것은 짐이 암시하는 자기 대화와 일치했다. 치료자는 '너는 한심하고 나약하다.' '사라가 너와 함께 있고 싶어 하지 않는 것은 당연하다.' '너 뭘 잘못했어?' 등, 짐이 자신의 어린 측면(Little Side)에서 수치심을 느낄 가능성이 크다는 것을 주목했다. 그것은 아마도 아이들이 부모에게서 들었던 것을 받아들였기 때문에 이러한 메시지들을 믿을 것이다.

사라가 그를 떠날 것이라는 짐의 예측은 유기 도식의 가능성을 제시했다. 이전 파트너들이 그랬던 것처럼 그녀가 바람을 피우고 있다는 생각과 다른 사람들이 '자신을 속인다.'라는 그의 일반적인 견해는 불신/학대 도식의 가능성을 보여 준다. 만약 존재한다면, 이러한 심리도식은 어린 짐에게 버림받고 학대받는 것에 대한 두려운 감정을 불러일으킬 것이다. 치료자는 짐이 자신을 불신하는 경향이 있고 버림받았다는 느낌에 대한 두려움으로 인해 애착을 갖는 것을 두려워할 수 있다는 것을 알게 되었다.

짐의 경직된 태도, 짜증스러운 반응, 그가 치료자를 밀어내는 느낌(반발심, 부정적인 감정)이 화난 보호자 양식과 일치할 것이라고 치료자는 생각했다. 그녀는 이 양식의 수동적-공격적 특성을 고려할 때 공격을 받는 느낌의 고통이 이해된다는 생각이 들었다.

치료자를 만나는 것이 무의미하다는 짐의 이야기, 그가 '단절'되었다는 사라의 불평, 감정에 휘둘리지 않는 것에 대한 그의 자부심은 치료자에게 정서적 결핍과 정서적 억제 도식과 분리된 보호자 양식(회기에서 일반적으로 감정을 회피하는 것처럼)의 가능성을 시사했다. 그가 전형적으로 감정과 두려움을 정말 억누른다면, 이것이 그를 감정 폭발로 이끌 것이라고 그녀는 생각했다.

치료자는 짐과 사라와의 관계 및 치료의 유용성에 대한 비관주의와 자살적 사고가 잠재적으로 비관주의 도식과 무기력한 굴복자 양식을 암시한다고 반영했다. 그러나 이것이 평생의 특성이라기보다는 그의 우울증과 현재 상황의 징후일 수 있음을 염두에 두었다.

마지막으로, 그럼에도 그의 건강한 성인 자아가 그 자신을 초기 회기에 데려왔다는 점을 주목하면서 그의 일부는 희망을 붙들고 있음을 시사했다.

회기 내 감정

내담자가 감정을 드러내는 순간은 특히 중요하다. 이것은 종종 그들의 어린 측면(Little Side), 즉 대처양식의 정서적 측면이다. 예를 들어, 눈물을 흘리거나, 얼굴이 붉어지거나, 목소리가 떨리거나, 말없이 웃음을 짓거나, 한숨을 쉬거나, 손이 머리 뒤로 가는 것을 볼 수 있다. 너무 빠른 경우를 제외하고는(일부 내담자는 치료자에게 신뢰가 쌓일 때까지 안전하지 않거나 거슬리게 느낄 수 있다) 그 순간에는 대화 내용을 한쪽으로 미뤄 두어라. 속도를 늦추고 그 순간에 그들의 경험에 맞추어 조율하는 시간을 갖도록 하라. 당신은 그들이 무엇을 느끼고 있는지 직감하고, 예를 들어 "그것은 매우 고통스러웠네요." 또는 "당신이 그들을 그리워하는 것처럼 들려요."라고 말할 수 있다. 또는 관찰된 내용을 나누며 그들이 무엇을 느끼고 있는지 물어볼 수도 있다. "나는 당신이 가슴에 손을 얹고 시선을 돌리는 것을 보았어요. 기분이 어떤가요?" 또는 "당신에게 지금 무슨 일이 일어나고 있는지 궁금해요. 슬퍼 보여요?" 그들의 반응은 커다란 이해의 원천을 제공할 수 있으며 더 깊이 탐색될 수 있다.

"지금 기분이 어떤가요?"라는 질문에 대한 다음과 같은 답변이 제안할 수 있는 심리도식 및 양식을 고려하라.

1. 잘 모르겠어요. 나는 울지만 아무 느낌도 없어요.

내담자가 울음소리를 통해 신체적으로 암시되는 감정을 느끼지 못하기 때문에 분리된 보호자 양식과 정서적 결핍 도식의 존재를 시사한다.

2. 미안해요. [그들은 숨을 돌리고, 앉아서 웃는다] 난 괜찮아요.

치료자에게 사과하며 괜찮다고 안심시키는 것은 그들 자신의 감정이 치료자가 감당하기에는 어려워서 태도를 바꾸게 될까 봐 두려워할 수도 있다는 것을 시사한다. 이것은 자기희생, 정서적 결핍감 및/또는 복종 도식을 가리키는데, 이것은 이러한 종류의 순응적 굴복자 양식을 나타내도록 부채질하는 경향이 있다.

3. [눈물을 흘리며] 나에게 그런 말을 해 준 사람을 본 적이 없어요. 그게 나에게 얼마나 해롭다는 것을 이해해 준 사람은 없었어요.

취약한 아동양식이 여기에서 느껴지며, 그들의 경험적 기준으로 인정받지 못했다는 것(정서적 결핍의 한 형태)을 표현한다.

Young 심리도식 질문지

일반적으로 첫 번째 회기가 끝날 때 내담자에게 Young 심리도식 질문지(Young Schema Questionnaire: YSQ)[10]를 작성하도록 하여 다음 회기 전에 반환하도록 요청하여 점수를 매기고 해석할 수 있도록 한다.[11] Young 심리도식 질문지(YSQ)의 최신 버전은 90문항의 YSQ–S3 및 232문항의 YSQ–L3이다. 둘 다 Young(Young et al., 2003)에 의해 식별된 18개의 심리도식을 측정하고 정서적 구성 요소가 아닌 주로 인지적 구성 요소를 활용한다. 규준은 YSQ–S3(Calvete et al., 2013)에 사용할 수 있으며 해석 평가표는 YSQ–L3과 함께 제공되므로 각 심리도식 하위 척도의 합계는 낮음, 중간, 높음, 매우 높음을 식별될 수 있다. 비록 YSQ–LS가 더 많은 정보를 제공하지만, 내담자들에게는 짧은 버전이 적절하고 더 현실적인 방안이다.

하위 척도 합계(또는 평균)를 사용하여 심리도식의 존재와 강도를 식별하는 것 외에도 [Waller 등(2001)의 조언대로], 각 문항의 최대 점수가 6점인, 5점 또는 6점의 단일 문항에 주의하는 것이 중요하다. Young 등(2003, p. 75)의 보고서는 내담자가 특정 심리도식에 대해 3개 이상의 높은 점수(5 또는 6점)를 받았을 때 해당 심리도식은 일반적으로 관련이 있고 탐색할 가치가 있음을 임상적으로 확인했다.

---

10) 이 장에서 언급된 질문지 사본을 주문하려면 www.schematherapy.org를 방문하라. 심리도식치료 설문지의 범위에 대한 보다 포괄적인 개요는 Sheffield와 Waller(2012)를 참조하라.

11) 내담자가 경계성 성격장애의 기준을 충족할 수 있는 경우, 대부분의 심리도식에서 높은 점수를 받을 가능성이 있으므로 YSQ를 제공하는 것은 바람직하지 않다(Bach et al., 2015). 그러한 질문지를 작성하는 것은 불필요하고 잠재적으로 낙담하고 고통스러울 수 있다.

YSQ 결과 해석 및 논의

결과에 대해 논의하기 전에 관련 정보를 제공할 수 있으므로, 질문지를 작성하는 것이 어땠는지 물어보고 반응을 살펴보라. 다음은 YSQ 결과를 내담자에 피드백하고 논의할 수 있는 몇 가지 방법이다.

> 이 질문지는 당신의 가장 강력한 도식이 자기희생과 엄격한 기준이라는 것을 시사해 주고 있어요. 당신이 이러한 주제에 공감하는 방법에 대해 알고 싶어요.
>
> 자기희생 도식을 가진 사람은 일반적으로 타인의 감정과 선호에 동조하고 순응하며 자신의 감정과 선호를 무시해요. 그게 이해가 되나요?
>
> 이것은 죄책감이나 이기적인 느낌을 막기 위한 것일 수도 있고, 혹은 다른 사람의 감정에 대해 강하게 공감을 할 수도 있고, 다른 사람들을 기쁘게 해야 호감을 살 수 있다고 생각할 수도 있어요. 이 중 어떤 것이 당신에게 사실인가요? 아니면 그렇게 하는 이유에 대한 다른 생각이 있나요?
>
> 우리는 받은 것보다 더 많이 줄 때, 화가 나는 것이 당연해요. 당신은 가끔 그것을 알아차리나요?
>
> 당신은 또한 엄격한 기준에서 높은 점수를 받았어요. 이는 세 가지 다른 형태로 나타나고 있어요.
>
> - 완벽주의
> - 충족시킬 수 없는 높은 도덕적 기준
> - 효율성 및 모든 순간에 가능한 한 많은 성과 달성에 집중
>
> 이 중 어느 것과 관련이 있나요?
> 그것이 당신의 관계에 어떤 영향을 미친다고 생각하나요?
> 휴식을 취하거나 재미로 무언가를 하는 것에 대해 어떻게 생각하는지 궁금해요.

앞의 사례들이 강조하듯이, 심리도식이 가질 수 있는 다양한 특성을 아는 것이 중요하며, 이것이 내담자의 심리도식과 그것이 어떻게 나타나는지에 대한 세밀한 이해를 끌어내는 데 도움이 되는 질문을 유도하기 때문이다. 하위 척도 내의 불일치에 주의를 기울이는 것이 정

확한 해석에 도움이 될 수 있다.

예를 들어, 소피아(Sophia)는 '위험(자연, 범죄, 재정적 또는 의학적)이 언제든지 닥칠 수 있다고 느낀다.'와 '나는 모든 돈을 잃고 궁핍해지고 매우 가난해질까 걱정된다.'라는 위험에 대한 취약성 2문항에 6점을 주었다. 그녀는 이 하위 척도의 다른 문항들에는 1점을 주었다. 그녀의 사업은 어려움을 겪고 있었고 동시에 지붕 수리에 많은 돈이 필요하다는 것이 밝혀졌다. 추가적인 탐색을 통해 그녀의 높은 점수가 심리도식을 가리키는 것이 아니라 현재의 상황적 불안을 가리킨다는 것이었다.

베스(Beth)는 '나는 내가 원하는 것이 제한되거나 방해받는 것을 싫어한다.'와 '내가 다른 사람들에게 뭔가를 원할 때, 그들의 거절을 받아들이는 것이 매우 어렵다.'라는 특권의식 문항들에 대해서만 높은 점수(5점)를 주었다. 그러나 이러한 반응은 특권의식 도식을 가리키기보다는, 그녀가 시리아에서 구호 활동가로서 난민들에게 필요한 물자를 확보하기 위해 제약과 규제를 통과해야 했던 때를 기억하는 것을 반영했다.

아디(Adi)는 베스와 마찬가지로, 외부적으로 부과된 경계에 대한 혐오와 관련된 특권의식 문항에는 높은 점수를 주었고, 우월감을 나타내는 특권의식 문항에는 낮은 점수를 주었다. 그와 논의한 결과, 그의 높은 점수는 특권의식 도식보다는 복종 도식에 대한 과잉 보상을 나타낸다는 것이 밝혀졌다.

낮은 YSQ 점수

YSQ 하위 척도에서 낮은 점수가 반드시 관련 심리도식이 없다는 것을 의미하지는 않는다는 점에 유의해야 한다. 여기에는 다음과 같은 몇 가지 이유가 있을 수 있다.

- 그들의 심리도식은 아마도 회피적 대처로 인해 현재 상황에 촉발요인이 없을 수 있으므로 내담자의 시야에서 벗어날 수 있다.
- 그들은 심리도식에 대해 전반적으로 과도하게 보상하고 있는 것이 그러한 행동을 주도하고 있다는 것을 깨닫지 못할 수도 있다. 예를 들어, 복종에 대한 두려움 때문에 관계에서 지배적으로 되는 것, 또는 사교 모임의 중심에 서기 위해 저녁 식사 때 사람들을 자주 초대하여 사회적 소외/고립 도식을 느끼는 것을 피하는 것 등이다.
- 심리도식 태도와 신념이 사회적으로 바람직하지 않았을 때(예를 들면, 자기과시, 승인/인정 추구, 특권의식 신념들) YSQ를 작성할 때 이를 부인할 수 있다.

- 그들의 상태는 매우 분리되어 있을 수 있으므로 진정한 자신의 의식과 접촉하지 않을 수 있다.
- 심리도식 자체가 자기 평가에 영향을 미칠 수 있다. 이것은 특히 정서적 결핍에서 흔히 볼 수 있다. 이는 정서적으로 박탈된 경험이 정상이라 생각, 그리고 예를 들어 맞추어 조율 해 주거나 칭찬 등의 욕구가 타당하다고 인식하지 못하는 암묵적 메시지를 받는 상황에서 시작된다. 따라서 내담자는 YSQ의 정서적 결핍 항목이 가리키는 욕구가 충족되지 않은 정도를 과소평가할 수 있다.

치료자가 짐에게 Young 심리도식 질문지(YSQ)를 작성하는 방법을 물었을 때, 그는 빠르게 작성했고 가능한 한 적게 생각했다고 말했다. 이는 회피적 대처를 시사한다. 그는 불신/학대 도식에서 매우 높은 점수를 받았고, 정서적 억제와 비관주의 도식에서 높은 점수를 받았으며 다른 모든 도식에서는 낮은 점수를 받았다. 짐과 치료자는 그의 가장 강력한 주제에 대해 논의했고 짐은 그 주제가 자신에게 공감을 불러일으킨다고 느꼈다. 치료자는 짐이 감정을 부인하는 것이 이러한 Young 심리도식 질문지(YSQ) 항목에 대한 낮은 점수를 설명할 수 있다고 생각하면서 결함, 정서적 결핍 및 유기 관련이 있을 수 있음을 계속 염두에 두었다. 그녀는 그에게 『자신의 삶을 재창조하기(Reinventing Your Life; Young & Klosko, 1994)[12]를 읽도록 권유하여 그 심리도식들이 어떻게 나타나는지에 대한 예를 읽음으로써 그가 이러한 심리도식들을 스스로 인식할 수 있는지 알아보았다.

심리도식 양식 질문지

심리도식 양식 질문지(Schema Mode Inventory: SMI; Young et al., 2007)는 Young 심리도식 질문지(YSQ)와 동시에 내담자에게 제공될 수 있다. 118개의 항목이 있으며 14개의 심리도식 양식을 사용한다. 아직 심리도식 양식에 대해 배우고 있는 경우 유용한 도구가 될 수 있지만, 제한된 경우에서만 평가하므로 모든 내담자 양식을 식별하는 데 의존해서는 안 된다. 앞에서 언급한 바와 같이, 우리는 Bernstein과 동료들의 목록과 설명(Van den Broek et al., 2011)을 통해 더 광범위한 양식에 적응시킬 것을 권한다. 『부정적 사고패턴 깨기』(Jacob et al., 2015)에서는 훨씬 더 다양한 양식 원형을 설명하고 있으며, 내담자를 위해 작성되었으므

12) 역자 주: 『Reinventing Your Life』는 국내에서는 『새로운 나를 여는 열쇠』(2009), 『삶의 덫에서 벗어나 새로운 나를 열기』(2021)라는 제목으로 번역서가 출간되었다.

로 SMI보다 양식을 식별하고 이해하는 데 더 좋은 방법이 될 수 있다.

다른 질문지와 마찬가지로, 내담자와 함께 응답을 확인하는 과정이 중요하다. 그들의 특정한 표현을 이해하기 위해 그들의 양식을 설명하는 구체적인 이야기를 요청하라. 적합한 경우 내담자의 언어를 사용하여 양식 이름을 지정하라. 예를 들어, 만약 내담자들이 '보호'를 받고 있다고 언급했다면, 당신은 그들과 함께 그들의 분리된 보호자 양식을 '경호원'이라고 명명하는 것을 고려해 볼 수 있을 것이다.

짐의 심리도식 양식 질문지(SMI) 응답은 취약한 아동, 분리된 보호자, 처벌적 부모양식에서 높은 점수를 받았고, 화난 아동, 충동적인 아동, 건강한 성인양식에서 중간 점수를 받았으며, 나머지 양식들에서는 낮은 점수를 받아서 치료자가 세운 가설을 대체로 확인시켜 준다.

가족력과 양육

Young 양육 질문지(Young Parenting Inventory: YPI) 결과(다음 참조)에 대한 논의를 포함하여 내담자의 양육에 대해 질문할 때 단순히 사실을 수집하기보다는 어린 시절 느꼈던 경험을 다루는 것을 목표로 하라. 당신의 내담자가 경험으로 어떻게 독특하게 영향을 받았는지 이해하려고 노력하면서 그들이 어떤 기분이었는지 시각화하고 느끼도록 노력하라. 내담자에게 어린 시절 사진을 요청하여 근처에 두고 함께 그들의 어린 측면(Little Side)에 연결할 수 있도록 조력할 수 있다.

내담자의 어린 시절 욕구가 어디에서 충족되었고 충족되지 않았는지, 그리고 기질을 고려하고(다음의 더 많은 내용 참조) 부모에 의해 모델링되거나 보상된 것을 탐색하여 그들이 대처 전략 및 양식을 발달시켰을 수 있는 이유에 대해 들어 보라. 예를 들어, 그들은 학교에서 저항하는 것을 칭찬받았거나, 아니면 조용히 있고 방해가 되지 않도록 가르침을 받았을지도 모른다.

"당신의 첫 번째 기억은 무엇이었나요?"라고 묻는 것은 정서적으로 관련된 초기 기억에 접근하는 방법이 될 수 있다. "……하는 것이 어떤 기분이었는지요." "힘들었을 것 같은데, 당신은 어땠어요? 어떤 영향을 받았어요?"와 같은 형식의 질문은 그들이 자신의 경험을 털어놓게 하고, 치료자에게 그러한 영향을 확인할 기회를 준다. 또한 그들의 설명이 보여 주는 긍정적인 특성을 언급할 수 있는데, 이는 그들에 대한 존중을 전달하는 데 도움이 되며, 그들의 실수보다는 강점을 '활용하여' 내면화된 비판적인 부모의 목소리에 대응하는 데 도움이 될 수 있다. 또한 질문에 대한 답변이 주로 외부 정보(예를 들어, 그 당시 다른 사람들이 어떻게 느꼈는지, 혹은 그들 자신의 내적 경험에 대해서)에 집중되어 있는지를 확인하라. 이것은 그들 자신의 내면 경험에 얼마나 잘 맞추어 조율하고 대응했는지 또는 이것이 아마도 정서적 결핍의 영역에서 충족되지 않은 욕구를 반영했는지를 알려 줄 수 있다.

회기 내 생생한 상황을 보여 주는 대처양식의 기원을 알아보는 것은 어린 시절에 형성된 경험을 찾는 방법을 제공할 수 있다.

짐이 네 번째 회기에 도착했을 때 치료자는 그가 특히 의기소침해 보인다고 말했다. 그는 자신의 일주일이 '평소와 다름없이 엉망'이었다고 퉁명스럽게 말했다. 사라는 여자친구들과 '분명히' 자주 외출했었다. 그는 그녀가 의도적으로 다른 남자를 찾고 있다고 생각했고, 그녀가 자신과 함께할 것이라는 희망이 어리석었다고 생각했다. 치료자는 "당신은 최악의 상황을 예상하는 경향이 있는 것 같고, 좀 더 희망이 생길 때, 당신의 비판적인 면이 달려들어 최악의 상황을 예상하도록 밀어 넣는 것처럼 보이네요."라고 큰 소리로 반영했다.

짐이 고개를 끄덕이며 말했다. "희망을 품지 않으면 더 떨어질 곳이 없잖아요."라고 말했다. 치료자가 "언제부터 그런 생각을 하게 되었죠?" "몇 살부터인가요?"라고 물었다. 짐은 잠시 말을 멈추고 말했다. "저를 사로잡은 한 가지가 있어요. 아마도 별거 아닐 거예요. 제가 일곱 살 때였어요. 저는 탑과 깃발과 방이 있는 레고 성을 만들었고, 그 성이 너무 자랑스러웠어요. 엄마는 지나가다가 그것을 흘끗 보고는 계속 걸어갔어요. 저는 '엄마, 이리 와서 제 성을 봐 주세요.'라고 말했죠. 그러나 엄마는 '날 그만 괴롭혀!'라고 쏘아붙였어요. 저는 미친 듯이 소리를 지르며 성을 박살 냈어요. 한동안 저는 레고로 물건을 만드는 것을 포기하고 다시는 엄마에게 제가 만든 것을 보여 주지 않겠다고 맹세했어요."

치료자는 이것이 '아무것도 아닌 것'이라고 생각하지 않으며, 아이들은 그들이 만든 것을 엄마가 보면서 세세한 부분까지 신경을 쓰며 만든 것을 알아 주고, 기뻐하고, 만드는 방법을 알아낸 것이 얼마나 똑똑한지를 알아주기를 원했을 것이라고 말했다(어쩌면 애당초 그것을 만드는 것을 도왔을 수도 있다). 그가 갈망하는 사랑과 관심이 치료자의 재양육 태도로 표현되고 인정되는 것을 들으며 짐은 눈물을 흘렸다. "그 고통을 감안할 때 당신이 엄마의 관심을 바라고 레고를 가지고 노는 것을 잠시 포기하는 것은 당연하다고 여겨져요. 그것은 더 큰 고통으로부터 자신을 보호하는 방법이었으니까요." 그런 다음 그들은 포기와 희망을 버리는 것이 어떻게 자기 보호를 위한 전략이 되었는지를 이야기했고, 그것을 '포기' 양식이라 이름 붙였다.

Young 양육 질문지

72개 항목의 Young 양육 질문지(Young, 1994)에 있는 질문은 심리도식 발달에 기여했을 수 있는 양육환경을 확인하기 위해 고안되었다[13]. 부와 모에 대해 별도로 응답하도록 제공된다. 어린 시절에 다른 주요 양육 인물(예: 조부모 또는 양부모)이 있었다면 내담자는 추가적으로 또는 대안적으로 이에 대해 답변할 수 있다. Young 양육 질문지는 일반적으로 치료를 시작할 때 너무 많은 긴 질문지로 그들을 압도하지 않도록 두 번째 회기 이후에 작성된다. 질문지는 임상적 도구로 고안되었으므로 하위 척도를 합산하거나 평균 점수를 계산해서는 안 된다. 대신 5점 또는 6점으로 점수가 높은 항목에 주의를 기울이고 이러한 항목의 예시를 요청하라.

Young 심리도식 질문지(YSQ)와 마찬가지로, 질문지의 내용을 묻기 전에 질문지를 작성하는 것이 어땠는지 살펴보라. 예를 들어, 나쁜 기억이 떠올라 고통이나 분노를 불러일으켰는가? 아니면 결함이 있는 부모로 묘사한 죄책감을 불러일으켰는가?

이 질문지는 내담자가 말하고 싶지 않거나, 스스로 제공하지 않는 어린 시절의 경험을 공유하도록 하는 데 도움이 될 수 있다. 이것들에 대한 의견을 나누는 것은 충족되지 않고 눈에 띄지 않을 수도 있는 핵심 욕구를 탐색할 기회를 제공할 수 있다.

짐의 아빠는 그가 아기였을 때 떠났고, 그의 엄마는 그 후 여러 남자친구를 사귀었다. 엄마의 마지막 남자친구인 토니(Tony)는 짐이 여섯 살 때 이사 왔다. 따라서 짐은 그의 엄마와 토니와 관련하여 Young 양육 질문지(YPI)를 작성했다. 짐의 어린 시절에 대한 치료자의 질문에 일반적이고 불분명한 답변을 받았기 때문에, 그의 양육 질문지 답변에 대해 질문하는 것은 짐이 더 명확한 그림을 제공하는 데 도움이 되었다.

짐은 자신의 실제적인 욕구를 돌보는 '좋은 엄마'로 자신의 엄마를 설명했지만, Young 양육 질문지(YPI)에서 정서적 결핍이 확인되는 점수를 보였다. 여기에서 엄마는 스트레스를 많이 받고 짜증을 잘 내고, 술에 취해 시끄럽거나, 아니면 그녀의 삶에서 현재의 남자를 기쁘게 하는 데 몰두하는 사람이라고 회상하였다. 짐은 엄마가 신체적인 애정이나 칭찬을 주거나 관심을 보인 것을 떠올리려고 애썼다. 짐은 움츠러들었고, 대개 혼자 놀고, 레고에 몰두했고, 이전에 그가 만든 것에 대한 엄마의 무관심을 다시 이야기했다. 그는 또한 자신의 방에 혼자 있을 때 울면서 슬퍼했던 것을 기억했다.

---

13) 우수한 심리 측정적 특성을 갖춘 『단축형, Young 양육 질문지: 개정판(The Young Parenting Inventory-Revised: YPI-R2)』(Louis et al., 2018a)이 곧 출시될 예정이다.

치료자는 Young 양육 질문지(YPI)에 대한 불신/학대 질문에 대한 짐의 답변을 물었고, 그는 일곱 살에서 열한 살 사이에 새 아빠인 토니에게 당한 성적 학대를 폭로했다. 짐은 토니가 다른 사람들이 주위에 있을 때는 얼마나 자상해 보였는지를 설명했고, 그래서 짐은 엄마에게 말해도 믿지 않을 것으로 생각했다.

심리도식치료 소개

심리도식치료가 내담자에게 적합할 수 있다는 것이 분명해지면 그들이 그것에 대해 어떻게 느끼는지 보기 위해 모델의 개요를 설명하는 것이 도움이 될 수 있다. 내담자가 심리도식 또는 '인생의 덫'과 대처반응에 대한 이해를 깊게 하고 확장하는 데 도움이 되는 『자신의 삶을 재창조하기』(Young & Klosko, 1994)와 심리도식 양식 틀을 사용하는 『부정적 사고패턴 깨기』(Jacob et al., 2015)도 접근 방식에 대한 방향을 잡도록 권할 수 있다.

치료자는 짐에게 심리도식치료를 소개하면서 이렇게 말했다. "우리는 어렸을 때 안전하고 사랑받고 유능하다고 느끼는 것을 포함하여 먹고 입는 것 이상의 기본적인 욕구가 있답니다. 이러한 것들이 충족되지 않을 때, 우리가 우리 자신과 다른 사람들에 대해 느끼고 믿는 것이 왜곡됩니다. 마치 우리가 사물을 보고 반응하는 방식에 색을 입히는 색안경처럼 말이에요. 우리는 이런 종류의 안경을 '심리도식'이라고 부릅니다."

"토니가 당신을 어떻게 대했는지 생각해 보면, 당신이 안전하고 가치 있다고 느끼고 싶어 하는 욕구가 충족되지 않은 게 분명해요. '다른 사람은 믿을 수 없다.' '난 쓸모없다.'는 걸 배웠던 것 같아요."

"어렸을 때, 우리는 우리의 욕구가 충족되지 않을 때 대처하기 위해 최선을 다합니다. 당신의 감정을 도와줄 사람이 아무도 없었고, 심지어 감정이 있다는 이유로 벌을 받기도 했기 때문에, 당신이 대처하는 한 가지 방법은 감정을 차단하는 것이었어요."

"우리는 일반적으로 어렸을 때 그랬던 것처럼 삶에 대처하지요. 우리는 열다섯 살, 스물다섯 살, 심지어 마흔 살이라고 해서 변하지 않아요. 그러나 종종 우리의 대처전략은 그 효과를 잃거나 해결하려 하는 것보다 더 많은 문제를 일으키기 시작하지요."

"예를 들어, 분리함으로써 당신을 해치지 못하도록 사람들에게 가까이 가지 않지요. 그러나 당신은 내면에서 외로움을 느끼고, 당신이 정서적으로 '단절되었다.'라고 사라는 불평하고 있어요. 당신은 그녀를 잃고 싶지 않지만, 당신의 심리도식이 그녀가 당신을 사랑하고 당신과 함께 있고 싶어 한다는 것을 믿기 어렵게 만들기 때문에 마음을 열기가 어렵지요. 그녀가 바람을 피우고 떠날 것이라는 두려움을 억누르고 있는 것 같지만 그 감정은 사라지지 않아요. 그래서 바람을 피우고 있다는 결론을 내릴 수 있을 만큼 충분한 징후가 있었을 때 폭발했어요. 그리고 지금 당신은 자제력을 잃었다고 자책하고 있어요."

"나는 당신을 비난하는 목소리를 낮추고, 자신을 용서하고, 느끼는 것을 더 잘 표현하고, 사라와 함께 더 안정감을 느낄 수 있도록 돕고 싶어요. 심리도식치료는 당신의 심리도식을 약화하고 건강한 측면을 강화하여, 안전하고 만족스럽고 사랑하는 관계를 즐기고 일반적으로 더 행복해질 수 있도록 만들어졌어요."

기질

기질은 선호도, 가치, 대처 형태, 경험한 정서적 강도 수준 등에 영향을 미치기 때문에 내담자를 이해하는 데 고려해야 할 중요한 요소이다. 신뢰할 수 있는 가족이나 친구에게 그들이 어렸을 때 자신을 어떻게 기억했는지 물어보게 하여 내담자의 이러한 측면을 탐색할 수 있다.

Young(Young et al., 2003, p. 86)은 심리도식 획득과 잠재적으로 관련이 있는 다음과 같은 기질 차원을 제안했다.

예민한 ↔ 반응하지 않는
기분이 저조한 ↔ 낙관적인
불안한 ↔ 침착한
강박적인 ↔ 산만한
수동적 ↔ 공격적
성마른 ↔ 쾌활한
수줍은 ↔ 사교적인

연구에 따르면 자신이 받는 양육의 특성에 대한 개인의 민감도는 다양하다(예: Belsky & Pluess, 2009). 민감한 사람은 특별한 양육을 받을 때 덜 민감한 사람보다 더 잘 성장하고, 열악한 양육으로 인해 더 부정적인 영향을 받는다.

이것은 외상력이 크지 않은데도 심각한 심리도식을 발달시키는 이유를 설명할 수 있다(Lockwood & Perris, 2012). 그러한 내담자들은, 특히 매우 유사한 어린 시절 경험이 있는 형제자매들이 영향을 덜 받은 것처럼 보이는 경우, 자신의 반응 강도와 증상의 심각성에 대해 스스로 비판하는 경향이 있다. 이러한 내담자들에게는 기질적 차이의 효과를 설명하고 민감성의 강점과 특성, 예를 들어 그들의 활력이나 사람들과의 연결되는 능력을 이해하도록 돕는 것이 특히 중요할 수 있다.

기질은 대처 방식과 방법에 영향을 미치는 것으로 보인다. 예를 들어, 낙천적이고 사교적인 기질을 가진 아이는 기분이 저조하고 수줍어하는 아이가 할 수 없는 방식으로 가족 밖에서 욕구 충족을 추구하고 끌어낼 수 있다. 더 수동적인 기질을 가진 아이는 화가 난 부모를 달래고 순응적인 굴복자 양식을 발달시킬 수 있지만, 더 공격적인 기질을 가진 아이는 가해자/공격 양식을 주장하고 발달시킬 수 있다.

영성, 문화 및 다양성

신앙, 계급, 문화, 민족성, 성 관념 및 우리의 정체성과 경험의 다른 차원들은 심리도식과 양식의 발달과 내용에 영향을 미칠 수 있다. 예를 들어, 특정 문화권에서 동성애자가 되는 것은 사회적 고립이나 결함 도식을 악화시킬 수 있다. 가톨릭의 고백성사는 죄책감을 유발하는 부모양식과 강박적 고백 양식 사이의 순환을 악화시킬 수도 있다. 강하고 자비롭고 현명한 부모로서의 신에 대한 느낌, 또는 명상적인 실천은 건강한 성인양식을 향상시킬 수 있다.

일부 내담자들은 지배적인 문화의 담화 속에서 그것이 무시되거나 조롱을 당하거나, 다르게 보인다면, 아마도 그것과 관련이 없을 것이라고 상상하면서 자신의 측면을 언급하는 것에 대해 어색함을 느낄 수도 있다. 당신이 사전에 특정한 영적 또는 문화적 세계관을 가졌는지 물어보는 것이 중요할 수 있다. 따라서 잘못된 가정을 하지 않기 위해서는 당신에게 익숙하지 않은 특성과 문화에서 온 사람과 작업할 때 평소보다 훨씬 더 개방적이고 알고 싶어 하는 자세를 취하는 것이 중요할 수 있다. 또한 어떤 경우에는 차이점이나 영적 또는 문화적 표현의 특징이 정서적으로나 관계적으로 건강한 방식으로 유지되는 방법을 이해하기 위해 다른 사람들과 협의하는 것이 도움이 될 수 있다.

치료자 심리도식과 치료 관계

내담자와 함께 있을 때 당신의 감정과 내면의 반응에 귀를 기울여라. 당신이 그들에 대해 어떻게 느끼는지 생각해 보라. 그들과 연결되어 있는가? 그들에게 짜증이 나는가? 당신은 그들에게 슬픔을 느끼는가? 아니면 그들의 고통스러운 이야기에 냉정한가? 그들의 이력이 와 닿아 당신은 개인적으로 고통스러운가? 그들은 당신에게서 어떤 방식을 끌어내고 있는가? 해결책을 이야기하고, 이론을 세우고, 은근히 눈길을 보내고, 자신을 증명하고 싶은 충동이 있는가?

당신의 반응이 무엇을 말해 주는지 생각해 보라. 예를 들어, 고통에 대한 설명에 마음이 동요되지 않는 것은 내담자가 불평하는 보호자 양식 속에 살고 있다는 것을 암시할 수 있다. 또한 당신의 심리도식과 양식의 관점에서 당신 내면의 반응을 개념화하면 건강한 성인의 존재를 유지하기 위해 당신의 어린 측면(Little Side)이 무엇이 필요한지를 알아내는 것이 도움이 될 수 있다. 또한 내담자가 특정 양식에서 자신을 표현할 때 다른 사람들에게 무엇을 불러일으킬 수 있는지를 개념화하여 관계 내에서 양식 주기를 가정할 수 있도록 도와준다. 예를 들어, 불평하는 보호자 양식에 있는 내담자는 파트너의 입을 다물게 하여(즉, 분리된 보호자를 촉발시킬 수 있다), 수용되지 않고 오해받는 느낌이 들게 할 수 있으며, 이는 파트너로부터 어떤 반응을 얻기 위해 불평하는 보호자의 노력을 증가시킬 수 있다.

우리의 심리도식이 활성화될 때 슈퍼비전과 개인치료는 매우 중요하다. 이것은 우리의 정상적인 통찰력과 유연성이 떨어질 때이기 때문이다. 자신의 심리도식에 대한 인식을 높이고 관리하는 방법을 배우고, 이상적으로 치유하면 건강한 양육 자세를 유지하고 효과적인 치료를 제공할 수 있는 내담자의 범위를 넓힐 수 있다. 슈퍼비전이나 치료에서의 논의는, 예를 들어 내담자의 대처양식이 치료자의 개인적 발달의 현시점에서 치료자를 너무 강하게 촉발하는 경우, 대안으로 특정 내담자를 계속 치료하지 않아도 된다는 타당한 결과를 초래할 수 있다.

슈퍼비전에서, 치료자는 짐에게 공격당하고 밀려나는 느낌의 고통이 부분적으로 자신의 복종과 정서적 결핍 도식 때문인지 탐색했다. 그녀는 각각의 경우에 처음에는 약간 겁에 질렸다고 느꼈고, 그 후 그녀의 순종적인 굴복자 대처양식이 활성화되면서 짐을 만족시키고자 하고 다시 연결하기 위해 더 열심히 노력했다고 회고했다. 미라는 슈퍼바이저와 함께 그녀의 건강한 큰 미라 양식을 유지하기 위해 무엇이 필요할지에 대해 생각했다. 그들은 또한 각각의 경우에, 미라가 짐의 감정에 집중하기 전에 그의 어조가 짜증스러웠었다는 것을 고려할 때, 짐에게 촉발되었을지도 모르는 것에 대해 곰곰이 생각했다. 그들은 정서적으로 취약한 것이 짐의 불신/학대, 결함 또는 정서적 결핍 도식을 촉발시킬 수 있어서 안전하게 느끼기 위해 적당한 거리를 두는 방법이라는 가설을 세웠다. 그들은 짐의 대처가 화난 보호자 양식이 맞는 것 같다는 것을 동의하였다. 그러자 미라는 이것이 사라가 경험하는 것과 짐이 '단절'되었다는 사라의 느낌의 한 측면일 수도 있다고 상상하기 시작했다. 사라에 대해 들은 것을 바탕으로, 이에 대한 미라의 반응이 비난으로 들렸을 수 있었다는 가설을 세웠다. 그렇다면 이것은 짐의 결함 도식을 촉발하여 다른 사람들과 정서적으로 거리를 두고 싶은 그의 욕구를 강화하여 도식 반응 주기가 가동되었을 것이다.

다음에 치료자는 짐의 '껄끄러운' 반응을 알아차렸을 때, 그들이 멈추고 뒤로 물러서서 방금 일어난 일을 되돌아볼 수 있는지 물었다. 그의 감정에 집중했을 때 짐은 정말로 불편함을 느꼈지만, 치료자가 그것을 지적하기 전까지는 그가 껄끄럽게 반응한다는 사실을 알지 못했던 것을 함께 풀었다. 그의 다양하고 이해할 수 있는 두려움을 생각할 때, 왜 이런 일이 일어날 수 있는지에 대해 그녀는 공감했고, 또한 관심을 보여 주고 싶을 때 약간 '찔린' 느낌이 들었고, 그것이 짐에게 완전히 맞추어 조율하는 것을 방해했다는 것을 공유했다. 짐이 자신을 해치려는 의도가 아니라 단지 자기방어 수단으로 뾰족함을 개발했다는 것을 알고 있다고 강조했다. 그녀는 그를 비난하고 있다는 느낌을 피하려고 약간의 농담을 하면서 그가 아마도 이 순간에 "고슴도치와 약간 비슷할 것"이라고 말했다. 그는 껄껄 웃었다. 치료자는 사라가 가끔 그의 고슴도치 가시에 찔리는 것을 느꼈을지도 모르고 어쩌면 이것이 그에 대한 사라의 '단절된' 느낌의 일부였을지도 모른다고 큰 소리로 말했다.

개념화하기

개념화의 구축

개념화는 새로운 정보가 나타나면 치료 전반에 걸쳐 변경될 수 있는 진화하는 구성개념이다. 그런데도 치료 초기에 무엇보다 중요한 사례개념화를 개발하는 것이 유용하다. 개념화는 기본적으로 충족되지 않은 욕구로 인해 심리도식이 형성되고 대처방식이 발달된 초기 시기와 심리도식이 촉발되고 역기능을 일으키는 건강하지 못한 현재 패턴이 만들어지는 현재의 경험 간의 연결고리를 만드는 것을 포함한다.

ISST(2018)의 『심리도식치료 사례개념화 양식(2판)』(2018)은 내담자에 대한 신중하고 포괄적인 사고를 권장하는 형식을 제공하고, 심리도식 틀 내에서 평가 전반에 걸쳐 수집한 정보를 모을 수 있도록 한다.

심리도식 평가 및 개념화 구성 요소

내담자와 개념화를 할 때 찾아야 할 것은 다음과 같다.

- 그들이 제시하는 문제와 치료 목표를 이해한다.
- 제시된 문제와 관련된 심리도식, 대처반응 및 양식을 파악한다.
- 기질, 사회적 · 영적 · 문화적 및 기타 영속적/보호적 요인의 맥락에서 아동기 또는 청소년기의 충족되지 않은 욕구를 포함하여 심리도식 및 양식의 기원을 탐색한다.
- 치료 관계에서 양식 역동을 이해하라. 그들이 당신을 끌어당기는 것과 그 반대의 경우
- 공감적 직면을 포함하여 제한된 양육에 대한 그들의 욕구를 파악한다.
- 역기능적 부모양식의 처벌적 · 요구적 메시지, 죄책감 유발 또는 두려움 조장 메시지와 그것들이 아동양식에 미치는 영향을 파악한다.
- 취약하고 화난 아동양식에서 활성화된 감정과 충족되지 않은 욕구를 탐색한다.
- 대처양식의 특성, 기능, 이점 및 부담을 이해한다.
- 건강한 성인의 핵심 특징과 강점을 파악한다.
- 충족되지 않은 욕구와 치료에 대한 열망에 대한 이해를 바탕으로 치료 계획을 만든다.

심리도식 개념화

대부분 내담자에게 심리도식을 포함하는 양식 개념화가 도움이 된다. 그러나 개별적인 문제 패턴을 제시하는 경우 심리도식 수준에서 개념화하고 작업하면 충분할 수 있다.

예를 들어, 치료의 유일한 목표가 교사로서의 일을 미루는 것을 줄이는 것인 올라(Orla)를 생각해 보라. 그녀의 가장 두드러진 심리도식은 부족한 자기 통제, 실패, 가혹한 기준이다. 후자의 두 가지는 학교에서의 성적 부진에서 비롯된 것으로 보이며, 당시 성취 수준이 높은 부모는 그것을 능력 부족으로 보았고 그녀의 난독증은 성인이 되어서야 진단되었다. 마지막 순간까지 수업 준비를 회피하는 것으로 나타난 그녀의 '부족한 자기 통제'의 한 가지 표현을 실패에 대한 두려움에 대한 대처반응으로 개념화하는 것으로 충분할 수 있다.

이제 올라가 꾸물거릴 때, 그것은 어떤 실패도 그녀가 두려워하는 무능함보다는 '충분한 일을 하지 못한 것' 때문으로 돌릴 수 있게 해 준다. 그녀의 실패에 대한 두려움은 자신이 '멍

청이'라고 믿었던 어린 시절 경험에서 비롯된 것으로 보이며, 그녀가 학생들에게 가지고 있는 비현실적인 기준(모두 A 학점을 받고 수업에서 완벽하게 행동한다)에 의해 유지된다. 치료의 목표와 변화의 초점은 그녀의 엄격한 기준과 실패 도식에 의해 함축되는 충족되지 않은 욕구, 즉 현실적인 목표 설정과 숙달과 역량의 경험을 충족시키는 것으로 충분히 개념화될 수 있다. 예를 들어, 어린 시절 심상 재구성하기, 의자 작업 및 재양육과 같은 다양한 전략이 이 목적에 사용될 수 있다.

〈표 1-1〉은 평가 면담, Young 심리도식 질문지(YSQ) 및 Young 양육 질문지(YPI) 점수에 대한 논의 그리고 초기 회기에서 짐이 제시하고 상호작용한 방식을 기반으로 한 짐의 심리도식을 요약한 것이다. 이것들은 충족되지 않은 어린 시절의 욕구와 치료자의 제한된 재양육에 필요한 특정한 특성과 관련이 있다.

〈표 1-1〉 심리도식, 충족되지 않은 욕구와 필요한 재양육의 요약

심리도식	충족되지 않은 아동기 욕구	현재 관련된 충족되지 않은 욕구와 연관된 양식들	치료자로부터 필요한 교정적 재양육
정서적 결핍	엄마와 토니: 따뜻함, 애정, 관심, 보호 및 지도가 부족. 가족이나 학교에서 다른 돌봄이나 신뢰할 수 있는 애착 대상의 부재	안정감, 신뢰할 수 있는 정서적 연결, 애정, 주의, 인정, 감정 및 욕구에 대한 이해 및 반응(어린 짐, 고슴도치와 벽)	안정감, 신뢰할 수 있는 양육, 따뜻함, 공감, 짐의 감정과 욕구에 대한 인정 및 반응. 벽과 고슴도치를 우회해서 어린 짐에게 갈 수 있는 신뢰 구축. 안내 및 보호(예: 심상 및 의자 작업)
정서적 억제	엄마: 짐이 화가 났을 때 도움이 되지 않거나 짜증이 났다. 그래서 그는 감정을 차단했다. 토니: 취약한 감정을 표현한 적이 없으며, 어린 짐이 정당한 두려움을 보였을 때 그는 '울보'라고 말했다.	분노의 안전한 분출을 포함하여 감정과 욕구의 공개적인 표현, 자발적이고 장난기 있는 격려(어린 짐, 고슴도치와 벽)	치료자에 대한 그의 감정과 그들이 함께하는 작업을 포함하여 감정을 자발적으로 표현하도록 격려. 치료자에 의한 감정을 자발적으로 표현하는 것과 장난기의 모델링
불신/학대	토니: 성적 학대, 매력적이고/돌보는 것과 학대하는 것 사이의 변덕. 엄마가 짐보다 토니를 선택했다는 배신감	그를 아끼고 잘 대해 주는 믿음직한 사람들에 대한 경험(어린 짐과 고슴도치)	진실성, 신뢰성, 정직성, 개방성

결함	짐은 자기가 사랑스럽지 않다는 뜻으로 엄마의 방임을 받아들였고, 자신과 자신의 감정이 수용될 수 없다는 뜻으로 엄마의 짜증을 받아들였다. 그는 토니에게 성적 학대를 당한 것을 자신의 무가치함의 표시로 받아들였다.	강점뿐만 아니라 그의 약점을 아는 사람들의 그에 대한 수용과 사랑. 자기 자신에 대한 자비로운 태도(어린 짐과 처벌적 부모)	실수, 칭찬, 찬사에 대한 자비로운 자세. 불완전함을 보여 주려는 의지. 짐의 처벌적 부모로부터 어린 짐을 보호
유기	아빠는 짐이 아기였을 때 떠났고, 토니가 집에 들어오기 전에 엄마는 일관성 없이 돌봐 주었고, 남자친구들에게 우선순위를 부여했다.	안정적이고 지속적으로 돌봐 주는 애착 대상(어린 짐, 포기, 고슴도치와 벽)	신뢰성, 상담 회기 시간, 회기 내 한계 내에서 돌봄, 사전 통지 및 휴가로 인한 치료 중단에 대한 반응에 대한 주의
비관주의	'일이 잘못될 것이고, 세상은 험난한 곳'이라는 엄마의 암울한 태도에 의해 모델링되었다. 어렸을 때 가정이나 학교에서 지속적인 긍정적 사건이나 경험이 부족하다.	그에게 일이 잘 풀리는 미래를 상상할 수 있는 효능감(어린 짐, 처벌적 부모, 포기)	건강한 낙관주의의 모델링. 짐이 자신의 비관적 입장에 대해 더 낙관적이고 대안적 관점을 구상하고 생성하도록 한다.

심리도식과 양식을 통합하는 개념화

심리도식과 양식 사이에는 직접적인 상관관계가 없다. 그것들은 정확하게 상응하지 않는다. 그러나 유기, 정서적 결핍, 결함과 같은 특정 도식은 취약한 아동양식에서 활성화되고 가장 많이 느껴진다. 다른 심리도식은 주로 대처양식, 예를 들어 정서적 억제(분리된 양식에서), 특권의식(자기 과시자 양식에서) 및 자기희생(순응적 굴복자 양식)에서 나타난다. 심리도식들은 여러 양식에 걸쳐 있다. 예를 들어, '엄격한 기준'은 '요구적 부모'에서, '……해야 한다(oughts, shoulds, musts)' 등 과도한 책임 부여로 표현되며, 취약한 아동에게서 부적절함, 압력 및/또는 죄책감으로 느껴지며, 부모양식의 과도한 요구를 충족시키기 위해 노력하는 완벽주의적 과잉통제자 유형의 대처양식에 의해 작동된다.

내담자에게 양식 개념을 처음 소개할 때 심리도식 양식 질문지(SMI; Young et al., 2007)에 사용된 것과 같은 원형 이름을 사용하여 시작할 수 있다. 그러나 양식을 개념화하려면 고유한 특성, 기원, 동기 및 잠재적 단점을 탐색해야 한다. 양식 이름은 이를 이상적으로 포착한다. 앞서 언급했듯이, 내담자가 양식에 대한 경험을 설명하는 데 사용하는 단어는 정서적으로 울림이 있는 이름을 생성하는 데 도움이 될 수 있다. 예를 들어, 만약 당신의 내담자가 그 안에 있는 것이 어떤 기분인지를 이렇게 묘사한다면 '자기 과시자' 양식의 유형을 '내가 대단해!'라고 명명할 수 있다. 마찬가지로, 순응적 굴복자 측에는 '사람들의 환심을 사는 사람' 또는 '다른 사람들을 진정시키는 사람'이라고 명명할 수 있다. '불편한 보호자'는 '나를 구해 줘!' 양식으로 느껴질 수 있다. 화난 보호자는 '꺼져!'라고 명명할 수 있고, 요구적 부모양식은 '독재자'라고 명명할 수 있다.

한 번에 두 가지 양식 원형의 특성을 나타내는 양식 또는 '존재 방식'을 내담자와 함께 탐색할 수 있다. 그렇다면, 당신은 이것을 '병합' 또는 '혼합' 양식으로 생각할 수 있다. 예를 들면, 다음과 같다.

일 중독자 양식= 완벽주의자 과잉통제자 + 분리된 자기 자극자
화난 우월자 = 화난 보호자 + 자기 과시자
완벽한 구조자 = 순응적 굴복자 + 자기 과시자의 이상적인 자기형태
복수심에 불타는 보호자= 화난 아이 + 가해자-공격

치료자 평가 작업을 위한 심상을 통해 짐을 안내했을 때(이 방법에 대한 자세한 내용은 제2장 참조) 짐은 자신이 시각화 '안에' 있다고 느끼기 위해 연결하려고 애썼고 계속 눈을 떴다(정서적인 분리를 보여 줌). 그는 치료자가 보고 있는 것을 너무 의식하고 있다고 보고했으며, 이는 그의 결함 도식이 촉발되었음을 암시한다. 나타난 어린 시절 모습은 일곱 살 때 자신이 만든 레고 성을 엄마가 제대로 보지 못했다고 불평하고 울부짖고 화를 내며 부숴 버린 후, 엄마에게 심하게 핀잔을 듣는 모습이었다. 이 어린 시절의 이미지가 연결된 현재의 이미지는 사라의 전화기를 부순 직후의 그의 모습이었고, 사라의 두려움을 보고 그녀가 친구의 생일에 대해 말한 것을 기억했다. 이 작업은 그의 정서적 결핍과 결함 도식, 화난/충동적인 아동양식의 기원을 가리켰다. 이는 충족되지 않은 욕구들, 그의 감정과 욕구가 쌓이기 전에 표현하는 것과 자기연민을 포함한다.

자해와 자살의 개념화

만약 당신의 내담자가 위험을 보인다면, 이것을 당신의 개념화에 포함하는 것이 필수적이다.

그 위험의 밑바탕에는 종종 엄청난 고통 속에 있는 아동양식이 있을 것이다. 그러나 위험한 행동에는 다양한 이유가 있을 수 있으며, 예를 들어 다음과 같은 다양한 양식에 있을 수 있다.

취약한 아동

- 해리성일 때 현실감을 느끼기 위해

분리된 보호자/자기 위안자

- 더 견딜 수 있는 육체적 고통으로 감정적 고통을 감추기 위해
- 엔도르핀 방출을 위해
- 다른 원치 않는 감정을 차단/분리
- 죽음을 통해 고통에서 영구적으로 탈출

처벌적 부모

- 자신을 처벌하기 위해-죄책감을 제거하려는 시도

화난 아동

- 다른 사람을 처벌하기 위해
- 분노를 전달하기 위해

화난 보호자

- 매력적이지 않게 되어 다른 사람들을 멀리하는 것

불평하는 보호자

- 간접적으로 다른 사람의 주의를 끌기 위해
- 불신을 이유로 도움을 차단하면서 불만을 전달한다.

무기력한 굴복자

- 상실감과 실망감을 막기 위해

개념화를 표현하는 창의적인 방법

내담자의 '전체상(big picture)' 개념화 계획을 세우는 것은 여러 가지 기능을 수행한다. 그것은 메타 관점, 즉 자신의 다른 측면이나 부분에 대한 인식을 향상시킨다. 일부 부분이 사

회적으로 바람직하지 않은 경우, 이 견해는 그 부분들이 그들의 모든 것을 반영하는 것이 아니라, 오히려 학습된 존재 방식을 반영한다는 것을 강조한다. 마지막으로, 그것은 바람직한 변화를 향한 경로를 개략적으로 설명한다.

이 '전체상' 개념화는 점진적으로 발전하여 퍼즐 조각을 내담자와 함께 한 번에 하나씩 조합하거나, 또는 전체 개요를 한 번에 모두 나타낼 수 있다.

양식 지도

양식 개념화를 사용할 때, 이를 시각적으로 표현하면 양식을 염두에 두고 양식이 발생할 때 인식하는 데 도움이 될 수 있다. 그것은 또한 그들이 양식들 간의 관계에 대한 민감성을 늘리는 것을 도울 수 있다. '양식 지도'([그림 1-1])를 그리는 것은 한 가지 방법이며 회기 간에 참조하기 위해 가져갈 수 있는 것이다.

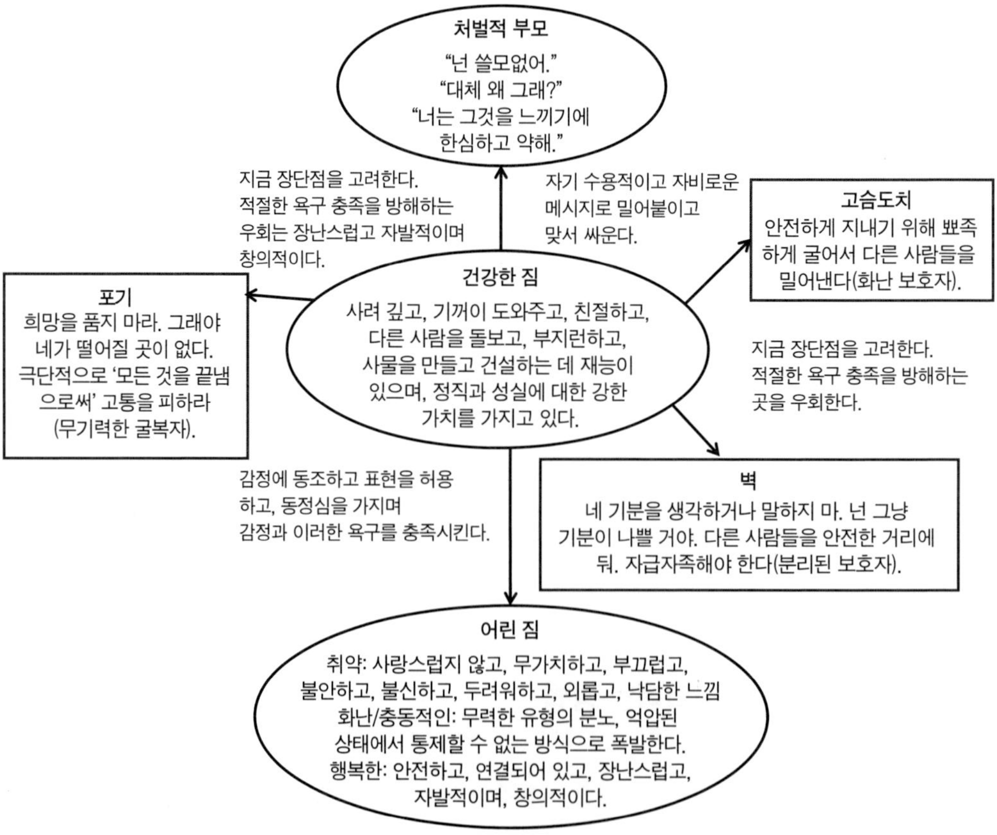

[그림 1-1] 짐의 양식 지도

문제 발생 양식을 그릴 때는 자비롭고 관심 있는 태도를 취하라. 예를 들어, 내담자와 함께 유해한 부모양식을 그릴 때, "우리는 부모로부터 세상과 우리 자신에 대해 배우도록 설계되었어요. 만약 당신이 자신에 대한 부모의 메시지를 받아들이지 않는다면 이상할 거예요. 당신이 이런 요구적/처벌적 부모의 측면을 가지고 있다는 사실은 당신이 잘 배우는 두뇌를 가지고 있다는 것을 보여 주는 거예요. 안타깝게도, 그것은 해롭고 잘못된 정보를 받았고, 이 정보를 머릿속에 남겨 두고 있어요."라고 말할 수 있다.

대처양식을 그릴 때, 관련이 있는 경우, 그들이 어떻게 느꼈고 지금도 여전히 도움이 된다고 느끼는지 주의 깊게 확인하라. 충족되지 않은 욕구의 맥락, 그들의 기질, 그들에게 보상되고 모델링된 것을 고려하여 이러한 양식들의 좋은 의도에 대한 존중을 유지하면서 원래 발달된 이유에 대해 공감하라.

[그림 1-1]에서 건강한 성인은 중앙에 배치되어 있어 다른 양식 유형과 관련하여 다양한 역할을 쉽게 표시할 수 있다. 그러나 당신은 다른 위치에 배치하는 것을 선호할 수 있다. 예를 들어, 다른 양식들을 주재하도록 페이지의 맨 위를 제안할 수 있다(예를 들어, Arntz & Jacob, 2012 참조). 시각적으로 어디에 배치되든 내담자의 건강한 측면을 인정하고, 원하는 변화에 대한 경로, 즉 치료 목표를 달성하기 위해서 다양한 역할에서 내담자의 '큰 측면(Big Side)'을 강화하는 것이라고 설명하는 것이 중요하다. 이러한 역할을 다음과 같이 설명할 수 있다.

- 현재 어떤 양식이 활성화되어 있는지 인식하기
- 대처양식들의 유용성을 평가하고 아동양식과의 정서적 연결을 허용하기 위해 그것들을 약화 또는 우회하기[14)]
- 아동양식에 의해 표현된 욕구를 돌보고 충족시키기
- 유해한 부모양식을 조절하거나 퇴치하기

의자

내담자의 심리도식이나 양식을 상징하기 위해 방에 의자를 배열하면 그것들을 현재적이

14) 어떤 상황에서는 대처양식이 건강한 성인의 관점과 일치할 수도 있다. 예를 들어, 특정 상황에서 분리된 혹은 완벽주의적 과잉통제자 양식은 육아 또는 업무 책임을 처리할 때 일시적으로 대처하는 가장 좋은 형태일 수 있다. 중요한 차이점은 이러한 전략을 다른 상황에 적절하게 적용할 수 있는 유연성이다.

고 즉각적으로 만들고 그들 사이의 관계를 표현할 수 있다는 이점이 있다.

예를 들어, 짐에게 사용한다면, 그의 처벌적 부모양식을 대표하는 의자에 앉아 그의 머릿속에서 듣는 어조로 그 메시지를 어린 측면을 나타내는 빈 의자에 전달하도록 요청될 수 있다. 그런 다음, 짐은 '어린 짐' 의자로 이동하여 이러한 메시지를 받는 것이 어떤 것인지 느끼고 이를 보여 주는 자세를 취하도록 요청받는다. 예를 들어, 그는 의자에 앉아 머리를 두 손으로 감싸고 몸을 최대한 작게 만들기 위해 몸을 구부릴 수 있다. 그 후에 치료자는 '성인의 짐' 측면이 어떨 것인지 경험하도록 돕기 위해 '건강한 성인' 역할에 개입할 수 있었다. 그녀는 처벌적 부모 의자에게 "당신은 짐이 쓸모없는 사람인 것처럼 말해요. 그건 사실이 아니에요. 그리고 당신이 그를 이렇게 대하도록 내버려 두지 않을 거예요."라고 말하면서 어린 짐을 보호할 수 있다. 그녀는 심지어 이 의자를 방에서 치워 버릴 수도 있다. 그런 다음, 그녀는 '어린 짐'에게로 가서 처벌적 부모에게 직접적인 해독제를 제공하는 메시지를 줄 것이다. 그런 다음, 이 개입의 결과로 어린 짐이 어떻게 느끼는지 탐색될 것이다.

다른 양식들은 그 특성을 표현하는 방식과 위치로 방에서 표현될 수 있다. 예를 들어, 회피 양식은 마치 몸을 숨기거나 탈출하려는 것처럼 문을 향하도록 배치할 수 있다. 취약한 아동과 건강한 성인의 의자 사이에 짐의 '벽'과 같은 분리된 보호자를 상징하는 의자를 배치하면 어린 측면(Little Side)이 보살핌을 받지 못하도록 차단하는 방식을 강력하게 보여 줄 수 있다. 이 작업을 통합하는 데 도움이 되도록 내담자에게 의자 위치를 촬영하도록 권장하여 의자 위치를 시각적으로 상기시켜 줄 수 있다.

다양한 심리도식과 양식을 나타내기 위해 다양한 스타일이나 의자 색상을 사용하여 의자에 대한 각색을 할 수 있다. 예를 들어, 두 저자는 즉각적으로 불길한 존재감을 불러일으키기 때문에 유해한 부모양식을 나타내기 위해 단단한 검은색 직립 의자를 사용한다. 또한 포스트잇 메모를 다른 의자에 붙여 심리도식이나 양식 및 해당 메시지에 라벨을 붙여 분류할 수 있다.

그림, 상징 및 인형

일부 내담자는, 예를 들어 말풍선이 있는 막대 그림과 같이 심리도식 양식을 그리는 것을 좋아한다. 또는 다양한 크기, 모양 및 색상의 종잇조각, 담배 파이프 소재 용구 그림 또는 인형과 같은 매우 기본적인 재료로 상징화하여 양식 상호작용을 재생할 수 있다(역기능적 비판적 양식의 시각적 기호는 제9장을 참조하고 대처양식과 작업 시 시각적 기호 사용에 대한 자세한 내용은 제11장을 참조하라).

저자 중 한 명인 AB(Anna Balfour)는 가장 큰 인형에 작은 인형 5개가 들어 있는 러시아 인형을 사용한다. 이것을 사용하면 가장 큰 인형은 분리된 또는 보호자 양식을 나타내며 가장 작은 인형인 취약한 아동을 가장 큰 인형 안에 배치하여 외로움과 고립을 설명할 수 있다. 그것은 다른 사람들과 단절되어 있고 관계적 욕구를 충족시킬 수 없다. 그런 다음, 어린 측면(Little Side)이 욕구를 충족시킬 수 있도록 큰 보호자(big protector)가 행동을 개시하는 방법을 시연할 수 있다. 이것은 내담자가 대처전략으로서 보호자에 대한 애착을 약화하는 데 도움이 될 수 있다. 그 대신에, 치료자는 가장 작은 인형을 의자에 놓고 내담자에게 그것을 마주 보는 의자에 앉도록 요청할 수 있다. 그런 다음, 내담자는 예를 들어, 요구하는 부모의 목소리에 초대될 수 있다. 어린 측면(little side)의 취약성과 무력함을 시각적으로 표현하면 내담자가 이 목소리가 얼마나 비합리적인지를 경험하는 데 도움을 줄 수 있으며, 더 많은 통찰력을 제공하고 대신 필요한 것을 확인할 수 있다.

신체적 표현

때때로 심리도식이나 양식은 비언어적으로 표현하고 제시하는 방식으로 보일 수 있다. 예를 들어, 공손하고 조용한 어조와 어깨가 안쪽으로 구부러진 자세를 가진 내담자를 생각해 보라. 이것을 기록하고 내담자와 함께 탐색할 때 이것을 '억제자' 양식의 신체적 표현으로 파악할 수 있다. 이는 다른 사람들이 발언권을 갖도록 하면서도 자신의 욕망과 욕구를 억누르도록 하는 순응적 굴복자의 한 형태이다.

신체 일부나 자세와 일치하는 다른 심리도식과 양식을 볼 수도 있다. 예를 들어, 특권의식 도식을 표현하는 자기 과시자 양식은 손을 엉덩이 또는 머리 뒤에 놓을 때 증거가 될 수 있으며, 건강한 성인은 똑바로 앉아 있을 때 나타날 수 있으며, 버림받고 학대받는 아동은 움츠린 자세로 있을 때 나타날 수 있다(치료적 변화를 촉진하기 위해 신체와 작업하는 방법은 제3장 참조).

보시다시피, 당신과 당신의 내담자는 그들의 내면세계를 탐색하고, 표현하고, 상징할 때 창조적일 수 있고, 또한 약간 즐거울 수 있다.

결론

심리도식치료는 내담자의 문제 패턴을 협력적으로 개념화할 수 있는 관계적이고 이론적인 틀을 제공한다. 몸의 팔다리가 척수와 중추신경계를 통해 조정되는 것처럼 정확한 개념화는 치료적 변화 방법의 적절한 시기와 선택을 안내한다. 우리의 팔다리의 감각신경이 중추신경계에 피드백을 제공하는 것과 같은 방식으로 심리도식치료 개념화가 개발되고 새로운 정보가 나타나면 수정되며, 변화 방법은 내담자의 핵심 욕구를 가장 잘 충족시키기 위해 숙고되고 각색된다.

따라서 새로운 이해를 통합할 수 있을 만큼 충분히 유연한 상태를 유지하면서 이 개념화는 뒤따르는 모든 것에 대해 '지침' 또는 '비계'를 제공한다. 그것은 내담자가 고통과 혼돈의 장소에서 이제는 혼자가 아니라 수용되고 이해되고 변화에 대한 희망을 품는 느낌으로 움직이는 시작일 수 있다. 그것은 그들의 고통과 욕구를 확인하고 적응적 욕구 충족과 더 나은 행복, 능력 및 번영의 전망을 제시한다.

치료자 조언

1. 18개의 심리도식과 원형 양식에 익숙해지면 해당 심리도식이 존재한다는 징후를 쉽게 발견할 수 있다.
2. 내담자가 주어진 시간에 어떤 양식에 있는지 확인하고 이를 탐색할 항목으로 검토하라.
3. 주요 인물의 이름을 포함하여 심리도식과 대처양식을 초래하는 충족되지 않은 욕구를 설명하는 내담자의 초기 경험을 메모해 두거나 염두에 두라.
4. 질문지는 평가 및 새로운 개념화를 지원하는 귀중한 도구가 될 수 있다. 그러나 답변에 대한 논의와 내담자가 직접 경험하는 내용에 비추어 이해되어야 한다.
5. 치료자 자신의 심리도식, 양식 및 취약성을 파악하라. 개인치료는 심리도식 치료자로서 성공하기 위해 매우 중요하다.
6. 개념화는 역동적이고 창의적인 과정일 수 있다. 이 과정에 생명을 불어넣기 위해 의자, 상징, 재미있는 상호작용을 사용하라.

추가 자료

당신이 살펴볼 질문지는 다음과 같다.

- Young 양육 질문지-개정판(YPI-R2, Louis et al., 2018a)
- 긍정적 양육 심리도식 질문지(Positive Parenting Schema Inventory: PPSI; Louis et al., 2018b)
- Young 긍정적 심리도식 질문지(Young Positive Schema Questionnaire: YPSQ; Louis et al., 2018c)
- 섭식장애에 대한 심리도식 양식 질문지(Schema Mode Inventory for Eating Disorders: SMI-ED; Simpson et al., 2018)

안전한 둥지(secure nest)는 회기 간 내담자의 작업을 지원하고 내담자-치료자 관계를 강화하기 위해 개발된 온라인 도구이다. 이것은 치료 시작 시 설정하는 것이 이상적이며 www.securenest.org를 통해 구입할 수 있다.

그림 카드(picture cards)는 만화 캐릭터와 같은 다양한 양식을 보여 주는데, 온라인에서 구입할 수 있으며 내담자가 자신의 심리도식, 충족되지 않은 욕구 또는 양식을 언어적으로 확인하고 설명하기 어려운 경우 유용할 수 있다(www.etsy.com/uk/listing/665,868,603/core-childhood-needs-educational-mental?ref=shop_home_active_9; https://schematherapysydney.com.au/mode-cards/; and www.i-modes.com/en/shop/imodes-cards-male-or-female-26-cards/ 참조).

심리도식치료 도구상자 비디오 1: 양식 지도 공유(Elaine)는 전체 개념화를 공유하는 것을 보여 주며 www.schematherapytoolkit.com에서 구입할 수 있다.

참고문헌

Arntz, A., & Jacob, G. (2012). *Schema Therapy in Practice: An Introductory Guide to the Schema Mode Approach*. Chichester: Wiley-Blackwell.

Bach, B., Simonsen, E., Christoffersen, P., & Kriston, L. (2015). The Young Schema Questionnaire 3 short form (YSQ-S3), psychometric properties and association with personality disorders in a Danish mixed sample. *European Journal of Psychological*

Assessment, 33(2), 134-143.

Ball, S. A. (2007). Comparing individual therapies for personality disordered opioid dependent patients. *Journal of Personality Disorders, 21*(3), 305-321. https://doi.org/10.1521/pedi.2007.21.3.305

Ball, S. A., Cobb-Richardson, P., Connolly, A. J., Bujosa, C. T., & O'Neall, T. W. (2005). Substance abuse and personality disorders in homeless drop-in center clients: Symptom severity and psychotherapy retention in a randomized clinical trial. *Comprehensive Psychiatry, 46,* 371-379. http://dx.doi.org/10.1016/j.comppsych.2004.11.003

Ball, S. A., Maccarelli, L. M., LaPaglia, D. M., & Ostrowski, M. J. (2011). Randomized trial of dual-focused vs. single-focused individual therapy for personality disorders and substance dependence. *Journal of Nervous and Mental Disease, 199*(5), 319-328. https://doi.org/10.1097/NMD.0b013e3182174e6f.

Bamelis, L. L. M., Evers, S. M. A. A., Spinhoven, P., & Arntz, A. (2014). Results of a multicenter randomized controlled trial of the clinical effectiveness of schema therapy for personality disorders. *American Journal of Psychiatry, 171*(3), 305-322.

Belsky, J. & Pluess, M. (2009). Beyond diathesis stress: Differential susceptibility to environmental influences. *Psychological Bulletin, 135*(6), 885-908.

Calvete, E., Orue, I., & González-Diez, Z. (2013). An examination of the structure and stability of early maladaptive schemas by means of the Young Schema Questionnaire-3. *European Journal of Psychological Assessment, 29*(4), 283-290.

Carter, J. D., McIntosh, V. V., Jordan, J., Porter, R. J., Frampton, C. M., & Joyce, P. R. (2013). Psychotherapy for depression: A randomized clinical trial comparing schema herapy and cognitive behavior therapy. *Journal of Affective Disorders, 151*(2), 500-505.

Giesen-Bloo, J., van Dyck, R., Spinhove, P., van Tilburg, W., Dirksen, C., van Asselt, T., & Arntz, A. (2006). Outpatient psychotherapy for borderline personality disorder. *Archives of General Psychiatry, 63*(9), 649-658.

Hepgul, N., King, S., Amarasinghe, M., Breen, G., Grant, N., Grey, N., Hotopf, M., Moran, P., Pariante, C. M., Tylee, A., Wingrove, J., Young, A. H., & Cleare, A. J. (2016). Clinical characteristics of patients assessed within an Improving Access to Psychological Therapies (IAPT) service: Results from a naturalistic cohort study (Predicting Outcome Following Psychological Therapy; PROMPT). *BMC Psychiatry, 16*(52). doi: 10.1186/s12888-016-0736-6

ISST. (2018). *The Schema Therapy Case Conceptualization Form* (2nd edition). www.schematherapysociety.org/new-conceptualization-form

Jacob, G., van Genderen, H., & Seebauer, L. (2015). *Breaking Negative Thinking Patterns: A Schema Therapy Self-help and Support Book.* Chichester: Wiley-Blackwell.

Linehan, M. M., Dimeff, L. A., Reynolds, S. K., Comtois, K. A., Welch, S. S., Heagerty, P., & Kivlahan, D. R. (2002). Dialectical behavior therapy versus comprehensive validation therapy plus 12-step for the treatment of opioid dependent women meeting criteria for borderline personality disorder. *Drug and Alcohol Dependence, 67*(1), 13-26. https://doi.org/10.1016/S0376-8716(02)00011-X

Linehan, M. M., Schmidt, H. III, Dimeff, L. A., Craft, J. C., Kanter, J., & Comtois, K. A. (1999). Dialectical behavior therapy for patients with borderline personality disorder and drug-dependence. *American Journal on Addictions, 8*(4), 279-292. https://doi.org/10.1080/105504999305686

Lockwood, G., & Perris, P. (2012). A new look at core emotional needs. In: M. van Vreeswijk, J. Broersen & M. Nadort (Eds.), *The Wiley-Blackwell Handbook of Schema Therapy: Theory, Research and Practice.* Oxford: Wiley-Blackwell (pp. 41-66).

Louis, J. P., Wood, A. M., & Lockwood, G. (2018a). Psychometric validation of the Young Parenting Inventory-Revised (YPI-R2): Replication and extension of a commonly used parenting scale in Schema Therapy (ST) research and practice. *PlOS One, 13*(11), e0205605. 10.1371/journal.pone.0205605.

Louis, J. P., Wood, A. M., & Lockwood, G. (2018b). Psychometric validation of the Young Parenting Inventory-revised (YPI-R2): replication and extension of a commonly used parenting scale in Schema Therapy (ST) research and practice. *PLOS One, 13*(11). https://doi.org/10.1177/1073191118798464 (ISSN 1932-6203).

Louis, J. P., Wood, A. M., Lockwood, G., Ho, M.-H. R., & Ferguson, E. (2018c). Positive clinical psychology and Schema Therapy (ST): The development of the Young Positive Schema Questionnaire (YPSQ) to complement the Young Schema Questionnaire 3 short form (YSQ-S3). *Psychological Assessment.* Advance online publication. 10.1037/pas0000567.

Peterson, C., & Seligman, M. E. P. (2004). *Character Strengths and Virtues: A Handbook and Classification.* New York: Oxford University Press and Washington, DC: American Psychological Association.

Renner, F., Arntz, A., Leeuw, I., & Huibers, M. (2013). Treatment for chronic depression using Schema Therapy. *Clinical Psychology: Science and Practice, 20*(2), 166-180.

Renner, F., Arntz, A., Peeters, F. P. M. L., Lobbestael, J., & Huibers, M. J. H. (2016). Schema therapy for chronic depression: Results of a multiple single case series. *Journal of Behavior Therapy and Experimental Psychiatry, 51*(6), 66-73.

Reusch, Y. (2015). The great temptation: Treating impulsivity and binge eating with schema therapy [Die grosse Versuchung - Impulskontrollstörungen und Behandlungsmöglichkeiten aus schematherapeutischer Slcht am Beispiel der Binge-EatingStörung]. *Verhaltenstherapie und Verhaltensmedizin, 36*(3), 251-261.

Sheffield, A., & Waller, G. (2012). Clinical use of schema inventories. In: M. van Vreeswijk, J. Broersen & M. Nadort. (Eds.), *The Wiley-Blackwell Handbook of Schema Therapy: Theory, Research and Practice.* Oxford: Wiley-Blackwell (pp. 111-124).

Simpson, S. G., Pietrabissa, G., Rossi, A., Seychell, T., Manzoni, G. M., Munro, C., Nesci, J. B., & Castelnuovo, G. (2018). Factorial structure and preliminary validation of the schema mode inventory for eating disorders (SMI-ED). *Frontiers in Psychology, 24*(9), 600.

Tapia, G., Perez-Dandieu, B., Lenoir, H., Othily, E., Gray, M., & Delile, J. M. (2018). Treating addiction with schema therapy and EMDR in women with co-occurring SUD and PTSD: A pilot study. *Journal of Substance Use, 23*(2), 199-205.

Van den Broek, E., Keulen-de Vos, M., & Bernstein, D. P. (2011). Arts therapies and schema focused therapy: A pilot study. *The Arts in Psychotherapy, 38*(5), 325-332.

van Vreeswijk, M., Broersen, J. & Nadort, M. (Eds.) (2012). *The Wiley-Blackwell Handbook of Schema Therapy: Theory, Research and Practice*. Oxford: Wiley-Blackwell.

Waller, G., Shah, R., Ohanian, V., & Elliott, P. (2001). Core beliefs in bulimia nervosa and depression: The discriminant validity of Young's schema questionnaire. *Behavior Therapy, 32*(1), 139-153.

Young, J. E. (1994). *Young Parenting Inventory*. New York: Cognitive Therapy Center of New York.

Young, J. E., & Klosko, J. S. (1994). *Reinventing Your Life*. New York: Plume.

Young, J. E., Arntz, A., Atkinson, T., Lobbestael, J., Weishaar, M. E., & van Vreeswijk, M. F. (2007). *The Schema Mode Inventory.* New York: Schema Therapy Institute.

Young, J. E., Klosko, J. S., & Weishaar, M. E. (2003). *Schema Therapy: A Practitioner's Guide.* New York: Guilford Press.

제2장

평가에서의 경험적 기법

– Benjami Boecking[1]와 Anna Lavender[2]

서론과 장의 목적

종합적인 심리평가는 개념화, 치료 계획 및 치료 변화 평가에서 핵심이다. 그러나 성격 수준의 문제가 있는 내담자는 종종 자신의 정서, 인지 및 주요 문제를 파악하는 데 어려움을 겪기 때문에, 순전히 언어적 수단이나 설문지를 통하여 정확하게 평가하기가 어렵거나 불완전하다. 또한 내담자의 심리도식의 내용과 부적응 대처양식 자체가 정보의 수집 및 얻어진 평가 정보의 타당한 해석을 방해할 수 있다.

이러한 어려움을 우회하기 위해 심리도식치료는 치료 과정 전반에 걸쳐 담론적 · 인지적 · 행동적 기술 외에도 치료자가 유연하게 적용하는 경험적 기법을 사용한다. 특히, 심상과 의자 작업 기법은 평가 과정에서 특별한 의미가 있다. 심상기법은 촉발 상황을 고통스러운 어린 시절 기억 및 관련된 충족되지 않은 욕구와 연결하는, 접근하기 어려운 인지 및 정서 패턴(즉, 심리도식)을 파악하는 데 도움이 될 수 있다. 의자 작업 기법은 대처양식의 기원, 영향, 기능을 평가하는 것을 목표로 한다. 평가 단계에 심리도식치료는 다른 치료 학파보다 더 많은 시간을 할애한다. 치료자의 지도 원리는 개념화를 돕기 위한 심상 및 의자 작업을 포함하여 내담자와의 상호작용에서 수집한 모든 정보를 사용하는 것이다.

1) 런던의 IoPPN(Institute of Psychiatry, Psychology & Neuroscience)에서 박사 및 DClinPsy(임상심리박사)를 받았다. 그는 임상심리학자이자 심리적 어려움의 평가 및 치료 및 연구 수행에서 수년간의 자격취득 후 경험을 가진 자격을 갖춘 심리도식 치료자이다. 그는 현재 독일 베를린 Charité Universitätsmedizin의 Tinnituscentre에서 일하며 효과적인 심리치료 제공을 개념화, 구현, 수행 및 평가하고 이 작업을 제공하는 다른 임상가를 슈퍼비전한다.

2) South London과 Maudsley NHS Foundation Trust의 수석 임상심리학자이다. 그녀는 CBT 치료 및 슈퍼비전 분야에서 20년 이상의 경험이 있으며 자격을 갖춘 심리도식 치료자 및 슈퍼바이저이기도 한다. 그녀는 심리학자들에게 대인관계 과정을 훈련시키고, 성격장애가 있는 개인과 광범위하게 함께 작업했다. 그녀는 경계성 성격장애가 있는 개인을 대상으로 집단 심리도식치료를 사용하는 국제 실험에서 영국 공동 책임자이다.

이 장에서는 흔히 발생하는 어려움에 대한 '주요 조언'과 함께 핵심 심상 및 의자 작업 평가 기법을 설명한다. 알기 쉬운 이해를 위해서 우리는 장 전체에서 여성 치료자와 남성 내담자를 언급한다.

핵심 전략

평가를 위한 심상

평가 과정에서 심상을 사용하면 "심리도식에 대한 이해를 지적 영역에서 정서적 영역으로 이동시킨다."(Young et al., 2003) 기억, 인지, 정서 및 생리적 반응으로 형성된 광범위한 주제로 정의될 수 있는 심리도식은 대체로 비언어적일 수 있어서 인지적 수준에서 접근하기 어려울 수 있다. 또한 심리도식 형성을 초래한 중요한 경험은 언어 발달 전 단계에서 발생했을 수 있다. 이러한 이유로 정서적 · 생리적 · 인지적 수준에서 심리도식을 촉발하는 심상은 심리도식적 내용을 파악하는 데 매우 중요한 기법이 될 수 있다.

치료자는 개인 이력이 수집되고 질문지 측정치가 검토되면 평가를 위해 심상을 사용하기 시작한다(1장 참조). 그런 다음, 심상 작업을 통해 아동기 경험과 '생생하게 연결된' 심리도식에 대한 '고양된 감정(hot)' 평가를 할 수 있다. 여기에는 발달기원에 기반을 둔 충족되지 않은 욕구가 포함된다. 결정적으로, 그것은 또한 내담자와 치료자가 초기 경험을 바탕으로 한 심리도식적 내용을 내담자의 현재 어려움과 연결할 수 있게 해 준다.

심상 작업의 개념을 처음 도입할 때 치료자는 임상적 근거를 제공해야 한다. 예를 들면, "심상 훈련을 해 보자고 제안하고 싶어요. 때때로 머리로는 무엇인가를 알고 있지만, 감정은 완전히 다른 것을 말한다고 설명했던 것을 기억하시지요? 때때로 매우 감정적인 기억의 의미가 우리가 깨닫지 못한 채 현재 경험에 침투하는 경우 이런 일이 발생할 수 있어요. 심상 훈련은 우리가 매우 어렵게 느껴지는 상황에서 어떤 의미 있는 기억이 촉발될 수 있는지에 대해 조금 더 이해하는 데 도움이 될 수 있고, 우리가 이러한 기억과 이미지를 도움이 될 수 있는 방식으로 작업할 수 있게 해 주지요. 그들은 또한 우리의 머리와 마음에서 일어나는 일을 조금 더 연결하도록 도울 수 있지요. 저와 함께해 보시겠어요?"

심상의 개념을 도입할 때 내담자는 주저하고 두려워할 수 있다. 이것은 그 자체로 심리도식 내용에 대한 유용한 정보를 제공할 수 있다. 그 생각이 불신/학대 심리도식을 활성화하는

가? 그것이 그를 취약하거나 무력하다고 느끼게 하는가? 어떤 대처양식이 연결되어 떠오를 가능성이 있는가? 주저하는 경우 치료자는 내담자가 훈련하는 동안 계속 통제할 수 있다고 안심시키고 안전하다고 느끼도록 설정을 조정할 수 있다(예: 눈을 뜨고 있음). 치료자는 훈련, 피드백 및 논의를 수행할 수 있도록 회기 내에서 충분한 시간을 할당해야 한다. 이것은 타당한 정보를 얻고, 내담자를 포함하고, 관계를 강화하는 데 핵심이다.

심상 훈련을 수행하는 첫 번째 원리는 가능한 한 지침이나 방향을 거의 제공하지 않는 것이다. 이것은 내담자에게 가장 핵심이 되는 것을 자발적으로 출현시킬 수 있게 한다. 더 취약한 내담자는 평가에서조차도 사전에 이미지를 선택해야 어느 정도 통제/예측 가능성을 느낄 수 있다. 내담자에게 이미지의 의미(심리도식 형성의 잠재적 기원에 대해 열린 마음을 유지하고, 정서적 중요성, 충족되지 않은 욕구 또는 대처양식의 활성화 가능성을 암호화한)를 탐색하는 것이 핵심이다. 내담자가 평가 중에 핵심 외상 기억을 되살릴 필요는 없다. 예를 들어, 내담자가 어린 시절의 성적 학대 사건의 이미지를 되찾는다면 이미지를 일시 중지하고 안전지대 이미지로 이동(다음 참조)하여 개인을 현재로 되돌려 놓고 안전하다고 느끼는지 확인하는 것이 중요하다. 학대 경험에 대한 치료 작업은 나중에 치료에서 수행된다.

내담자는 마음에 이미지가 떠오르지 않고 "이미지를 만들 수 없어요."라고 말할 수 있으며, 이는 내담자가 가지고 있는 신념일 수도 있고 대처양식의 활성화를 나타낼 수도 있다. 이 경우 아이스크림 훈련(Farrell & Shaw, 2012)이 유용할 수 있다.

아이스크림 훈련

치료자: "괜찮다면 눈을 감거나, 고개를 숙이고 바닥을 보세요. 이제 우리 둘이 아이스크림 가게로 걸어가고 있다고 상상해 보세요. 당신은 무제한 아이스크림 쿠폰을 들고 있어요. 어떻게 생겼나요? 그곳은 현대적인 곳인가요, 아니면 더 전통적인 곳인가요? 뭐가 보이나요? 당신은 계산대로 가서 다양한 아이스크림을 보고 있어요. 색깔이 참 많네요. 정말 다양한 맛이네요. 이제 원하는 맛을 원하는 만큼 고르세요. 휘핑크림 올려드릴까요? 어떤 스프링클이 있나요? 무지개 색이요? 초콜릿? 어떤 것으로 하시겠어요? 손에 든 아이스크림이 보이나요? 무엇처럼 보이나요? 그 모든 다양한 색깔과 맛! 아이스크림이 보이나요? 자, 이제 아이스크림을 먹을 수 있어요. 처음 한 입 베어 물었을 때의 시원한 느낌, 입술과 입 안의 감촉 그리고 맛을 상상해 보세요. 아이스크림 맛이 느껴지나요? 휘핑크림? 스프링클? 멋져요!"

섭식장애 또는 체중 문제가 있는 개인의 경우는, 덜 위협적인 설정, 예를 들어 홈웨어 상점, 공원 또는 기타 마음을 끄는 설정으로 각색될 수 있다.

유쾌하게 도입되면, 대부분 내담자는 적어도 어느 정도는 이 훈련에 참여할 것이고 종종 상상의 경험을 보고할 수 있다. 그런 다음, 치료자는 이 경험을 바탕으로 향후 훈련을 할 수 있다. 때때로 내담자들은 훈련에서 다소 당황할 수 있는데, 이것은 가능한 심리도식이나 부모양식의 메시지에 대한 유용한 정보를 다시 제공한다.

안전지대 심상

심상을 사용하여 핵심 심리도식 관련 기억에 접근하기 전에 내담자의 마음 속에 상상의 안전한 장소를 구축하는 데 중점을 둔 안전지대 심상을 도입하는 것이 유용하다(Utay & Miller, 2006). 일단 개발되면 치료자와 내담자는 치료 전반에 걸쳐 안전지대 이미지를 정서적인 자기 조절 도구로 사용할 수 있으며 종종 다른 심상 훈련을 '종료(book end)'하는 데 사용된다(다음 참조). 평가에서 이것은 심상 작업의 방법에 대한 부드러운 소개이다. 〈글 상자 2.1〉에 안전지대 심상 대화의 예(Vivyan, 2009)가 제시되어 있다.

글 상자 2.1 안전지대 심상

편안하게 시작하여 몇 분 동안 호흡에 집중하고 눈을 감고 몸의 긴장을 인식하고 숨을 내쉴 때마다 긴장이 풀리도록 하세요. ……고요하고 평화롭고 안전함을 느낄 수 있는 곳을 상상해 보세요. 그것은 당신이 전에 가 본 적이 있는 곳일 수도 있고, 가 보고 싶었던 곳일 수도 있고, 사진에서 본 곳일 수도 있고, 아니면 그냥 마음의 눈으로 만들 수 있는 평화로운 곳일 수도 있어요. ……그곳에서 주위를 둘러보고 색상과 모양을 확인하세요. 또 뭐가 눈에 띄나요? ……이제 주변의 소리나 침묵에 주목하세요. 멀리 들리는 소리와 가까운 소리, 더 눈에 띄는 것들과 더 미묘한 것들. ……거기서 어떤 냄새가 나는지 생각해 보세요. 그런 다음, 아래의 바닥과 연결된 피부 감각이나 그곳에서 당신을 지지하는 어떤 것이든, 온도, 공기의 움직임, 그리고 당신이 만질 수 있는 모든 것에 집중하세요. ……이 안전한 곳을 즐기는 동안 당신의 몸 안에 있는 즐거운 신체적 감각을 알아차리세요. ……이제 당신이 평화롭고 안전한 곳에 있는 동안, 당신은 필요할 때 언제든지 그 이미지를 되살리기 위해 사용할 수 있는 단어나 구절로 이름을 지어 줄 수도 있어요. …….

당신은 그곳에 잠시 머물면서 평화로움과 고요함을 즐길 수 있어요. 눈을 뜨고 자신이 지금 어디에 있는지 의식하고, '지금 여기'의 각성 상태로 돌아오기만 하면 언제든지 떠날 수 있어요.

안전지대 이미지를 준비하고 실습하는 동안 관찰한 내용은 개념화와 관련된 정보를 수집하는 데 도움이 된다. 내담자가 안전지대를 찾을 수 있는 용이함이나 어려움은 치료자가 내적 안전감을 생성하거나 경험하는 데 있어 내담자가 가지고 있는 어려움의 정도를 평가하는 데 도움이 된다. 어떤 내담자들은 '안전한 곳을 생각하라'라는 안내를 받으면, 예를 들어 '할머니의 앞방에서'라고 쉽게 말할 것인데, 이것은 실제적이고 경험이 많은 기억으로 어느 정도의 내적 감정 조절 능력을 암시한다. 다른 사람들은 자신이 어떤 실제 장소도 생각할 수 없다는 것을 알게 될 수 있으며, 숲속의 햇볕이 잘 드는 공터와 같은 가상의 장소를 생각하는 데 도움을 받을 수 있다. 다른 사람들은 자신이 안전하다고 느끼는 것을 상상할 수 있는 실제 또는 가상의 공간을 생성하는 것이 거의 불가능하다는 것을 발견할 수 있다. 이는 핵심 수준에서 충족되지 않은 안전에 대한 심각한 욕구를 암시한다. 이 경우 치료가 진행됨에 따라 안전지대를 천천히 개발해야 할 수도 있다.

심상을 사용하여 핵심 심리도식 관련 기억에 접근하기: 플로트 백 기법

유용한 심상기법은 플로트 백(float back) 또는 가교(bridge) 기법이다. 이는 내담자를 현재에서 과거로 심상화하도록 안내하여 자신의 핵심 심리도식의 기원과 충족되지 않은 욕구를 정서적인 수준에서 접근하도록 하는 기법이다. 평가에서 이 전략의 목표는 ① 현재의 혼란스러운 상황에서 어떤 핵심 (관계적) 기억이 유발되는지 확인하고, ② 양육자가 어떤 특성이나 행동을 보이는지와 이러한 특성이 내담자에게 미치는 영향을 평가하고, ③ 자기 생각, 감정 또는 욕구를 표현하는 경우 양육자의 반응을 평가하고, ④ 그러한 반응이 대처양식을 형성하는 데 어떻게 기여했는지 확인하는 것이다.

이러한 정보를 수집하기 위해서 내담자와 함께 자신의 주요 양육자와 과거의 다른 중요한 사람들을 향해 부드럽게 지시하면서 다음의 훈련을 여러 번 반복해야 할 수 있다. 핵심 심리도식 관련 기억에 접근하는 것은 내담자들에게 상당히 고통스러울 수 있다는 점을 명심하는 것이 중요하다. 이 경우 회기 내 및 회기 후에도 특별한 주의를 기울여야 한다.

치료자: 자, 그럼 눈을 감거나 바닥에 있는 한 지점을 바라보면서 지난 한 주 동안 기분이 나빴던 때를 떠올려 보는 것으로 시작합시다. 아마 다른 사람들과 함께 있으면서 정말 속상했을 때(슬프거나, 자신이 싫거나, 화가 났을 때)를 떠올리세요. 당신이 어디 계신지, 언제인지 말씀해 주세요. 누가 거기 있나요? 당신은 무엇을 보고 들을 수 있나요? 무슨 일이 일어나고 있는지 말해 주세요. 기분은 어때요? [만약 내담자가 자신의 감정에 대한 단어를 찾기 어려워한다면, 촉구한다] 당신은 화가 나거나/외롭거나/거부당하거나/상실감을 느

끼거나/슬퍼하나요? 당신의 마음에서 무슨 일이 일어나고 있나요? 당신의 신체에서 무엇을 느끼나요? 자, 이제 그 느낌을 몸에 지니고 더 확대하여 그 상황의 이미지가 사라지도록 하세요. 이제, 당신의 마음을 과거로 돌아가게 해 봅시다. 당신이 느끼고 있는 감정에 대해서 공감하는 엄마나 아빠와 함께했던 시간의 이미지나 기억을 떠올려 보세요. 상황이 꼭 맞아떨어질 필요는 없고, 단지 느낌만 있으면 됩니다. 기억이 떠오르면 말해 주세요.

훈련을 수행할 때 치료자는 초기 기억, 이상적으로는 심리도식이 형성되었을 가능성이 가장 큰 초기 아동기를 찾고 있다. 내담자가 청소년기 또는 성인기의 기억을 묘사하는 경우 치료자는 이 기억을 유지하도록 선택하거나 앞에 설명된 것과 유사한 지시 메시지를 사용하여 이 기억에서 이전 기억으로 되돌아가도록 할 수 있다. 내담자가 모든 종류의 기억에 접근하는 데 어려움을 겪는 경우, 취약한 아동양식이 과거의 고통을 기억하거나 다시 경험하지 못하도록 분리된 보호자 양식이 작동 중일 수 있다. 그런데도 이 심상 훈련을 계속하는 것이 유용할 수 있는데, 이는 내담자가 습관적인 인출 과정을 통해 일반적으로 이용할 수 없는 기억을 끌어낼 수 있기 때문이다. 그러나 강력한 분리된 보호자 양식은 특히 고통스러운 기억 내용을 암시할 수 있으므로 치료자는 민감하게 진행하고 이에 따라 내담자를 지원할 시간과 자원을 확보해야 한다.

내담자가 현재 시제에 머무르지 않거나 3인칭으로 자신의 경험을 이야기하는 경우, 분리된 보호자 양식은 내담자를 이미지와 관련된 정서로부터 보호하려고 할 수 있다. 치료자는 훈련을 다시 시도하기 전에 분리된 보호자에 이름을 붙이고 그 활성화 여부를 함께 확인할 수 있다. 때로는 예를 들어, 치료실의 현재 상황(그가 보고 들을 수 있는 것 등)을 기술함으로써 '대면'으로 현재 시제 기술을 미리 훈련하는 것이 도움이 될 수 있다. 내담자가 이미지나 기억을 확인하면 다음과 같이 말할 수 있다.

치료자: 몇 살입니까? 어디에 있나요? 무엇을 보고 들을 수 있나요? 누구랑 함께 있나요? 무슨 일인가요? 기분이 어떤가요? 무슨 생각을 하고 있나요?

이미지가 현재의 촉발 상황과 연관되는 이유 또는 방법이 당장은 명확하지 않을 수 있다. 이는 여러 가지 이유 때문일 수 있다. ① 내담자가 이전 기억으로 되돌아갔을 때 '활성화된' 감정을 경험하지 않았거나, ② 초기 이미지가 '차단'되어 대처양식으로 대체되었거나, ③ 치료자가 듣고 싶어 한다고 믿는 것에 근거하여 메시지나 인상을 전달하려고 하거나, 아니면 자신의 욕구를 충족시키기 위해 노력할 수도 있다. 또는 이미지는 매우 관련성이 높은 정보를 미묘하게 상징적인 방식으로 부호화할 수 있다. 치료자는 이미지에서 내담자의 경험을 미세하게 대응하고 이미지에 대한 해석에 정보를 제공할 수 있는 인지-정서 누락 가능성에 대해 질문해야 한다. 이 이미지는 고통의 원천보다는 충족되지 않은 욕구를 나타낼 수 있다 (예를 들어, 내담자는 친구와 축구를 할 때 골을 넣는 이미지를 보고한다. 이는 집에서 경험하지 못한 수용과 소속의 욕구 가능성을 나타낸다).

치료자: 자, 이제 그 기억이 사라지기 시작하도록 놔두고 안전지대로 이동해서 고요함과 평화와 안전 속에서 호흡하세요. 필요한 만큼 머무르고, 준비되면, 부드럽게 돌아오세요.

내담자가 매우 괴로워하고 현재 안정감을 경험할 수 없다면, 이는 과거의 고통을 경험하는 취약한 아동양식으로 개념화하고 파악하여 이를 새로운 개념화와 연결하는 것이 중요할 것이다. 치료자는 제한된 재양육 입장을 활용하여 내담자를 진정시키고 적절한 접지기법을 사용하여 안전에 대한 욕구를 충족시키려고 노력해야 한다. 내담자가 회기가 끝날 때까지 떠나는 것이 안전하다고 느끼지 않을 경우, 치료자는 회기를 연장하거나 그가 떠날 수 있을 만큼 충분히 강하다고 느낄 때까지 대기실에 앉아 있도록 하고 나중에 전화로 이 사실을 확인할 수 있다.

심상 경험이 끝난 후, 치료자는 내담자에게 어떻게 훈련을 경험했는지, 이미지가 그에게 무엇을 의미하는지, 그리고 연결된 기억들이 주제별로 또는 유발된 감정에 따라 원래 가져온 비참한 상황과 어떻게 연결될 수 있는지 물어본다.

플로트 백 기법의 한 가지 변형은 치료자와 내담자가 어린 시절부터 이미 활성화된 이미지로 시작하여 어린 시절의 경험과 정서적으로 공명하는 현재 이미지로 순행하여 이동하는 '플로팅 포워드(floating forward)' 또는 '순행 가교(forward bridge)'이다. 이는 내담자가 현재 자신의 감정 상태에 중요하다고 느끼는 특정 기억을 가지고 회기에 참석할 때 유용할 수 있다.

평가를 위한 의자 작업

의자 작업이란 자아의 외재화된 측면(예: 아동 및 대처양식), 타인의 자아 및 내면화된 표현(부모양식) 또는 내담자의 일상생활에서의 자아와 타인 사이의 이론적 근거에 기반한 의자 배치 및 안내를 받은 대화를 수반하는 경험적 훈련을 말한다(Kellogg, 2004). 의자 작업 기법은 내담자의 자아 감각, 즉 양식에서 인지-정서 분열을 평가하는 강력한 도구이다.

최근의 서술적 고찰(narrative review; Pugh, 2017)에서 요약한 바와 같이, 의자 작업 개입은 처음에는 사이코드라마 학파 내에서 개발되었고(Gershoni, 2003), 게슈탈트 치료에서 더욱 발전되었으며(Perls et al., 1951), 심리도식치료에서 치료 목록의 핵심 기능으로 완전히 확립되었다(Arntz & Jacob, 2017; Kellog, 2012; Young et al., 2003).

평가 단계에서 의자 작업 기법은 역기능적 부모양식이 내담자 자신과 다른 사람들의 경험에 미치는 영향과 '수단(weaponry)'을 파악하는 것을 목표로 한다. 또한 의자 기법은 빗나가 버린 원래 적응성에 중점을 두고 치료자가 '면담' 기법을 사용하여 대처방식의 기원, 발달, 기능 및 '동기'를 평가할 수 있도록 한다. 의자 작업 기법과 현재의 증거 기반에 대한 자세한 설명은 이 책의 제3장과 Pugh(2017), Kellogg(2012, 2014), Arntz와 Jacob(2017)을 참조하라.

평가를 위한 심상과 마찬가지로(그리고 실제로 모든 경험적 훈련), 다음을 수행하는 것이 중요하다.

- 근거 제공(예: 내담자 자신의 다양한 측면을 서로 접속하게 시키고 그들의 기원, 기능 및 욕구를 탐색하는 것)을 위해 충분한 시간을 남겨 두어야 한다.
- 순간순간 내담자의 감정에 맞춰 조율해야 한다.
- 내담자의 삶에 대한 잠재적인 통찰력에 대해 충분한 정보를 제공하고 연결해 줄 충분한 시간을 남겨 두어야 한다.

평가 단계에서 의자 작업 기법은 부모 및 대처양식의 경험, 표현, 기능 및 영향을 평가하는 데 특히 유용할 수 있다.

역기능적 부모-취약한 아동 관계를 평가하기 위한 의자 작업

이 훈련의 목적은 ① 처벌적 부모의 메시지 내용(그리고 지금 여기에서 그들의 치환된 표현에 대한 가설 형성), ② 이러한 메시지가 내담자의 취약한 아동/정서적 경험에 미치는 영향, ③ 처벌적 부모가 활성화되는 경우 '전환'될 수 있는 대처전략, ④ 처벌적 부모에 대항하기 위한 건강한 성인양식의 자원을 평가하는 것이다.

배치: 치료자 의자, 내담자 의자/건강한 성인 의자, 처벌적 부모 의자, 취약한 아동 의자

치료자: 자신을 비하하거나 압박감이나 소진을 느꼈거나, 자신에 대해 나쁘게 느꼈던 상황을 생각해 볼 수 있

나요? 상황을 간단하게 설명해 줄 수 있나요? 어디 있나요? 무슨 일인가요?

일부 내담자의 경우 자신을 비판하는 것이 제2의 천성이 되어 특정 상황을 파악하기 어렵거나, 실제로 처벌적 부모양식의 존재를 늘 인식한다. 이 경우 치료자는 먼저 이름을 붙인 다음, 활성화된다는 것을 느낄 때마다 그것의 존재를 되돌아봐야 한다.

치료자: 저는 이 상황에서 당신의 감정에 대해 조금 더 알고 싶어요. 이를 위해, 우리는 의자 작업 훈련을 시도해 볼 수 있을 거예요. 어떤가요? 여기 [처벌적 부모 의자를 가리키며], 저는 처벌적 의자를 놓고 싶어요. 여기 [가르키며] 취약한 아동 의자예요. 처벌적 부모 의자에 앉으신 후, 처벌적 부모가 했던 것처럼 취약한 아동에게 말해 보세요. 취약 아동에게 직접 말하고 처벌적 부모가 사용하는 것과 똑같은 말과 감정적인 어조를 사용하세요.

내담자가 부모양식의 목소리를 내는 것을 어려워한다면, 치료자는, 예를 들어 "이 상황에서 처벌적 부모는 당신에게 무엇이라고 말할까요?"와 같이 부드럽게 질문할 수 있다. 자신의 부모양식 역할극을 수행하는 동안, 치료자는 메시지의 주제를 면밀하게 관찰하고 이를 현재 어려움 및 대처양식과 관련시켜야 한다. 예를 들어, 부모양식은 내담자의 신체 이미지('너는 너무 못생겼어!'), 대인 관계('그들이 정말로 너를 안다면 아무도 너를 사랑하지 않을 것이야!'), 정체성('너는 남자답지 못한 녀석이야!'), 사고방식('넌 멍청해!') 감정('나약함을 느끼는 것은 패자야!'), 행동('너는 왜 자꾸 뒤로 숨어!')을 공격하는가?

처벌적 부모양식을 매우 두려워하는 내담자(예: 경계성 성격장애 진단을 받은 일부 내담자)는 처벌적 부모 의자에 앉는 상황에 압도될 수 있다. 이런 경우 치료자는 대신 이 양식에 대해 내담자에게 멀리 떨어진 빈 의자를 할당하고, 처벌적 부분이 취약한 아동에게 무슨 말을 하는지 물어봄으로써 양식으로부터 안전한 거리를 만들 수 있다.

강력한 분리된 또는 회피성 보호자 양식이 의자 작업을 방해할 경우, 내담자가 작업에 참여하기를 거부하거나 작업할 관련 양식을 '소환'할 수 없으므로, 이러한 양식을 먼저 평가하고 작업해야 한다. 의자 작업 중에 양식 전환이 발생하면(강력한 정서를 유발하는 개입이라는 점을 고려할 때 일반적임) 인정해 주고 의자 작업에 부드럽게 다시 초점을 맞추는 것을 목표로 한다. 치료의 후기 단계에서는 추가 의자를 놓고 필요에 따라 의자 대화를 수행한다.

때때로 부모양식의 적개심은 내담자가 간접적으로 치료자에게 전달하고자 하는 비판적이거나 화난 생각과 합쳐질 수 있다('아무도 도울 수 없다.' '아무도 이해할 수 없을 것이다.' '다른 사람들이 괜찮다고 말할 수 있지만, 그들은 거짓말을 하고 있다.'). 치료자가 이것을 가정한다면, 검증 방법으로 훈련 후에 부드럽게 질문하고 내담자가 자신의 우려를 보다 직접적으로 표현하는 것을 막고 있는 두려움을 개념화하는 것이 중요하다.

치료자: [취약한 아동의 감정과 욕구 평가]: 이제 취약한 아동 의자로 이동하여 [내담자가 의자를 바꾸어 앉는다.] 자신의 취학한 아동과 연결하세요. 이 말을 들은 취약한 아동은 어떤 기분일까요?

치료자: [자기주장이나 감정에 대한 부차적인 생각의 어려움을 평가]: 취약한 아동이 자신의 감정과 욕구를 표현하려고 할 때, 처벌적 부모는 뭐라고 말하나요? 그는 어떻게 반응하고 있나요? [내담자는 처벌적 부모 의자로 이동하여 의자 작업을 계속한다.]

치료자: [건강한 성인을 모델링하여 자기주장을 시도하면 처벌적 부모가 어떻게 반응하는지 평가]: [취약한 아동 의자 옆에 쪼그리고 앉아서 처벌적 부모에게 말하기] 나는 당신의 증오심에 질렸어요. 나에 대해 모든 것을 안다고 말하지만, 그냥 잔인하게 굴고 있어요. 이제는 당신 말을 안 들을 겁니다! [취약한 아동에게 말하기] 기분이 어때? 처벌적 부모가 뭐라고 말해? [처벌적 부모 의자에 내담자를 초대한다.]

그런 다음, 치료자는 내담자가 처벌적 부모 의자와 취약한 아동 의자 사이를 이동하여 필요에 따라 취약한 아동에 대한 지원을 제공하는 의자 대화를 수행할 수 있다. 여기서 치료자는 처벌적 부모와 취약한 아동의 반응을 관찰하는 동시에 취약한 아동이 자신의 욕구를 표현하거나 부모양식에 대해 강력히 반대하려는 시도에 대해 처벌적 부모가 어떻게 반응하는지 평가한다. 그런 다음, 치료자는 내담자와 함께 의자 대화에서 통찰력을 얻어 현재의 문제와 부적응적인 대처 행동을 견딜 수 있도록 공동으로 노력할 수 있다.

아주 일반적으로 부모양식은 내담자의 부적응적 대처양식에 대해 내담자를 비난할 수 있으므로 개념화에서 악순환을 끊을 수 있다('약물을 사용하는 것은 한심하다.' '네가 폭식하는 것은 역겹다.' '너는 집에만 있는 겁쟁이다.' '보통 사람들은 행복하고 성공적인 삶을 산다.' 등). 이 경우 치료자는 대처 행동을 확인하고 그것을 부모양식의 유해함과 관련시켜야 한다('아니요, 당신은 틀렸어요……. 내가 집을 떠나는 것이 두려운 이유는 당신이 나를 계속 위협하기 때문이에요.'). (대처양식의 단점은 다음에 설명되어 있다.)

마지막으로, 내담자에게 '원래의' 의자로 이동하여 훈련을 되돌아보게 한다. 치료자는 그 정보를 내담자의 현재 어려움과 연관시켜야 한다(내담자는 언제 자신을 탓하는가? 부모양식의 메시지는 양육자에 대한 초기 경험을 어떻게 반영할 수 있는가? 자신을 압박하면 어떻게 반응하는 경향이 있는가? 처벌적 부모를 무시하기 어려운 이유는 무엇인가? 과거에 어떤 일이 일어났는가?).

일부 내담자들은 그들의 양육자에 대해 '나쁘게 말하는 것'에 죄책감을 느끼거나 두려워하기 때문에 이 훈련에 참여하기를 거부할 수 있다. 이 경우에, 치료자는 부모양식이 부모 그 자체를 상징하지 않고, 부모 행동의 어렵거나 유해한 측면에 대한 내재화된 개인적 기억이라는 점을 강조할 수 있다. 다른 사람들은 부모양식의 영향에 대해 양면성을 느끼거나 혼란스러워할 수 있다(예: '그들은 좋은 뜻으로 그랬다.' '그들은 지금의 나를 있게 했다.'). 특히, 그들의 양육자들이 아마도 자신의 이득을 위해서 학대했을 수도 있다. 그러한 내담자들은 부모양식의 부정적인 영향과 취약한 아동양식의 감정을 식별하는 것이 어려울 수 있다. 여기서 치료자는 다음과 같은 전략을 사용할 수 있다.

대처양식의 촉발요인, 기원, 기능 및 단점을 평가하기 위한 의자 작업

이 훈련은 ① 치료자가 대처양식의 기원과 기능을 평가하기를 원하거나, ② 회기에서 활성화되는 대처양식을 관찰하거나, ③ 대처양식이 있었던 상황을 자세히 설명할 때 유용하다.

배치: 치료자 의자, 내담자 의자/건강한 성인 의자, 대처양식 의자

때로는 대처양식의 특성 자체가 평가에 영향을 미칠 수 있다. 예를 들어, 순응적 굴복자는 치료자가 듣고 싶어 할 것으로 생각하는 것을 표현하기 위해 훈련에 참여하고 싶어 하는 것처럼 보일 수 있다. 회피 양식은 노출될 것을 두려워하여 참여를 거부할 수 있지만, 자기 과시자 양식은 훈련의 특성이나 배치를 비난하거나 비웃으려고 시도할 수 있다. 치료자는 훈련의 자발적인 특성을 강조하고 내담자의 정서적 반응을 관찰하면서 훈련을 시도하도록 부드럽게 격려해야 한다(예: "저는 이것이 불편하다는 것과 슈퍼맨 양식이 비난적이다는 것과 감정을 이야기하지 않으려고 하는 것도 알 수 있어요. 그러나 나는 당신의 또 다른 부분이 무슨 일이 일어나고 있는지 이해하기를 원한다고 생각해요.").

치료자(또는 내담자)가 대처양식의 활성화를 알아차리면 내담자가 대처양식 의자로 이동하도록 초대한다.

치료자: 저는 의자 작업 훈련이 이것을 밝히는 데 도움이 될지 궁금합니다. 저는 당신이 이 의자에 앉아서 잠깐 대처양식이 되도록 초대하고 싶어요. 그의 관점을 완전히 받아들이고, 전적으로 그의 관점에서 말하세요. 괜찮겠어요? [치료자가 대처양식을 면담하기 시작한다(마치 사람처럼 말하기)] 안녕하세요. [대처양식]

[촉발요인 평가하기]: 내가 방금 '취약한 아동'과 얘기했을 때, 어떤 이야기를 했나요? 무슨 일인가요? 취약한 아동은 어떤 기분이었을까요? 아니면 어떤 생각을 하고 있었을까요? 취약한 아동을 위해 당신이 진정으로 함께했던 적이 있나요? 응급 상황으로 들어가야 할 때도 있나요? [기원 평가하기]: 언제 처음으로 그를 위해 거기에 있었나요? 그가 당신을 처음 필요로 했던 때를 기억할 수 있나요? 그때 무슨 일이 있었나요? [기능 평가하기]: 그때 그를 위해 거기 있어야 했던 이유가 있었나요? 당신이 곁에 없었더라면 어떻게 되었을까요? 당신이 일을 잘했을 때 무슨 일이 일어났나요? 그의 경험은 어떻게 바뀌었나요? 그의 관계는 어떻게 바뀌었나요? 당신은 무엇을 도와주나요? 조금 뒤로 물러나려면 무엇이 필요할까요?

면담 상황에서 대처양식의 동기(예: 고통으로부터 보호하기 위해, 돌봄에 동기를 부여하기 위해, 또는 취약한 아동을 보호함으로써 내담자의 자아의식을 안정시키기 위해)에 대해 진정으로 공감하는 것이 중요하다. 중요한 것은 치료자는 현재의 부적응에 대한 단순화된 가정에 뛰어들지 않고 그 기능에 대한 미묘한 이해를 얻으려고 노력해야 한다는 점이다. 예를 들어, 화난 보호자 양식은 진정으로 처벌적이거나 조종하는 다른 사람들에 의해 촉발되는 경우 적응적일 수 있다.

대처양식의 부정적인 단점에 대한 내담자의 인식을 평가하기 위해 치료자는, 예를 들어 "당신의 존재가 [내담자]에게 어떤 불리한 점이 있나요? 당신(부적응적 대처양식)이 곁에 있을 때, 그(취약한 아동)가 힘들어하는 것들이 있나요? 나(치료자)는 당신이 그에게 최대한 도움을 주고 진심으로 돌보고 있다는 것을 이해합니다. 만약 당신이 그의 곁에 있을 때 매우 외롭다거나, 진심으로 원하지만 그와 관계를 맺는 것이 너무 어렵다고 말하면 당신은 어떨까요?"라고 말할 수 있다.

요약 및 결론

심상 및 의자 작업은 다중양식 방식으로 정서적 고통을 억제하는 데 사용되는 전략의 기원, 촉발요인 및 대처전략을 유연하게 평가하는 데 사용할 수 있는 핵심 경험적 훈련이다. 평가 단계와 실제로 치료를 통해 이러한 훈련은 감정 조절장애로 고생하는 내담자가 일반적으로 보고하는 '머리'와 '마음' 사이의 해리를 연결하고(Stott, 2007) 일반적으로 담론적 또는 순전히 인지적 방법을 통해 얻을 수 없는 정보에 접근하는 데 도움이 될 수 있다. 이 장에서는 평가를 위한 심상 및 의자 작업 기법을 소개했다. ① 훈련, 정보 청취, 성찰 및 억제를 위한 충분한 시간 허용, ② 각 개입에 대한 이론적 근거 제공, ③ 내담자의 정서적 경험과 심리도식 및 양식의 활성화에 맞춰 순간순간마다 조율하고, ④ 경험의 '처방된' 가설화된 기능을 가정하지 않고, 흥미롭게도 우리 모두의 특징인 모순과 복잡성을 허용한다.

치료자 조언

1. 경험적 작업을 위한 충분한 시간을 할애하라. 연장된 회기가 이 단계에서 유용할 수 있다.
2. 정보 수집보다 관계 형성에 초점을 맞추어라. 강력한 관계 형성은 내담자의 내면세계를 더 정확하게 평가하는 데 도움이 될 것이다.
3. 내면적으로 또는 내담자와 함께 진행하면서 양식을 확인하고 지도화하기 위해 모호성, 가능한 기호 및 개인적인 의미에 귀를 기울이라.
4. 양식 기능을 지나치게 단순화하거나 가정하지 말라. 특이하게 평가하고 새로운 감정의 미묘한 차이가 나타날 때 개념화를 변경할 준비하라.
5. 병합된 양식(예: 부모양식과 병합된 대처양식) 및 개념화 기능(예: 자아를 안정시키기 위한 시도로서의 자기비판)을 주의하고 분리하라.

참고문헌

Arntz, A., & Jacob, G. (2017). *Schema therapy in practice: An introductory guide to the schema mode approach.* Chichester: John Wiley & Sons.

Farrell, J. M., & Shaw, I. A. (2012). *Group schema therapy for borderline personality disorder: A step-by-step treatment manual with patient workbook.* New York: John Wiley & Sons.

Gershoni, J. (2003). *Psychodrama in the 21st century: Clinical and educational applications.* New York: Springer.

Kellogg, S. (2004). Dialogical encounters: Contemporary perspectives on "chairwork" in psychotherapy. *Psychotherapy: Theory, Research, Practice, Training, 41*(3), 310.

Kellogg, S. (2012). On speaking one's mind: Using chair-work dialogues in schema therapy. In M. van Vreeswijk, J. Broersen, & M. Nadort (Eds), *The Wiley-Blackwell handbook of schema therapy: theory, research, and practice.* Hoboken, NJ: John Wiley & Sons, pp. 197-207.

Kellogg, S. (2014). *Transformational chairwork: Using psychotherapeutic dialogues in clinical practice.* Lanham, MD: Rowman & Littlefield.

Perls, F., Hefferline, G., & Goodman, P. (1951). *Gestalt therapy.* New York: Julian Press.

Pugh, M. (2017). Chairwork in cognitive behavioural therapy: A narrative review. *Cognitive Therapy and Research, 41*(1), 16-30.

Stott, R. (2007). When head and heart do not agree: A theoretical and clinical analysis of Rational-Emotional Dissociation (RED) in cognitive therapy. *Journal of Cognitive Psychotherapy, 21*(1), 37-50.

Utay, J., & Miller, M. (2006). Guided imagery as an effective therapeutic technique: A brief review of its history and efficacy research. *Journal of Instructional Psychology, 33*(1), 40-44.

Vivyan, C. (2009). Relaxing 'safe place' imagery. Retrieved from www.getselfhelp.co.uk/docs/SafePlace.pdf

Young, J. E., Klosko, J. S., & Weishaar, M. E. (2003). *Schema therapy: A practitioner's guide.* New York: Guilford Press.

제3장

심리도식치료에서의 신체적 관점

–양식 및 심리도식의 인식과 전환에서 신체의 역할–

– Janis Briedis[1]와 Helen Startup[2]

심리도식치료에서는 심리도식을 일반적으로 시간이 지남에 따라 형성된 학습된 인지적 · 정서적 · 행동적 애착 관련 패턴으로 개념화한다. 종종 과소평가되는 이러한 잘 다져진 습관의 형상화는 자세, 몸짓, 충동의 특이성으로 나타난다(Ogden et al., 2006). 우리는 심리도식치료의 각 단계에서, 내담자의 신체적 영역에 더 많은 주의를 기울임으로써 작업이 향상될 수 있다고 제안한다. 내담자의 경험이 주로 신체적 수준(예: 언어습득 이전 외상의 경우)에서 부호화되는 경우 이러한 작업방식이 필요하다. 마찬가지로, 우리는 모든 심리치료 회기에서 신체 경험의 수준을 더 많이 추적하고 작업함으로써 인식이 깊어지고 임상적 변화가 강화된다고 믿는다. 이 장에서는 임상 사례를 통해 생생하게 전달되는 이러한 수준의 경험에서 치료자가 작업할 수 있도록 하는 핵심 원리와 기법을 간략히 설명한다[3].

신체 작업의 일반 원리

우리의 경험으로 볼 때, 신체 작업을 할 것이라는 예상은 많은 치료자에게 불안을 유발할

1) 런던에서 개인 실무를 하는 개원 심리학자로 수년 동안 National Health Service(NHS)의 복합 사례 서비스에서 근무했다. 그는 공인된 고급 심리도식 치료자, 슈퍼바이저 및 트레이너이며 10년 이상 심리도식치료에 참여해 왔다. 그녀는 심리도식치료 학교의 공동 책임자이며 영국 및 해외에서 코스를 운영한다. 또한 영국의 여러 대학의 객원 강사이며 심리도식치료, 인지행동치료 및 외상 중심 접근을 심리학과 학생들에게 가르치고 있다.

2) Sussex Partnership NHS 섭식장애 서비스 심리학의 공동 책임자이자 컨설턴트 임상심리학자이다. 또한 서섹스 대학의 선임 연구원이자 명예 선임 강사이기도 하다. 임상 훈련을 받기 전에, 그녀는 불안과 걱정의 심리적 메커니즘으로 박사 학위를 받았고 학술지에 널리 출판되었다. 그녀는 4개의 자금 지원을 받는 다중 사이트 RCT에 공동 지원자로 참여했으며, 정신병리학(정신병, 섭식장애, 성격장애)의 다양한 측면에 걸친 개입을 검증했다. 그녀는 공인된 CBT 치료자–슈퍼바이저이자 및 고급 심리도식 치료자이다.

3) 이 장에서는 내담자와 신체적 접촉을 필요로 하지 않는 신체적 기법에 초점을 맞출 것이다.

수 있다. 내담자의 경우 신체에 대한 단순한 언급이 고통과 수치심의 반응을 촉발할 수 있다. 따라서 안전을 최우선으로 하는 것은 매우 중요하다. 다음에 설명된 일반 원리는 독자가 이러한 필요한 기반을 마련하도록 안내할 것이다.

추적 및 접촉

신체 작업의 첫 번째 원리는 내담자의 신체적인 존재 방식을 적극적으로 관찰하는 방향으로 입장을 전환하는 동시에 주의를 부드럽게 끌어내는 것이다. Kurtz(1990)는 이러한 단계를 '추적(tracking)'에 이어 '접촉 진술(contact statement)'로 지칭한다. 이야기에 참여하는 것으로부터 비언어적으로 따라 나오는 것들에 대한 면밀한 관찰로 본질적으로 치료자의 주의를 재조정한다. 이러한 비언어적 단서는 손짓, 고개 돌리기, 얼굴 찡그리기, 눈 감기, 얼어붙은 고요함과 같이 명시적이거나 떨림, 동공 확장, 땀 흘리기 또는 피부색 변화와 같이 더 미묘한 것일 수 있다(Rothschild, 2000). 치료자는 그들의 신체를 통해 전달되는 명시적 서술과 암묵적 서술 모두에 주의를 집중하여 이야기 내용에 대한 인식을 심화시켜야 한다. 그런 다음, 치료자는 "당신이 전 파트너의 이름을 언급할 때 등을 기대고 있는 것을 보았어요." 또는 "직장에 대한 걱정을 이야기하기 시작한 이후로 당신의 발이 계속 움직이는 것이 흥미롭네요." 등으로 자신이 추적한 내용을 부드럽게 말할 수 있다. 신체 추적 및 접촉 진술의 궁극적인 목표는 펼쳐지는 내용의 감각 느낌을 심화시키고 치료자와 내담자 사이의 조화 및 연결 감각을 향상시키는 것이다.

핵심 구성체에 초점 맞추기

신체 기반 작업의 기본 원칙은 '감각 느낌'의 더 큰 구성 요소를 수용하기 위해 경험에 대한 자신의 인식을 확장하는 것이다. Ogden의 '핵심 구성체(Core organisers)' 개념(Ogden et al., 2006)은 인지, 정서, 내적 신체 감각, 움직임 및 오감 지각(시각, 청각, 후각, 미각 및 촉각)을 포함하여 우리 경험의 다양한 요소를 이해하는 데 유용한 근거를 제공한다. 모든 중요한 경험이 초점이 될 수 있으며 치료자는 내담자의 경험을 추적하고 다음과 같은 질문을 함으로써 본질적으로 '핵심 구성체와의 춤'을 계속 춘다. "과거의 기억을 생각할 때 당신의 몸에서 무엇을 느끼나요?"(신체 감각과 기억을 연결), 또는 "슬픔을 느끼면 몸에서 어떤 감각이 떠오르나요?"(신체 감각과 정서를 연결), 또는 "손의 떨림이 말할 수 있다면, 그것은 뭐라고 말할까요?"(감각과 인식 사이의 연관성을 끌어냄). 신체 작업을 하는 목표 중 하나는 핵심 구성체를 통해 내담자의 경험을 탐색함으로써 자신의 내적 과정에 대한 내담자의 인식을 높이는 것이다. 핵심 구성체를 탐색하는 방식은 그들의 경험에 대한 특정 평가나 가정을 지시하기보다는 진정한 열린 마음, 호기심, 마음챙김(다음 절 참조) 중 하나이다. 치료자는 내담자의 현상학적 경험에 완전히 현존하고, 조율하고, 관여하면서 비지시적인 접근법을 채택한다. 따라서 속도는 느리고 안정적이다.

감내력의 한계 내에서 작업

내담자의 감내력의 한계(Window of Tolerance: WoT) 내에서 작업하는 것은 신체 초점을 사용하는 안전하고 효과적인 외상 작업의 핵심이다(Siegel, 1999). 그것은 내담자가 과도하게 각성되거나(억제되지 않고 불안, 공황 또는 공포에 압도되는 느낌) 또는 저조하게 각성된 상태(억제되지 않은, 에너지가 매우 부족하다고 느끼거나, 혼란, 우울, 마비 및 해리 상태)의 두 한계 사이에서 영향을 견디고 정보를 적응적으로 통합할 수 있는 능력을 말한다([그림 3-1] 참조).

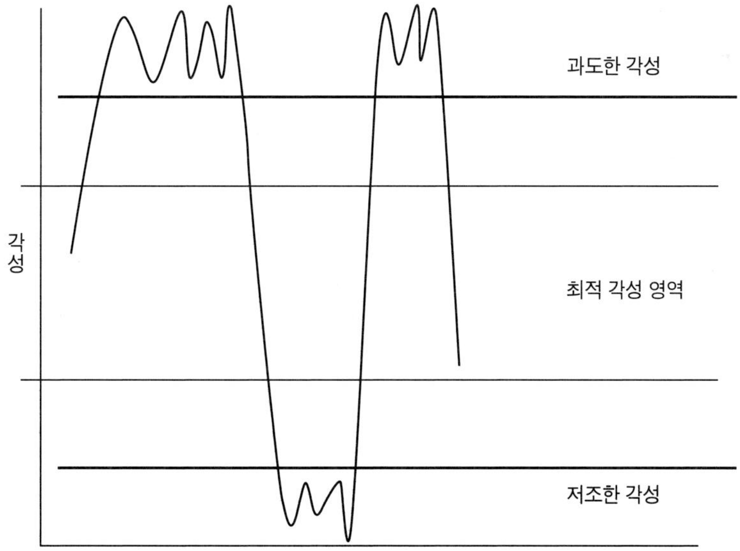

[그림 3-1] 감내력의 한계

'최적 각성 영역'은 내담자가 외상 경험의 처리를 쉽게 하려면 충분히 조절되는 두 극단 사이의 범위를 의미한다(Ogden et al., 2006). 내담자가 자신의 감내력의 한계(WoT)를 벗어나면

'조절장애'로 간주하며, 정보에 접근하는 능력과 처리하는 통합 가능성이 현저히 저하된다. 치료자의 임무는 내담자의 각성 수준을 지켜보면서 경험의 물리적 및 감각 운동적 측면을 추적하고 적절한 자원을 사용하여 필요에 따라 조절하도록 돕는 것이다. 어린 시절 심각한 외상을 겪은 내담자들은 감내력의 한계(WoT)가 좁아지면서 통합 능력이 감소했을 가능성이 크다. 더욱이, 신체에 직접 초점을 맞추는 것은 특히 신체적 및/또는 성적 외상의 병력이 있는 내담자의 경우 조절을 방해할 수 있으며, 정서적 · 행동적 회피와 함께 과거의 외상 사건을 연상시키는 압도적인 영향을 불러일으킬 수 있다.

심리도식 양식 활동과 관련하여, 신체에 초점을 맞추면 처벌적 비판 양식이 촉발될 수 있으며, 이는 차례로 다양한 '대처양식'을 촉발할 수 있다. 이것은 과거의 외상을 다시 떠올리는 신체와 혐오적 경험을 피하기 위한 자기 보호적 욕구 사이에 갇힌 내담자에게 어려운 딜레마를 만든다. 이것은 외상이 해결되는 데 필요한 통합을 방해하는 분리된 보호자 및 분리된 자기 위안자를 통한 해리 및 기타 대처반응으로 이어질 수 있다.

치료자는 처리를 쉽게 하도록 내담자의 신체에 충분한 주의를 기울이는 동시에 정서 조절장애와 감내력의 한계(WoT)에 벗어남을 방지하는 것을 목표로 한다. 이 작업에서는 긴밀한 추적 및 조율과 외상 처리의 필요성과 안정성을 위한 필요성 사이의 균형이 필요하다. 심하게 외상을 겪은 내담자들이 한번에 여러 핵심 구성체와 작업하는 것은 매우 힘들 수 있다. 기억의 외상적 측면이 처리될 때 한번에 하나 또는 두 개의 핵심 구성체(Ogden et al., 2006), 보다 구체적으로 신체 감각 및 미세 움직임으로 초점을 좁히는 것이 도움이 될 수 있다. 예를 들어, 내담자가 매우 고통스러운 외상 기억과 접촉할 때, 아마도 특정한 사람에 대해 말하는 동안 어떻게 주먹을 쥐는지 부드럽게 알아차리고 이와 함께 수반될 수 있는 다른 신체 감각에 관심을 가질 수 있을 뿐만 아니라, 그들이 더는 앞에 있지 않다는 것을 명심하도록 안내할 수 있으며, 상황이 너무 많이 느껴지면 안전지대 심상과 연결할 수 있다.

상향식 대 하향식 접근법

때로는 외상으로 들어가는 가장 안전한 방법은 관련된 이야기(하향식 접근)보다는 신체 감각(상향식 접근)을 통해서이다. 외상 이력이 있는 많은 경우, 기억의 의미나 정서적 강도를 변화시키지 않으면서 무력감과 고통스러운 감정을 불러일으키는, 외상의 서술이 반복되는 전통적인 대화 요법에 따라 도움을 받지 못하며, 때로는 해를 입기도 한다(Van der Kolk, 1994). 그것의 영향을 되돌릴 수 있는 외상에 대해 말할 것이 거의 없는 상황이 있다.

유도된 마음챙김

이러한 맥락에서, 마음챙김은 비판단적인 관찰과 경험의 전개에 대한 인식을 설명하고, 우리가 신체 자료로 작업할 때 치료자로서 채택하고자 하는 방식을 요약한다. 마음챙김의 상태에 있을 때, 행동은 '생각해 보았거나' 해석되었기보다는 관찰되고, 명명되고, 일반화되며, 이것은 '마음챙김의 경험 틀'(Ogden & Fisher, 2015)을 통해 달성된다. 예를 들어, 치료자는 이야기 중반에 내담자를 잠시 멈추게 하고 "당신이 X에 대한 경험에 대해 말하면서 지금 무엇을 느끼고 있나요?"라고 질문함으로써 그들의 인식을 넓힐 수 있다. 그러면 그 순간 그들의 경험에 대한 접촉과 호기심을 불러일으킬 수 있다.

실험

인지치료와 유사하게, 신체에 초점을 맞춘 작업의 실험은 협력, 호기심 및 '상생의 태도(win-win attitude)'의 원리에 기초한다(Bennett-Levy et al., 2004). 실험적 태도는 내담자의 신체적 습관을 연구하기 위해 자발성과 개방성을 요구하며, 점진적으로 새롭고 적응력 있는 패턴을 생성하기 위해 깨트릴 기회를 준다. 예를 들어, 치료자는 구부정한 자세를 가진 내담자에게 등을 곧게 펴고 이것이 핵심 구성체에 미치는 영향을 관찰하도록 하거나, '몽롱'하다고 느끼는 내담자에게 발을 땅바닥에 단단히 붙이고 이 효과를 관찰할 것을 제안할 수 있다. 신체 실험은 처음에는 치료자와 함께 수행되고 나중에는 내담자들이 일상생활에 통합하는 숙제로 설정될 수 있다. 이러한 유형의 단순하고 규칙적인 연습은 이전에는 도움이 되지 않았고 의식적으로 인식할 수 없는 습관을 결국 깨뜨릴 가능성이 있다.

신체 자원 도구상자 구축

이러한 맥락에서 자원은 내담자가 감내력의 한계(WoT) 내에서 각성 수준을 조절하고 시간이 지남에 따라 점차 감내력의 한계(WoT)를 확장하도록 지원하는 전략을 의미한다. 자동조절의(개인 내) 자원과 상호(쌍방향의) 조절(대인 관계) 자원(Schore, 2003) 사이에는 구분이 있으며, 둘 다 다음에 설명되어 있다.

자원의 파악 및 개발

내담자에게 접지 훈련, 기분전환, 호흡기법, 진정시키는 심상 및 이행 대상의 통합과 같은 정서 상태를 조절하는 기술을 가르치는 것이 일반적인 치료의 실제다(Farrell & Shaw, 2012; Farrell et al., 2014 참조). 우리는 내담자들의 경험을 적절하게 추적하면서, 종종 육성될 수 있는 자연 발생적인 자기 위안 전략을 발견한다. 이러한 전략 중 상당수는 일이 '너무 많아졌을' 때 눈을 감거나, 심호흡하거나, 가슴에 손을 얹어 접지시키거나, 무릎을 비비며 몸에 접지시키는 것과 같이 구축될 수 있는 신체적 구성 요소를 가지고 있다. 이미 존재하는 자원에 주의를 기울이고 감정 상태를 안정화시키는 데 연결하는 것은 내담자를 인정하고 힘을 북돋아 주어 자기 신체의 감각을 활용하는 데 도움이 될 수 있다. 또한 그들의 이력과 충족되지 않은 욕구를 기반으로 적응적으로 진화된 자원이 충분히 사용 가능한 경우 '쓸데없이 시간을 낭비하는 것(reinventing the wheel)'을 방지하는 데 도움이 된다. 신체 자원은 단순히 "당신이 X(그 동작)를 할 때 기분이 좋아지나요, 아니면 나빠지나요?"라고 질문하여 주의를 끌 수 있다. 조금이라도 나아진다면 잠재적인 긍정적 자원일 가능성이 크다. 이 자원은 다음 예에서 보이듯이 '핵심 구성체와의 춤'을 계속하면서 내담자에게 자원에 더 오래 머물도록 요청함으로써 정교해질 수 있다.

치료자:[4] 당신이 그 고통스러운 상실에 관해 이야기할 때 오른손을 가슴에 얹는 것이 보였어요. 지금 무슨 일이 일어나고 있나요?

내담자: 네, 가끔 위로가 필요하다고 느낄 때 그렇게 하고 있어요.

치료자: 아, 정말 흥미롭군요. 거기에 손이 있는 것은 어떤 느낌인가요?

내담자: 기분이 좋아요. 가슴에 내 손의 온기가 느껴지거든요.

치료자: 좋아요. 할 수 있다면 잠시 그 따뜻함을 느껴 보세요. 손을 좀 더 오래 두면 어떻게 될까요?

내담자: 사실 꽤 안전한 것 같아요. 누군가 내 곁에 있고 혼자가 아닌 것처럼요.

치료자: 좋아요. 이런 말을 하면서 어떤 이미지가 떠오르시나요?

내담자: 어렸을 때 시골에 있는 할머니 댁을 방문했던 기억이 나요. 할머니는 멀리 사셨고 우리가 방문할 때마다 할머니가 저를 꼭 안아 주었던 기억이 나요. 기분이 너무 좋고 따뜻했어요.

치료자: 정말 흥미롭군요. 이 말을 하면서 당신의 몸에서 무슨 일이 일어나고 있나요?

내담자: 온몸에 온기가 퍼지는 것을 느껴요.

---

4) 제시된 자료는 내담자의 비밀을 보호하기 위하여 작성되었으며 회기 예시는 여러 내담자와의 치료 대화를 합성한 것이다.

앞의 상호작용의 속도는 '행동/사고' 상태가 아닌 '존재/느낌'을 심화시키는 관점에서 경험의 마음챙김 틀을 촉진하기 위해 천천히 신중해야 한다. 그 태도는 재미있는 실험과 부드러운 탐색 중 하나이다. 이러한 전략은 치료자와 내담자가 하나가 되어 감각 느낌이 깊어지도록 시간을 주지 않으면 효과적이지 않을 것이다. 내담자가 수치심을 경험할 위험을 줄이기 위해 이러한 실습이 함께 수행된다. 즉, 치료자는 내담자의 자세와 움직임을 반영한다.

자원으로서의 치료자 또는 의도하지 않은 두려움의 촉발요인으로서의 치료자

특정 기술이나 개입을 넘어, 치료자는 자신이나 내담자를 위한 중요한 자원이다. 많은 외상을 입은 내담자들은 제한된 범위의 자기 위안 전략을 갖고 있을 것이고 치료자를 포함한 다른 사람들과 함께 있으면 안전하다고 느끼지 않을 것이다. 정서적으로, 가끔 신체적으로 안전하지 못한 초기 경험 때문에 이 내담자들은 잠재적인 위협을 지켜보는 방식으로 치료자의 버릇과 움직임에 잘 조율한다. 이를 염두에 두고, 치료자들이 의도치 않게 위험 신호를 전달하고 내담자의 교감신경 또는 미주신경의 등쪽 가지(dorsal branch)를 활성화할 수 있다는 것을 알아야 한다(Porges, 2011). 예를 들어, 일부 내담자의 경우, 치료자의 휘둥그레진 눈은 치료자 자신의 방어 시스템의 활성화를 의미할 수 있으므로 대리로 위험을 알릴 수 있다. 다른 경우 치료자가 한쪽으로 눈을 약간 돌리거나 눈을 마주치지 않으면, 거부하거나 무관심한 것으로 해석할 수 있다. 다른 내담자의 경우 치료자의 진정시키는 목소리가 학대자에게 유혹을 받았던 과거의 기억을 불러일으킬 수 있다. 물론, 인간적으로 가능한 모든 위협 '활성화 요인'을 피할 수는 없지만, 자신의 신체에 대한 치료자의 인식과 내담자와 함께 촉발요인을 탐색하려는 개방성은 안전감을 유지하는 데 큰 도움이 될 수 있다.

유아양식과 작업하기

유아기 외상 및 관련 심리도식은 언어습득 이전 수준에서 부호화되어 '유아양식'으로 나타날 가능성이 크다(Simeone-DiFrancesco et al., 2015). 가장 일반적으로 언어습득 이전 내용은 신체적으로 부호화된다(Layden et al., 1993). 예를 들어, 내담자는 유기 도식이 활성화되는 것을 주로 명치에서의 텅 빈 느낌 또는 공허감으로 보고하거나 결함 도식이 활성화되는 것을 온몸이 얼얼하다고 보고할 수 있다. 이러한 유아양식과 작업할 때, 인지는 흑백일 가능성이 크고, 정서적 반응은 더 극단적이고 조절이 잘 되지 않으며, 정신화 능력이 제한될 수 있다

(Simeone-DiFrancesco et al., 2015). 유아양식에 있는 개인은 차분한 목소리, 예측 가능한 느린 움직임 및 다정한 미소와 같은 부드러운 표정을 사용하여 조율하는 치료자에 의해 진정될 가능성이 크다. 이러한 모든 신호는 신체적으로 안전과 연결을 전달하여 사회적 참여 체계를 자극하고 관계적 응집력을 조성한다(Porges, 2011). 촉감을 사용하면 매우 진정될 수 있으며 치료자는 내담자에게 부드러운 스카프나 끈의 한쪽 끝을 잡고 다른 쪽 끝을 잡으라고 제안할 수 있다. 이렇게 하면 연결 및 안전 경험을 향상할 수 있기 때문이다.

신체에 초점을 맞춘 작업방식이 정서적 조절을 강화하는 많은 방법이 있다. 〈글 상자 3.1〉은 자동 조절 및 상호 조절을 지원하는 선별된 신체 자원 목록을 나타낸다.

글 상자 3.1 선정된 신체 자원 목록

- **호흡:** 다양한 유형의 호흡 리듬을 사용하여 부교감신경(예: 느린 호흡, 긴 날숨, 저항 호흡, 한숨) 또는 교감신경 각성 상태(예: 빠른 호흡, 날카로운 호흡 또는 날카로운 들숨과 날숨)를 활성화한다. 호흡을 사용하여 내담자와 공통 리듬을 찾는다("잠시 동안 함께 호흡합시다.").
- **정렬:** 등을 곧게 펴고 앉고, 척추를 길게 늘이고, 어깨를 굴린다.
- **중심 맞추기:** 한 손은 심장에, 다른 한 손은 배에 놓는다.
- **접지:** 발이 땅에 단단히 붙어 있는 것을 느끼며, 일어서서 발의 다른 부분(앞, 뒤, 옆, 다른 쪽 발)에 체중을 싣고, 바닥에 앉아 있거나 눕는다.
- **동작:** 자리에서 일어나 방을 돌아다니고, 발을 땅에 대고 구르고, 일정 시간 동안 요가 스타일의 스트레칭과 자세를 유지하며, 그 자리에서 뛰고, 다양한 속도로 한 발에서 다른 발로 이동하며, 다양한 걸음걸이와 걷기 스타일을 시도하며, 던지기, 점프하기, 달리기와 같은 활동을 포함하는 게임하기를 한다.
- **방향 잡기:** 아주 천천히 고개를 한쪽으로 돌린 다음, 환경을 자세히 관찰하면서 다른 쪽으로 돌린다.
- **경계 설정하기:** 내담자와 치료자가 서로 반대편에 서서 내담자를 천천히 걸어오라고 요청하고, '기분이 좋을 때' 멈추라고 하고, 경계를 설정하는 것이 옳다고 느끼는 위치를 어떻게 아는지, 이것이 그들에게 어떤 신호이고 경계를 설정하는 것이 어떤 느낌인지를 탐색한다. 그런 다음, 적절한 경우 치료자와 내담자가 역할을 교환한다. 다양한 억양과 신체 자세로 '예'와 '아니요'라고 말하면서 실험을 한다.

- 관계적 연결: 치료자는 내담자에게 한 손을 내밀어 접촉하고, 또는 두 손으로 이를 수행한다. 치료자와 내담자는 역할을 바꾸고 이것이 그들에게서 무엇을 불러일으키는지 탐색한다.

* Ogden 등(2006)에서 개작함

핵심 구성체의 프리즘을 통해 심리도식과 양식 살펴보기

핵심 구성체와 함께 '의식적인 춤추기(mindful dance)'는 내담자에게 반복적으로 나타나는 특정 양식(예: 무기력한 취약한 아동양식이 화난 아동양식으로 전환)에 대한 인식을 탐색하고 구축하는 데 유용한 방법이 될 수 있다.

치료자: 당신이 파트너와의 논쟁에 관해 이야기할 때 저는 많은 감정을 느낄 수 있었어요. 당신이 이것을 설명하면서 지금 어떤 느낌이 듭니까?

내담자: 그녀에게 정말 거절당했다고 느껴요. 나는 이 관계가 더 오래 지속될지 잘 모르겠어요. 우리는 자주 같은 일이 반복되고 있어요.

치료자: 같은 일이 반복해서 일어나는 것에 좌절감이 느껴지네요. 그것을 설명할 때, 몸에서 무엇이 느껴지나요?

내담자: 지겹고 피곤해요.

치료자: 그 피곤함과 지겨움을 몸 어디에서 느끼나요?

내담자: 가슴에 있는 것 같아요. 더는 할 수 없을 것 같아요.

치료자: 지금 저에게 설명하면서 당신의 가슴에서 정확히 무엇을 느끼나요?

내담자: 무너질 듯한 느낌이에요. 숨을 제대로 쉴 수가 없어요.

치료자: 무너질 듯한 느낌을 설명할 때, 당신의 팔과 어깨가 약간 축 늘어진 것 같아요. 지금 그 부위에서 무슨 일이 일어나고 있나요?

내담자: 모르겠어요. 전에는 몰랐어요. 제 몸이 이제는 참을 수 없다고 말하는 것 같아요.

치료자: 만약 당신의 어깨가 지금 말할 수 있다면, 뭐라고 말할까요? 어울리는 단어가 있나요?

내담자: 기운이 없는 것 같아요. 그녀를 떠나야 한다는 건 알지만 그럴 수가 없어요.

치료자: 정말 힘들 것 같아요. 이런 말을 할 때 어떤 느낌이 드나요?

내담자: 완전히 무력해요.

치료자: 몸을 숙이고 있어서 그런 말을 하는 것이 놀랍네요. 그렇게 숙이고 있는 동작과 어울리는 감정이 있나요?

내담자: 너무 슬프고 절망적이에요.

치료자: 네, 저도 그걸 느낄 수 있어요. 이것들이 당신에게 익숙한 감정들인가요?

내담자: 네, 그래요. 같은 일이 반복해서 일어나고 있어요.

치료자: 이 말을 하면서 당신은 지금 어떤 양식에 있다고 생각하세요?

내담자: 잘 모르겠어요. 어쩌면 취약한 측면일까요? 나 자신에게 너무 실망했어요! 왜 벌떡 일어나서 내가 해야 할 일을 할 수 없을까요?

치료자: 아, 그래요. 거기서 약간의 힘이 느껴지네요. 이게 무슨 양식인가요?

내담자: 짜증이 나고 답답해요. 화난 양식?

치료자: 저도 그렇게 들었어요. 거기엔 많은 감정이 있어요. 우리는 당신이 파트너와 논쟁이 일어날 때 당신의 취약하고 화난 측면에게 무슨 일이 일어나고 있는지 더 명확하게 파악한 것 같아요.

(그러면 치료자는 취약한 아동 또는 화난 아동양식으로 작업하는 개입을 제안할 수 있다.)

이 사례에서 볼 수 있듯이, 아동양식의 핵심 경험과 고통, 충족되지 않은 정서적 욕구에 더 가까이 다가가기 위해서는 핵심 구성체의 탐색 순서보다 꾸준한 '양파 껍질 벗기기'가 더 중요하다. 탐색은 일반적으로 내담자가 처음으로 명확하게 표현한 핵심 구성체 중 하나로 시작할 수 있으며, 그다음 '핵심 구성체와의 춤'은 경험이 심화되고, 회기 초점을 설정하고, 표준 심리도식치료 기법의 하나를 적용하기에 충분한 내용이 모일 때까지 계속된다. 대처양식이 그 과정에서 표면화되면 근본적인 충족되지 않은 욕구에 대해 관심과 존중의 태도를 보이고 유사한 방식으로 탐색된다. 다음은 대처양식을 탐색하는 예이다.

내담자: [조용해진다]

치료자: 방금 무슨 일이 있었어요?

내담자: 너무 고통스러워서 더 이상 말할 수 없을 것 같아요.

치료자: 괜찮아요. 우리가 그것을 존중해야 한다고 생각해요. 먼저 심호흡을 몇 번 해 볼까요? [잠시 멈춤] 알아차리고 말해 줘서 기뻐요, 그런데 더 이상 말할 수 없다는 것은 무엇인가요?

내담자: 지금 멈추지 않으면 폭발할 것 같은 느낌이 들었어요. 내 안의 무언가가 닫혔고 솔직히 말해서 저는 도망치고 싶었고, 여기서 그냥 나가고 싶었어요.

치료자: 그걸 알아차리고 여기에 있어서 정말 다행이에요. 당신 안에는 언제 멈춰야 하는지를 아는 무언가가

있는 것 같아요.

내담자: 네, 그것은 멈추라고 말하는 목소리 같아요, 그렇지 않으면 터질 거예요.

치료자: 아, 네. 정말 당신을 보호하려고 하네요.

내담자: 네. 온몸이 다 정지되는 것 같아요.

치료자: 그렇군요. 정지의 느낌과 어울리는 말들이 있나요?

내담자: 뭐랄까, 멈춰! 거기 가지 마!

치료자: 그렇군요. 정지된다는 것이 정확히 당신 몸에서 어떤 느낌인가요?

내담자: 그것은 마치 파도가 제 몸을 통과하는 것 같아요. 거의 가벼운 전기 충격처럼, 나를 깨우면서, 지금 멈추지 않으면 정말 나빠질 거라고 말하는 것 같아요.

치료자: 음! 여기에 유용한 정보가 많이 있네요. 어떤 양식이 당신을 차단하고 보호하려고 한다고 생각하세요?

내담자: 흠, 우리가 이야기한 것이 분리된 벽인 것은 확실하지만, 솔직히 그것은 도움이 되고 필요한 것처럼 느껴져요.

치료자: 그럴 거예요. 그래도 좀 더 함께 탐색해 보겠어요?

내담자: 네, 물론이죠, 없애 달라고 요청하지 않는 한 말이죠.

치료자: 물론 아니지요. 이러한 대처양식은 이유가 있으며, 당신이 절대적으로 필요한 시기에 발달하였기 때문에 최대한 존중해야 하지요. 그러나 우리는 그것들이 지금 당신의 삶에 미치는 영향을 탐색할 수 있어요. 괜찮을까요?

이 발췌문에서 치료자는 어떤 양식에도 특별한 판단을 하지 않고 중립성, 관심, 부드러움의 태도를 보이며 내담자와 더 강한 동맹관계를 형성하도록 한다. 사실, 치료자는 변화에 대한 어떤 초점도 고려되기 전에 더 깊은 '느낌' 수준에서 대처양식에 더 가까이 다가가려고 한다. 따라서 내담자는 다른 가능성에 대한 수용과 개방의 의사소통을 통해 치료 과정에서 위협을 덜 느낄 것이다.

신체 초점을 이용한 심리도식치료 기법 향상

많은 심리도식치료 기법은 신체 초점을 추가함으로써 향상될 수 있다.

다중의자 작업

의자 대화 훈련에서 치료자는 내담자에게 핵심 구성체의 렌즈를 통해 특정 양식을 탐색하도록 요청할 수 있다. 예를 들어, 치료자는 "당신이 이 양식/의자에 있을 때 (신체에서) 무엇을 느끼나요?"라고 물을 수 있다. 치료자는 또한 추적 기술을 사용하고 양식을 나타내는 특정 의자에 앉아 있는 동안의 내담자의 신체 자세 또는 미세한 움직임 및 음성 변화에 대한 관찰 내용을 피드백할 수 있다. 예를 들어, 치료자는 "당신이 '순응적 굴복자' 의자에 앉았을 때 목소리가 더 낮아지고 나를 바라보기보다는 바닥을 바라보는지 주목하세요."라고 말할 수 있다. 치료자는 신체적 패턴을 붕괴시키는 실험을 더 제안할 수 있다. 예를 들어, 구부정한 내담자에게 척추를 늘리고 위를 쳐다보고 치료자와 눈을 마주치도록 요청하는 것이다. 그들의 후속 경험은 새로운 습관을 통합할 수 있게 하는 핵심 구성체를 통해 탐색할 수 있다. 따라서 이전에 학습된 습관 패턴(도움이 되지 않는 심리도식 및 양식)의 신체적 붕괴는 새로운 신경 경로와 행동 대안의 개발로 이어진다('건강한 성인' 양식; Ogden et al., 2006; Levine, 2015).

심상 재구성하기

심상 재구성하기 훈련은 재구성하기 단계 이전에 신체적으로 지향된 질문을 함으로써 풍부해질 수 있다. 치료자가 "지금 당신의 몸에서 어린 루크를 느낄 수 있나요?"라고 질문하고, 핵심 구성체를 통해 이를 경험적으로 탐색함으로써 이미지를 정교하고 깊게 만들 수 있다. '아동양식'은 다음과 같은 질문을 통해 더 자세히 탐색할 수 있다. 이렇게 "긴장된/마비된/얼어붙은 등의 느낌은 어떤 느낌인가요?" "당신이 필요로 하는 것에 대해 당신에게 말해 주는 그 느낌은 무엇인가요?" "그 느낌과 관련된 충동이 있나요?" "당신의 몸은 그 충동으로 무엇을 하고 싶나요?" 그러한 질문은 과거 반응, 충동, 대처/비판 양식의 발달, 심리도식 및 양식에 대한 현재 촉발요인 사이의 연결을 구축하는 데 도움이 된다.

심상 재구성하기 훈련이 끝날 때 만족스러운 해결이 달성되면 내담자가 새로운 신경 경로의 통합을 지원하기 위해 긍정적인 정서를 유지하도록 격려하는 것이 유익할 수 있다. 긍정적인 정서는 한 손이 다른 손을 잡고, 다른 팔을 쓰다듬거나, '나비 포옹'을 함으로써 팔에 아이를 '안고' 있는 것과 같은 신체적 자원으로 향상될 수 있다. 정서적 및 신체적 통합을 촉진하기 위해 가능한 한 오랫동안 새로운 느낌에 머물러야 한다(Dana, 2018). 이것은 핵심 구성체를 통해 긍정적인 정서를 탐색함으로써 이루어질 수 있다. 일부 내담자에게는 긍정적인 정서가 낯설고 불안감을 자극하며 잠재적으로 혐오적이기 때문에, 이러한 느낌에 머물도록 적극적인 격려가 필요하다. 많은 외상을 입은 내담자는 긍정적인 정서를 두려워하므로 긍정적인 감정에 머물려면 속도를 조절하고 이에 대한 장애물을 탐색할 필요가 있을 것이다. 인지치료에서 단계적 노출의 원리를 이용하는 것은 여기서 도움이 될 수 있다. 적절한 방법은 각 경험적 훈련이 끝날 때 긍정적인 변화를 탐색하는 데 걸리는 시간을 점진적으로 증가시켜 긍정적인 정서에 대한 감내력을 지원할 수 있다.

핵심 구성체를 통해 경험을 연구하는 동일한 과정은 건강한 성인양식을 향상시킬 수 있다(내담자가 분리되거나 이성적인 상태와는 반대로 주의 깊게 머무를 수 있는 한, 내담자가 선호하는 어느 쪽이든 눈을 감거나 뜨고 있을 수 있다).

치료자: 훈련이 끝난 지금 기분이 어때요?

내담자: 기분이 좋아요. 저는 정말로 그것을 기대하지 않았어요. 너무 많이 나왔어요. 소화해야 할 것이 많아요.

치료자: 물론이죠. 오늘 여기서 많은 일을 하셨잖아요. 당신이 지금 기분이 좋다는 것은 정확히 무엇이죠?

내담자: 좀 더 편안해진 것 같아요. 마치 내가 뭔가를 놓아 버린 것 같아요. 그리고 터널 끝에 빛이 있는 것처럼 미래에 대한 희망도 느껴져요.

치료자: 참 듣기 좋아요. 그 편안함과 희망을 어디에서 느끼나요? 신체의 특정 위치에서 찾을 수 있을까요?

내담자: 잘 모르겠어요. 그것은 내 몸 전체인 것 같아요. 어깨 위에 놓여 있던 벽돌을 한 무더기 내려놓은 느낌이에요.

치료자: 아, 잘됐네요. 지금은 어떤가요?

내담자: 오랫동안 느껴 보지 못했어요. 정말 다행이에요.

치료자: 좋아요. 할 수 있다면 그 느낌에 좀 더 오래 머무르세요. [잠시 멈춤] 그것을 즐기세요. 그것을 받아들이세요. 그것과 친구가 되세요. 할 수 있는 한 그것과 오래 어울려 노세요. [잠시 멈춤] 이것이 건강한 성인양식이 느끼는 것이며, 당신을 위해 우리가 성장하고 강화하고자 하는 양식이에요. 당신이 이러한 감정과 감각을 가지고 연습하면 할수록, 그것들은 당신에게 더 자연스럽게 느껴질 거예요.

내담자: 아, 그래요, 말이 되네요. 좀 더 자주 그것들을 느낄 수 있었으면 좋겠어요.

치료자: 지금 느낄 수 있다면 또다시 느낄 수 있어요. 그들을 부드럽게 초대하고, 허락하고, 함께하는 것은 연습의 문제예요. 함께하는 것은 아직 익숙하지 않기 때문에 조금 낯설게 느껴질 수 있지만, 시간이 지남에 따라 그것들은 제2의 천성이 될 거예요.

탐침 실험

감각 운동 심리치료는 심리도식치료의 플래시 카드 기법과 유사하지만, 경험에 더 중점을 두고 있는 탐침(probe)의 기법을 사용한다(Kurtz, 1990; Ogden et al., 2006). 심리도식치료의 플래시 카드는 과거의 건강하지 못한 메시지나 신념과 싸우면서 대안적이고 보다 적응적인 건강한 성인의 관점을 향상시키는 데 사용된다(Arntz & Jacob, 2012). 탐침(상처를 살펴 찾는)은 건강한 성인의 관점을 강화하는 데 사용될 수 있지만, 또한 신념과 모순되는 진술에 대한 반응을 끌어내고 연구하는 데에도 사용될 수 있다. 예를 들어, 엄격한 기준 도식과 완벽주의자/과잉통제자 및 요구적 비판 양식을 가진 내담자는 '나는 항상 열심히 일해야 한다.' '휴식을 취하는 것은 시간 낭비다.' '일이 항상 우선이다.'와 같은 신념을 가질 가능성이 크다. 탐침을 효과적으로 사용하려면 먼저 개입이 필요한 심리도식과 양식을 뒷받침하는 신념을 확인해야 한다. 이어서 치료자는 오랫동안 유지된 신념과 모순되는 진술에 대한 내담자의 반응을 연구하기 위한 실험을 제안한다. 종종 내담자가 탐침에 대해서 주지화하거나, 중요하지 않다고 말하는 것을 단념시키면서 하나 또는 몇 가지 진술을 제안한다는 점에서 자발적이다. 탐침 작업의 목적은 인지적 대뇌피질 체계가 아니고 감각 운동 및 변형계의 활성화를 연구하는 것이다. 이것이 조절장애로 드러날 때는 탐침을 인지적으로 먼저 논의하여 실험 전에 기록해 두거나 탐침의 내용을 조정하여 덜 자극적으로 만들 수 있다. 탐침 실험은 종종 플래시 카드의 경우처럼 경험적 작업에 따른 인지적 '추가 기능' 역할을 하기보다는 회기의 주요 초점을 형성한다.

다음은 강력한 완벽주의자/과잉통제자 양식을 가진 내담자에게 탐침을 사용하는 예이다.

치료자: 우리는 열심히 일하는 것의 중요성과 휴식을 취하는 것이 시간 낭비라는 당신의 엄격한 기준 도식과 신념에 관해 이야기했어요.

내담자: 흠.

치료자: 오늘 저와 함께 이러한 신념을 더 탐색하기 위해 약간의 실험을 해 볼까요? 실험은 당신의 신념과 다른 몇 가지 진술을 말하는 것을 포함하고, 제가 큰 소리로 말할 때, 당신의 몸에서 무슨 일이 일어나는지를 알아차리는 거예요. 이 실험의 목적은 이 진술을 좋아하거나 동의하는지를 논의하는 것이 아니라, 이 말을 들을 때 당신의 몸과 감정에 어떤 일이 일어나는지 주의 깊게 연구하는 것이에요. 괜찮을까요?

내담자: 이상하게 들리지만, 시도해 볼 수 있어서 기뻐요.

치료자: 네, 좋아요. 그래서 당신이 해야 할 일은 충분한 시간을 가지고, 내면의 경험에 귀를 기울이는 것이에

요. 앞서 우리는 마음챙김 인식에 관해 이야기했는데, 이것은 지적인 마음에서 벗어나 감정과 몸에 맡기는 것을 의미해요. 괜찮겠어요?

내담자: 네, 해 볼게요.

치료자: 네, 제가 당신에게 하고 싶은 첫 번째 말은 [천천히 그리고 분명하게 말한다] 열심히 일할 필요가 없다는 겁니다. [잠시 멈춤] 그렇게 열심히 일할 필요 없어요. [잠시 멈춤] 이 말을 들었을 때 무엇을 알아차렸나요?

내담자: 가장 먼저 든 생각은, 말도 안 되는 소리라는 거예요!

치료자: 좋아요, 그것을 알아차리다니 잘했어요. 거기에 동반되는 감정이 있나요?

내담자: 정말 불편해요. 당신이 저에게 거짓말을 하는 것 같아요. 한 마디도 믿을 수 없는 것처럼요. 그것은 내가 누구라고 느끼는 것과는 완전히 달라요.

치료자: 아, 그래요. 정말 흥미롭네요. 정확히 무엇을 말하나요? 어디서 그 불편함을 느끼나요? 신체의 특정 부위에 있나요?

내담자: 몸, 특히 팔이 긴장되는 것을 느껴요.

치료자: 아! 예, 그렇군요! 저는 당신이 주먹을 살짝 쥐고 팔이 긴장되는 것도 봤어요. 만약 그들이 말할 수 있다면, 뭐라고 말할까요?

내담자: 흠, 그들은 내가 원하는 것을 위해 항상 싸워야 한다고 말하는 것 같아요.

치료자: 아, 좋아요! 거기에 분명한 메시지가 있지 않나요? 익숙한 주제 같지 않아요?

내담자: 네, 그게 제 인생의 이야기예요!

치료자: 물론이지요, 그것은 당신이 오랫동안 알고 있던 것이지요. 제가 다시 한번 말해 보고 지금 어떻게 되는지 볼까요?

내담자: 좋아요. 내가 좋아하는지는 모르겠지만 한번 해 보죠. 적어도 재미는 있어요.

치료자: 알겠어요. 하지만 너무 지나치면 말씀해 주세요. **[같은 탐침을 두어 번, 아주 천천히, 중간에 멈춤으로써 내담자가 느끼고 알아차릴 수 있는 충분한 시간을 제공하는 한편, 신체에 미묘한 표정, 움직임 등과 같은 변화가 있는지 자세히 추적하고 있다.]** 두 번째로 말할 때 이제 어떤가요?

내담자: 긴장이 좀 덜해요. 왜 그런지 모르겠어요. 이거 이상하네!

치료자: 알겠어요. 그걸 알아차리다니 대단하네요. 거기에 머무르세요. 이번에는 당신이 덜 긴장했다는 것을 말해 주는 것은 무엇인가요?

내담자: 팔이 덜 긴장되고, 호흡이 조금 느려지고, 당신과 싸우고 방어하고 싶은 마음이 별로 들지 않는 것 같아요.

탐침 실험의 목적은 오래되고 도움이 되지 않는 신념과 모순되거나 새로운 신념을 강화하는 진술의 영향을 신체적 수준에서 탐색하는 것이다. 탐침 작업의 목적은 현재의 신념과 모순되는 신념을 받아들이거나 어떤 식으로든 마음을 바꾸도록 강요하는 것이 아니다. 탐침 작업은 도움이 되고 생산적인 것으로 경험되는 한, 즉 경험의 조직에서 무언가가 변화할 때까지 계속될 수 있다. 탐침 작업이 진행 중이면 내담자에게 탐침의 언어를 조정하는 데 도움을 주거나 오래된 신념 대신 믿고 싶은 것과 같이 더 적합한 새 탐침을 생성하도록 하는 것이 유익할 수 있다. 종종 탐침에 대한 내담자의 초기 반응은 '믿을 수 없다.' 또는 '지적으로 이해하지만 사실로 느껴지지 않는다.'라는 것이다. '사실이 아닌' 측면은 다시 한번 더 관심 있고, 사려 깊고, 온화하고, 강압적이지 않은 탐색의 대상이 되는 주제의 일부가 된다.

치료자는 또한 내담자에게 과제로 탐침 목록을 읽거나 동일한 탐침을 반복해서 읽도록 제안할 수 있으며, 다른 형태의 치료에서 사용되는 확언과 달리 주요 목표는 특정 정서적 또는 행동적 상태를 달성하기보다는 그 영향에 대해 인식을 하는 것이라고 강조한다. 플래시 카드와 유사하게 탐침은 오디오를 녹음하고 일정한 간격으로 재생할 수 있다. 우리 자신의 임상 경험에 따르면 시간이 지남에 따라 탐침 실험을 수행하는 일반적인 효과는 인지-정서-신체 분열의 감소와 도움이 되지 않는 신념, 심리도식 및 양식의 강도 감소이다.

탐침 기법은 어떤 심리도식이나 양식에도 사용할 수 있으며, '아동양식'과 작업할 때 특히 강력하며, 제한된 재양육 과정을 지원할 수 있다. '나는 여기 당신과 함께 있다.' '당신은 혼자가 아니다.' '당신의 감정은 중요하다.'와 같은 탐침은 마음챙김 상태를 통해 이러한 것들을 받아들일 수 있는 내담자에게 중대한 영향을 줄 수 있다. 단절 및 거절 영역의 강한 도식을 가진 내담자들은 일반적으로 내담자와 치료자 사이의 애착 유대를 강화하는 진술로 감동하였다고 보고한다. 종종 내담자들은 관계적 수준에서 치료자에게 깊은 보살핌을 받고 '만났던' 느낌을 받는다고 보고한다. 내담자가 '알지만, 아무것도 느끼지 못한다.'라는 수준에 머무른다면 대처양식이 활성화되어 있고, 정서적 개방 능력이 여전히 제한적일 가능성이 크다. 핵심 구성체에 대한 주의 깊은 연구로 돌아가면 대처양식 또는 비판양식을 촉발한 것이 무엇인지를 더 이해하는 데 도움이 될 수 있으며, 새로운 탐침을 실험하여 촉발되는 관련 양식을 '알고' 해결할 수 있다.

결론

이 장에서는 심리도식치료의 핵심 기법의 향상을 위해 신체와 작업하는 여러 가지 방법을 설명한다. 이러한 작업방식은 반드시 새로운 기술 세트가 있어야 하는 것이 아니라 경험적 작업을 심화시키고 치료적 관계의 안전성과 조율을 향상하며 '신체적 경로'를 통해 임상적 변화를 촉진할 수 있는 잠재력을 가져오는 방향과 인식의 변화가 필요하다. 일반적으로, 언어습득 이전의 형태로 부호화된 외상 이력이 있는 사람들의 경우, 신체적 작업은 이전에 꽉 막혀 있었고, 너무 고통스러워서 내담자를 압도하고 조절하지 않고서는 접근할 수 없었던 내면의 경험과 더 안전하게 접촉할 수 있도록 한다. 치료자는 '자원 도구상자'를 통해 다양한 방안을 제공하여 관심과 조율로 현재 '일어나는' 일이 무엇인지 탐색하고 신체와 관계를 사용하여 이 작업의 토대를 마련하는 데 도움을 준다. 이 경험적 잠시 멈춤은 다른 수준의 느낌 이해, 통합 또는 움직임의 기회가 있다. 이러한 작업방식은 관심과 수용으로 내담자의 경험의 다양한 요소와 '함께할' 수 있는 보다 안전한 공간을 제공한다. 그리고 그것이 옳다고 느낄 때만 그들은 움직이거나 변화를 결정할 수 있다. 우리의 희망은 심리도식 치료자가 점점 더 자신감과 열정을 가지고 신체와 작업을 포용하고 그들의 임상 실제와 관련하여 이러한 존재 방식 중 일부를 일상적으로 통합하는 것이다.

치료자 조언

1. '몸은 기억한다.' 심리도식은 인지, 정서, 행동뿐만 아니라 시간이 지남에 따라 형성되고 초기 경험에서 비롯된 신체적 패턴과 습관이다. 내담자의 몸을 읽는 법을 배우는 것은 치료자와 내담자의 내면세계에 대한 이해에 많은 것을 추가할 수 있다.
2. 내담자가 '감내력의 한계' 내에서 각성을 조절하도록 지지가 되는 한 신체와 작업하는 것이 안전하다.
3. '핵심 구성체와의 춤'을 통해 내담자의 경험을 심화시킨다. 이는 모든 심리도식치료 기법을 향상시킬 수 있는 틀이다.
4. 새로운 습관의 통합을 촉진하기 위해 탐침과 같은 신체적 실험을 과감하게 해 보라.
5. 내담자의 내면세계를 주의 깊게 관찰하고, 관심을 두고, 인정하고, 내담자가 자신과의 관계를 발전시킬 수 있도록 돕는다.

6. 새로운 신경 경로 형성의 향상을 위해 가능한 한 오랫동안 새롭게 진화하는 긍정적인 정서에 머물라.
7. 내담자가 신체 감각을 신뢰하고 기분이 좋은 일을 더 많이 하도록 격려하라.

참고문헌

Arntz, A., & Jacob, G. (2012). *Schema therapy in practice: An introductory guide to the schema mode approach*. Chichester: Wiley-Blackwell.

Bennett-Levy, J., Butler, G., Fennell, M., Hackman, A., Mueller, M., & Westbrook, D. (Eds.) (2004). *Oxford guide to behavioural experiments in cognitive therapy*. Oxford: Oxford University Press.

Dana, D. (2018). *The polyvagal theory in therapy: Engaging the rhythm of regulation*. New York: Norton.

Farrell, J., Reiss, N., & Shaw, I. (2014). *The schema therapy clinician's guide: A complete resource for building and delivering individual, group and integrated schema mode treatment programs*. New York: Wiley.

Farrell, J., & Shaw, I. (2012). *Group schema therapy for borderline personality disorder*. New York: Wiley.

Kurtz, R. (1990). *Body-centered psychotherapy: The Hakomi method*. Mendocino, CA: LifeRhythm.

Layden, M. A., Newman, C. F., Freeman, A., & Byers-Morse, S. (1993). *Cognitive therapy of borderline personality disorder*. Needham Heights, MA: Allyn & Bacon.

Levine, P. A. (2015). *Trauma and memory: Brain and body in a search for the living past*. Berkeley, CA: North Atlantic Books.

Ogden, P., & Fisher, J. (2015). *Sensorimotor psychotherapy: Interventions for trauma and attachment*. New York: Norton.

Ogden, P., Minton, K., & Pain, C. (2006). *Trauma and the body: A sensorimotor approach to psychotherapy*. New York: W. W. Norton.

Porges, S. W. (2011). *The polyvagal theory: Neurophysiological foundations of emotions, attachment, communication, and self-regulation*. New York: W. W. Norton.

Rothschild, B. O. (2000). *The body remembers: The psychobiology of trauma and trauma treatment*. New York: W. W. Norton.

Schore, A. (2003). *Affect regulation and disorders of the self*. New York: Norton.

Siegel, D. (1999). *The developing mind: toward a neurobiology of interpersonal experience*. New York: Guilford Press.

Simeone-DiFrancesco, C., Roediger, E., & Stevens, B. A. (2015). *Schema therapy with couples: A practitioner's guide to healing relationships*. Chichester: Wiley Blackwell.

Van der Kolk, B. A. (1994). *The body keeps score: Memory and the evolving psychobiology of posttraumatic stress*. New York: Penguin.

Young, J. E., Klosko, J. S., & Weishaar, M. E. (2003). *Schema therapy: A practitioner's guide*. New York: Guildford Press.

제4장

핵심 정서적 욕구를 이해하고 충족시키기

– George Lockwood[1)]와 Rachel Samson[2)]

서론

심리도식치료의 궁극적인 목표는 내담자가 자신의 핵심 정서적 욕구가 충족되도록 지원하는 방식으로 양식 수정, 통합 또는 심리도식과 대처방식의 변경을 통해 자신 및 다른 사람들과 관계를 맺도록 하는 것이다. 이러한 욕구와 그것들이 충족될 수 있는 관계적 과정(치료자, 내담자의 건강한 성인 및 기타 사람들에 의해)을 이해하는 것은 모델의 핵심이며 풍부하고 단계적인 노력이다. 처음에 치료자와 내담자는 가능한 어린 시절의 기원을 밝히면서 현재 제시된 문제를 개별적인 심리도식과 양식에 연결하기 시작한다. 이 과정의 일부는 내담자의 내면세계와 다른 사람들에 대한 지속적인 애착을 형성한 초기 부모-자녀 상호작용에 대한 인식을 발전시키는 것을 포함한다. 이러한 상호작용들의 미묘한 차이를 완전히 이해하기 위해 치료자는 그들의 이력을 탐색하고 내담자의 기질, 부모의 특성 및 두 사람 사이의 상호작용을 확인하려고 시도한다. 부모-자녀 관계가 특정 핵심 정서적 욕구를 충족시키지 못했을 수도 있는 방식에 세심한 주의를 기울인다. 또한 회기에서 치료자는 재양육 태도를 보이기 위해 내담자의 충족되지 않은 욕구를 직접적으로 조율한다. 즉, 치료자는 심리도식 유지

1) 중서부 캘라마주(Kalamazoo)에 있는 심리도식치료연구소(Schema Therapy Institute) 소장이며 인지치료 아카데미(Academy of Cognitive Therapy)의 창립 펠로우이다. 그는 1982년 Aaron T. Beck의 지도하에 인지치료 분야에서 박사후 과정을 마쳤으며 정신분석적 심리치료 및 대상 관계 접근법에 대한 훈련을 받았다. 그는 고급 인증 심리도식 치료자 트레이너이자 슈퍼바이저이며, 1981년부터 Jeffery Young 박사와 함께 훈련하고 작업했으며(심리도식치료의 초기 개발에 참여) 지난 35년 동안 개인 실무를 유지해 왔다.

2) 임상심리학자로서 심리학석사(임상)이며 호주 심리도식치료센터의 공동 소장이다. 그녀는 복합 심리적 증상을 가진 개인, 커플 및 가족과 함께 작업한 광범위한 경험이 있으며 전 생애에 걸친 애착이론을 임상에 적용하는 데 관심이 있다. 그녀는 John Bowlby-Mary Ainsworth 전통에서 부모-자녀 애착 및 모의 민감성 평가에 대해 국제적으로 훈련을 받았다. 2018년 암스테르담에서 열린 ISST(International Society of Schema Therapy) 국제회의에서 Jeffrey Young 박사와 George Lockwood 박사와 함께 매우 민감하고 정서적으로 반응하는 내담자를 위한 심리도식치료의 확장 모델을 발표했다.

를 통해 성인기에 영속되는 어린 시절의 충족되지 않은 욕구에 대한 교정적 정서 경험을 제공하는 것(치료적 관계의 범위 내에서)을 목표로 한다.

우리가 심리도식치료의 핵심이라고 여기는 것은 제한된 재양육 과정이다. 그러나 우리가 치료에서 정서적으로 교정된 심리도식 치유 경험을 가장 잘 제공하고 촉진하는 방법에 대해서는 상대적으로 거의 언급되지 않았다. 이것이 이 장의 초점이며 긍정적 양육패턴(Positive Parenting Pattrens: PPPs)의 개념을 개략적으로 설명하고 이것이 내담자와 관련하여 우리의 재양육 자세를 어떻게 알릴 수 있는지를 설명한다. 우리는 이것들을 핵심 정서적 욕구를 충족시키는 데 가장 중심적이고 가장 직접적으로 관여하는 핵심 긍정적 패턴으로 본다.

긍정적 양육패턴과 핵심 정서적 욕구

Young, Lockwood 및 동료들은 초기에 초기부적응도식(Early Maladaptive Schemas: EMS; Lockwood & Perris, 2012; Young et al., 2003)과 관련된 가능한 부모 기원을 연구했다. 이것들은 각 EMS와 관련된 주요 부정적인 양육 상호작용에 대한 어린 시절의 기억을 자기 보고의 형식으로 확인되었다(Young, 1999). 그런 다음, 이러한 기억은 가설화된 부적응 패턴을 측정하기 위한 척도를 형성하기 위해 항목을 개발하는 기초로 사용되었다. 그러고 나서 Lockwood와 동료들은 이러한 구성개념의 가설화된 구조에 대한 요인분석적 연구를 시행하고, 결과 요인들을 Young 심리도식 질문지(Young Schema Questionnaire: YSQ)에서 나온 요인들과 상관을 보았다(Sheffield et al., 2005). 가장 강력한 경험적 기반을 가진 가장 최근의 연구는 여섯 가지 부적응적 양육패턴을 확인했다. 무시와 거절(Degradation and Rejection), 정서적 억제와 박탈(Emotional Inhibition and Deprivation), 처벌(Punitivemess), 과잉보호와 지나친 방임(Overprotection and Overindulgence), 경쟁과 지위 추구(Competitiveness and Satus Seeking), 과잉통제(Overcontrol)이다(Louis et al., 2018b). 문제가 있는 주요 양육패턴을 확립한 연구 집단은 핵심 욕구를 충족시키고 긍정적인 정신 건강 결과와 관련이 있다고 생각되는 긍정적 양육패턴을 확인하기 위해 일련의 상관관계 및 요인분석 연구(Louis et al., 2018a)를 수행했다. 일곱 가지 패턴이 발견되었다.

1. 정서적 양육과 무조건적인 사랑
2. 유희성과 정서적 개방성
3. 자율성 지원: 도전적인 목표를 달성할 수 있다고 믿고 보는 것

4. 자율성 부여: 자신 삶의 주체가 될 자유를 부여하는 것
5. 신뢰성: 지도와 지원의 제공에 있어서 확실하게 존재하고 신뢰할 수 있음
6. 내재적 가치: 자신에게 충실하고 다른 사람에게 공정하고 존중하는 동시에 본질적으로 의미 있는 삶의 목표를 추구하기 위한 지침을 제공함
7. 자신감과 역량: 부모로서 자신감 있고 유능한 모습을 보여 줌

최근 네 가지 광범위한 범주의 핵심 정서적 욕구의 존재에 대한 경험적 지지가 확립되었고, 후속 연구에서 이러한 욕구와 일곱 가지 핵심 긍정적 양육패턴 사이의 유의미한 긍정적인 관계가 발견되었다(Louis et al., n.d). 따라서 심리도식치료와 이 장의 초점 모두에 중심이 되는 가설을 지지한다.

긍정적 양육패턴은 행동, 어조, 감정, 태도, 신념 및 가치를 포함하는 광범위하고 널리 퍼진 주제 또는 패턴으로 정의되며, 이는 성인의 부모/양육자와의 상호작용에 대한 기억으로 회상되어 핵심 정서적 욕구를 충족시키고 안정 애착, 적응적 심리도식과 적응적 행동 성향의 발달로 이어진다.

이 장에서 우리는 일곱 가지 긍정적 양육 패턴이 치료에서 제한된 재양육의 역동적인 과정을 어떻게 알릴 수 있는지에 초점을 맞춘다. 이러한 패턴은 주로 핵심 욕구를 충족시키는 것으로 여겨지는 긍정적인 경험으로 정의되기 때문이다. 우리는 이 일곱 가지 긍정적 양육패턴이 제한된 재양육의 구조를 구성하는 교정적 정서 경험의 범위에 명확성과 정의를 추가하는 것으로 본다. 한 가지 가능성은 이러한 일곱 가지 긍정적 양육패턴이 초기 핵심 욕구를 충족시키기 위한 최적의 조건을 명확히 하는 첫 번째 단계이며, 여섯 가지 부적응(부정적) 양육패턴과 함께 초기 적응 및 부적응 도식 형성과 관련하여 귀중한 지침을 제공한다는 것이다. 다른 양육 모델들은 기껏해야 세 가지, 보다 일반적인 긍정적인 양육 특성 또는 방식(정서적 따뜻함, 권위적임, 관여하기)을 식별하는 반면(Louis et al., 2018a), 여기에 설명된 일곱 가지 긍정적 양육패턴은 부모가 핵심 정서적 욕구를 충족시키기 위해 제공하는 영양소의 전체 범위에 대한 보다 광범위하고 풍부하며 더 미묘한 차이가 있는 이해를 가능하게 한다.

기질의 역할

심리도식치료 모델은 기질이 부적응 도식과 양식의 획득에 중요한 역할을 한다고 가정하

고(Young et al., 2003), 이와 일관되게 최근에 갱신된 사례개념화 형식(International Society of Schema Therapy, 2018)은 내담자의 증상에서 기질 요인에 대한 고려를 명시적으로 가져온다. 그러나 일반적으로 심리치료의 맥락에서 기질에 너무 적은 가중치가 부여된다는 주장이 제기되었다(Aron, 2012). 심리도식 치료자가 치료 중(개념화를 넘어서) 기질에 대한 지식을 어느 정도까지 활용하는지는 불분명하다. 더욱이, 다음에서 더 논의된 바와 같이, 심리도식치료는 적응적 심리도식의 발달에서 기질이 작용할 가능성이 있는 중심 역할을 아직 다루지 않았다(Louis et al., 2018c). 이 장의 목표 중 하나는 이러한 기질-치료 상호작용의 밝은 측면과 이를 가장 잘 활용하는 방법을 추가로 인식하는 것이다.

지난 수십 년간의 연구는 성인 기질의 최소 네 가지 차원에 대한 합의를 끌어냈다. 외향성-내향성, 호감성-비호감성, 성실성-즉흥성/유연성, 민감성(신경증)-정서적 안정이다(Zuckerman, 2012), 우리는 이 모든 것이 내담자의 양육 욕구에 영향을 미친다고 믿는다. 예를 들어, 성실성 특성이 낮을수록 충동성에 대한 도움이 더 많이 필요하게 된다. 민감성 특성이 높을수록 조율적인(공감적인) 정서 지원과 매우 안정적인 애착이 더 많이 필요하게 된다. 더 내향적일수록 고요함, 고독, 소수의 사람과 더 깊은 관계를 찾고 보호하는 데 도움이 더 많이 필요하다. 호감성이 높을수록 자신을 옹호하는 데 도움이 더 많이 필요하고, 호감성이 낮을수록 다른 사람의 욕구와 감정을 고려하고 호혜성을 확립하는 데 도움이 더 필요하다.

높은 정서적 반응성과 높은 민감성의 특성은 또한 경계성 성격장애(Trull & Brown, 2013)의 특징을 정의하고 있으며, 따라서 심리도식치료와 매우 관련이 있다. 이 높은 민감성과 정서적 반응성이 명확하게 드러나는 한 가지 맥락은 스트레스에 대한 반응이다. 신체 내에서 이러한 높은 스트레스 반응성은 심박 수, 혈압 및 코르티솔의 증가와 같은 보다 강렬한 생리적 반응을 동반한다. 겉으로 보이는(표현형 수준에서) 이것은 매우 수줍음을 많이 타는 것과 강한 상관관계가 있다(Kagan et al., 1988). 스트레스가 많은 가정이나 사회 환경에서, 이 특성을 가진 아동과 성인은 훨씬 더 많은 양의 행동/정서적 문제와 의학적 장애(예: 전염병)를 겪는 것으로 밝혀졌으며, 하위계층에서 발견될 가능성이 더 크다(Boyce, 2019). 이러한 관점에서 보면, 이 민감성과 반응성은 분명히 불리한 것이며, 스트레스 취약성 모델이라는 관점에서 수십 년 동안 이러한 용어로만 보아 왔다. Boyce 등(1995)은 이러한 더 민감한 아동들('난초' 아이들이라고 부른 것)이 매우 양육적이고 지지적인 가정에서 자랐을 때, 실제로 덜 민감하고 탄력적인 '민들레' 아동들(Boyce가 도입한 용어)보다 건강하며, 전염병 발생률이 가장 낮고 정서적/행동적 문제 발생률이 가장 낮으며, 심지어 지지적 환경에서 자란 민들레 아동들보다 더 낮다는 것을 처음으로 발견했다. 난초 아동들과 성인은 또한 고도로 양육적인 환경에서 지배 계층의 최상위에 오를 가능성이 더 높다(Suomi, 1997; Boyce, 2019). 따라서 민감성이 허약함과 관련된 특성이기보다는 좋든 나쁘든 더 많은 조율 및 수용성과 관련된 특성이다. 제한된 재양육과 특히 관련이 있는 Belsky(1997a, 1997b, 2005), Belsky와 Pluess(2009) 및 Suomi(1997)는 영장류와 인간 집단 모두에서 일반적인 양육과 비교하여 매우 자애로운 양육의 영향을 연구했다. 이 기질과 관련된 빈번한 위기와 정서적 투쟁에 직면하여 특별히 인내심이 크고, 사랑스럽고, 이해심이 많고, 따뜻하게 반응하는 부모는 난초(더 민감한) 아동들을 키우며, 민들레(덜 민감한) 아동들보다 평생 더 높은 수준의 매우 안정적인 애착과 기능을 발달시킨다. 이 난초 아이들은 자라서 매우 자애로운 부모가 된다. 난초 아동들은 더 자애로운 양육으로부터 이익을 얻을 수 있는 더 큰 능력을 갖추고 있다.

다음에서 논의된 바와 같이, 민감성은 그 특성과 관련된 특정 욕구가 적절하게 충족될 때, 실제로 변화와 발전을 가능하게 하는 여러 특성 중 하나이다. 예를 들어, 많은 경계성 성격장애 내담자의 경우, 그들의 민감성은 제한된 재양육이 강력한 영향을 미칠 수 있는 특성인 취약성과 수용성에 대한 더 큰 가능성을 통해, 깊고 강하게 애착을 갖게 하는 그들의 능력에 기여할 수 있다. 심리도식치료가 이 내담자 집단에 대한 인상적인 효과를 확립한 것은 적어도 부분적으로는 특성 민감성의 차원이라고 주장할 수 있다(Lockwood et al., 2018). 진단 외에도 일반 인구의 15~20%는 더 민감하고 정서적으로 반응이 빠른 기질을 가지고 있으며, 이 사람들은 치료에서 우리의 도움을 구하는 대부분을 차지한다(Boyce, 2019; Aron, 2013). 이러한 이유로 다음 논의에서 우리의 임상 사례에서 우리가 집중하는 집단 중 하나이다.

긍정적 양육패턴: 임상적 기술 및 기법

우리는 처음 네 개의 긍정적 양육패턴에 관한 사례 예제와 논의를 제공하며, 공간 제한으로 인해 나머지 세 개의 핵심 기능 중 일부를 간략하게 강조할 것이다.

정서적 양육과 무조건적 사랑

첫 번째 긍정적 양육패턴인 정서적 양육과 무조건적 사랑은 제한된 재양육의 토대를 형성하며 일곱 가지 중 가장 다면적이다. 이 긍정적 양육패턴은 다음에 자세히 설명되고 있는 세 가지 하위 주제로 구성되는데, 정서적 양육(네 개의 개별 요소로 차례로 구성됨), 무조건적인 사랑, 그리고 강점과 지침이다.

1. 정서적 양육은 다음을 포함한다.
   깊은 애착: 깊이 이해된다고 느끼고, 공개적으로 자유롭게 이야기하고, 자신이 되기에 충분한 정서적 공간을 갖고, 현명하고 위안을 주는 사람과 충분한 공유 시간을 갖는 경험이다.
   애정: 따뜻하고 애정 어린 사람으로부터 적절한 시기에 적절한 방식으로(부모로부터) 신체적 애정을 받는 것이다. 치료적 관계 내에서 접촉의 복합성을 고려할 때 따뜻함 및 비신체적 애정이 여기의 주요 요소이다.
   필요할 때 이용 가능성: 누군가가 자신의 욕구를 충족시키고 밤낮으로(부모로부터) 편안함과 안전을 받을 수 있다는 확신을 하는 것이다. 치료 내에서 이것은 치료자가 대면 회기를 넘어서 그들의 욕구를 염두에 두고 적절한 전문적 한계 내에서 높은 스트레스/위기가 있을 때 그들을 위해 존재하는 것으로 해석된다(예: 추가 전화 예약, 추가 지원 구성, 이행 대상 제공 또는 이메일 재양육 메시지 제공).
   개방성: 정서적으로 개방적이고, 표현력이 풍부하며, 연결을 촉진하는 데 도움이 되는 자기 개방을 사용하는 사람을 갖는 것이다.
2. 무조건적인 사랑: 자녀 또는 내담자의 실수에 직면하여 인내심을 갖고 갈등하는 가운데, 필요할 때 존중하고 배려하는 방식으로 적절한 한계를 설정하고 자신의 실수를 쉽게 인정하는 부모/치료자를 포함한다.
3. 강점과 지침: 목표를 설정하고 과제를 수행하는 데 도움을 제공하고, 건전한 조언과 방향을 제시하고, 도전에 직면했을 때 지원하고 격려한다.

치료적 의미에서의 정서적 양육과 무조건적인 사랑은 다면적이고 자발적이며 진정한 보살핌, 깊은 감사와 정서적 관여를 나타내지만, 그것이 제한된 치료적 관계 내에서 발생한다는 점에서 낭만적이거나 친구 사이 또는 가족 간의 사랑과는 다르다. 이처럼 양육과 사랑은 단순히 연결을 촉진하거나 정서적 지원을 제공하는 것이 아니라 필요할 때 한계를 설정하는 것과 더불어 자율성 형성을 지원하는 것을 포함한다. 우리는 이러한 주제의 최적 통합이 적절한 시기에 자율성과 자기조절에 점진적으로 초점을 맞추면서 애착, 애정, 가용성 및 개방성의 욕구에 대한 초기의 조율을 포함하는 것으로 본다.

사례 예시: 엘리야

다음 사례는 위에서 설명한 세 가지 하위 주제 중 하나인 정서적 양육의 네 가지 개별 요소가 매우 민감한 내담자를 대상으로 한 작업에서 표현되는 경우를 보여 준다. 20세의 철학과 학생인 엘리야(Elijah)는 치료 과정을 통해 극심한 정서적 고립에서 깊은 연결로 전환했다. 그는 심각한 불안과 우울증, 정서 조절장애, 알코올 남용, 의학적 치료가 필요한 자해, 자살 시도를 한 적이 있으며, '치료'가 필요하다고 믿었다. 이러한 증상들의 밑바탕에는 매우 민감한 기질, 깊은 정서적 결핍감, 그리고 근본적으로 수용될 수 없고, 다르고, 결함이 있다는 느낌이 있었다.

엘리야는 부모에게 매우 예민하고 '심오한' 아이로 여겨졌다. 그는 "아무도 나와는 같지 않고, 내 두려움이나 큰 실존적 질문을 이해하지 못하는 것 같았어요. 엄마는 웃어넘겼어요, 내 또래의 아이들이 그런 것들을 물어보는 것이 우습다는 듯이…… 나는 이 모든 것을 내면화했고 내가 결함이 있다고 믿었어요. 내가 너무 예민했고, 너무 심오했어요. 다른 사람들은 나를 절대 이해하지 못할 거예요. 진정으로 연결되는 것은 불가능할 거예요."라고 말했다.

그의 아버지는 좀처럼 긍정적인 감정을 드러내지 않았고, 반응도 없었고, 참을성도 없었다. 엘리야가 감정적이거나 우울할 때 비난하고 거부하거나, 작은 잘못에 대해서 이해하지 못하고 체벌을 사용했으며, 지지하는 방법을 알지 못했다. 어머니는 무신경하고 참견하며 끼어들었다. 그녀는 소통을 강요하지만 잘못 조율하고 있었을 것이다. 엘리야는 안정 애착이 없었고, 청소년기 중반까지 우울증에 빠져 자살과 자해를 많이 했다. 엘리야에게 깊이 이해받는다는 것은, 매우 불안하고 해리된 느낌이 자신의 잘못이나 잘못하고 있는 것이 아니라, 오히려 반복적인 외상 경험을 통해 신경생물학적 수준에서 애착이 안전하지 않고 매우 위협적이라는 것을 알게 되었기 때문이라는 것을 처음으로 인식하는 것을 의미했다.

치료자는 그가 민감성, 조율 및 안전에 대한 반복적인 경험이 필요하다는 것을 이해했고, 그의 신경생물학적 체계가 이 속도를 조절할 것이고, 그 과정을 서두를 방법이 없다는 것을 이해했다. 치료자의 지침에 따라 언어적 및 비언어적 방식으로 그가 함께 있는 것이 안전하다고 느끼도록 돕는 것은 침묵의 시간, 비언어적 미소 및 시선 접촉, 회기 사이에 노래와 이미지가 있는 이메일을 보내는 것을 포함한다. 엘리야가 주어진 시간 안에 자신의 경험을 말로 표현하는데 '실패'하면 처벌적이고 자해를 하게 될 것이므로 그에게 약간의 추가 시간이 주어졌다. 이것은 깊은 애착에 필요한 인식의 시간을 제공했다. 치료자는 이 과정을 신뢰했고, 그의 침묵은 두려움과 함께 깊이 처리되고 있음을 이해했다. 시간이 지남에 따라 그는 이전에 혼자 처리했던 것을 공유하기 시작했다.

알코올과 자해는 조절되지 않은 감정을 마비시키는 데 사용되었다. 이러한 대처 기제를 줄인다는 것은 치료자가 이 단계에서 조절과 지원을 제공하는 것을 돕기 위해 회기 밖에서 더 접근할 수 있고 이용 가능하여야 한다는 것을 의미했다. 여기에는 치료자가 확인하고 이메일 연락처를 제공하고 치료 예약 사이에 몇 통의 전화, 앞에서 언급한 '24시간 필요할 때 이용 가능성'과 유사한 치료법이 포함되었다. 애착이 커지면서 엘리야는 고립감을 덜 느끼기 시작했고, 더 깊고 강력하며 만족스러운 조절의 원천으로서 그 유대감을 경험하기 시작했다. 동시에 그의 자해, 알코올 남용, 자살은 극적으로 감소했다.

신뢰가 쌓이면서 엘리야의 이력이 치료 관계에서 안정감과 조화로운 느낌 속에서 처리될 수 있었다. 이해의 깊이가 깊어졌고 그의 삶의 이야기는 더욱 일관성을 갖게 되었다. 그로 인해 더 안정감을 느꼈다. "저는 이제는 어린 시절을 돌아보지 않고 결함이 있다고 느끼지 않아요. 이제 제가 간절히 필요로 했던 것을 얻지 못한 것을 뒤돌아보면서 슬픔을 느껴요. 또한 저와 같은 사람들(심층 지향적이고 민감한)이 너무 많고, 필요할 때마다 이렇게 연결할 수 있다는 것을 알고 있어요."

유희성과 정서적 개방성

앞에서 논의한 긍정적 양육패턴인 정서적 양육과 무조건적인 사랑은 주로 부정적인 감정의 최소화와 관련이 있다. 그러나 긍정적인 감정의 확대(유희성과 정서적 개방성 긍정적 양육패턴과 관련됨)도 안정 애착(Schore, 2001; Schore & Schore, 2007)과 양육의 핵심 요소이다. 이 긍정적 양육패턴은 부모/치료자가 즐겁고 재미있고 정서적으로 개방적이며 자발적인 것을 포함한다. 그것을 정의하는 몇 가지 항목은 다음과 같다. '부모님은 마음이 내키면 어린아이처럼 행동하고 나와 함께 유치하게 놀 수 있다.' '부모님은 원할 때 자유롭게 표현할 수 있었다.' '부모님이 원할 때 내가 장난치기 쉬웠다.'

여성 내담자가 거실 소파 뒤에 숨어 있는 어린 소녀로 자신을 상상하고 종이에 그림을 그리며 외롭고 두려운 느낌을 주는 심상 작업에 대해 한 수련생이 논의했다. 그 이미지에서 수련생의 초점은 두려움과 슬픔에 대한 내담자의 감정에 대해 대화를 시도하여 연결하는 것이었다. 내담자는 치료자가 가까이 오는 것을 원치 않았고 말하고 싶어 하지도 않았다. 우리는 내담자가 그리는 것에 관심을 가지고 상상의 세계에 합류하여 더 긍정적이고 쾌활하고 재미있는 방식으로 연결하게 할 수 있는 방법을 제안했다. 이러한 차원을 심상에 추가하고, 광범위하게는 치료에서 그녀가 마음을 열고, 치료자와 더 쉽게 연결되도록 도왔고, 그들이 함께 작업할 때 재미와 즐거움의 요소를 추가했다. 수련생은 자신도 모르는 사이에 내담자와의 작업에서 주로 '도구상자 양식'에서 문제를 해결하려 하고, 재미와 놀이를 통해 분리된 보호자 양식을 우회하는 것과 같은 일을 자연스럽고 더 쉽게 달성할 수 있는 기회를 놓치고 있음을 알게 되었다.

이 책의 제10장(Shaw)과 Lockwood와 Shaw(2012)의 책 또한 이 주제에 대한 광범위한 토론과 사례를 제공한다.

자율성 지원

이 긍정적 양육패턴은 누군가를 믿고 그들이 도전적이고 가치 있는 목표에 성공할 수 있다고 믿는 것을 포함한다. 그것은 긍정적이고 존중하는 방법으로 강점과 역량을 찾고, 개발하고, 기뻐해 주는 것을 포함한다. 이것이 일부는 상황이 악화하는 것처럼 보이는 장기간의 어려운 긴장 중에도 내담자의 잠재력을 잃지 않는 것을 의미한다. 이 긍정적 양육패턴을 정의하는 항목에는 다음이 포함된다. '내가 중요한 일에 성공했을 때 자랑스러웠는가?' '나를 강하고 탄력성 있는 사람으로 보았는가?' '또래가 할 수 있는 문제를 해결할 수 있는 내 능력에 자신감이 있었는가?' '도전적인 목표에 성공할 수 있는 능력을 믿었는가?'

자율성 지원은 두 가지 측면으로 구성된다.

- 역량을 찾고 아는 것(예: 도전적인 목표에 성공할 수 있는 사람의 능력을 믿는 것)
- 칭찬과 긍정적인 초점(예: 중요한 일에 성공했을 때 누군가를 자랑스러워하는 것, 실수나 결점을 지적하지 않고 누군가가 잘한 일에 초점을 맞추는 것).

사례 예시: 타마라

타마라(Tamara)는 회피성 성격장애와 매우 민감한 기질을 가진 37세의 독신 여성이었다. 그녀는 이전에 수년간 심리치료를 받았는데 사회적 불안과 데이트에 대한 두려움과 회피에 거의 효과가 없었다. 이 치료에는 그녀가 누군가를 만날 수 있는 상황을 만들고, 남자들과 대화를 시작하려는 시도의 과제가 포함되었다. 이때 그녀는 변함없는 극심한 불안과 극복할 수 없는 접촉을 피하고 싶은 충동을 느꼈다. 실제 데이트를 하는 몇 안 되는 상황에서 그녀는 얼어붙는 느낌, 벽 쌓기, 끝날 때까지 시간을 세는 것과 관련된 이른바 '정서적 차단'을 경험했다. 데이트는 첫 만남 이후 거의 진행되지 않았으며, 그녀는 관심을 표명한 소수의 남성을 거부했다.

그녀는 다양한 치료적 접근 방식을 알아보고 더 깊은 수준에서 변화에 도움이 되기를 희망하여 심리도식치료를 찾았다. 심상 작업 초기에 타마라(Tamara)는 여섯 살의 자신이 옷장 문간에서 공 모양으로 웅크린 채 아무도 없다고 느끼면서 겁에 질려 말을 하지 못하는 것을 보았다. 청소년이 되었을 때 그녀는 강렬하고 무뚝뚝하며 거만한 분리된 보호자 양식을 발달시켰다. 치료의 처음 몇 달은 따뜻하고 안전한 기반을 개발하는 데 중점을 두었다(앞에서 논의한 정서적 양육과 무조건적인 사랑의 긍정적 양육패턴에 주안점을 두고). 이를 통해, 처음에 심상에서 발견된 어린 타마라는 사랑스러움, 자신감, 개방성, 호기심 그리고 심지어 그녀의 주변 세계와 사람들을 탐색하는 것에 관심을 경험하기 시작했다.

그녀의 분리된 보호자 양식은 여전히 존재했지만 모든 장면에서 나타나지는 않았다. 그녀는 두려움 없이 동료의 작별 파티에 참여하라는 요청에 답하고 실제로 자연스럽게 일부 상호작용을 즐기는 자신을 발견했다. 이것은 새로운 경험이었다. 그러나 그녀의 생각이 남자들에게로 향했을 때, 그녀는 동일한 강한 회피와 압도적인 불안을 느꼈다. 그녀는 27년 동안 노력했지만 어떤 관계도 친밀하고 지속적으로 발전시키지 못했기 때문에, 그것을 할 수 없다고 말했다. 치료자는 그녀가 매우 두려워하고 있다는 것을 이해했지만, 그녀는 더 깊은 차원에서 다른 곳에 있었다고 설명했다. 이전에는 공처럼 웅크리고 겁에 질린 어린 소녀와 함께 데이트를 해 왔지만, 이 어린 소녀는 이제 기분이 좋아지고, 더 개방적이고 모험적이라고 느꼈다. 어린 타마라는 치료자가 그녀를 위해 그곳에 있으리라는 것을 알았고, 진전됨에 따라 그것은 '매우 새로운 게임'이었다. 그녀는 이러한 관점에 고무되어 데이트 웹사이트에 프로필을 올릴 계획을 세웠다.

이 시점에서 타마라는 매우 민감한 기질을 가진 조카 폴라(Paula)와 함께했던 경험이 떠올랐다. 네 살 때 폴라는 놀이터에 있는 밧줄 다리를 건너다가 갑자기 더 가지도 되돌아오지도 못하고 두려워하며 얼어붙었다. 아래에 서 있던 타마라는 폴라의 얼굴에서 보이는 공포를 볼 수 있었다. 부모들이 올라가서 폴라를 데리고 내려오겠다고 말했다. 타마라는 자신의 경험을 통해 이런 순간을 잘 알고 있었고, 폴라에게 무엇이 필요한지 본능적으로 알고 말했다. "무서워도 괜찮아. 할 수 있어. 내가 바로 여기 있어. 내가 여기 있을게." 타마라는 이것을 몇 번 반복했고 두려움이 줄어드는 것을 볼 수 있었다. 그러고 나서 폴라는 천천히 그리고 자신 있게 다리를 건너기 시작했다. 타마라는 반대편 사다리에서 두 팔을 벌리고 내리는 폴라를 꼭 껴안아 주면서 얼굴에 뿌듯함이 묻어나는 것을 볼 수 있었다.

치료자는 타마라가 데이트에 대한 두려움에 대처할 수 있는 새롭게 개발된 역량을 가지고 있으며, 이제는 그것을 마주하고 관리할 수 있는 위치에 있으므로, 타마라가 당시 폴라와 같은 위치에 있다는 것을 알고 있었다. 치료자는 이러한 변화를 알고 있었고 그녀를 믿을 만한 충분한 이유가 있었고, 타마라는 자신을 더 믿기 시작했다. 이 새로운 믿음은 그녀가 첫 데이트를 상상할 때 더 사랑스럽고 희망적이며 모험에 개방적이라고 느낀 어린 타마라와 그녀의 분리된 보호자 사이의 양식 대화에 의해 더욱 촉진되었다. 데이트 프로필을 만드는 과정에 직면하기 위해서 심상과 양식 대화를 사용하는 것은 논리적인 다음 단계였을 것이다. 이 경우 그녀에게는 이것을 기꺼이 도울 준비가 되어 있는 친한 친구가 있었고, 그녀와 이를 함께 하려는 것이 분명했다(다음의 자율성 부여 참조). 이 방법으로 타마라와 작업하면서, 그녀의 역량을 믿고 삶의 도전에 직면했을 때 치료자는 어린 타마라를 지원하고 믿는 것을 포함하여 숙달시킬 수 있는 자율성 지원(및 부수적으로 자율성 부여)의 핵심 원리를 구체화했다.

일곱 가지 긍정적 양육패턴이 등장한 Louis 등(2018a, 2018b)의 연구에서 자율성 지원은 여섯 가지 적응 구성개념의 측정(자율성, 환경적 숙달, 개인적 성장, 타인과의 긍정적 관계, 삶의 목적, 자기 수용)[3]을 포함하는 Ryff의 심리적 안녕감 척도(Ryff & Keyes, 1995)에 의해 측정된 적응 기능의 차원과 함께 일곱 가지 모두에서 가장 강력한 상관관계가 있는 것으로 밝혀졌다.

자율성 부여

여기에는 개인 스스로 선택, 사생활, 부적절한 감시 없이 자신의 삶을 탐색하고 처리하는 그들의 능력에 대한 존중이 포함된다. 우리는 광범위한 기질, 선호도 및 삶의 선택에 대한 개방성, 관심 및 조율을 이 구성개념의 중심적인 측면으로 본다. 이 주제에서 높은 평가를 받는 치료자는 내담자에게 개방적이고, 비판단적이며, 수용적인 사람이라는 인상을 줄 것이다. 이 긍정적 양육패턴은 치료와 광범위한 관련성을 가지고 있다. 우리는 여기서 자율성 부여의 세 가지 예를 간단히 언급한다.

3) 제한된 재양육과의 유사점을 암시하지만, 이러한 상관관계는 내담자 및 치료자에 대한 연구에 기초한 것이 아니라 적응 및 부적응 기능의 측정과 상관관계가 있으므로 부모가 된 경험에 대한 성인의 기억에 기초한다는 점을 명심하는 것이 중요하다.

예시 1: 정서적 경험

로빈(Robin)은 예민하고 표현력이 풍부한 내담자였고, 어린 시절에도 항상 그랬다고 말했다. 그녀의 아버지는 감정 표현이 조심스러워서, 그녀가 '감정을 드러내고' '사소한 문제에 과민 반응'하는 방식에 대해 매우 비판적이고 부끄러워했다. 로빈은 아버지의 한계를 말하고, 그녀가 더 나은 대우를 받을 자격이 있다고 치료자가 느꼈다는 사실을 말하는 것을 좋아했다. 자신의 감정의 강도에는 아무런 문제가 없다는 것을 깊이 확인했고 이해했다. 이것은 근본적으로 아버지의 문제였다. 그러나 로빈은 아버지에게 화를 내지 않았다. 치료자는 그녀의 분노가 억제되고 있는 것인지 혹은 금지되고 있는 것인지 궁금해하면서 이 시점에서 딜레마를 느꼈다. 처음에 그녀가 어린 시절의 심상에서 분노와 연결되도록 격려했다. 하지만 로빈의 반응은 아버지에 대한 감정은 분노가 아니라고(그 상황에서 치료자가 약간 곤혹스럽게 생각했음에도 불구하고) 추측했다. 치료자는 관심과 수용으로 함께 반응을 공유했고, 로빈은 자신만의 방식으로 사물을 느낄 수 있는 공간을 준 것에 감사한다고 말했다. 치료자는 내담자가 자신의 정서적 경로를 결정할 수 있도록 하는 동시에 적극적인 관심과 대응을 통해 보살핌과 참여를 유지함으로써 자율성 부여의 원리를 보여 주었다.

예시 2: 개입의 선택

심리도식 치료자로서, 우리는 변화를 촉진하는 것으로 이해되는 다양한 경험적 기법과는 다른 개입을 사용하도록 권장된다. 일부 기법(예: 심상 재구성하기)의 경우 적용에 대한 좋은 경험적 증거가 있으며, 기법의 사용을 꺼리거나 거부하는 것을 이해하기 위해 내담자의 대처양식과 작업할 필요가 있다. 종종 치료자도 기법 사용을 두려워하고 두려움을 극복하기 위해 슈퍼비전을 통한 도움이 필요하다. 그러나 우리는 개입을 선택할 때 자율성 부여의 원리도 염두에 두어야 한다고 주장한다. 일부 내담자의 경우 심리도식치료에서 특정 기법 사용 없이 진전이 일어나고, 특정 방법을 무척 싫어하여 비효율적으로 만들 수 있다. 여기에는 반드시 '건강하지 않다'라고 할 수 없는 다양한 기질적이고 개인적인 이유가 있을 수 있으며, 그것은 그들의 욕구를 충족시키는 다른 방법을 탐색하는 자율성 부여의 원리와 일치한다. 예를 들어, 엘리야(이 장의 시작 부분에서 논의된)는 심상보다 치료자와의 즉각적인 재양육 경험을 선호했으며, 심상의 '마치~ 인 것처럼'이 이상하고 산만하다는 것을 알게 되었다. 치료자는 활동에서의 잠재적인 양식(예: 심상에 대한 분리된 보호자의 감정을 탐색)에 대해 궁금해했지만, 이 특별한 방법이 엘리야의 욕구를 충족시키는 데 필요하지 않으며, 치료에서 큰 자율성을 부여하는 것이 더 중요하다는 것을 깨닫게 되었다.

예시 3: 사교성

자율성 부여의 미묘한 부족은 더 내향적인 기질을 가진 사람들이, 더 많은 사교 활동을 하거나, 더 많은 친구를 사귀거나, 더 외향적인 기질의 필요에 따라 집단의 일원이 되도록 격려하는 좋은 의미의 노력에도 발생한다. 이러한 미묘한 차이에 주의를 기울이지 않으면, 내향적인 내담자들은 자신의 자연스럽고 건강한 성향이 결함인 것처럼 느낄 수 있다.

신뢰성

신뢰성은 치료자가 내담자를 버리지 않고, 지지하고, 보호하고, 필요할 때 옹호하고, 꾸준하고, 일관되고, 책임감 있게 행동하고, 약속과 과제(예: 숙제)를 이행하고, 정기적인 회기가 아닌 시간에 내담자를 염두에 두고 추가 지원을 제공할 수 있는지 알고, 필요할 때 중심적인 삶의 목표를 추구하기 위한 훈련과 충동 조절을 발달시키는 데 있어서 지도하고 지원할 수 있다는 것을 입증하는 것을 포함한다. 이것은 또한 내담자를 위한 전반적인 '전략'을 개발하는 것을 포함하고, 이는 '직감으로 하는' 접근 방식이나 회기별 접근 방식보다는 명확하고 완전한 사례개념화와 관련된다. 치료자의 특성은 충분히 양심적 · 헌신적이며 내담자의 경험은 안정적이고 전문적으로 관리되어야 한다.

예시: 신뢰할 수 있는 존재

매우 민감한 기질을 가진 내담자인 크리스(Chris)는 암의 가능성을 확인하기 위해 병원에 갔다. 그 결과를 들을 때 혼자 있을 것 같았다. 치료자는 크리스가 외과 의사의 진단을 듣고 나서 전화하기로 하여 중요한 시기에 지원을 제공했다. 이 경우 치료자는 크리스를 염두에 두고 가장 중요할 때, 의지할 수 있음을 보여 주었다. 이것은 크리스(불신/학대 도식를 가짐)에게 회복의 순간이었고, 후속 회기에서 더 완전히 개방했다.

내재적 가치

이 긍정적 양육패턴은 내담자가 다른 사람들에게 깊은 인상을 주거나, 지위나 돈을 얻거나 획득하는 것과 동등하거나, 앞서서, 자신에게 진실하고, 공정하고, 친근한 것을 우선시하는 것을 배우도록 돕는 것을 포함한다. 이것의 중심은 내담자가 개인적으로 의미 있는 것을 추구하는 것과 관련해서 공정하고 존중하면서 숙달을 추구하는 동시에 자신을 발견하거나 참여하기로 선택한 역량 계층 내에서 적응적으로 기능하는 것을 배우는 것이다.

자신감과 역량

이 긍정적 양육패턴은 부모가 정서적으로 강하고 안정적이며 예측 가능하며, 일을 완수하는 데 효과적이며, 현실적인 기대를 하는 것으로 부모를 경험하는 아동과 관련이 있는 것으로 나타났다. 치료자로서 이것은 무엇보다도 매우 안전하고, 자신 있고, 유연하고, 개방적이며, 확신을 주는 것을 포함한다. 흥미롭게도, 이 긍정적 양육패턴은 또한 내담자들의 어려운 질문이나 도전에 편안하고 개방적이며, 이를 통해 내담자가 우리로부터 배우는 과정에서 긍정적인 양육패턴을 학습하는 것을 포함한다.

요약 및 결론

심리도식치료 과정의 핵심은 내담자의 충족되지 않은 정서적 욕구를 확인하고 적절한 경계 내에서의 제한된 재양육을 통해 치료 관계 내에서 이러한 욕구를 충족시키는 것이다. 그러나 현재까지 우리의 느낌은 제한된 재양육이 치료의 중심적이고 매우 미묘한 측면임에도 불구하고 구성개념으로 제대로 표현되지 않았다는 것이다. 우리는 일곱 가지 핵심 긍정적 양육패턴이 제한된 재양육 역할 내에서 인식하고, 조율하고 효과를 높이는 데 잠재적으로 유용한 틀을 제공할 것을 제안함으로써 이 영역을 진전시키는 것을 목표로 한다. 우리는 내담자의 충족되지 않은 정서적 욕구에 대한 해독제 역할을 할 수 있는 관계적 특성에 대한 설명을 제공한다. 우리는 이것이 치료자 자신의 재양육 스타일을 연마하는 데 도움이 될 뿐만 아니라, 초심 치료자들, 다른 모델에서 치료 방향을 전환하는 치료자들에게 주요 관계 과정에 대한 유용한 개요를 제공할 수 있기를 바란다.

물론, 우리는 우리가 긍정적 양육패턴의 완전하거나 포괄적인 목록을 제공한다고 가정하지 않는다. 오히려, 우리는 심리도식치료 내에서 제한된 재양육의 중요한 요소를 설명하고 해석하기 위한 공유언어 개발의 발판을 제공하는 것을 목표로 한다. 지금까지 설명된 연구는 제안된 긍정적 양육패턴에 따른 치료자의 조율 및 행동이 더 좋은 치료 결과를 제공하는지를 탐색하는 계획연구 설계로 더욱 향상될 것이다.

치료자 조언

1. 심리도식치료 맥락에서 우리의 재양육 기술을 연마하기 위한 이론적 틀로서 일곱 가지 긍정적 양육패턴을 염두에 두는 것이 중요하다.
2. 이 일곱 가지 패턴 모두가 연결과 자율성에 대한 욕구를 충족시키는 데 관여한다.
3. 이 일곱 가지 패턴은 심리도식치료의 모든 기술적 측면(예: 심상 재구성하기, 의자 작업, 양식 대화, 신체 작업)이 이상적으로 뿌리내릴 치료자의 핵심 역량을 정의하는 데 도움이 된다.
4. 우리는 제한된 재양육의 관계적 구조에 대한 견고한 기초가 치료 도구 사용에 생명을 불어넣을 것이며, 기법이 이러한 패턴의 구현과 관련된 느낌과 암묵적인 인식에서 자연스럽게 나오기 때문에 각본화된 접근법의 필요성을 줄일 것이라고 믿는다.

참고문헌

Aron, E. (2012). Temperament in psychotherapy: Reflections on clinical practice with the trait of sensitivity. In M. Zentner & R. Shiner (Eds.), *Handbook of Temperament* (pp. 645-670). New York: Guilford Press.

Aron, E. (2013). *The Highly Sensitive Person*. New York: Citadel Press.

Belsky, J. (1997a). Variation in susceptibility to rearing influences: An evolutionary argument. *Psychological Inquiry, 8*, 182-186.

Belsky, J. (1997b). Theory testing, effect-size evaluation, and differential susceptibility to rearing influence: The case of mothering and attachment. *Child Development, 68*, 598-600.

Belsky, J. (2005). Differential susceptibility to rearing influences: An evolutionary hypothesis and some evidence. In B. Ellis & D. Bjorklund (Eds.), *Origins of the Social Mind: Evolutionary Psychology and Child Development* (pp. 139-163). New York: Guilford Press.

Belsky, J., & Pluess, M. (2009). Beyond diathesis stress: Differential susceptibility to environmental influences. *Psychological Bulletin, 135*(6): 885-908.

Boyce, W. T. (2019). *The Orchid and the Dandelion: Why Some Children Struggle and How all can Thrive.* New York: Alfred Knopf.

Boyce, W. T., Chesney, M., Alkon, A. et al. (1995). Psychobiologic reactivity to stress and childhood respiratory illnesses: Results of two prospective studies. *Psychosomatic Medicine, 57*(5), 411-422.

International Society of Schema Therapy (2018). Schema therapy case conceptualization form, 2nd edition, Version 2.22, d.edwards@ru.ac.za or office@isstonline.com

Kagan, J., Reznick, J. D., & Snidman, N. (1988). Biological bases of childhood shyness. *Science, 240*(1998), 167-171.

Lockwood, G., & Perris, P. (2012). A new look at core emotional needs. In M. van Vreeswijk, J. Broersen, & M. Nadort (Eds.), *The Wiley-Blackwell Handbook of Schema Therapy: Theory, Research and Science* (pp. 41-66). West Sussex, UK: Wiley-Blackwell.

Lockwood, G., & Shaw, I. (2012). Schema therapy and the role of joy and play. In M. van Vreeswijk, J. Broersen, & M. Nadort (Eds.), *The Wiley-Blackwell Handbook of Schema Therapy: Theory, Research and Science* (pp. 209-227). West Sussex, UK: Wiley Blackwell.

Lockwood, G., Samson, R., & Young, J. (2018, May). Sweeping life transformations: The farther reaches of schema therapy. Workshop, International Society of Schema Therapy convention, Amsterdam, Netherlands. www.schematherapysociety.com/Sweeping-Life-Transformations

Louis, J. P., Davidson, A. T., Lockwood, G., & Wood, A. M. (n.d.). Schema Therapy Personality Theory (STPT): Do perceptions of parenting relate to the fulfillment of theorized core emotional needs? Under review.

Louis, J. P., Wood, A., & Lockwood, G. (2018a). Development and validation of the Positive Parenting Schema Inventory (PPSI) to complement the Young Parenting Inventory (YPI) for Schema Therapy (ST) assessment. DOI: 10.1177/1073191118798464

Louis, J. P., Wood, A. M., & Lockwood, G. (2018b). Psychometric validation of the Young Parenting Inventory-Revised (YPI-R2): Replication and extension of a commonly used parenting scale in Schema Therapy (ST) research and practice. *PLoS ONE, 13*(11). DOI: 10.1371/journal.pone.0205605

Louis, J. P., Wood, A. M., Lockwood, G., Ho, M. -H. R., & Ferguson, E. (2018c). Positive clinical psychology and schema therapy (ST): The development of the Young Positive Schema Questionnaire (Ypsq) to complement the Young Schema Question naire (Ysq-S3). *Psychological Assessment, 30*(9), 1199-1213. DOI: 10.1037/pas0000567

Ryff, C. D., & Keyes, C. L. M. (1995). The structure of psychological well-being revisited. *Journal of Personality and Social Psychology, 69*(4), 719-727.

Schore, A. N. (2001). The Seventh Annual John Bowlby Memorial Lecture, Minds in the Making: Attachment, the self-organizing brain, and developmentally-oriented psychoanalytic psychotherapy. *British Journal of Psychotherapy, 17*, 299-328.

Schore, J. R., & Schore, A. N. (2007). Modern attachment theory: The central role of affect regulation in development and treatment. *Clinical Social Work Journal, 36*(1), 9-20. DOI: 10.1007/s10615-007-0111-7

Sheffield, A., Waller, G., Emanuelli, F., Murray, J., & Meyer, C. (2005). Links between parenting and core beliefs: Preliminary psychometric validation of the young parenting inventory. *Cognitive Therapy and Research, 29*(6), 787-802. DOI: 10.1007/s10608-005-4291-6

Suomi, S. (1997). Early determinants of behaviour: Evidence from primate studies. *British Medical Bulletin, 53*, 170-184.

Trull, T., & Brown, B. (2013). Borderline personality disorder: A five factor-model perspective. In T. Widiger & P. Costa *Personality Disorders and the Five-Factor Model of Personalty* (Third edition, pp. 119-132). Washington, DC: American Psychologica Association.

Young, J. E. (1999). Young Parenting Inventory (YPI) (on-line). New York: Cognitive Therapy Centre. www.schematherapy.com

Young, J. E., Klosko, J., & Weishaar, M. (2003). *Schema Therapy: A Practitioner's Guide*. New York: Guilford Press.

Zuckerman, M. (2012). Models of adult temperament. In M. Zentner & R. Shiner, *Handbook of Temperament* (pp. 41-66). New York: Guilford Press.

제2부

심상을 사용한 창의적 방법

제5장

심상의 핵심 원리

– Susan Simpson[1)]와 Arnoud Arntz[2)]

서론 및 이론적 근거

점점 더 많은 연구에서 심상이 정서에 대한 직접적인 접근을 촉진하여 변화를 위한 독특한 기회를 제공하는 것으로 나타났다. 실제로, 심상은 동일한 정보를 언어적으로 처리하는 것보다 긍정적 · 부정적 정서에 더 큰 영향을 미친다(Cuthbert et al., 2003; Holmes et al., 2006). 요컨대, 심상은 긍정적이고 부정적인 정서 상태가 모두 존재할 때 '정서적 확성기(emotional amplifier)'처럼 작용한다(Holmes & Mathews, 2010). 심리도식치료(ST)에서 심상은 평가, 개념화 및 실제와 같은 모든 수준에서 핵심적인 역할을 한다. 심상 재구성하기(Imagery Rescripting: IR)는 지적 통찰에서 교정적 정서 경험을 통한 경험적 변화로의 치료적 전환을 촉진하기 위한 강력한 기제이다. 심상 재구성하기의 힘은 정서가 존재하는 상황에서 정보를 보다 효과적으로 처리할 수 있는 인간의 능력에 기반한다. 심상 기반 작업은 어린 시절의 충족되지 않은 욕구 및 외상과 관련된 오래 지속되고 뿌리 깊은 초기부적응도식(EMS)에 도전하기 위한 기제로 특히 효과적이다(Young, Klosko & Weishaar, 2003).

---

1) 임상심리학자이자 스코틀랜드 심리도식치료센터 이사이다. 그녀는 영국 및 국제적으로 성격장애, 섭식장애 및 PTSD에 대한 심리도식치료에 대한 전문 교육을 제공하는 고급 심리도식치료 트레이너이자 슈퍼바이저이다. 그녀는 복합 섭식장애에 대한 심리도식치료에 대한 책을 널리 출판했으며, 최근에는 심리치료사들 사이에서 소진에 대한 초기부적응도식 및 양식의 역할에 대해 발표했다.

2) 네덜란드 암스테르담 대학교의 임상심리학 교수이다. 그는 심리도식치료의 창시자이자 혁신가 중 한 사람이며 복합 증상을 위한 심리도식치료의 적용에 대해 광범위하게 저술했다.

이미지의 초진단적 특성

1990년대 이후, 다양한 정서적 장애, 과도하게 침투적인 '원치 않는' 정신적 이미지, 적응적 심상의 부재, 이들 사이의 연관성에 대한 인식이 증가하고 있다. 실제로, 부정적인 이미지는 다양한 증상에서 심리적 고통을 유지하는 데 핵심적인 역할을 한다(예: Harvey, Watkins & Mansell, 2004). 정신적 이미지는 임상 집단 전반에 걸쳐 다양한 방식으로 나타난다. 외상 후 스트레스 장애(Post Traumatic Stress Disorder: PTSD)에서, 이것들은 반복되는 악몽의 형태와 과거의 위협이나 위험의 순간과 관련된 다중감각 이미지 '플래시백'의 형태를 취한다. 침투적 이미지의 내용은 공공장소에서 자신을 당황하게 하는 것(사회공포증), 통제력 상실 또는 붕괴와 관련된 임박한 재난(공황장애), 갇히거나 굴욕감을 느끼는 것과 같은 임박한 재앙에 대처하거나 탈출할 수 없다는 것(광장 공포증), 오염과 관련된 자아 이질적 장면 또는 다른 사람들에게 상처를 준 것에 대한 책임을 느끼는 것(강박장애), 실패, 굴욕을 나타내는 부정적인 기억(우울증), 부정적인 자기 평가와 관련된 왜곡된 신체 형태(섭식장애), 위협을 받거나 공격당하는 것(정신증) 전반에 걸쳐 인지된 위협의 변화를 반영한다(예: Hackmann, Bennett-Levy & Holmes, 2011; Holmes & Hackmann, 2004). 미래 사건에 초점을 맞춘 침투적 심상은 종종 본질적으로 재앙적이지만, 강박장애에서 자기 점검의 시각적 이미지, 현재 해결할 수 없는 문제로부터 위안을 가져오는 자살의 이미지, 또는 중독적 물질에 대한 시각적 갈망의 형태와 같이 단기적인 완화를 가져오는 '해결책'의 형태를 취할 수도 있다(May et al., 2008). 이미지와 직접 작업하여 이미지의 정서 톤과 의미를 변경하는 심상 재구성하기는 더 광범위한 치료 모델(Arntz, 2012; Holmes & Hackmann, 2004)에 걸쳐 있어서 점차 중심적인 개입이 되었고, 설립 초기부터 심리도식치료에서 활용된 핵심 경험적 기법이었다(Young, 1990, 1999). 다음 절에서는 이 개발 분야의 이론 및 실험 결과의 성장에 대한 개요와 다양한 임상 응용 분야에서 이미지로 작업할 때의 확인된 이점 중 일부를 제공한다.

배경 이론: 심상에서의 작동 기제

정신적 심상: 작동이론

정신적 이미지는 시각적인 측면뿐 아니라 후각, 청각 및 촉각을 포함한 감각 경험의 전체 범위를 포함하여(Kosslyn, Ganis & Thompson, 2001), 실제처럼 보이게 하거나 '근사 체험(experience near)'을 만든다(Conway, 2001). 예를 들어, 해변에 있다는 정신적 이미지에는 푸른 바다와 하늘의 광경뿐만 아니라 모래 위의 맨발 느낌, 피부에 닿은 햇살, 소금의 냄새와 맛, 갈매기와 파도 소리가 포함될 수 있다.

심상은 감각 지각의 '약한' 표상으로 개념화되었다(Pearson et al., 2015). 뇌 영상 연구에 따르면, 우리가 눈을 감고 사건이나 행동을 상상할 때 일차 시각 피질을 포함하여 사건이나 행동이 실시간으로 직접 지각될 때와 거의 동일한 신경 표상이 활성화된다는 것을 보여 준다(Kosslyn, Ganis & Thompson, 2001; Pearson et al., 2015). 지각과 수면 중에 시각적 심상(꿈) 사이에 신경 활동에서 이 같은 중복이 발견되었다(Horikawa et al., 2013). 실제 또는 상상된 불쾌한 사건에 초점을 맞춘 심상은 동일한 내용에 대한 언어 또는 언어 기반 버전보다 더 높은 수준의 부정적인 정서를 지속적으로 활성화한다(예: Holmes, Arntz, & Smucker, 2007; Holmes & Mathews, 2005; Holmes et al., 2006). '기능적 등가성(functional equivalence)' 이론에서는 위협에 대한 직접적인 인식이 아드레날린 및 심박수 증가와 같은 신체 반응의 활성화를 초래하는 것처럼 정신적 위협 기반 이미지가 동등한 신경 과정을 통해 작동하고 병렬적 · 생리적 반응을 자극한다고 제안한다(Kosslyn, Ganis, & Thompson, 2001). 따라서 심상은 정서적 경험의 생리적/신체적 측면을 통해 정서에 직접적인 영향을 미친다. 심상은 깊숙이 내장된 초기부적응도식(기억 이미지, 신체 감각, 인지 및 감정으로 표현됨)의 감각-기억 구성 요소로 가는 경로를 제공할 수 있다. 그렇게 함으로써 심상은 초기부적응도식 발전에 이바지한 초기 사건에 부호화된 의미를 변경할 기회를 제공할 수 있다. 예를 들어, 심상 재구성하기는 부모의 폭력적인 행동, 그들의 고함치는 소리, 그들의 숨결에서 나는 술 냄새, 임박한 위험에 관한 생각과 함께 심장 박동과 가슴을 조이는 내장 감각의 이미지에 접근함으로써 학대의 초기 기억에 부호화된 불신/학대 도식에 접근하는 데 사용될 수 있다. 완전한 공포 구조에 접근할 수 있는 곳에서는 심상 재구성하기를 통한 정서적 및 인지적 변화의 가능성이 제시된다.

시각적으로 부호화된 심리도식의 저장 및 회상

처리되지 않은 외상 조각을 포함하고 있는 정서적 기억은 주로 시각적 감각 이미지의 형태로 저장되고 회상되는 것처럼 보인다(Arntz, De Groot & Kindt, 2005; Conway, 2001; Willander, Sikström, & Karlsson, 2015). 이러한 기억들은 언어적 내용에 비해서 보다 즉각적이고 직접적으로 접근할 수 있으며, 의식적인 인식을 지배할 가능성이 더 큰 것으로 보인다

(Holmes & Mathews, 2005). 더 나아가, 정서적 이미지는 유사한 사건들의 기억들과 우선하여 연결되고, 시간이 지남에 따라 특정 '심리도식 기억 은행(schema memory banks)'을 형성하는 것으로 보인다. 현재의 심리도식을 촉발하는 사건(예: 관리자에게 면담 요청을 받은 사람은 실패 도식이 촉발될 수 있음)은 유사한 감정을 불러일으키는 이전 이미지(예: 학교에서의 시험 실패, 부모의 못마땅한 표정, 교사에게 꾸중을 듣는 것, 또래들에게 놀림을 받는 것)로 구성된 개인의 기억 은행을 활성화할 가능성이 크다. 심상 재구성하기에서는 '정서 가교(affect bridge)'를 통해 해당 심리도식 기억 은행을 직접 활용할 수 있다. 이 경우 내담자에게 최근의 경험을 다시 상상한 다음, 자신의 신체에 대한 느낌에 집중하면서 비슷한 감정을 느낀 어린 시절의 기억으로 돌아가도록 하여 깊은 감각 수준에서 심리도식의 의미를 바꾸기 위해 재구성의 기회를 제공한다.

이미지를 통한 암묵적 지식 작업

인지 하위 체계 상호작용(Interacting Cognitive Subsystems: ICS) 이론(Teasdale & Barnard, 1993)에 따르면, 암묵적 지식(implicational knowledge)은 직관적 감각 수준에서 작동하는 이미지, 감각 정보, 개념적 사고 및 구체화된 경험의 통합이다.

대조적으로, 언어 기반 명제적 지식(propositional knowledge) 체계는 주로 지적 수준에서 작동하는 것으로 생각되며, 이를 통해 우리는 어떤 것이 사실이라는 것을 실제로 알 수 있다. 하지만 그것이 사실이라고 느끼는 것과 같지 않을 수 있다. 외상의 경우에 하나의 사건은 암묵적 지식 또는 상황에 따라 접근 가능한 기억으로 저장될 수 있다. 이를 통해 그 사람은 그 외상 사건에 대한 회상 기억, 안전하지 않다는 감각 느낌, 신체적으로 느껴지는 긴장감과 과잉 각성 반응을 가질 수 있으나, 그 사건의 내용을 담고 있는 언어적으로 접근 가능한 기억 체계에 직접 접근할 수는 없다(BreWin, Dalgleish, & Joseph, 1996; Ehlers & Clark, 2000). 치료적 개입의 맥락에서 직접적인 언어의 인지적 문제는 지적 수준에서 심리도식을 다룰 수 있지만, 암묵적 수준에서는 그대로 남아 있다(예: "난 내가 가치 없지 않다는 것을 이해해요. 하지만 여전히 그것이 진짜라고 느껴요."). 비슷하게 외상을 경험한 사람은 그들이 이제는 위험하지 않다는 것을 합리적 관점에서는 이해할지라도 여전히 신체적 감각 수준에서는 안전하지 않다고 느낄 수 있다.

초기부적응도식(EMS)은 주로 '암묵적' 지식으로 경험되며, 이러한 세계관을 강화하는 자기패배적인 대처 패턴에 의해 영속화된다. 예를 들어, '나는 여기 속하지 않아, 나는 달라.'라는 사회적 고립 도식은 암묵적 내용(예: 배제된 이미지, 외롭고 다른 사람들과 다르다는 감각 느낌, 다른 사람들에 의해 평가될 것이라는 생각과 예상)으로 저장될 수 있으며, 이러한 가정에 잠재적으로 도전할 수 있는 변화의 기회와 새로운 정보에 대한 노출을 줄이는 회피적 대처로 영속화될 수 있다(예: Barnard, 2009).

처리되지 않은 외상 경험과 관련된 고통을 발생시키는 플래시백 이미지의 꽤 많은 역할을 고려할 때, 이미지 수정을 직접적으로 수행하여 이 문제가 가장 효과적으로 해결될 수 있다는 것이 논리적으로 보인다(Holmes, Arntz, & Smucker, 2007). 게다가, 내담자들이 플래시백 이미지를 보고하지 않을 때조차도, 심상 기반 기법들이 암묵적 수준에서 부호화된 심리도식을 처리하는 가장 강력한 수단 중 하나를 제공함으로써 심리도식의 역기능적 효과를 감소시킨다는 증거가 있다(Arntz, 2012; Pearson et al., 2015).

임상 환경에서의 응용 심상기법

임상 환경에서 가장 일반적으로 활용되는 심상 기반 기법은 심상적 노출(Imaginal Exposure: IE) 및 심상 재구성하기(Imagery Rescripting: IR)를 기반으로 하는 기법이다. 심상의 치료 효과에 관한 대부분의 연구는 부정적인 이미지의 감소에 초점을 맞추고 있다. 심상적 노출(IE, 또는 기억 떠올리기)은 인지행동치료(CBT) 현장에서 가장 확립된 기법들 중 하나이며, 이는 정서 과정을 자극하고 고통을 감소시키는 면에서 공포 기반 장애에 대한 타당한 증거를 가지고 있다(Ehlers & Clark, 2000; Foa & Kozac, 1986). 반면에 심상 재구성하기(IR)는 새로운 긍적적 이미지를 만들어 내는 것뿐 아니라 기억에 기반한 이미지 혹은 이미지화된 사건과 관련된 새로운 의미를 이끌어 내는 수단으로 수많은 현장에서 적용되고 있다(Casement & Swanson, 2012; Hunt & Fenton, 2007; Morina, Lancee, & Arntz, 2017). 외상 후 스트레스장애(PTSD)나 악몽 같은 경우에는 심상 재구성하기(IR)로 완전한 치료가 되지만, 심리도식치료(ST)나 인지행동치료(CBT) 같은 경우에는 심상 재구성하기(IR)가 포괄적인 심리치료 접근법의 한 가지 구성 요소를 형성한다.

비록 연구 결과는 혼재되어 나타나지만(Langkaas et al., 2017), 예비 연구들에 따르면 심상 재구성하기(IR)는 공포(예: 분노, 죄책감, 수치심)에 기반하지 않은 일차적 정서를 불러일으키는 이미지를 대상으로 하는 데 심상적 노출(IE)보다 더 효과적일 수 있다(Arnz, Tiesema, & Kindt, 2007; Grunert et al., 2007). 심상적 노출(IE)을 사용하는 조건과 심상적 노출(IE)과 심상 재구성하기(IR)를 함께 사용하는 조건을 비교한 연구에서 PTSD 증상의 치료 결과는 일반적으로 동등했지만, 후자의 경우 중도 탈락률이 더 낮았으며 분노, 죄책감 및 수치심과 같은 비 공포 기반 정서에 더 큰 변화가 나타났다. 게다가, 치료자들은 무력감 감소와 함께 심상 재구성하기(IR)에 대한 선호를 표현했다(Arntz, Tiesema, & Kindt, 2007).

심상 기반 치료기법: 작동이론

심상 기반 기법은 인지-정서 처리를 위한 강력한 맥락을 제공한다. 심상 기반 처리가 나타나는 기제를 설명할 수 있는 몇 가지 가능한 이론이 제안되었다.

- 기억 떠올리기를 통한 자발적 변화(Spontaneous change through evocation): 다양한 이론에 따르면, 새로운 정보에 대한 노출을 통해 심리도식에 기반한 의미와 고통에 대한 자발적인 변화가 그저(단순히) 일어날 수 있다고 한다. 이러한 변화는 두려운 이미지에 대한 습관화, 더 적응적인 이미지 또는 이전에 잊힌 기억의 자발적인 통합을 통해 일어날 수 있으며(Hackmann, Bennett-Levy, & Holmes, 2011), 이로 인해 외상 기억에 대한 보다 통합된 이야기의 형성이 촉진될 수 있다(Ehlers & Clark, 2000). 더 나아가, 심상 기반 기법은 개인의 최악의 외상 기반 공포와 실제 사건 및 결과의 통합을 촉진할 수 있을 뿐만 아니라(Ehlers & Clark, 2000) 기억을 다시 경험하는 것과 관련된 공포(예: 통제력 상실, '미친' 것과 같은)가 현실에서 비롯되지 않았다는 것을 학습할 기회를 제공할 수 있다(Foa & Kozac, 1986; Jaycox & Foa, 1998).
- 작업 기억 경합을 통한 부정적인 심상의 감소(Reduction of negative imagery through working memory competition): 최근 연구는 작업 기억에 대한 인지 부하(cognitive load)를 두고 경합하는 심상 기반 처리에 시공간 활동을 추가하는 역할을 제안한다. 예를 들어, 고통스러운 이미지의 회상과 주의 호흡(Van den Hout et al., 2011), 컴퓨터 게임하기(Engelhard et al., 2011), 복잡한 공간 두드리기(Andrade, Kavanagh, & Baddeley, 1997) 및 안구운동(Gunter & Bodner, 2008) 등이 동시에 실행되면 시공간 작업 기억에 부담을 주어 고통스러운 이미지의 선명도를 감소시킬 수 있으며, 그 안에서 다양한 치료 효과의 가능성을 제공한다(Lilley et al., 2009). 이것은 또한 외상 이미지 치료에서 안구운동 민감소실 및 재처리(Eye Movement Desensitisation Therapy: EMDR)가 작동하는 하나의 기제일 수 있으며, 이에 따라 작업 기억에 대한 인지 부하 증가는 기억의 부호화를 방해하는 것으로 보

인다. 그렇게 함으로써 일화적 기억 체계에서 의미적/명시적 기억 체계로 정보 전송과 새로운 온전한 정보의 통합을 촉진한다(Shapiro, 2014). 이것은 심상 재구성하기(IR)의 맥락에서 시공간적 연습을 통합하는 것에 대한 잠재적 역할을 함의하고 있으며 이는 현재 거의 연구되지 않은 영역이다.

- 심상 재구성하기(IR)를 통해 심리도식적 의미에 적극적으로 도전하기(Actively challenging schematic meaning through IR): 치료적 심상기법은 기억에 저장된 '격렬한(hot)' 이미지의 활성화를 통해 작동한다. 그렇게 함으로써 실제로 어떤 일이 일어났는지에 대한 성찰을 위한 렌즈를 제공하고 새로운 교정적 정보를 기반으로 재처리를 촉진한다. 심상 재구성하기의 경우 치료자는 의도적으로 의미의 재구성을 촉구함으로써 보다 적극적인 역할을 한다. 정서적으로 가득 찬 이미지의 활성화를 통해 심리도식적 의미는 더욱 쉽게 접근할 수 있고 재평가할 수 있게 된다. 심상 재구성하기는 상상 속의 대안적 현실을 창조함으로써 강력하고 새로운 관점을 개발할 기회를 제공한다. 마찬가지로, '처음부터' 새롭고 긍정적인 이미지의 시각화는 심리도식치료를 포함한 다양한 접근 방식에서 건강한 자기 자비를 배양하는 수단으로 활용되었다(Lee, 2005; Van der Wijngaart, 2015). 방임 및/또는 학대 이력이 있는 많은 경우, 치료를 시작할 때 자기 자비를 거의 또는 전혀 느끼지 못한다고 보고한다. 심리도식치료에서는 이것이 '재양육' 이미지의 내면화와 심상 재구성하기의 맥락에서 자신의 욕구를 충족시키는 느낌(예: 조율, 따뜻함, 공감, 친밀감)을 통해 부분적으로 발달된다.

연구들은 정신적 심상이 다양한 기제를 통해 작동한다는 것을 보여 준다. 특히, 심상적 노출(IE)과 비교하여 다양한 특성을 가진 임상 집단에서 심상 재구성하기의 차별적인 이점을 명확히 밝힐 수 있는 추가적인 연구가 요청된다. 그럼에도 예비 연구는 심상 재구성하기가 심리도식적 의미의 변환과 침투적 및 비침투적 외상 기억과 관련된 정서적 고통을 줄이기 위한 강력한 기법임을 시사한다. 심상 재구성하기는 처음부터 심리도식치료의 중심 원리였으며 복합 외상, 성격장애 및 기타 오래된 어려움과 관련된 뿌리 깊은 초기부적응도식(EMS)에 접근하고 도전할 수 있는 강력한 기반을 제공했다. 다음 절에서는 심상 재구성하기의 변화시키는 힘을 활용하기 위한 핵심 원리를 강조한다.

치료적 환경에서 심상 재구성하기 적용

재구성하기를 위한 표적 이미지들은 알고 있는 어린 시절의 외상 상황에 직접 초점을 맞추거나 내담자의 현재 삶에 기반을 둔 문제가 있는 이미지로 시작한 다음, '정서 가교'를 사용하여 동일한 초기부적응도식(EMS)에 연결되는 어린 시절의 기억에 쉽게 접근할 수 있다([그림 5-1]).

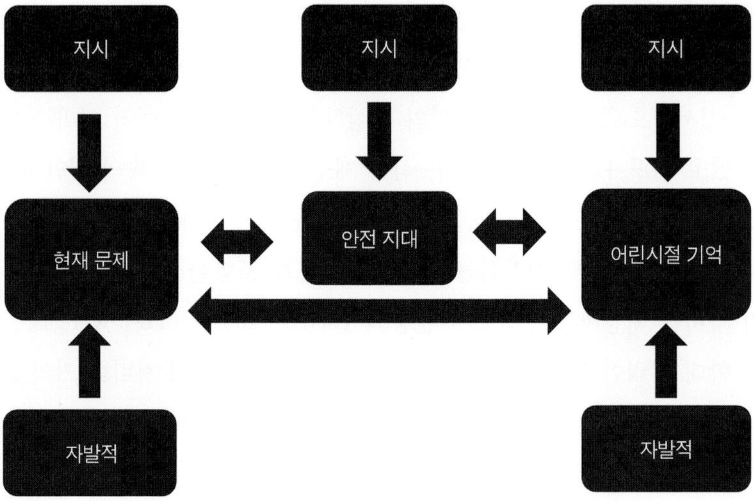

[그림 5-1] 어린 시절 기억으로 가는 통로(Arntz & van Genderen, 2009)

어린 시절의 이미지에 접근하기 위해 정서 가교를 사용하기 전에 반드시 현재 삶의 이미지에서 접근된 적절한 정서가 존재할 수 있도록 해야 한다. 만약 긍정적 이미지가 발생하면, '반대로' 느낄 수 있는 이미지를 찾도록 안내받을 수 있다. 특히, 심각한 외상 이미지를 다룰 때 시작점과 재구성하기 끝점으로 안전지대 이미지를 사용할 수 있다. 그 핵심은 어린 시절부터 핵심 인물과 연결된 초기 기억을 확인하고, 그들의 초기부적응도식(EMS)과 연결된 정서를 끌어내는 것이다. 또한 종종 심리도식의 표상이며 심상 재구성하기 작업의 중요한 표적인 정서에 시달린 꿈과 악몽을 기록해 두도록 격려할 수 있다(Young, Klosko, & Weishaar, 2003).

어린 시절 이미지의 심상 재구성하기: 3단계 실시 요강

Arntz와 Weertman(1999)은 세 가지 주요 단계로 구성된 심상 재구성하기 프로토콜을 개발했다.

- 1단계 – 아동기 기억 회상(recall of childhood memory): 내담자는 초기부적응도식(EMS)과 연결된 어린 시절 기억을 회상하고 이를 아동의 관점에서 자세히 묘사한다. 아동으로서 그 상황을 1인칭 시점의 현재 시제로 묘사함으로써 그 기억을 지각적이고 정서적으로 경험하도록 촉구받는다. 심각한 외상의 경우, 이것은 일반적으로 학대/외상이 발생하기 직전의 시간으로 제한된다. 예를 들면, "'당신의 마음'의 눈으로, 그 어린 시절에 있는 작은 아이로 돌아가서 당신을 보세요. 그리고 무슨 일이 일어나고 있는지 말해 주세요. 자, 당신의 삼촌이 계단 꼭대기에 있어요. 잠시 이미지를 멈추세요……. 어떤 느낌이 드나요? 당신의 몸에서 무슨 일이 일어나고 있나요? 무슨 생각을 하고 있나요? 무엇이 필요한가요?"라고 말할 수 있다.
- 2단계 – 건강한 성인 재구성(healthy adult rescripts): 내담자가 건강한 성인 자아로 외상 이미지에 들어간 뒤 그 안에 있는 아동을 알아보도록 지시를 받는다. 그런 다음, 가해자로부터 아동을 보호하고, 아동에게 위안을 제공하기 위해 재구성한다. 대안적으로 중요한 타인(예: 지지자, 경찰, 치료자)이 처음에 이 역할을 맡거나 내담자의 건강한 성인 자아를 위한 추가적 지도를 제공할 수 있다. 예를 들면, "당신의 건강한 성인을 이미지 안으로 데려오세요……. 무슨 일이 일어나고 있는지 보이나요? 당신은 어떻게 그 아이를 안전하게 지킬 수 있을까요? 아이가 그런 식으로 취급받는 것에 대해 어떻게 생각하나요? 당신이 하고 싶거나 말하고 싶은 것이 무엇인가요? 당신이 그런 일을 하기 위해서 이미지 안에서 자신을 더 크게 만들 필요가 있나요? 그렇게 해 보세요. 그다음에는 어떻게 될까요? 어떻게 하면 어린아이가 이해받고 보살핌을 받는다고 느끼도록 당신이 도울 수 있을까요?"라고 말할 수 있다.
- 3단계 – 아동의 재구성하기를 재경험(child re-experiences recsripting): 내담자는 아동의 관점에서 재구성된 이미지를 다시 경험하고, 성인이 보호하고 돌보는 느낌을 인식하고, 재구성된 이미지가 그들의 욕구(즉, 그들의 안전감, 소속감, 애착 등을 증가시키기 위해)를 충족시키는 데 필요한 추가적인 변화를 상상하도록 권장받는다. 그 후 아동의 관점에서, 추가적 구성 요소가 추가된 재구성된 이미지를 경험한다(예: 그 가해자는 경찰에게 끌려가고, 그 아동은 포옹을 받고 안심한다). 예를 들면, "이제 당신의 건강한 성인이 이미지에 들어갔을 때로 되돌아가서 당신의 삼촌을 다루는 것을 봅니다……. 이제 당신의 건강한 성인이 당신을 돌보는 것을 봅니다. 그녀(건강한 성인)의 목소리와 말을 들어 보세요. 어

떻게 느껴지나요? 그 밖에 당신에게 더 필요한 건 없나요? 당신의 건강한 성인에게 요청하세요."라고 말할 수 있다.

- 보고 듣기: 심상 재구성하기 회기의 마지막에는 반드시 보고 듣기(debrief)와 내담자의 정서 조절을 위한 시간을 남겨 두어야 한다. 회기들은 내담자가 수행한 작업 및 그들이 이룬 진전에 대해 칭찬하고 심상 중의 또는 심상을 따라가는 동안의 정서적 반응을 확인하는 것으로 마무리된다. 이 프로토콜은 어린 시절의 외상 이미지 변환(Weertman & Arntz, 2007)뿐만 아니라 성인기의 외상 이미지 변환(Arntz, Tiesema & Kindt, 2007; Arntz, Sofi & van Breukelen, 2013; Raabe et al., 2018)에도 효과적이라는 것이 입증되었다. 이러한 연구 결과들은 자기 비난, 자신이 틀렸다거나 '나쁘다는' 느낌, 무력감 등 외상 기억에 부호화된 의미를 변화시키면서 동시에 외상성 손상을 줄이는 심상 재구성하기의 힘을 보여 준다.

심상 재구성하기: 실행을 위한 핵심 사항

- 기억 '핫스폿' 활성화(activation of memory 'hotspots'): 내담자가 그 이미지 '안에' 있는지 확인하기 위해 충분한 시간을 주고, 1인칭 현재 시제로 자세하게 묘사하도록 요청하여 경험의 지각적 측면과 감각적 느낌의 측면을 알아차리고, 그것을 온전히 경험하도록 한다. 학습이 이루어지기 위해서는 심리도식 기반 상황의 정신적 심상이 정서적 반응을 불러일으킬 만큼 매우 생생해야 한다(Lang, 1977). 이를 위해 치료자는 다시 외상을 경험하는 위험을 최소화하는 동시에 이미지 노출을 통한 충분한 정서 활성화에 있어서 그 균형점을 찾아야 한다. 심한 학대 기억의 경우, 기억을 일시 정지시키고 실제 학대가 일어나기 바로 그 직전에 재구성이 이루어진다. 사실, 심상 재구성하기의 효과는 '핫스폿' 기억의 충분한 활성화에 달려 있다. 정서 증폭의 수반 없이 기억을 재구성하는 것은 심리도식적 변화를 가져오기에 충분하지 않을 것이다. 더욱이, 심리적 외상 대본에는 여러 개의 '핫스폿'이 있을 수 있으며, 이들 각각이 다루어질 필요가 있을 수 있다(예: 아동이 도움을 청하기 위해 접근하려고 시도했을 때 부모 중 한 사람의 거부/비난 반응뿐만 아니라 성적 학대 자체). 이러한 각 구성 요소는 고유한 심리도식적 의미를 가질 가능성이 있으며 이를 인정받을 필요가 있을 것이다.
- 적대자를 극복하기 위한 자원 보충(recruit resources to overcome the antagonis): 치료자(또는 내담자의 건강한 성인)는 적대자와의 언쟁에서 '승리'할 수 있는 방식으로 재구성해야 하

며, 아동이 안전하고 만족감을 느낄 때까지 도우미, 무기 또는 방어막(예: 안전 거품)을 보충할 수 있어야 한다. 치료자는 아동에게 그들이 개입하기 위해 무엇을 하고 있는지 말하고 아동이 이것을 알아차리도록 설명한다.

- 공동 조정을 통한 재양육(reparenting through co-regulation): 치료자(궁극적으로는 내담자 자신의 건강한 성인)는 또한 아동을 진정시킬 책임이 있으며, 아동 자신에게 책임이 있거나 어떤 식으로든 책임이 있다고 믿는 오해를 바로잡아 초기부적응도식(EMS)에 대한 해독제를 제공한다. 치료자는 반응 방법을 결정할 때 자신의 건강한 성인 자아에 의지해야 한다. 치료자들이 자신의 눈을 감고 상황을 상상하는 동안 나타나는 자신의 성향을 파악하는 것도 도움이 될 수 있다.
- 치료자로부터 건강한 성인 역할의 내담자로 전환: 심상 재구성하기는 내담자 개개인의 정서적 욕구와 건강한(자비로운) 성인 자아의 강도에 맞추어서 조정될 수 있다. 만약 내담자의 '건강한 성인' 측면이 충분히 잘 발달되어 있다면, 적대자에게 대응하고 아동의 욕구를 직접 해결하기 위해 그 이미지에 들어가도록 초청될 수 있다. 반면, 매우 약하게 발달된 건강한 성인 자아를 가진 성격장애 내담자의 경우, 치료자가 처음에 주도권을 잡고 내담자가 아동의 관점에 머물러 있는 동안 재구성을 수행한다. 심상 재구성하기에서의 반복적인 모델링을 통해 내담자는 자신의 건강한(자비로운) 성인 자아를 내면화하기 시작하고 점진적으로 치료자로부터 내면의 건강한 보호자 및 양육자의 역할을 인수하도록 권장된다. 이로써 그들은 그들의 취약한 아동 자아에 맞추어 조율할 뿐만 아니라, 적대자를 저지하고, 맞서고 교정함으로써 그들 자신의 이미지 안에서 개입하는 방법을 배운다. 자신의 건강한 성인 측면을 발달시켜 나가는 전환은 모든 내담자에게 필수적이지만, 강한 의존 도식을 가진 경우에는 더 많은 촉구와 격려가 필요할 수 있다. 시간이 지남에 따라, 이러한 변형된 이미지와 도식적인 의미들은 일상의 삶에서 자비로운 자기 이해를 위한 토대가 된다.

긍정적인 심상: 심상은 침투적인 부정적인 이미지, 인지 및 감정을 감소시키는 것뿐만 아니라 인지 처리보다 더 효과적으로 긍정적인 심리도식과 감정을 생성하고 건강한 정서적 성숙을 촉진하는 중요한 기제를 제공하는 것으로 나타났다. 자비롭고 치유적인 이미지의 도입은 건강한 정서적 발달과 성장 기회를 촉진하며 긍정적인 변화를 조성하는 것을 목표로 하는 모든 심리치료에 잠재적으로 중요한 구성 요소이다(Gilbert & Irons, 2004; Holmes, Arntz & Smucker, 2007; Lee, 2005). 예를 들어, 결함 도식을 발달시켜 어린 시절 학대의 결과로 자신을

'나쁘다'라고 생각하는 내담자는 모든 오감을 사용하여 자기 양육과 자기 보호가 가능한 자기 내면의 '지혜로운 존재'(건강한 성인)에 대한 이미지와 본능적인 감각적 느낌을 발달시키도록 안내받을 수 있다. 이러한 이미지는 치료자와 다른 중요한 타인에 의한 연민의 내면화를 통해 서서히 나타나거나, 보다 의식적이고 체계적으로 발달할 수 있다. 내담자는 어려운 시기에 자기 자비에 접근하기 위해서 '고정(anchor)'(예: 가슴에 손을 얹기)을 사용하여 자신의 현명한 자아를 불러오는 것을 배울 수 있다.

긍정적인 심상은 또한 부정적인 자아 이미지의 대안으로서 미래에 되고 싶어 하는 사람으로서의 자아를 나타내는 이미지를 개발하고, 건강한 성인양식을 강화하는 데 사용될 수 있다. 긍정적인 이미지는 내담자의 정서적 욕구를 충족시킬 수 있는 자비로운 내면화된 자아의 발달을 촉진하는 한 상징적일 수 있다(예: Müller-Engelmann, Hadouch & Steil, 2018). 예를 들어, 환상적 인물, 조상, 신성한 존재(예: 수호천사) 또는 자연의 측면(예: 산 또는 나무)의 형태를 취할 수 있다(Schwarz et al., 2017).

행동 시연 및 변화를 위한 빠른 방법으로서 심상 재구성하기

증거에 따르면 미래의 사건을 상상하는 것은 우리가 그것이 일어날 것으로 생각하는 가능성과 우리가 행동의 변화를 일으킬 가능성 모두를 증가시킨다(Holmes & Mathews, 2010). 적응적 심상은 도움이 되지 않는 행동 패턴을 감소시키는 반면에, 건강한 대처를 발달시키기 위해 치료적으로 사용될 수 있다. 두려운 상황에 침착하고 차분한 방식으로 대처하는 심적 시연(mental rehearsal)은 불안을 줄이고 자기 효능감을 높일 수 있다(Mathews, 1971; Moran & O'Brien, 2005). 심리도식치료에서 심상은 건강한 변화를 방해하는 '막힌 지점(stuck point)'과 양식을 확인하는 것뿐만 아니라 행동적 변화를 시연하는 데도 중요한 역할을 한다. 양식 대화는 심상 재구성하기 내에서 이해를 촉진하고 내담자가 일상생활에서 정서적 욕구를 충족시키는 건강한 방법을 배우기 위해 장애물을 뛰어넘어 설 수 있도록 수행할 수 있다.

치료적으로 플래시포워드(flashfoward) 이미지는 심리도식 영속성과 관련된 행동을 되돌리는 데 사용될 수 있다. 예를 들어, 부정성/비관주의 도식을 가진 사람은 자신이 춤을 추거나 농담을 하는 것을 상상할 수 있다. 정서적 억제 도식을 가진 사람은 신뢰할 수 있는 다른 사람과 감정에 관해 이야기하는 것을 시각화할 수 있다. 복종 도식을 가진 사람은 요구적 동료에게 한계 설정을 시각적으로 시연하도록 안내받을 수 있다. 이것은 심리도식(목소리 또는 내적 비판)이 새로운 행동[예: 심리도식의 비판적인 목소리를 내는 대화('너는 행복을 누릴 자격이 없어!')]을 차단할 때 심리도식 양식 상상 대화가 뒤따를 수 있다. 치료자는 건강한 목소리의 강한 자비로운 자세에서 이것을 반박한다. 심상은 또한 경험적 치료 작업을 차단하거나, 대인 관계를 방해하거나, 역기능적 대처(예: 중독)를 유도하는 회피적 대처양식과 대화하는 데 사용될 수 있다. 예를 들어, 내담자는 친구들과 함께 저녁 모임에 초대받았다고 상상한 후, 알코올 남용을 포기하는 것이 좋은 생각이라고 믿지 않는(이미지에서 별도의 '캐릭터'로서 회피성 보호자 양식) 역할을 수행한 다음 건강한 성인의 관점으로 대응하도록 안내받을 수 있다.

심상 재구성하기의 실행을 위한 일부 치료 원리가 이 장의 끝에 설명되어 있다.

결론

최근 몇 년 동안 심상의 치료 효과에 관한 방대한 연구는 중요한 정서적 구성 요소를 가진 심리적 장애에 대한 심상 중심의 평가와 치료의 중요성을 부각시켰다. 심상 재구성하기의 효과성은 정서가 존재하는 상황에서 정보를 보다 효과적으로 처리할 수 있는 인간의 능력을 활용한다. 심상 재구성하기는 지적 통찰력에서 경험적 변화로의 전환을 촉진하는 교정적 정서 경험을 통해 심리도식적 의미를 변형시키는 강력한 기제이다. 심리도식치료에서 심상 재구성하기는 인지의 형태뿐만 아니라 기억, 정서 및 신체적 경험으로 부호화된 더 깊은 수준의 신념에 대한 접근을 촉진하는 중심적 기제를 구성한다. 이 분야에서 급증하는 연구는 고민과 고통을 줄이고 긍정적이고 건강한 심리도식의 발달을 촉진하는 심상 기반 기법의 잠재력을 점점 더 인식하고 있다는 증거이다.

치료자 조언

1. 내담자가 너무 분리되어 있다. 감정이 '고양된' 상태로 유지될 수 있도록 심상 재구성하기에서 1인칭 현재 시제로 적절한 속도로 진행되도록 하라. 치료자는 내담자가 이미지의 완전한 감각적 경험에 여전히 빠져 있도록 확실히 하기 위해 심상 재구성하기 전반에 걸쳐 내담자들의 감정 수준과 심리도식 양식 활성화를 자주 확인해야 한다.
2. 과도한 활성화는 해리로 이어진다. 과정에 대한 추가적인 제어를 제공하고 안전지대로 돌아갈 필요가 있음을 나타내는 신호를 포함한다. 또한 점진적 접근법을 사용하고 '마음챙

김 관찰자' 역할을 촉진하는 방법을 포함한다(예: 영화관 뒤쪽에서 흑백으로 이미지를 보고 있는 자신을 상상함으로써). 부드러운 천 조각 또는 다른 재료를 사용하여 치료자와 내담자가 부드러운 천의 한쪽 끝을 잡고 내담자가 감정적으로 분리되거나 해리되기 시작할 때마다 치료자가 부드럽게 천 조각을 잡아당긴다.

3. 내담자가 기억을 찾을 수 없다. 진행 속도를 늦추고 이에 대한 가능한 이유를 탐색하라. 분리된 보호자 양식이 강한 사람들의 경우 심상 재구성하기 회기를 자연스럽게 도입하여 예기되는 불안과 회피를 피하는 데 도움이 될 수 있다. 내담자들은 이러한 이미지와 안전지대 이미지를 오가는 것을 통해 고통스러운 이미지에 집중하는 것에 대한 감내력을 점진적으로 구축하도록 권장될 수 있다.
4. 적대자에 대한 충성심을 보인다. 부모에 대한 과도한 충성심으로 인해 방어를 수용하기 어려운 경우, ① 적응적 충성심과 부적응적 충성심 간의 차이, ② 자녀들에 있어서 충성심의 생존 가치, ③ 심상 재구성하기가 부모 행동의 일부(그들 자아의 전체가 아닌)를 대상으로 하고 있다는 것, ④ 심상 재구성하기가 과거(현재가 아닌)의 부모를 대상으로 하고 있다는 것, ⑤ 이후에 (그들이 현재의 성인 삶에서) 부모와 어떻게 직접 관계를 맺는지 선택할 수 있다는 것에 대해 설명하라.
5. 미래의 결과를 두려워한다. 잠재적인 두려움에 대해 질문하라. 심상 재구성하기의 맥락에서 미래의 위험에 대처할 수 있는 조치를 마련하라(예: 학대자를 감옥에 가두기, 아동을 안전지대로 데려가기, 필요한 경우에 치료자를 다시 이미지 안으로 불러들이기 위해 아동에게 호출기 제공). 심각한 외상/학대 기억을 다루는 심상 재구성하기 뒤에는 처벌적(내적 비판) 양식에 대해 한계를 설정하는 치료자의 음성이 담긴 오디오 플래시 카드를 내담자의 스마트폰에 준비시키라. 그 주 후반에 전화로 그 내담자를 확인하라.
6. 분노로 인해 행동화하지 않을까 두려워한다. 지금까지의 증거가 반대라는 것을 확인시켜 준다. 즉, 격렬한 재구성하기 개입 이후에도 심상 재구성하기가 더 나은 분노 조절과 관련될 수 있다(Arntz, Tiesema & Kindt, 2007). 치료자로서 심상 재구성하기를 통해 개입하고 분노를 표현하는 적절한 방법의 예시로 보여 주라. 심상 재구성하기에서 화난 감정을 처리하는 그 아동을 인정하고 지지하며 분노의 기저에 있는 모든 취약한 감정에도 똑같이 집중하라.

참고문헌

Andrade, J., Kavanagh, D., & Baddeley, A. (1997). Eye-movements and visual imagery: a working memory approach to the treatment of post-traumatic stress disorder. *British Journal of Clinical Psychology, 36*, 209-223. http://dx.doi.org/10.1111/j.2044-8260.1997.tb01408.x

Arntz, A. (2012). Imagery rescripting as a therapeutic technique: Review of clinical trials, basic studies, and research agenda. *Journal of Experimental Psychopathology, 3*(2), 189-208.

Arntz, A., De Groot, C., & Kindt, M. (2005). Emotional memory is perceptual. *Journal of Behavior Therapy and Experimental Psychiatry, 36*(1), 19-34. http://dx.doi.org/10.1016/j.jbtep.2004.11.003

Arntz, A., & van Genderen, H. (2009). *Schema therapy for borderline personality disorder*. Chichester: Wiley.

Arntz, A., Sofi, D., & van Breukelen, G. (2013). Imagery rescripting as treatment for complicated PTSD in refugees: A multiple baseline case series study. *Behaviour Research and Therapy, 51*, 274-283. http://dx.doi.org/10.1016/j.brat.2013.02.009104

Arntz, A., Tiesema, M., & Kindt, M. (2007). Treatment of PTSD: A comparison of imaginal exposure with and without imagery rescripting. *Journal Behaviour Therapy Exprimental Psychiatry, 38*(4), 345-370.

Arntz, A., & Weertman, A. (1999). Treatment of childhood memories: Theory and practice. *Behaviour Research and Therapy, 37*, 715-740.

Barnard, P. (2009). Depression and attention to two kinds of meaning: A cognitive perspective. *Psychoanalytic Psychotherapy, 23*(3), 248-262.

Brewin, C., Dalgleish, T., & Joseph, S. (1996). A dual representation theory of posttraumatic stress disorder. *Clinical Psychology Review, 103*, 670-686.

Casement, M. D., & Swanson, L. M. (2012). A meta-analysis of imagery rehearsal for post-trauma nightmares: Effects on nightmare frequency, sleep quality, and posttraumatic stress. *Clinical Psychology Review, 32*(6), 566e574.

Conway, M. (2001). Sensory-perceptual episodic memory and its context: Autobiographical memory. *Philosophical Transactions of the Royal Society of London Series B-Biological Sciences, 356,* 1375-1384.

Cuthbert, B., Lang, P., Strauss, C., Drobes, D., Patrick, C., & Bradley, M. (2003). The psychophysiology of anxiety disorder: Fear memory imagery. *Psychophysiology, 40*(3), 407-422.

Ehlers, A., & Clark, D. (2000). A cognitive model of posttraumatic stress disorder, behaviour, research & therapy. *Behaviour, Research & Therapy, 28*, 319-345.

Engelhard, I., Van den Hout, M., Dek, E., Giele, C., Van der Wielen, J., Reijnen, M., & Van Roij, B. (2011). Reducing vividness and emotional intensity of recurrent "flashforwards" by taxing working memory: An analogue study. *Journal of Anxiety Disorders, 25*(4), 599-603.

Foa, E., & Kozac, M. (1986). Emotional processing of fear: Exposure to corrective information. *Psychological Bulletin, 99*, 20-35.

Gilbert, P., & Irons, C. (2004). A pilot exploration of the use of compassionate images in a group of self-critical people. *Memory, 12*, 507-516. https://doi.org/10.1080/09658210444000115

Grunert, B., Weis, J., Smucker, M., & Christianson, H. (2007). Imagery rescripting and reprocessing therapy after failed prolonged exposure for post-traumatic stress disorder following industrial injury. *Journal of Behavior Therapy & Experimental Psychiatry, 38*, 317-328.

Gunter, R., & Bodner, G. (2008). How eye movements affect unpleasant memories: Support for a working-memory account. *Behaviour Research and Therapy, 46*(8), 913-931.

Hackmann, A., Bennett-Levy, J., & Holmes, E. A. (2011). *Oxford guide to imagery in cognitive therapy*. Oxford: Oxford University Press.

Harvey, A.G., Watkins, E., & Mansell, W. (2004). *Cognitive behavioural processes across psychological disorders: A transdiagnostic approach to research and treatment*. New York: Oxford University Press.

Holmes, E., Arntz, A., & Smucker, M. (2007). Imagery rescripting in cognitive behaviour therapy: Images, treatment techniques and outcomes. *Journal of Behavior Therapy & Experimental Psychiatry, 38*, 297-305.

Holmes, E., & Hackmann, A. (2004). A healthy imagination? Editorial for the special issue of memory: Mental imagery and memory in psychopathology. *Memory, 12*(4), 387-388.

Holmes, E., Mathews, A., Dalgleish, T., & Mackintosh, B. (2006). Positive interpretation training: Effects of mental imagery versus verbal training on positive mood. *Behavior Therapy, 37*, 237-247.

Holmes, E. A., & Mathews, A. (2005). Mental imagery and emotion: A special relationship? *Emotion, 5*(4), 489-497.

Holmes, E. A., & Mathews, A. (2010). Mental imagery in emotion and emotional disorders. *Clinical Psychology Review, 30*(3), 349-362.

Horikawa, T., Tamaki, M., Miyawaki, Y., & Kamitani, Y. (2013). Neural decoding of visual imagery during sleep. *Science, 340*(6132), 639-642. 10.1126/science.1234330

Hunt, M., & Fenton, M. (2007). Imagery rescripting versus in vivo exposure in the treatment of snake fear. *Journal of Behavior Therapy and Experimental Psychiatry, 38,* 329-344.

Jaycox, L., & Foa, E. (1998). Post-traumatic stress disorder. In A. S. Bellack & M. Hersen (Eds.), *Comprehensive clinical psychology* (Vol. 6, pp. 499-517). Amsterdam: Elsevier.

Kosslyn, S. M., Ganis, G., & Thompson, W. L. (2001). Neural foundations of imagery. *Nature Reviews Neuroscience, 2*, 635-642.

Lang, P. (1977). Imagery in therapy: An information processing analysis of fear. *Behavior Therapy, 8*(5), 862-886.

Langkaas, T. F., Hoffart, A., Øktedalen, T., Ulvenes, P. G., Hembree, E., & Smucker, M. (2017). Exposure and non-fear emotions: A randomized controlled study of exposure-based and rescripting-based imagery in PTSD treatment. *Behaviour Research and Therapy, 97*, 33-42.

Lee, D. (2005). The perfect nurturer: A model to develop a compassionate mind within the context of cognitive therapy. In I. P. Gilbert (Ed.), *Compassion: Conceptualisations, research and use in psychotherapy* (pp. 326-351). London: Routledge.

Lilley, S. A., Andrade, J., Turpin, G., Sabin-Farrell, R., & Holmes, E. A. (2009). Visuospatial working memory interference with recollections of trauma. *British Journal of Clinical Psychology, 48*(3), 309-321.

Mathews, A. (1971). Psychophysiological approaches to the investigation of desensitisation and related processes. *Psychological Bulletin, 76*, 73-91.

May, J., Andrade, J., Kavanagh, D. J., & Penfound, L. (2008). Imagery and strength of craving for eating, drinking and playing sport. *Cognition and Emotion, 22*, 633-650.

Moran, D. J., & O'Brien, R. M. (2005). Competence imagery: A case study treating emetophobia. *Psychological Reports, 96*, 635-636.

Morina, N., Lancee, J., & Arntz, A. (2017). Imagery rescripting as a clinical intervention for aversive memories: A meta-analysis. *Journal of Behavior Therapy & Experimental*

Psychiatry, 55, 6-15.

Müller-Engelmann, M., Hadouch, K., & Steil, R. (2018). Addressing the negative self-concept in posttraumatic stress disorder by a three-session programme of cognitive restructuring and imagery modification (CRIM-PTSD): A case study. *Journal of Behavioral and Brain Science, 8*(05), 319-327.

Pearson, J., Naselaris, T., Holmes, E., & Kosslyn, S. (2015). Mental imagery: Functional mechanisms and clinical applications. *Trends in Cognitive Sciences, 19*(10), 590-602.

Raabe, S., Ehring, T., Marquenie, L., Arntz, A., & Kindt, M. (2018). Imagery rescripting versus STAIR plus imagery rescripting for PTSD related to childhood abuse: A randomized controlled trial. In preparation.

Schwarz, L., Corrigan, F., Hull, A., & Ragu, R. (2017). *Comprehensive resource model: Effective therapeutic techniques for the healing of complex trauma.* New York: Routledge.

Shapiro, F. (2014). The role of eye movement desensitization and reprocessing (EMDR) therapy in medicine: Addressing the psychological and physical symptoms stemming from adverse life experiences. *Perm Journal, 18*(1), 71-77.

Teasdale, J., & Barnard, P. (1993). *Affect, cognition and change: Re-modelling depressive thought.* Hove: Lawrence Erlbaum.

Van den Hout, M. A., Engelhard, I. M., Beetsma, D., Slofstra, C., Hornsveld, H., Houtveen, J., & Leer, A. (2011). EMDR and mindfulness: Eye movements and attentional breathing tax working memory and reduce vividness and emotionality of aversive ideation. *Journal of Behavior Therapy and Experimental Psychiatry, 42*, 423-431. http://dx.doi.org/10.1016/j.jbtep.2011.03.004

Van der Wijngaart, R. (2015). Ways to strengthen the healthy adult. *The Schema Therapy Bulletin, 1,* 7-10.

Weertman, A., & Arntz, A. (2007). Effectiveness of treatment of childhood memories in cognitive therapy for personality disorders: A controlled study contrasting methods focusing on the present and methods of focusing on childhood memories. *Behaviour Research & Therapy, 45,* 2133-2143.

Willander, J., Sikström, S., & Karlsson, K. (2015). Multimodal retrieval of autobiographical memories: Sensory information contributes differently to the recollection of events. *Frontiers in Psychology, 6*(e73378), Article no. 1681.

Young, J., Klosko, J., & Weishaar, M. (2003). *Schema therapy: A practitioner's guide*. New York: Guilford Press.

Young, J. E. (1990, 1999). *Cognitive therapy for personality disorders: A schema-focused approach* (revised edition). Sarasota, FL: Professional Resource Press.

제6장

어린 시절의 기억에 대한 심상 재구성하기

– Chris Hayes[1)]와 Remco van der Wijngaart[2)]

아동의 기질 및 양육자의 반응과 상호작용에서 나타나는 부정적인 어린 시절 경험은 초기 부적응도식, 양식 및 대처반응의 기원을 형성한다고 여겨진다(Arntz & van Genderen, 2011). 심상 재구성하기에서는 부정적인 어린 시절 경험의 의미와 유산을 변화시키는 데 도움이 되는 정신 시각화의 정서적 힘을 활용한다.

역사적으로 심리치료의 심상 작업은 다양한 형태를 취해 왔으며(Edwards, 2011), 외상 후 스트레스장애, 사회불안장애, 강박장애 및 다양한 섭식장애를 포함하여 다양한 심리적 상황에서 효과적인 치료법으로서 심상 재구성하기를 지지하는 증거가 늘어나고 있다(Morina, Lancee, & Arntz, 2017). 심리도식치료에서의 개입은 주로 심리도식과 양식의 발전에 기여했을 수 있는 자전적 기억의 의미를 바꾸는 데 중점을 둔다. 내담자들은 심리도식과 양식에 연결된 어린 시절 사건의 기억과 이미지를 활성화하고 아동의 욕구에 부합되는 보다 좋은 결말을 상상하도록 요청받는다(Arntz & Jacob, 2012). 이러한 접근 방식은 내담자가 결과를 변경하지 않고 정서적으로 고통스러운 경험을 상상하고 '끝까지 해내도록' 요청하는 심상적 노출(imaginal exposure)(Foa & Rothbaum, 1998)과 같이 이미지가 변경되지 않은 상태로 유지되는 다른 심상 기반 접근 방식과는 대조된다. 다양한 심상 재구성하기 실시 요강들이 있지만,

1) 서호주 퍼스에 거주하는 임상심리학자이자 고급 심리도식 치료자이다. 그는 복합 심리적 증상을 가진 내담자와 함께 작업하는 정부 및 개인 환경에서 광범위한 경험이 있다. 2005년부터 그는 Jeffery Young 박사와 함께 미국 뉴욕의 심리도식치료 연구소에서 심리도식치료 인증을 완료한 고급 심리도식 치료자 슈퍼바이저 및 트레이너로 활동하고 있다. 심리도식치료 교육 및 슈퍼비전을 제공하는 것 외에도 그는 현재 서호주 보건국에서(최근 또는 어린 시절의 성적인 외상을 경험한 사람들과 협력하는 전문 서비스 내에서)선임 임상심리학자로 고용되어 있다.

2) 심리 치료자이자 공인 심리도식치료사이자 임상 슈퍼바이저이며 국제 심리도식치료협회(International Society of Schema Therapy: ISST) 부회장(2016~2018)이다. 네덜란드 마스트리히트에서 개업하여 심리치료사로 일한다. 처음에는 인지행동치료에서 훈련을 받았으며 1996년부터 2000년까지 Jeffrey Young 박사에게 개인적으로 심리도식치료에 대한 훈련과 슈퍼비전을 받았다. 경계성 내담자, 클러스터 C 성격장애 내담자 및 불안 및 우울 장애를 전문으로 한다.

이 장의 목적을 위해 Arntz와 Weertman(1999) 및 Arntz(2014)가 서술한 실시 요강에 의해 심상 재구성하기를 정의하고자 한다.

심상 재구성하기는 여러 가지 이유로 중요한 임상 도구이다. 첫째, 일반적으로 정서, 기억 및 인지를 차단하는 대처양식을 우회하는 구조를 제공한다. 이것은 정신적 시각화 과정이 정서적으로 중요한 사건에 더 쉽게 연결되도록 돕기 때문에 발생한다(Holmes & Mathews, 2010). 결과적으로 핵심 감정들과 외상성 내용에 직접적으로 접근할 수 있고 작업할 수 있다. 둘째, 내담자들은 이야기만을 통해서보다 초기부적응도식, 양식 및 생활 문제의 기원과 더 명확한 연결을 만들고 그것들에 대해 더 잘 이해할 수 있다(Hackmann, Bennett-Levy, & Holmes, 2011). 셋째, 치료자(그리고 나중에는 그 내담자)가 심상 재구성하기 안에서 교정적 정서 경험을 제공할 수 있다. 심상 재구성하기의 과정은 단지 고통스럽고 화난 어린 시절의 기억과 이미지에 접근하기 위한 것뿐만이 아니라, 이미지를 바꾸면서 새로운 결과와 의미를 제공하는 것에 관한 것이다. 결과적으로, 인지적 변화를 도울 수 있는 보다 호의적이면서 회복적인 정서들을 경험할 수 있다(Arntz, 2011; Holmes, Arntz, & Smucker, 2007). 게다가 심상 개입은 내담자가 더욱 쉽게 접근할 수 있는 대체 기억을 만드는 데 도움이 되는 것으로 여겨진다(Brewin, 2006; Brewin, Gregory, Lipton, & Burgess, 2010).

심상 재구성하기의 핵심 원리

애착과 유대

심상 재구성하기 안에서, 제한된 재양육과 경험적 개입이라는 핵심 심리도식치료 원리는 상승 효과를 제공하기 위하여 하나로 통합된다. 여기에서 내담자는 이미지 처리 과정 내에서 자신의 욕구를 충족시켜 주는 치료자의 조율과 능력을 경험할 수 있으며, 이때 강력한 정서적 교정 경험을 한다. 내담자가 스스로 이미지를 바꾸도록 권장하는 다른 심상 재구성하기 기반 개입들과는 대조적으로(Smucker, Dancu, Foa, & Niederee, 1995), 심리도식치료 맥락 내에서 심상 재구성하기는 처음에는 치료자가 이미지를 재구성하도록 권장하여, 내담자가 자신의 정서적 욕구 중 일부가 치료자에 의해서 충족되는 것을 경험할 수 있도록 한다. 그렇게 함으로써 내담자는 치료자에 대한 건강하고 강한 애착을 경험하게 된다. 게다가, 그 과정은 적대자에게 반응하는 방법과 정서적으로 격앙된 어린 시절의 상황을 다루는 모범적 방법을 내담자에게 보여 준다. 이런 식으로 내담자들은 종종 치료자의 입장과 역량을 내면화하거나 활용한다고 보고한다. 예를 들어, 치료자가 주어진 상황에서 무엇을 할 것인지 또는 말할 것인지에 대해 생각해 보았다고 그들은 말한다. 치료가 진전되면서(어린이가 성장하는 것과 비슷함), 내담자는 재구성하기에서 주도적인 역할을 맡도록 권장되며, 치료자는 점점 더 보조적인 역할을 한다.

내담자의 욕구 충족

성격장애와 만성적인 정서적 문제는 종종 방임, 외상 및 아동기 욕구의 결핍과 관련이 있다(Johnson et al., 1999). 재양육에서 치료자가 핵심 정서적 욕구를 충족시키는 개념은 핵심 원리이면서 과거의 결핍에 대한 해독제로 간주된다. 마찬가지로, 심상 작업에서도 욕구를 충족시키는 것은 지도 원리로 작용하여 재구성하기 각 단계에서 치료자의 개입을 이끌어 준다. 치료자가 어떻게 진행해야 할지 확신이 서지 않는 어려운 상황에서, 이미지 안에서 아동의 욕구를 확인하는 것은 교정적 결과를 보장하는 데 도움이 되는 방법이다.

심상 재구성하기 과정

의미 있는 이미지 선택

때때로 재구성할 잠재적 이미지를 확인하는 것이 어려울 수 있다. 일부는 자신의 어린 시절의 특정 상황을 기억하는 데 어려움을 겪는다(때로는 심리도식 회피 또는 언어습득 이전의 외상으로 인한 경우도 있음). 반면, 다른 내담자들은 자신의 초기 경험의 정서적 영향에 대한 제한된 통찰력만을 가지고 있고 특정 기억을 자신의 현재 문제나 치료의 진전과 무관하다고 생각하여, 자발적으로 제공하지 않는다. 심상 재구성을 위해 의미 있는 어린 시절의 이미지를 확인하는 몇 가지 방법들이 있다.

Young 양육 질문지(YPI; Young, 1996)와 같은 질문지의 평가 과정과 사용에서 얻어진 정보는 재구성하기 위한 구체적인 의미 있는 사건들과 이미지를 제공할 수 있다. 게다가 내담자들은 최근 촉발된 사건에서 정서 가교(또는 '플로트백')를 통해 이미지에 접근할 수 있다. 여기서 치료자는 내담자에게 최근의 촉발된 이미지에 접근하여 이 경험에서 비롯된 감정과 생각을 확인한 다음, 이것을 유사한 감정을 가진 어린 시절의 사건과 다시 연결하도록 요청한다. "그러니까 그 슬픔의 감정이 중요하지 않은 것처럼 무시되고 아무도 당신에게 관심이 없는 것처럼 느껴지는 것 말이에요. 그 감정과 자신이 중요하지 않다는 감각와 비슷한 감정을 느끼는 어린 시절의 이미지를 찾아보세요."

의미 있는 이미지에 접근하여 재구성하는 데 도움이 되는 대안적 방법은 'Google Images'나 'Search Engine Technique(검색 운전 기법)'(de Jongh, Ten Broeke & Meijer, 2010)으로, EMDR(Eey Movement Desensitisation and Reprocessing, 안구운동 민감소실 및 재처리) 맥락에서 자주 사용되는 접근 방식이다. 여기서 치료자는 내담자에게 특정한 신념이나 심리도식을 찾기 위해 정신적 '검색 엔진'에서 '기억 검색'을 하고 있다고 말한다. 예를 들어, '나는 가치가 없고, 나쁘다'(결함 도식의 인지적 구성 요소)라는 신념에 대한 '구글 검색'은 이전에 이 주제와 연관시키지 못했던 관련 기억 목록을 생성할 수 있을 것이다. 인터넷 검색 엔진과 유사하게, 원하는 검색어와 가장 많이 연결된 상위 '게시물'과 함께 그들의 '검색'의 일부일 수 있는 몇 가지 기억을 말하도록 권장된다. 치료자는 가능할 때 그러한 과제를 완료하도록 권장할 수 있으며, 그 연습을 이용하여 심상 작업을 준비하거나 회기 전반에 걸쳐 연결을 만들 수 있다. 그런 다음, 이러한 핵심 기억은 미래의 심상 작업에 사용될 수 있다.

심상 재구성하기에는 두 개의 주요 단계가 있다. 1단계에서 치료자는 재구성하기를 제공하고 변화의 주요 주체이다. 치료자는 내담자의 내면 모델 역할을 하며 이미지에서 아동의 핵심 욕구를 충족시킴으로써 정서적 교정 경험을 제공하는 것을 목표로 한다. 2단계에서는 내담자가 이미지를 다시 재구성한다. 이것은 일반적으로 내담자의 건강한 성인양식이 이미지에서 아동의 욕구에 부응할 수 있는 연민, 통찰력 및 어느 정도의 정서적 수용력을 가질 만큼 충분히 강인할 때 일어난다. 일부는 삶에서 자신을 돌봐 주었던 인물들(예: 그 내담자에게 긍정적인 영향을 미친 조부모)이 이미지에 들어와서 재구성하는 상상을 선택할 수도 있다. 2단계에서 내담자와 치료자는 이미지에서 아동의 욕구를 충족시키기 위해 함께 작업할 수도 있다.

심상 재구성 작업에는 몇 가지 진입 지점이 있다([그림 6-1]). 심상에 대해 염려하거나 다소 조절장애가 있는 내담자는 처음에 '안전지대'(시작점 A)를 형성하기 위한 심상을 완료하는 것이 좋다(1부 2장 참조). 이후 파트너와의 최근 언쟁이나 치료자와의 회기에서 긴장감을 느끼는 것(시작점 B)과 같은 최근의 촉발 사건(또는 회기 내의 감정 상태)에서 재구성을 위한 특정 '이미지 대상'에 접근할 수 있다. 여기에서 치료자는 내담자가 비슷한 감정을 경험한 초기 아동기 시금석 사건을 확인하기 위해 정서 가교를 사용한다. 대안적으로는 치료자는 심리도식 발달과 관련된 평가에서 확인된 명확하게 의미 있는 이미지에 직접 접근하려고 할 수 있다(시작점 C). 예를 들어, 복종 도식을 가진 내담자는 어렸을 때 위협을 느끼고 통제된 기억을 확인할 수 있다(이 이미지로 시작하는 재구성과 함께).

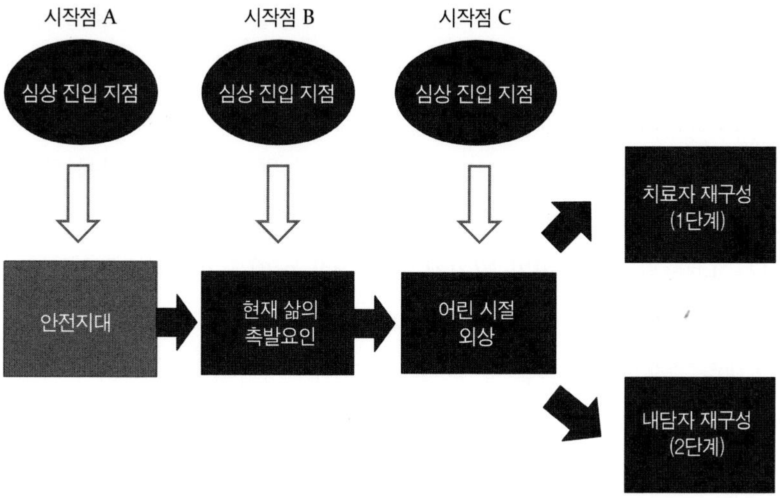

[그림 6-1] 심상 재구성하기-처리 과정 1단계와 2단계

1단계: 치료자가 내담자의 과거의 이미지를 재구성하기

노출치료들과는 달리 심상 재구성하기에서는 내담자에게 그 경험의 가장 외상적인 측면을 시각화하도록 요구하지 않는다. 대신, 그 아동이 교정적 경험을 필요로 하는 바로 그 순간에 그 이미지를 다시 쓰는 것을 목표로 한다. 결과적으로, 치료자는 내담자가 고통스러운 장면에서 압도당하거나 아주 충격적인 외상 사건을 다시 경험하지 않고, 그들이 경험한 내용 일부에 접근하려고 한다. 이 점을 결정하는 데 도움을 주기 위해 치료자는 자신에게 '만약 이것이 내가 돌보는 아이와 관련된 실제 상황이라면, 나는 언제 개입할 것인가?'라고 물어볼 수 있다. 이 과정은 너무 일찍 들어가는 것(그 결과, 그 상황에서 아동의 감정과 욕구에 접근할 수 있는 것이 제한된다)과 너무 늦게 들어가는 것(내담자가 압도당하고 외상을 다시 입을 위험이 있다) 사이의 균형이 있어야 한다. 일반적으로, 치료자는 이미지에서 외상이 일어나기 바로 그 직전에 이미지에 들어가 외상이 발생하는 것을 방지한다.

일단 이미지에 들어가면, 치료자는 아동의 기본적인 욕구를 확인하는 데 필요한 모든 작업을 수행한다. 이것은 이미지에서 적대자를 다루거나, 그 상황에서 아동을 대피시키거나,

안전과 편안함을 제공하거나, 이해와 돌봄을 표현하는 것을 의미할 수 있다. 치료자의 재구성하기는 내담자의 심리도식에 대한 지식에 의해 부분적으로 안내될 수 있다. 예를 들어, 내담자가 강력한 복종 도식을 가지고 있다면, 치료자는 "네 마음을 그대로 말해도 괜찮아. 나는 네가 어떻게 느끼고 있는지 정말 듣고 싶어. 너의 생각과 필요한 것을 나에게 말해도 어떤 나쁜 일도 일어나지 않아!"와 같이 권한 부여와 자율성의 욕구를 강조할 수 있다. 반면, 결함 도식이 지배적이라면, 치료자는 "나는 네가 말하는 것이 옳다고 생각해. 네가 이러한 감정들을 갖는 것은 전혀 잘못이 아니야. 이 상황에 처한 사람이라면 누구나 그렇게 느낄 수 있어. 여기서 일어난 일은 네 잘못이 아니야!"와 같이 수용과 이해의 욕구를 강조할 수 있다.

치료자는 내담자가 자신의 재구성하기에 대응하여 어떻게 느끼고 있는지 주기적으로 평가할 수 있다. "너를 위해 누군가가 거기에 있는 것은 어떤 느낌이야?" "내가 엄마에게 이렇게 말하는 것은 어때?" 이러한 질문들은 이미지 안에 있는 그 아동의 욕구를 가장 잘 충족시키는 방법에 대한 중요한 피드백을 제공하고, 만약 내담자가 고통을 받거나 압도될 경우, 그 이미지를 더 안전하게 느껴지도록 만들기 위해 치료자가 재양육을 조정할 수 있도록 해준다.

치료자가 그 이미지 안에서 그 아동의 욕구를 충족시킨 후에 내담자가 지지받았고 안전하다고 느낀다고 보고하면, 치료자는 그 이미지 안의 아동에게 다음과 같이 물어볼 수 있다. "이제 어떻게 하고 싶니?" "우리는 밖에 나가 놀 수도 있고 산책을 할 수도 있고 그냥 함께 앉아 있을 수도 있어. 어떤 것이 네게 좋을까?" 예를 들어, "우리가 편안한 이야기를 해 보는 것은 어떨까? 이 문제를 다루는 것 말고 네가 지금 하고 싶은 것은 뭐니? 지금 당장 어디로 가고 싶니? 밖에 나가서 놀 수도 있을 것 같은데?" 같은 마무리 과정은 내담자가 강렬한 감정과 즐겁고 편안한 활동을 대조함으로써 자신의 감정 상태를 조절하는 데 도움이 된다. 게다가, 재구성하기 과정의 이러한 구성 요소는 치료자의 재양육(아동이 안전하고 돌봄을 받는)이 원래의 재구성된 장면을 넘어 계속된다는 재구성하기의 원리를 구현한다.

2단계: 내담자가 자신의 과거 이미지를 재구성하기

치료 후반에 내담자의 건강한 성인양식이 강화되면, 치료자는 내담자가 재구성하기에서 더 적극적인 역할을 하도록 권장한다. 여기에서 치료자는 이제 성인으로서 내담자를 불러 이미지를 재구성하고 아동의 욕구에 반응하도록 한다. 이 단계에는 ① 이미지 설정, ② 건강한 성인 재구성하기, ③ 취약한 아동이 재구성을 경험하기 등의 세 가지 국면이 있다.

국면 1 - 장면 설정하기(아동으로서 이미지 안에 있는 내담자)

치료자: 어린 피터에게 무슨 일이 일어나고 있는 거야, 몇 살이야?

피터: 저는 일곱 살이고, 아빠는 집에 오셨는데 화가 나셨어요, 엄마한테 소리치시면서 내가 어디 있냐고 물어보셔요.

치료자: 너는 어디에 있지?

피터: 저는 겁에 질린 채 세탁실에 있는데, 결국 아빠가 저를 찾아낼 거예요.

내담자가 장면을 설정하고 그 이미지 안에서 자신의 감정과 충족되지 않은 욕구가 '활성화'되면 치료자는 국면 2로 이동한다.

국면 2 - 내담자가 이미지를 재구성하기(성인으로서 이미지 안에 있는 내담자)

치료자: 저는 당신이 그 이미지를 중단하고, 당신의 강인한 '건강한 성인'의 측면, 즉 성인으로서 어린 피터와 함께 이미지 속으로 데려오고 싶어요. 이제 건강한 성인이 되어, 건강한 성인이 하는 것처럼 앉으세요. 이제 어린 피터, 성인으로서 당신, 그리고 당신의 아빠도 있어요. 성인으로서 당신은 지금 일어나고 있는 일에 대해 어떻게 느끼나요? 어린 피터에게 무엇을 해 주고 싶은가요?

피터: 이건 정말 지긋지긋해요. 잘못됐어요! 저 꼬마가 불쌍해요, 이런 일을 당하면 안 돼요.

치료자: 당신은 어떤 말이나 행동을 하고 싶은가요?

피터: 전 어린 피터를 지켜 주고 싶어요. "아빠, 다시는 어린 피터를 그런 식으로 대하게 놔두지 않을 거예요. 전 이걸 참지 않을 거예요. 아빠는 지금 저(성인)를 상대하고 있는 겁니다!"

치료자: 다시 한번 말해 보세요.

피터: "아빠는 지금 저를 상대하시는 거예요. 아빠가 하는 행동은 잘못되었고, 다시는 아빠가 어린 피터를 힘들게 하는 것을 용납하지 않을 겁니다."

내담자는 재구성하기를 진행하면서, 아동의 욕구에 부응하고 안전, 돌봄, 안내, 지지를 제공하며, 궁극적으로 언쟁에서 우위를 차지한다.

국면 3 -재구성의 아동 관점(아동으로서 이미지 안에 있는 내담자)

치료자: 당신은 이제 그 테이프를 되감아서, 성인이 된 피터가 도착했을 때 이미지의 시작 부분으로 돌아가서, 이제 어린 피터가 되어 보세요. 무엇이 보이나요?

피터: 전 세탁실에 있어요. 두려워서, 아빠로부터 숨어 있어요. 그때 성인인 제가 들어오네요.

치료자: 지금 무슨 일이 일어나고 있나요?

피터: 성인인 내가 아빠를 나무라면서 어린 피터를 대하는 방식이 지긋지긋하다고 말하고 있어요. 성인인 나는 다시는 이런 일을 참지 않을 거고 이제 아빠는 성인인 나를 상대해야 한다고 말하고 있어요.

치료자: 그 말을 듣고 보면서 어떻게 느껴지나요?

피터: 대단해요, 아빠에게 누구도 그렇게 말하지 않거든요.

치료자는 아동에게 무엇이 필요한지 물어보면서 이전처럼 계속해서 이미지를 재생한다. 만약 아동이 추가적인 욕구를 표현하는 경우(예: 돌봄, 포옹 등) 치료자는 아동이 자신의 건강한 성인에게 그 욕구를 충족시켜 달라고 요청하도록 격려한다.

치료자: 지금 어린 피터에게 무엇이 필요한가요? [어린 피터로서]

피터: 포옹이 필요해요.

치료자: 그에게 그렇게 말해 줄 수 있나요?

피터: "큰 피터, 나를 안아 줄 수 있어요?" 그는 괜찮다고 말하면서 저를 껴안고 있어요. 기분이 너무 좋아요.

이러한 유형의 심상은 내담자의 취약한 아동양식이 자신의 건강한 성인과 '이야기'할 수 있다고 느끼고 현재 상황에서 필요한 것을 요청할 수 있도록 도와준다.

이미지 재구성하기: 적대자 유형

재구성할 때, 아동의 정서적 욕구는 이미지 안에서 무엇이 일어나는지 결정하는 데 있어서 지침으로 작용해야 하며, 치료자와 내담자의 건강한 성인은 그 아동의 욕구를 충족시키는 데 필요한 모든 것을 자유롭게 할 수 있다. 본질적으로, 재구성하기는 이미지 속의 아동이 일어났어야 했지만 일어나지 않은 일을 경험할 기회를 제공한다. 일반적으로, 이것은 치료자 또는 내담자의 건강한 성인이 엄밀하게는 현실적이지 않은 수준의 힘과 영향력을 가지고 있지만(문자적 의미에서), 그 당시에 아동이 필요로 했던 것을 구현하기 때문에 정서적으로 신뢰할 수 있으며 대개 내담자가 고마워한다. 예를 들어, 치료자 또는 건강한 성인은 학대하는 인물을 가두거나 방임하는 부모가 아동의 감정에 귀를 기울이도록 요구할 수 있다.

재구성하기 과정에서 치료자는 하나 이상 심리도식의 발달과 관련된 다양한 상황과 '인물들'을 만날 수 있다.

처벌적 적대자

처벌적 적대자들은 비난하고, 학대하고, 훼손하고 있으며, 치료자는 취약한 아동의 안전과 돌봄을 제공하기 위해 강력하고 직접적인 조치를 취할 필요가 있다. 이러한 적대자들과 작업할 때, 치료자는 그 이미지를 '중단'하고, 아동과 적대자 사이에 끼어들어 안전하고 힘이 있다는 느낌을 만들고 재귀인 의식(sense of reattribution)을 생성하는 데 필요한 모든 조치를 취한다. 재구성하기를 신뢰할 수 있게 하려면 치료자는 단호하고 자신감 있고 확고하고 비타협적인 방식으로 대응해야 하며, 이는 적대자가 아니라 그들이 일어나는 일을 관리하고 있다는 것을 보여 준다.

사례 예시

어린 시절 산드라(Sandra)는 실수와 '서투른 행동'에 대해 자주 욕하고 때렸던 폭력적인 아버지에게 괴롭힘을 당했다. 심상을 재구성하는 동안, 산드라는 다음과 같은 이미지를 묘사한다.

산드라: 무서워, 너무 무서워요. 아빠는 문 앞에 서 있고, 너무 화가 나 있어요. 아빠는 내가 음료수를 조금 흘렸다고 멍청한 년이라고 말하고 있어요[내담자는 울먹이며 격앙됨].

치료자: 산드라……. [잠시 멈춤] 그 이미지 안에서, 당신과 아빠 사이에 서 있는 내 모습을 봤으면 좋겠어요. 거기서 나를 볼 수 있나요?

산드라: 네, 거기에 있는 당신을 볼 수 있어요……. 무서워요, 아빠가 나를 해치지 않았으면 좋겠어요.

치료자: 어때요. 내가 거기 있으니?

산드라: 기분이 좋아요, 아빠가 그럴 때 당신이 곁에 있는 게 좀 더 안전하게 느껴져요.

치료자: 내가 그를 다루는 것이 안전하다고 느껴지나요, 아니면 내가 더 커져야 한다고 생각하나요, 아니면 도움이 될 만한 무언가가 더 필요하다고 생각하나요?

산드라: 어쩌면 좀 더 커져야 할 것 같아요, 왜냐하면 아빠가 정말 화가 났기 때문에요…….

치료자: 좋아요. 그래서 내가 그보다 더 크고, 우뚝 솟아 있어, 지금 아빠에게 말하고 있어요, 어린 산드라……. [강하고, 단호하고, 타협하지 않는 목소리] "그렉(Greg)[아빠], 당장 멈춰요. 당신은 산드라를 겁주고 있어요. 산드라는 착한 아이예요. 산드라를 안전하게 느끼게 하는 것은 당신의 일인데 당신은 책임을 다하고 있지 않아요. 그래서 산드라의 안전을 위해 이제 내가 맡겠어요. 지금 당장 나가 주세요." 그는 어떻게 반응하고 있나요?

산드라: 아빠는 누군가가 자신에게 맞서는 상황을 믿지 못하는 것 같아요.

치료자: (강한 비타협적인 어조를 유지하면서) "당신은 이제 나를 상대하고 있고, 다시는 당신의 문제를 산드라에게 퍼붓는 것을 용납하지 않을 거예요. 당신은 지금 우리의 의견에 따라야 합니다. 당장 나가세요." (난 당신 아버지를 이미지에서 밖으로 데리고 나가고 있어요.) 이제 어린 산드라에게로 몸을 돌려서 "어린 산드라야, 넌 이런 대접을 받으면 안 돼. 그것은 단지 음료수 한 캔일 뿐이야. 너는 착한 아이고, 잘못된 행동을 한 것은 아빠야." 산드라를 보호하기 위해서 누군가가 거기에 있다는 건 어떤 기분인가요!

산드라: 전에는 누구도 그렇게 한 적이 없어요. 기분이 좋아요[눈물].

요구적 적대자

요구적 적대자는 현실적이고 균형 잡힌 것 또는 내담자가 가진 자원 이상으로 수행하고 달성하도록 압력을 가한다. 휴식을 취할 시간은 없으며, 그들은 항상 열심히 일해야 하고 자신이 하는 일에 성공해야 한다(예: '나는 단지 네가 최고의 모습이었으면 좋겠다.'). 이러한 양육자들은 자녀가 인생에서 성공하기를 원하며 높은 수준의 성취가 그 성공을 위한 필수 조건이라고 느낀다. 이러한 요구적 메시지에 맞서는 것은 처벌적 메시지와 싸우는 것과 비교하여 볼 때 다른 접근 방식이 있어야 한다. 여기서 치료자는 휴식, 자발성, 놀이가 왜 아동에게 필요한 기본적인 욕구인지에 대한 논쟁이 제기되는 토론 지향적이고 설득력 있는 접근 방식을 취한다.

사례 예시

벤(Ben)은 휴식과 기분전환을 위한 시간을 가진 적이 전혀 없는 애정 어린 근면한 부모 밑에서 자랐다. 벤은 성과를 내야 한다는 명백한 압박을 경험했다. 심상 재구성하기를 훈련하는 동안, 열두 살의 벤은 숙제를 하고 있고, 그 뒤에 아버지가 서 있다. 벤은 한 시간 동안 숙제를 하고 있고 정말 밖에 나가 놀고 싶지만, 아버지는 계속해서 숙제를 강요한다. 치료자는 벤이 긴장을 풀고 놀 수 있도록 강력한 정당성을 주장하면서 아버지의 좋은 의도를 인식하면서 그 이미지 안에 있는 아버지에게 다음과 같이 말한다. "나는 당신이 자녀에게 최상의 것을 원한다는 것을 이해하지만, 당신이 지금 돌보는 방법은 벤을 기진맥진하게 만들고 있어요. 모든 배터리는 고갈되는 것을 막기 위해 때때로 충전이 필요해요. 나는 우리 둘 다 벤이 지금부터 몇 년 후, 사랑, 유대감 및 즐거운 경험으로 가득 찬 균형 잡힌 행복한 삶을 뒤돌아볼 수 있기를 바란다고 생각해요. 나는 그가 마감일과 고된 일 외에는 아무것도 없는 삶을 뒤돌아보지 않았으면 좋겠어요."

죄책감을 유발하는 적대자

죄책감을 유발하는 적대자는 실망감, 슬픔, 위축 또는 기타 형태의 간접적인 의사소통을 나타낸다. 이것은 종종 자기표현, 자율성, 놀이 및 자발성을 방해하는 방법이나 아이를 질책하는 간접적인 방법으로 사용된다. 이러한 메시지들은 종종 처벌적인 것으로 경험되며('엄마를 집에 슬프게 놔둔 건 내가 나빴어!'), 종종 간접적이고 죄책감을 유발하는 방식으로 전달된다. 어떤 경우에는 적대자가 정신 건강 문제가 있거나 사회적으로 고립된 경우, 자녀가 그들의 정서적 욕구를 충족시키고 자율성에 대한 자녀의 욕구를 희생시키면서 매우 가깝게 지내게 하려는 절박하지만 그릇된 시도가 있을 수 있다.

부모에 대한 그들의 도전에서 치료자는 간접적이고 미묘한 의사소통을 직접 확인하고 자녀에게 미치는 영향에 주의를 기울여야 한다. 다음으로, 무언의 처벌적 메시지는 분명히 (처벌적 부모보다는 덜 강압적으로) 반박하고 도전해야 한다. 내담자는 또한 건강한 충성심과 책임감의 차이점에 관한 심리 교육을 받을 수 있다. 또한 치료자는 적대자에게 '도움'과 지원을 제공할 수도 있다(예를 들어, 치료자는 정신적으로 건강하지 못한 양육자에 대한 지원에 접근할 것이라고 말한다).

사례 예시

엘사(Elsa)는 우울하고 지칠 대로 지친 어머니 밑에서 자랐다. 어머니는 만성적으로 저조한 기분으로 다른 사람들이 어머니의 욕구를 충족시켜 주는 데 있어서 어려움을 나타낸다.

엘사: 전 집에 엄마랑 있어요.

치료자: 무엇이 보이나요? 당신은 몇 살인가요?

엘사: 저는 여덟 살 정도예요. 저는 엄마의 침실에 있어요. 오늘은 학교 방학이라서 친구와 함께 근처 동네 가게에 간식을 좀 사러 가고 싶었어요.

치료자: 이미지 속에서 엄마는 어떤 모습이지요?

엘사: 침대에 계속 누워 있어요. 오후 3시경이에요. 엄마는 말이 없고 피곤해 보이고 슬픈 눈을 하고 있어요.

치료자: 당신의 기분은 어떤가요?

엘사: 전 슬퍼요[눈물을 글썽이며]. 저는 골칫거리이고 저는 엄마를 귀찮게 해서는 안 돼요.

치료자: 엘사, 내가 당신 엄마에게 말할 거예요……. "난 당신이 기분이 좋지 않다는 것을 알고 당신의 마음을 이해해요. 하지만 당신은 엘사의 엄마이고 자녀를 돌봐야 해요. 그 반대는 아니에요. 나는 당신이 몸이 좋지 않고 도움이 필요하다는 것을 알지만, 엘사에게 맡기는 것은 옳지 않아요. 만약 당신이 원하시면 제가 가장 신뢰하는 동료 중 한 사람이 도와줄 수 있어요. 그러나 나는 당신이 이런 식으로 자신의 고통으로 엘사에게 부담 주는 것을 원하지 않아요." 치료자가 엘사에게 말한다. "엄마를 보는 대신 지금 당장 나를 좀 볼래. 왜냐하면 엄마를 볼 때마다 너는 책임감과 죄책감을 느끼기 때문이야. 나는 엄마를 위해 도움을 주는 것은 기쁘지만, 네가 엄마를 걱정해야 하는 것은 옳지 않아. 네가 그저 즐겁게 지내는 어린아이가 되기를 원해. 그래서 너는 지금 바로 간식을 사러 나가면 되는 거야!"

방임하거나 부재중인 양육자

어떤 내담자들은 양육자가 신체적으로나 정서적으로 부재한 정서적 방임과 외로움의 분위기에서 자라났다. 감정을 처벌하는 것은 제한적일 수 있지만, 내담자는 '너의 욕구는 중요하지 않으며, 너는 중요하지도 사랑스럽지도 않다.'라는 메시지로 그러한 결핍 경험을 내면화했다. 그러한 상황 속에서 치료자는 어떤 양육자의 존재도 없는 아동의 욕구에 집중해야 할 수도 있다. 이러한 대화에서 치료자는 아동의 욕구를 충족시키고 그들의 감정을 인정해 주기 위해서 제한된 재양육을 사용한다. 종종 치료자의 존재, 개입, 그 이미지 안의 아동과 함께 시간을 보내고자 하는 바람이 아동들의 외로움과 그들이 중요하지 않다는 느낌에 대한 해독제를 제공한다. 물리적으로 양육자가 부재한 상황에서 치료자는 또한 불쾌감을 주는 부모를 '데려와서' 심상 내에서 언쟁을 고려해야 할 수도 있다. 박탈적 양육자와의 대화에서 치료자는 아동을 높이 평가하고, 그들의 정서적 욕구를 강조하며, 양육자의 책임을 지적한다.

사례 예시

아홉 살인 존(John)은 자신의 방에 홀로 앉아 있는 이미지를 묘사한다. 부모님은 외출하셨고, 부모님이 어디 계신지, 언제 집에 오실지 모른다. 그는 학교에서 집으로 혼자 돌아와서 스스로 문을 열고 들어갔어야만 했다. 치료자는 그 이미지 안으로 들어가서 슬프고 외로운 그 아이를 위로한다. 그러고 나서 치료자는 존의 엄마에게 존과 함께해 주기를 요청하고 존의 욕구를 옹호한다.

치료자: 너와 엄마가 함께 거기에 있는 내가 보이니?

존: 네, 거기에서 둘 다 보여요. 선생님은 내 앞에 있고 엄마는 내 옆에 있어요.

치료자: 나는 네 엄마 쪽으로 몸을 돌릴 거야. 메리, 존은 매우 멋진 아이이고, 엄마가 필요하고 그것을 알아주길 원해요. 존을 위해 옆에 있어 줘요. 존은 자신에게 중요하지 않다고 느끼고 있고, 그건 안됐어요. [존에게 몸을 돌리며] 엄마는 어떻게 반응하고 계시니?

존: 엄마는 일해야 한다고 말하면서 혼란스러워하는 것 같아요.

치료자: [메리에게] 당신이 일해야 한다는 것은 이해해요. 하지만 존에 대해서도 생각할 필요가 있어요. 당신이 존에게 마음을 쓰고 있다는 것을 존이 알게 해야 해요, 그게 당신이 해야 할 일이잖아요……. [존에게] 엄마는 어떻게 반응하고 계시니?

존: 엄마는 "**나는 일하러 가야만 해.**"라고 말하고 있어요. 마치 로봇 같아요.

치료자: [메리에게] 메리, 당신이 얼마나 힘든지 알아요. 하지만 이렇게 아이를 무시하는 건 아이에게 상처를 주는 거예요. 저는 아무것도 하지 않고 가만히 보고만 있지 않을 거예요. 저는 존에게 존이 중요하다는 것과 당신이 존을 갖게 된 것이 행운이라는 것을 알려 줄 거예요. [존에게] 네가 혼자가 아니라는 걸 알면서 선생님이 거기 있는 기분은 어때?

존: [눈물] 좋아요.

치료자: 나는 이제 엄마를 이미지를 밖으로 데리고 나갈 거야. 거기서 너와 함께 있는 나를 볼 수 있겠니? 어린 존, 난 네게 마음을 쓰고 있어. 넌 내게 아주 중요하고 소중해. 난 네가 여기 혼자 있어서 가슴이 아파……. 내가 널 위해 시간을 낼 거야. 내가 거기에 있는 게 어때?

존: 정말 좋아요.

재구성하기는 어떤 식으로든 적대자의 정서적 반응을 다루는 것까지 이어지지 않는다. 이의 경우, 방임하는 부모는 후회하는 것으로 여겨지지 않는다(내담자가 부모가 이렇게 반응할 것으로 생각하지 않는 한). 오히려 치료자와 건강한 성인은 이미지 안에서 아이를 재양육하는 데 필요한 모든 조치를 한다. 이것은 내담자가 자신과 치료자 모두가 이미지 속의 아이에 대해 가지고 있는 보살핌과 연민의 감정을 알고 있으므로 정서적으로 신뢰할 수 있다.

어린 시절의 어떤 사건들은 필연적으로 엄청난 상실이나 슬픔과 연관될 수 있으며(예: 사랑하는 사람의 죽음) 아이의 상황을 완전히 해결하는 것은 불가능할 수 있다. 그러나 치료자는 아이를 인정해 주고 지지할 수 있으며, 사건 당시에는 종종 누락되었던 중요한 도움과 깊은 돌봄의 존재를 제공할 수 있다. 이런 식으로 치료자는 아이가 고통에 대처하도록 혼자 내버려 두지 않고, 그 상황에서 피할 수 없었던 상실에 대해 공감한다.

심상 작업에서의 정서

심상 재구성하기는 심리도식의 정서적인 구성 요소에 접근하도록 설계되었다. 결과적으로, 치료자는 심상 안에서 정서적 반응을 촉발하는 것을 목표로 한다. 그러나 치료자들은 종종 내담자가 과도한 감정에 휩싸이거나, 충분한 감정에 접근하지 못하는 것에 대해 우려한다. 여기 감내력의 한계(window of tolerance) 모델(Siegel, 2015)은 치료자가 내담자의 정서적 경험의 최적 수준을 이해하는 데 유용한 틀이 될 수 있다. 감내력의 한계 모델은 심리치료 작업을 위한 최적의 정서적 각성 영역을 설명하며, 정서적 각성은 과각성(과도하거나 압도적인 정서적 경험)과 저각성(저활동성 정서적 경험 '무감각')의 상태 사이에서 다양할 수 있음을 시사한다. 이러한 상태들 사이에는 효과적인 처리를 가능하게 하는 정서적 경험의 '한계(window)'가 있다(Ogden, 2009). 이 모델에 따르면 한계의 경계는 개인마다 독특하고, 일부는 다른 내담자보다 정서를 경험할 수 있는 더 큰 수용력과 의지가 있다. '한계'의 범위에 영향을 미치는 요인으로는 아동기 외상 경험, 기질, 정서에 대한 신념, 환경적 요인 등이 포함될 수 있다.

결과적으로, 심리도식 치료자는 정서적 내용에 접근할 때 감내력의 한계를 고려해야 한다. 내담자를 감정에 휩싸이게 하고 압도하는 것(그리고 아마도 다시 심리적 외상을 초래하는)은 개입의 목표가 아니다. 또한 치료자는 내담자가 정서적 내용과 단절되었을 때, 취약한 아동양식에 접근하기 위해 적극적인 조치를 해야 한다.

다음 전략들은 이미지 안에서 정서적 강도의 수준을 조절하는 데 사용될 수 있다.

회상하지만 느끼지 못하는 내담자들

어떤 내담자들은 장면 일부를 느끼기보다는 멀리서 관찰하고 있는 것처럼 이미지 안에서 일어나는 일을 다소 동떨어진 태도로 묘사한다. 예를 들어, 내담자는 시각적/지각적으로 느끼기보다는 어린 시절의 사건을 회상할 수 있다("아빠는 술에 취해 집에 와서 저에게 학교 공부를 잘하지 못한다고 화내며 고함치곤 했어요."). 여기에서 치료자는 내담자에게 1인칭 현재 시제를 사용하도록 권장한다("학교에서 집에 왔어요, 조금 늦었어요, 아빠가 술에 취해 문 앞에 서서 비틀거리며 저에게 고함을 치며…… 저에게 한심하다고 말하면서"). 또한 치료자는 그 경험의 경험적(특히, 시각적) 측면에 중점을 둔다(치료자: "무엇이 보이나요? 당신 주변에서 무슨 소리가 들리나요?"). 이것은 내담자가 '그곳'에 있다고 느끼기 때문에 이미지 안에서 자신의 감정과 욕구를 더 강렬하게 경험할 수 있도록 도와주며, 이를 통해 재구성하기가 더 강력한 영향을 미칠 수 있도록 한다.

심상에서 정서를 관리하기 위해 자신의 역량과 환상을 사용하기(감내력의 한계)

내담자들은 종종 심상 재구성하기를 하는 동안 강하고 강렬한 감정에 접근하고 때로는 압도당하는 느낌을 받을 수 있다. 이러한 상황에서 치료자는 장면의 시각적 측면을 조작하여 내담자가 더 안전하고, 더 통제력이 있으며, 덜 압도적이라고 느끼도록 도울 수 있다. 예를 들어, 치료자는 '원격 제어' 접근법을 사용하여 특정 경험을 '앞으로 빨리 감기'를 하거나 '되감기' 할 수 있다. 어떤 경우들에는 주요 적대자들을 제거해야 할 수 있고, 혐오스러운 사람을 가두기 위해 유리벽이나 교도소와 같은 안전 기능을 사용하여야 할 수 있다. 치료자는 이미지 안에서 내담자가 안정과 안전감을 느끼게 하도록 환상을 사용할 수도 있다. 예를 들어, 치료자는 자신의 몸을 크게 만들어서 특별한 조력자들(예: 안전하고 강력하며 보호할 수 있다고 상상되는 성인 인물인 경찰관이나 아동 보호자)과 함께 이미지 안으로 들어갈 수 있다.

반대로, 효과적인 재구성하기를 위해 특정 적대자들은 이미지 안에 없을 수 있으며, '소환'이 필요할 수 있다. 예를 들어, 부모가 부재한 내담자는 부모가 자신들과 활발하게 상호작용하고 있던 장소에 대한 많은 기억을 쉽게 갖지 못할 수 있다. 이러한 경우들에 있어서 치료자는 치료자-적대자 상호작용을 고려하여 적대자를 현장으로 데려와야 할 수 있다. 예를 들어, 치료자가 재구성하기를 제공할 수 있도록 가족을 버렸을지도 모르는 아버지를 다시 데려와야 할 필요가 있을 수도 있다.

내담자의 경험에 맞추어 조율하기

치료자는 내담자의 경험에 조율하고 과정을 구조화하여 균형을 맞추어 궁극적으로 아동의 욕구를 이미지 안에서 충족시키는 것을 목표로 한다. 치료자는 단순히 재구성하기의 기술적 과정을 진행하는 것이 아니라, 아동의 욕구에 대한 이해를 '얻어서' 이를 내담자에게 보여 주는 것을 목표로 한다. 치료자는 정서적인 내용("그가 그렇게 말할 때 기분이 어때요?"), 관련된 인지("지금 당신의 마음에 무슨 일이 일어나고 있나요?") 그리고 신체적인 감각("'당신의 몸 어디에서 이것이 의식되나요?")에 맞게 조율하는 것을 목표로 한다. 또한 심상에서 짧은 요약과 명료화는 내담자의 경험 강도를 증가시킬 수 있다("그래서 당신이 제대로 할 수 있는 일이 아무것도 없다는 그런 이야기인가요? 당신은 너무 무서워서 무슨 짓을 해도 그 사람이 무턱대고 화를 낼 것 같은 느낌이 드나요?").

일부 내담자들의 경우 심상 재구성하기가 너무 어렵게 느껴질 수 있다. 예를 들어, 어떤 경우는 압도당하고, 통제되거나 노출되는 것을 두려워하거나, 그 기법이 자신에게 도움이 되지 않을 것이라고 확신하고 있을 수 있다. 만약 심상 작업을 완수하기를 거부한다면, 그들의 입장을 존중하고 인정할 필요가 있다. 그들의 우려 사항에 관해 물어보고, 심상 작업을 하기를 꺼리는 그들의 부분에 대해 목소리를 낼 수 있도록 격려할 수 있다. 이를 통해 내담자는 심상 작업에 참여하지 않는 것의 장단점을 평가할 수 있다. 또한 내담자의 양면성을 탐구하고 작업하기 위해 양식 대화가 수행될 수 있다. 예를 들어, 치료자는 취약한 아동의 이야기를 듣고 안전하지 않다는 두려움을 해결하기 위해 심상을 변화시킬 수 있다. 또는 내담자의 건강한 성인이 처벌적 부모양식에게 자신이 웃음거리가 되거나 실수를 하게 되는 두려움에 대해 응답할 수 있다.

결론

심상 재구성하기는 핵심 심리도식과 양식의 기원에 대한 심오한 통찰력을 얻을 수 있는 창의적이고 매력적이며 유연한 방법을 제공한다. 또한 그것은 어린 시절에는 부재했던, 그리고 그들의 성장과 행복에 중추적인, 교정적 정서 경험을 받을 독특한 기회를 제공한다. 또한 그 과정은 각각의 재구성하기에서 건강한 성인이 자신의 취약한 아동의 욕구를 충족시키는 것을 실천하기 때문에 건강한 성인을 보다 강화하고, 중심적인 역할을 할 수 있는 장을 제공한다. 이러한 개입은 강력한 결과로 이어지는 독특한 경험을 내담자에게 제공할 수 있다.

그러나 이 과정은 심상 기반의 정서적 내용을 경험하고자 하는 내담자의 의지와 역량에 의해 제한될 수 있다. 그 정서적 강도를 고려해 볼 때, 어떤 경우, 심상 재구성하기에 대해 두려움을 느끼거나 불신감을 느끼고 이를 회피하려고 할 수도 있다. 이런 경우들에 있어서, 치료자들은 심상 작업을 하고 싶어 하지 않은 내담자의 '부분'에게 그러한 우려에 대해서 물어봐야 한다. 종종 대처양식의 우려를 이해하고 수용하여 심상을 재구성할 수 있으며, 때로는 그 과정에 창의적으로 적용할 수 있다.

심상 재구성하기는 어려울 수 있다. 치료자는 내담자에게 어떤 일이 일어날지 반드시 알 수 있는 것은 아니다. 또한 예기치 않게 드러나는 아주 고통스러운 어린 시절 경험을 인지하지 못할 수도 있다. 이러한 어려운 상황에서 치료자에게 도움을 제공할 수 있는 두 가지 지침 원리는 다음과 같다. '이 시점에서 좋은 양육자는 어떻게 할 것인가?'와 '아이에게 필요한 것은 무엇이며 내가 이미지 안에서 이러한 욕구를 어떻게 직접적으로 충족시켜줄 수 있을까?'이다. 이러한 방식으로, 치료자는 내담자의 핵심 욕구에 맞추어 조율하고, 내담자는 자신의 미래 자아를 위해 다르고 보다 긍정적인 무언가를 경험하는 기회를 감지한다.

치료자 조언

1. 적대자를 이미지에서 데리고 나가 언쟁에서 승리하라. 치료자들은 종종 적대적이거나 지배적인 적대자들과 마주친다. 치료자는 그 적대자를 제거함으로써 궁극적으로 '언쟁에서 이길' 수 있다. 예를 들어, "지금 아빠가 방에서 나가는 것이 보이지. 이제 너와 나뿐이야. 그는 이제는 권한이 없어."라고 말할 수 있다.
2. 치료자의 어조. 다루고 있는 인물과 일치하도록 어조와 언어를 바꾸라. 예를 들어, 치료자가 어린 시절의 내담자와 이야기할 때 치료자가 나이에 맞는 언어와 어조를 사용하는 것이 유용하다("야, 조, 이 사람들이 널 힘들게 해서 미안해. 나만 믿어. 내가 다 해결할게."). 이러한 어조의 변화는 대화에 자연스러움을 더하고 내담자가 치료자의 존재와 치료자가 자신에 맞추어 조율한 것을 감지하도록 돕는다.
3. 치료자의 자세. 내담자들은 무의식적으로 전투적인 언쟁이 그들 자신에게 향하고 있다고 느낄 수 있다. 이러한 문제를 해결하기 위해서는 치료자가 적대자와 말을 할 때는 내담자와 대면하지 않도록 몸의 자세를 바꾸고, 내담자가 어떻게 느끼고 무엇을 필요로 하

는지를 확인하기 위한 중요한 지점에서는 다시 얼굴을 내담자에게 돌리는 것이 유용하다.

4. 속도 조절. 속도 조절은 자전거 타기와 비슷하다. 너무 느리면 자전거/과정이 멈추고, 너무 빠르면 그 경험을 할 수 없다. 지나친 묘사는 정서적 내용에 집중하지 못하게 하는 결과를 가져오기 때문에 심상 재구성하기 속도가 너무 느리거나 질질 끌지 않도록 하는 것이 중요하다. 만약 장면이 너무 빨리 재생된다면 내담자가 그 이미지를 충분히 경험하고 자신의 욕구와 감정을 접촉할 수 없다.
5. 제한된 지시. 치료자는 또한 심상 안에서의 지시의 양을 제한해야 하며 일반적으로 내담자들에게 그들이 보고 있는 것을 직접적으로 이야기하는 것을 삼가야 한다(예: "그래서 당신은 나를 볼 수 있나요?" / "내가 돕기 위해 창문을 통해 들어가고 있어요." vs "내가 이미지 안으로 왔어요, 내가 어디에 있는 것 같아요, 내가 어디에 있나요?"). 유용한 지침은 치료자가 가능한 한 최소한의 지시로 이미지를 생성하도록 돕고, 내담자가 그 과정을 주도할 수 있도록 하는 것이다.
6. 이미지에 들어가고 빠져나오기. 재구성하기를 너무 오래 연장하면, 내담자가 다른 관련 기억을 재경험하게 되어 치료자는 어떤 장면을 재구성해야 하는지에 대한 딜레마에 빠질 수 있다. 일반적인 지침으로, 일단 치료자가 그 욕구를 충족시키면, 가능한 한 빨리 심상 과정을 마무리하는 것을 목표로 해야 한다.
7. "당신이 그 이미지를 떠나면 그들이 나를 해칠까 봐……." 내담자들은 치료자가 그들을 보호하고 옹호할 때 안전감을 느낄 수 있다. 그리고 이미지가 끝날 때 적대자가 돌아오거나 보복할 것을 두려워하며 취약하고 노출되었다는 감정으로 급격하게 바뀔 수 있다. 치료자는 필요할 때마다 돌아와서 일을 처리할 것이라고 말하면서 알람이나 호출기의 이미지를 사용할 수 있다.

참고문헌

Arntz, A. (2011). Imagery rescripting for personality disorders. *Cognitive and Behavioral Practice, 18*(4), 466-481.

Arntz, A. (2014). Imagery rescripting for personality disorders: Healing early maladaptive schemas. In Thomas, N. & McKay, D. (Eds.), *Working with Emotion in Cognitive Behavioral Therapy Techniques for Clinical Practice* (pp. 203-2015). New York: Guilford

Press.

Arntz, A., & Jacob, G. (2012). *Schema Therapy in Practice: An Introductory Guide to the Schema Mode Approach.* Chichester: Wiley-Blackwell.

Arntz, A., & van Genderen, H. (2011). *Schema Therapy for Borderline Personality Disorder.* New York: John Wiley & Sons.

Arntz, A., & Weertman, A. (1999). Treatment of childhood memories: Theory and practice. *Behaviour Research and Therapy, 37*(8), 715-740.

Brewin, C. R. (2006). Understanding cognitive behaviour therapy: A retrieval competition account. *Behaviour Research and Therapy, 44*(6), 765-784.

Brewin, C. R., Gregory, J. D., Lipton, M., & Burgess, N. (2010). Intrusive images in psychological disorders: characteristics, neural mechanisms, and treatment implications. *Psychological Review, 117*(1), 210.

de Jongh, A., Ten Broeke, E., & Meijer, S. (2010). Two method approach: A case conceptualization model in the context of EMDR. *Journal of EMDR Practice and Research, 4*(1), 12-21.

Edwards, D. (2011). From ancient shamanic healing to 21st century psychotherapy: The central role of imagery methods in effecting psychological change. In Hackmann, A., Bennett-Levy, J., & Holmes, E. A. (Eds.), *Oxford Guide to Imagery in Cognitive Therapy* (pp. XXIV-XLII). Oxford: Oxford University Press.

Foa, E. B., & Rothbaum, B. O. (1998). *Treating the Trauma of Rape: Cognitive-Behavior Therapy for PTSD.* New York: Guilford Press.

Hackmann, A., Bennett-Levy, J., & Holmes, E. A. (2011). *Oxford Guide to Imagery in Cognitive Therapy*. Oxford: Oxford University Press.

Holmes, E. A., Arntz, A., & Smucker, M. R. (2007). Imagery rescripting in cognitive behaviour therapy: Images, treatment techniques and outcomes. *Journal of Behavior Therapy and Experimental Psychiatry, 38*(4), 297-305.

Holmes, E. A., & Mathews, A. (2010). Mental imagery in emotion and emotional disorders. *Clinical Psychology Review, 30*(3), 349-362. http://dx.doi.org/10.1016/j.cpr.2010.01.001

Johnson, J. G., Cohen, P., Brown, J., Smailes, E. M., & Bernstein, D. P. (1999). Childhood maltreatment increases risk for personality disorders during early adulthood. *Archives of General Psychiatry, 56*(7), 600-606.

Morina, N., Lancee, J., & Arntz, A. (2017). Imagery rescripting as a clinical intervention for aversive memories: A meta-analysis. *Journal of Behaviour Therapy and Experimental Psychiatry, 55*, 6-15.

Ogden, P. (2009). Modulation, mindfulness, and movement in the treatment of trauma-related depression. In M. Kerman (Ed.), *Clinical Pearls of Wisdom: 21 Therapists Offer Their Key Insights* (pp. 1-13). New York: Norton Professional Books.

Siegel, D. J. (2015). *The Developing Mind: How Relationships and the Brain Interact to Shape Who We Are* (2nd edn). New York: Guilford Press.

Smucker, M. R., Dancu, C., Foa, E. B., & Niederee, J. L. (1995). Imagery rescripting: A new treatment for survivors of childhood sexual abuse suffering from posttraumatic stress. *Journal of Cognitive Psychotherapy, 9*, 3-17.

Young, J. E. (1996). Young Parenting Inventory (YPI). Retrieved from the New York Cognitive Therapy Center: www.schematherapy.com

제7장

외상 기억과 복합 외상 후 스트레스 장애 작업하기

– Christopher William Lee[1)]와 Katrina Boterhoven de Haan[2)]

서론

복합 외상 후 스트레스 장애(PTSD)는 종종 지속적이고 반복적인 어린 시절에 발병하는 외상 경험의 결과로 이해된다. 이는 일반적으로 아동기 학대나 고문과 같은 대인 관계의 외상과 관련이 있지만(Herman, 1992), 단순 PTSD는 산업재해나 일회성 신체적 폭행과 같은 단일 사건 외상과 관련이 있다.

복합 PTSD는 많은 논의와 논쟁을 불러일으켰지만(Bisson, Roberts, Andrew, Cooper, & Lewis, 2013 참조), '표준적인' 증거 기반 심리치료로 고려되는 것에 관해서는 합의가 아직 부족하다. 놀랄 것도 없이, 어린 시절 학대를 겪은 사람들을 대상으로 한 PTSD에 관한 심리적 개입의 최근 메타분석에서 개별적인 외상 중심의 개입[예: 외상 중심의 인지행동치료(CBT)와 안구운동 민감성 소실 및 재처리(EMDR)]이 비 외상 중심의 접근법들(예: 대처, 안전 및 불안 관리에 중점을 둔 개작된 CBT 치료)보다 더 효과적으로 나타났다(Ehring et al., 2014). 따라서 외상의 처리를 직접적으로 다루는 개입들이 지지를 받고 있다.

---

1) 개인 개업을 하고 있으며 웨스턴오스트레일리아 대학교에서 겸임교수로 일하고 있다. 그는 국제심리도식치료협회(International Society of Schema Therapy: ISST)와 EMDR 국제협회의 인증된 트레이너이다. 그는 호주 전역과 해외에서 심리도식치료 및 외상 치료에 대한 치료자 교육 워크숍을 진행한다. 그는 성격장애, 심리도식 평가 및 PTSD에 관한 연구를 발표했다. 그는 1999년에 처음으로, 그리고 2019년 가장 최근에 연구 우수성에 대한 두 개의 국제 외상 스트레스 학회 상과 세 개의 국제 EMDR 협회 상을 수상했다. 그는 호주의 임상심리학에 대한 과학자-실무자로서의 공헌으로 호주 심리학회의 Ian Campbell Memorial Award를 수상했다.

2) 임상심리학자이자 외상 및 복합 PTSD 분야의 연구 관심사를 가진 박사학위 후보자이다. 정부 및 비영리 부문의 업무 경험은 주로 어린이, 청소년 및 성인 대상 외상, 특히 복합 증상을 치료하는 데 주로 사용되었다. 그녀는 심리도식치료 훈련을 받았고 심리도식치료, 인지행동치료, 정신역동치료의 다양한 치료 과정을 조사한 연구를 발표했으며 심리도식치료가 PTSD 치료에 사용될 수 있는 방법을 발표했다.

외상 처리 과정 개입의 주요 구성 요소들

이러한 외상 중심 접근의 필수 구성 요소에 관한 진전된 논의가 있다. 국제 외상 스트레스 학회(International Society for Traumatic Stress Studies)에서는 복합 외상을 작업하는 데 있어서 외상 처리 과정에 들어가기 전에 내담자의 고통 감내력을 향상하기 위한 초기 안정화 단계의 중요성을 인정하는 단계 기반 접근법을 지지했다(Cloitre et al., 2012). 그러나 이 단계적 접근법이 결과를 향상시키고 외상 중심 치료의 필수적인 구성 요소인지 아닌지는 분명하지 않다(De Jongh et al., 2016).

심상 재구성하기는 아동기 외상 또는 그 이상의 복합 PTSD 증상들의 치료에 있어서 효과적인 기법으로 제안되었다. 복합 PTSD 증상을 치료하기 위한 효과적인 개입으로서 심상 재구성하기를 지지하는 증거가 증가하고 있다(Morina, Lancee, & Arntz, 2017). 심상 재구성하기에서는 어린 시절 내담자의 혐오스러운 경험을 재구성하여 아동 자아로서 내담자의 욕구가 충족되는 교정적 정서 경험을 제공한다. 심상 재구성하기의 핵심 구성 요소는 외상의 의미를 변화시킬 뿐만 아니라 치료의 경험적 특성을 통해 재구성하기에서 만들어진 새로운 의미를 내담자가 진심으로 경험할 수 있도록 하여, 이러한 변화들을 핵심 신념에 통합시킨다는 것이다(Arntz & Weertman, 1999).

PTSD 치료를 위한 모델들은 개입 중 인지적 과정을 다루는 것에 대한 중요성을 오랫동안 강조해 왔으며(Brewin & Holmes, 2003), 다양한 연구는 외상, 심리도식 심각도 및 PTSD 사이의 가능한 연관성을 지지한다. 연구자들은 아동기에 성적으로 학대받은 여성에게 있어서 높은 수준의 초기부적응도식이 높은 PTSD 점수와 관련이 있다는 것을 발견했다(Harding, Burns & Jackson, 2011). 마찬가지로, Ahmadian과 동료들(2015)은 급성 PTSD 내담자와 만성 PTSD 내담자들 사이에 있어서 심리도식 심각도의 차이를 보고한 바 있다. 특히, 그들은 만성적인 PTSD를 겪는 개인들에게 인지-정서 과정(심리도식)에서 손상이 증가하였음을 발견했다. 심리도식은 또한 PTSD가 없는 참전용사보다 PTSD가 있는 참전용사에서 더 심각한 것으로 밝혀졌다(Cockram, Drummond, & Lee, 2010). 흥미롭게도, 계획연구에서 부정적인 아동기 사건들이 전쟁지역에 참전하는 군인들에 대한 PTSD의 위험성을 증가시키는 것으로 밝혀졌고(Berntsen et al., 2012), 초기부적응도식은 부정적인 아동기 사건과 전쟁 참전용사가 PTSD를 발달시키는지 여부 사이의 관계를 매개하는 것으로 밝혀졌다(Cockram, 2009). 한 연구에서 심리도식 접근법을 사용하는 PTSD 치료 프로그램이 전통적인 CBT 접근법보다 증상을 더 많이 감소시키는 것으로 나타났다(Cockram, Drummond, & Lee, 2010). 이를 종합하면,

복합적인 형태의 PTSD가 있는 개인들과 작업할 때 심리도식치료 모델을 적용해야 하는 이유가 있다.

IREM 실험

이 장에서는 복합 PTSD의 치료에 몇 가지 새로운 개작을 통합한 최근 실시된 무작위 통제실험에서 사용된 방법을 설명한다(Boterhoven de Haan et al., 2017). 실험에 대한 자료는 다른 곳에서 출판될 예정이므로 이 장에서는 알리지 않는다. 하지만 여기서 우리가 나눌 것은 실험 경험을 통해 포착한 임상적 지식의 요점들이다. 이 연구에서, 우리는 어린 시절 외상 경험으로 인한 PTSD를 겪는 사람들을 대상으로 두 가지 유형의 외상 중심 치료법, 즉 심상 재구성하기(IR)와 안구운동 민감소실 및 재처리(EMDR)를 비교하였다. 두 치료법 모두 사전 안정화 없이 진행되었다. IREM이라 명명된 이 실험은 호주, 독일, 네덜란드 전역에 걸쳐 정신 건강 및 전문 외상 서비스 기관을 통해 16세 이전에 아동기 외상을 경험했고, PTSD 1차 진단을 받은 참여자들을 모집하였다. 참여자들은 6주에서 8주 사이의 기간에 걸쳐 매주 두 번씩 12회기에 참여하는 치료 조건에 무선적으로 할당되었다. 대부분 참여자는 우울증이나 불안과 같은 동반 질환 진단을 받은 광범위한 외상 이력을 가지고 있었다. 평가는 치료 전, 치료 중 및 치료 후 여러 시점에서 실시되었으며 치료 후 8주 및 1년 후에 두 번의 후속 평가가 이루어졌다. EMDR 치료는 Shapiro(2001)가 개발한 프로토콜을 기반으로 했으며, 심상 재구성하기는 Arntz와 Weertman(1999)이 제안한 모델을 기반으로 했다. 치료자들은 치료 프로토콜을 준수하는지 평가되었다. 실험에 참여한 치료자들이나 참여자들의 외상 중심 치료에 대한 경험을 조사하기 위해 질적 면담이 시행되었다(Boterhoven de Haan, 2018). 각 치료 현장에서 면담이 시행되었고, 자료를 탐색하기 위해 주제 분석 접근 방식을 사용하였다. 이 장에서는 외상 재처리를 연마하기 위해 이 실험에서 성공적으로 사용된 몇 가지의 핵심 임상적 방법과 기법 중 일부를 설명하고 검토하는 데 중점을 둔다.

IREM 실험의 임상적 의미

우리는 내담자와 광범위한 심리도식 기반 모델을 공유함으로써 복합 PTSD에 대한 외상 경험 처리를 개선할 수 있다고 제안한다. 내담자에게 명확한 근거를 제공하는 것은 치료 참여와 외상성 내용을 처리하려는 의지를 촉진하는 데 도움이 된다. 연구는 내담자들에게 심리도식과 관련된 대처방식이 다양한 증상에 어떻게 영향을 미치는지에 대한 근거가 제공될 때, 내담자들은 치료자가 자신에게 대응해 주는 것을 경험하고 이해받고 있다고 느낄 가능성이 커짐을 보여 준다. 게다가, 내담자들은 자기 자신을 이해할 수 있는 능력에 대한 향상된 인식을 나타낸다. 이 증대된 자기 이해는 향상된 낙관주의와 관련되어 있으며, 그로 인해 이는 더 나은 치료 결과와 연관되어 있었다(Hoffart, Versland, & Sexton, 2002).

이 장에서 우리는 외상의 정보처리모델에서 개발되고, 심리도식 이론에 의해 정보를 얻은 사례개념화의 한 형태로 외상 지도(map)의 사용을 강조한다. 우리는 내담자를 준비시키는 방법과 외상 처리를 향상하기 위한 전략을 포함하여 복합 PTSD를 치료하기 위한 심상 재구성하기 접근법을 설명한다. 이 접근법은 IREM 연구의 일환으로서 심상 재구성하기 치료를 받은 사례 예시(제인의 사례)를 통해 설명된다.

사례 예시

제인(Jane)은 54세의 은행 창구 직원으로, 자신의 아동 학대 이력을 다루기 위해 자발적으로 치료에 참여하였다. 제인은 저조한 기분에서부터 '극단적인 분노' 폭발에 이르는 광범위한 감정 기복을 보였다. 그녀는 다른 사람과 동떨어진 기분을 느꼈고 사람들을 신뢰하는 데 어려움을 겪었다. 또한 위협이 되는 과각성과 수면장애를 호소했다. 이러한 증상들을 오랫동안 견뎌 왔다는 것을 인정했지만, 18개월 전 남편이 바람을 피운 후 그녀를 떠났을 때 증상이 더 심해졌다. 그녀는 '나는 쓸모없다' '나는 망가졌다' '아무도 믿을 수 없다'와 같은 자신과 세상에 대한 강한 부정적인 신념을 기술했다.

제인은 4세에 위탁 가정에 맡겨졌을 때 시작된 중요한 외상 이력을 설명했다. 그녀는 15세 때 그곳을 도망칠 때까지 신체적 · 성적 · 정서적 학대가 포함된 외상 사건으로 거의 매일 고통을 겪었다.

제인과 프랭크(Frank)는 36년 동안 결혼 생활을 했으며, 한 명의 자녀(34세)가 있었다. 제인은 남편을 지지적인 사람이라고 묘사했다. 하지만 그녀는 남편과 아들 둘 다 별거 이후 '자신에게 등을 돌렸다.'라고 느꼈다. 특히, 아들은 아빠가 바람을 피운 것에 대해 엄마인 제인을 비난했다. 최근 남편과 화해에 관해 이야기를 나누었는데, 그녀는 자신이 이것에 대해 어떻게 느끼는지, 그리고 원하는 것인지 확신할 수 없었다.

제인은 사교적으로 만날 수 있는 친구 집단이 있었지만, 자신에 대해 이야기를 하고 싶을 만큼 친하지 않다고 말하였다. 왜냐하면, 자신의 이야기를 하는 것은 자신이 노출되는 느낌이 들게 하기 때문이었다. 별거 이후 누구에게도 폐를 끼치고 싶지 않아서 그 누구와도 가깝게 접촉한 적이 없다고 말했다.

외상 지도 제작: 심리도식 사례개념화를 위한 외상 정보처리모델의 의미

외상 처리 과정의 중요한 부분은 내담자와 사례개념화를 공유하는 것이다. 이를 위해 우리는 특정 외상 기억을 찾아내는 데 도움이 될 수 있는 외상 지도를 사용할 것을 제안한다. 이 지도는 PTSD를 초래한 일련의 사건들로 구성될 수 있다. 그리고/혹은 그 자체로는 PTSD를 초래하지는 않으나 누적되는 영향으로 초기부적응도식 발달에 기여한 정서적 경험들, 예를 들어 부모로부터 끊임없이 비난받은 경험들로 이루어져 있을 수 있다. 지도 제작 과정은 외상 경험이 어떻게 개인의 사고 과정과 행동 패턴을 형성했는지에 대한 공유된 이해를 구축하는 데 도움이 된다. 외상 지도를 그릴 때 내담자는 일반적으로 치료자 옆에 앉고 도표는 테이블 위에 놓인 종이에 작성된다. 내담자는 말 그대로 치료자와 나란히 작업하여 이러한 핵심 경험의 목록을 작성한다. 이 과정은 반드시 내담자의 경험으로 주도되어야 한다. 그러나 때때로 최소화되었거나 무시되었을 수 있는 외상을 인정하게 하는 데 치료자는 다소 지시적이며 이를 지도에 추가할 것이다(예: 성적 학대 또는 학교에서의 왕따). 이러한 사건들을 지도에 추가하려면 민감한 시간에 맞춰야 하며 해당 사건의 관련성을 더 잘 인식할 때 다시 작업해야 할 가능성이 있다.

외상의 다양한 정보처리모델이 있지만 공통된 특징을 공유한다(Schubert & Lee, 2009). 다양한 모델의 주요 공통적인 특징은 각 기억이 세 가지 고유한 구성 요소로 부호화되어 있다는 것이다. 그 구성 요소는 자극에 대한 정보, 감정, 생리적 감각 및 행동을 포함하는 연관된 정서적 반응에 대한 정보, 그리고 그것의 의미에 대한 정보 등이다. 복합 외상 증상을 가진 사람의 의미 구성 요소는 대부분 초기부적응도식일 것이다. 외상 지도의 기초가 되는 것은 각 기억에 대해 평가되어야 하는 이 세 가지 구성 요소들이다.

앞에 제시된 제인의 경우, 그녀는 자신의 외상 경험 중 가장 고통스러운 것이 양아버지의 성적 학대라고 표현했다. 성적 학대와 관련된 특정 기억을 찾을 수 있었고 이와 관련된 이미지는 위탁 가정의 침실에 있는 것이었다. 이 기억을 떠올릴 때, 제인은 문틈을 통해 들어오는 빛을 보고 계단을 올라오는 발걸음 소리를 듣는 등 감각적인 측면을 묘사할 수 있었다. 이 사건을 묘사하면서, 그녀는 수치심과 혐오감 및 가슴이 답답한 느낌을 호소했다. 그녀는 이러한 수치심의 감정 또한 숨기고 싶은 반응을 동반한다고 덧붙였다. 이 장면과 이러한 감정들과 관련된 그녀의 생각을 물었을 때, 무가치함과 망가져 버린 느낌이라고 표현했는데, 이는 결함 도식을 나타낸다. 제인이 자신의 외상 경험을 이해하도록 돕기 위해, 우리는 이 사건과 그 구성 요소들을 파이 조각으로 그렸다. 왼쪽 부분은 일화의 세부 사항을 나타내고, 아래쪽 부분은 감정과 반응을 나타내며, 오른쪽 부분은 사건과 관련된 의미를 나타낸다([그림 7-1]의 가운데 원 참조).

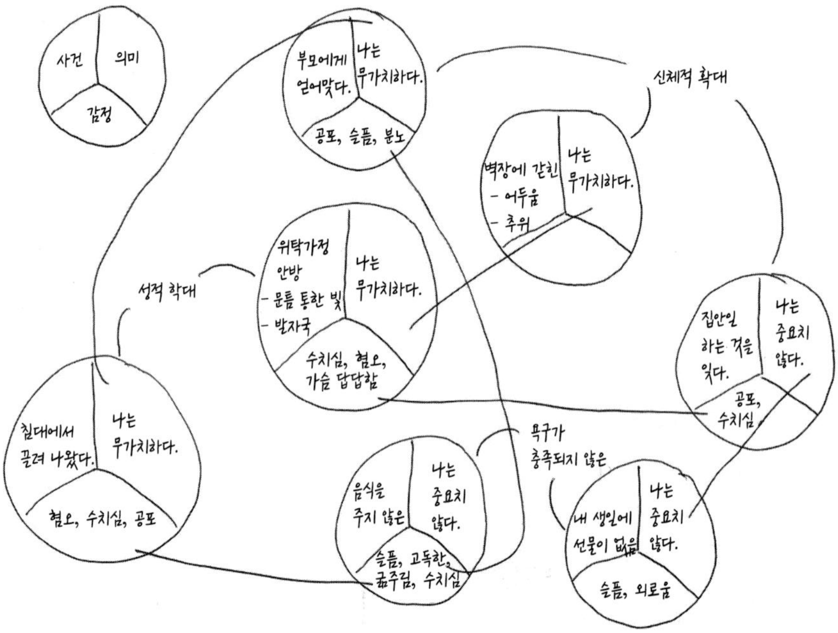

[그림 7-1] 제인의 외상 경험의 구성 요소들의 유사성을 나타내는 선들로 외상을 지도화한 예

외상 경험의 특성과 심각성으로 인해 복합 PTSD 증상이 나타난 경우, 일부는 경험 전반에 걸친 유사성에 의해 특정 기억을 찾는 어려움을 겪는다는 것을 발견했다. 이러한 상황에서 우리는 내담자에게 가장 고통스러운 기억이나 일상생활에 가장 빈번하게 침투하는 외상 기억의 이미지를 찾도록 요청한다. 따라서 내담자가 모든 외상 경험을 회상할 필요는 없다. 오히려, 치료의 후반부에 처리할 수 있는 대표적인 목표를 찾는 것이다. 어떤 경우에는 외상 이력이 있지만, 주요 외상에 대한 특정 기억을 찾기 힘들어하는 경우, 덜 고통스럽다고 알고 있는 다른 심리도식 관련 기억에 초점을 맞추는 것이 더 잘 견딜 수 있다는 사실을 발견하였다. 이러한 작은 외상을 목표로 좋은 결과를 경험할 때, 그들은 더 심각한 외상이나 더 비참

한 사건을 대상으로 진행할 준비가 되었다고 느낄 수 있다.

외상의 정보처리모델의 두 번째 공유 특징은 외상 기억이 기억 네트워크에서 다른 경험과 연관되고 연결된다는 것이다. 외상을 지도화하는 과정에서, 우리는 그 사람의 외상 경험들 사이의 연관성을 설명한다. 왜냐하면 그것들은 유사한 사건, 유사한 감정 상태 또는 유사한 의미를 수반하기 때문이다. 이 시점에서 치료자는 이전에 내담자가 관련성이 없다고 생각한 지도의 다른 기억에 주의를 기울일 수 있다. 제인의 경우, 욕구가 충족되지 않았을 때(즉, 생일에 음식이나 선물을 받지 못했을 때), 또는 자신이 결함이 있거나 가치가 없다고 믿는 것과 같은 유사한 심리도식을 수반했기 때문에 사실상 비슷한 기억들 사이에 연결고리가 만들어졌다. 이러한 연결은 [그림 7-1]의 연결선으로 볼 수 있다.

외상 기억의 내용 사이에 연결고리를 만든 후, 증상과 외상 경험 사이에 연결고리를 만든다. 내담자의 누적된 부정적 경험은 심리도식의 병인학적 토대이며, 이론적으로 증상은 대처방식과 심리도식 사이의 상호작용에서 비롯된다고 가정한다([그림 7-2]).

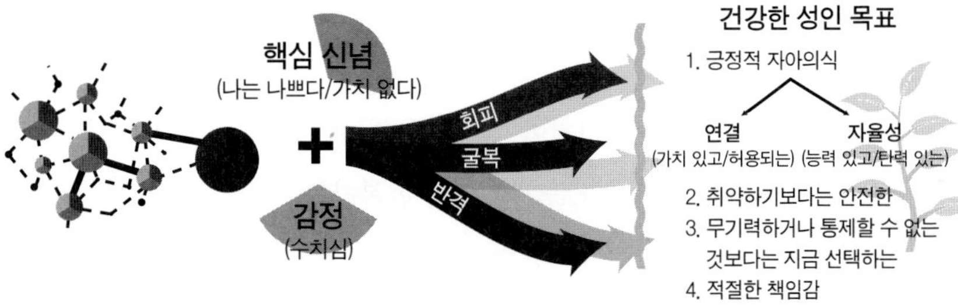

[그림 7-2] 심리도식 정보에 근거한 외상 기억의 정보처리모델

이 과정을 촉진할 수 있는 질문은 "당신의 경험이 자신(또는 다른 사람 또는 세상)을 생각하는 방식에 어떤 영향을 미쳤을까요?" "지금 당신이 생각하는 방식은 과거의 일로 영향을 받고 있나요?" "당신의 경험이 지금 살아가는 방식을 어떻게 형성했나요?" 이러한 유형의 연결은 인지 처리 치료에서 사용되는 외상 영향 진술과 매우 유사하다(Resick, Monson, & Chard, 2017).

내담자가 굴복, 회피 또는 과잉 보상의 대처방식으로 반응하는 정도는 지속적인 경험을 통해 이러한 신념을 더욱 확고히 한다([그림 7-2]). 이것은 적절하게 건강한 성인 목표에 도달하고 긍정적인 자아의식을 얻는 것을 방해한다. 여기에는 유능하고/능력 있는 안정적인 연결감(사랑스럽고 호감이 가는)과 기본적인 안정감이 포함된다. 그래서 제인의 경우, 남편이 바람을 피우고 이혼한 것에 대해 아들이 자신을 비난하는 것을 포함하여 남편과 아들이 언어적으로 학대하고 함부로 대하도록 허용함으로써 자신의 결함 도식에 굴복하는 경향이 있었다. 또한 양립할 수 없는 내용을 방해하는 회피전략을 사용했다. 예를 들어, 제인이 사람들을 만나기를 결심했을 때, 말 없이 조용히 빠져나갈 수 있는 사람들과 춤을 추러 나갔다. 따라서 그녀는 사적인 정보를 공유하고, 소중하고 이해받을 수 있다는 것을 배울 기회를 만들지 않았다. 제인의 과잉 보상은 비난받거나 거부당했다고 느낄 때 극도의 분노로 반응하는 것이었다.

복종은 제인과 관련된 또 다른 심리도식이었다. 이 심리도식과 일치하는 경험 중 일부는 자신과 다른 위탁 아동을 대변하려고 했을 때 구타당하는 것을 포함했다. 위탁 가정에서의 경험을 통해 제인은 학대자들에게 복종하면 더 이상의 처벌이나 구타를 피할 수 있다는 것을 배웠다. 이 심리도식에 굴복하면서 제인은 그들의 관계에서 모든 결정을 남편이 내리도록 허용했다. 최근 별거의 경우, 바람을 피우고 떠나기로 한 것은 남편이었는데, 그는 최근에 화해를 이야기하고 있었다. 제인은 그에게 거절할 수 없을까 봐 걱정된다고 호소했다. 그녀가 복종 도식을 피한다는 것은 전화를 받지 않거나 갈등을 피하려고 사람들로부터 숨는다는 것을 의미했다.

심리도식과 방어 방식의 효과는 긍정적인 자아의식을 갖는 것을 방해한다는 것이다. 따라서 제인이 앞의 행동 중 어떤 것 하나라도 계속해서 반복하는 동안 자신을 진정으로 가치 있는 사람으로 느끼는 기회는 줄어들게 된다. 또 다른 예로, 18개월 전에 별거했음에도 불구하고 남편과 정기적으로 계속 대화를 나눴다. 이 전화 통화 중에 남편은 종종 그녀를 비난하고 깔아뭉개곤 했다.

외상 지도는 IREM 외부의 임상 실습에서 시행하는 것이다. 우리는 관련된 경험을 그리는 것이 심리도식 변경을 위한 준비에 도움이 된다고 믿는다. 첫 번째 예에서, 외상 지도의 생성은 외상 경험과 어떻게 영향을 미쳤는지에 대한 시각적 인식을 제공한다. 어떤 경우에는 힘이 들 수 있지만, 이 지도는 또한 내담자가 자신의 경험과 거리를 두는 것을 돕고, 따라서 심리도식의 기원에 대한 이해를 촉진하게 하는 것으로 보인다. 또한 서로 다른 사건들 사이의 연관성을 명시적으로 보여 주는 지도를 작성함으로써 정보에 더욱 쉽게 접근할 수 있어서 부수적으로 외상 처리를 위해 내담자를 준비시킨다. 개인의 과거 외상 경험, 치료 과정 및 현재의 사고방식, 감정 및 존재 방식을 연결하여 외상 지도 회기를 마무리하는 것이 종종 유용하다. 심리도식이 어떻게 현재의 어려움을 초래하는지 설명하고, 주로 어린 시절과 통제할 수 없는 사건으로 인해 발달한다는 것을 상기시키는 것은 그들의 현재의 투쟁이 정상적이고 비난할 수 없는 근거가 있다. 게다가, 새로운 심리도식이 세상에 새로운 사고, 느낌, 그리고 존재의 방식을 가져올 수 있다는 희망을 심어 준다. 이러한 경험으로 인해 당신은 '특정 도식 이름 넣기'가 사실이라고 믿기 시작했다. 비록 논리적으로 이것이 사실이 아니라는 것을 알 수 있지만, 감정적인 차원에서는 여전히 사실로 느껴질 수 있다. 일어난 일을 바꿀 수는 없지만, 이러한 경험이 마음에 저장되는 방식과 그 사건에 대해 생각하는 방식은 바꿀 수 있다. 이것은 이후에 기분을 바꾸는 데 도움이 될 수 있다. 따라서 생각(심리도식과 반대되는 긍정적인 신념 넣기)이 더 진실하게 느껴지기 시작할 것이고 당신의 욕구를 충족시킬 수 있는 방식으로 행동하기가 더 쉽다는 것이다. (내담자에게 정신 건강 목표와 관련된 구체적인 예를 제시하라.)

치료를 위한 준비

모든 외상에 초점을 맞춘 치료 준비는 중요하다. 우리의 생각은 외상 지도 작성 과정이 내담자의 과거 경험, 부정적인 자기 신념 및 현재 행동을 연결함으로써 치료에 대한 근거를 제공하는 데 도움이 된다는 것이다. 따라서 개념화의 초기 단계에서도 내담자는 외상 기억을 다루기 시작할 준비가 되어 있다. 지도 작성 과정은 일반적으로 한두 번의 회기가 소요되고 그 후에 외상 작업이 시작되는 것이 좋다.

준비에 중요한 것은 또한 심상 재구성하기를 사용하는 이론적 근거를 제공하는 것이다. 예를 들어, 이 치료법은 사람들이 자신에 대해 다르게 느끼는 법을 배우도록 결말을 다르게 사건을 재구성함으로써 어린 시절의 외상 경험의 의미를 바꾸도록 돕는다. IREM에서 우리는 Arntz와 Weertman(1999)이 제안한 모델을 사용했는데, 여기서 치료자가 먼저 재구성한 다음 내담자가 재구성했다. 재구성의 첫 번째 단계에서 치료자는 외상을 입은 내담자의 아동 부분에 대한 교정적 반응을 모델링할 수 있다. 종종 어린 시절의 외상 경험이나 복합 PTSD가 있는 경우, 그들의 욕구를 거의 충족시키지 못할 정도로 박탈감을 느끼는 배경에서 왔고, 그래서 (당연히) 성인으로서 그들 자신을 위해 욕구를 충족시키는 방법을 모른다. 재구성의 두 번째 단계는 자기 효능감 형성에 중요하다. 내담자에게 성인 자아로서 이미지에 들어가도록 지시하고, 치료자는 그 기억에서 아동의 욕구를 충족시키는 데 필요한 조처를 한다. 그런 다음, 내담자는 자신의 아동 자아로 돌아가고 성인 자아는 옆에서 그들의 욕구를 충족시키는 방식으로 반응한다. 이 세 번째 단계는 내담자가 현재 자신의 욕구를 충족시키기 시작할 수 있도록 교정적 정보를 통합하는 데 도움이 된다(Arntz, 2011).

심상 재구성하기: 외상 기억 재처리

방법에 대한 안전감과 동기 부여를 구축하기 위해 유용한 초기 연습은 덜 혐오스러운 기억을 가진 예비 재구성(pilot rescript)이 될 수 있다. 내담자가 준비되었다고 느끼기 전에, 연결된 기억 네트워크를 통해 외상성 내용을 활성화할 위험이 없도록 예비 기억(pilot memory)은 가능한 주요 외상과 관련이 없어야 한다.

외상 기억이 지도화되고 내담자가 치료를 위해 충분히 준비된 후, 심리도식 사례개념화는 처리할 표적 기억을 결정하는 데 도움이 될 수 있다. 심리도식의 원형이거나 가장 고통스러운 기억이 가장 좋은 표적이 된다. 일반적으로, 심리도식이 강화된 이후의 경험보다는 심리도식과 연결된 초기 기억을 선택하는 것이 좋다. 이것은 때때로 첫 번째 또는 최악의 외상 경험을 선택하는 것으로 묘사된다. 제인의 경우, 그녀가 확인한 최악의 기억은 양부모의 침대에 있는 이미지로 묘사된 성적 학대의 기억이었다. 그녀가 이 기억에 붙인 신념은 무가치였다. 제인은 외상 기억을 활성화하기 위해 경험의 모든 측면에 초점을 맞추도록 요청받았으며, 이는 심상 재구성하기로 재처리되었다.

외상 개입의 정보처리모델의 핵심 요소는 개인이 외상 의미와 양립할 수 없는 정보와 연결되어 있다는 것이다(Brewin & Holmes, 2003). 심상 재구성하기에서, 이것은 외상 내용에 그들의 욕구가 충족되는 새로운 관계적 이미지를 덧붙여서 수행된다. 이러한 새로운 관계적 기억은 외상 당시 부호화된 부정적인 메시지와 양립할 수 없다. 예를 들어, 결함 도식을 가진 내담자와 작업할 때, 아이가 실수해서 벌 받는 장면에서 치료자는 대신 그 장면에 들어가 아이에 대한 연민을 보여 주며, 따라서 내담자가 자신의 취약한 아동양식에 대해 더 많은 연민을 발달시키도록 촉진한다. 이 작업에는 심리도식 관련 행동이나 대처반응을 목표로 하는 것도 포함된다. 예를 들어, 제인은 외상 작업 중에 자신이 가치 있고 중요하다는 긍정적인 신념을 강화하는 교정적 정서 경험을 제공받았다. 외상을 처리하는 동안, 그녀는 심상 속에서 도망치고 싶었다. 그녀의 회피적인 행동을 다루기 위해, 재구성하는 동안 가해자들과 맞서고 자신을 옹호하도록 격려받았고, 이것은 문제를 정면으로 다루고 어려운 상황에서 도망치지 않기를 원하는 그녀의 치료 목표와 다시 연결되었다. 치료 과정에서 치료자는 심상 재구성하기가 원래의 학대 또는 외상으로부터 내면화된 처벌 메시지가 다시 나타나는 내담자의 처벌적 부모양식을 촉발할 수 있음을 염두에 두어야 한다. 치료자는 내담자가 안전하고 보호받는 느낌이 들도록 하고, 이러한 메시지를 그들의 특성에 대한 부정적인 '사실'로 남겨두지 않고, 처벌적인 메시지를 처벌적 부모양식에 다시 귀인시키기 위해 양식 또는 그 표현에 관여해야 한다.

처벌적 부모양식에 대한 내담자의 의식이 실제 부모 또는 학대자와 밀접하게 연관되어 있으면 일반적인 재구성하기에서 해결할 수 있다. 다른 경우에는 심상을 사용하여 내담자에 대한 처벌적 부모의 힘을 줄이는 방식으로 처벌적 양식을 다룰 수 있다. 이것은 개에게 입마개를 씌우는 것일 수도 있고, 제인의 경우, 처벌적 양식을 개미 크기로 축소해 그녀에게서 날려 버리는 것일 수도 있다. 양식의 심각도에 따라 치료자는 내담자를 이미지 밖으로 안내하고 의자 작업, 제한된 재양육 또는 심리 교육과 같은 다른 기법들을 사용하여 내담자가 이 처벌적 양식이 진행 중인 어려움과 어떻게 관련되어 있는지 알 수 있도록 도와야 할 수 있다.

일단 특정 기억이 재처리되면, 치료자와 내담자는 외상 지도를 검토하고 다른 경험 중 어떤 것이 계속해서 고통과 관련이 있는지를 고려하도록 요청한다. 이 기억은 외상 처리의 다음 표적이 된다. IREM 연구에서 우리는 일반적으로 12회기 프로그램에서 4~5개의 외상 기억을 처리한다. 지도상의 모든 기억을 처리하는 것이 종종 불가능하므로 가장 고통스러운 기억을 목표로 하는 것이 중요하다. 또한 외상 네트워크의 연관된 특성으로 인해 4~5개의 목표 기억이 심리도식 변경에 충분한 것으로 보인다.

사례 예시: 치료 경과 및 결과

제인은 치료를 시작하기 전에 사건충격척도 수정판(Impact of Events Scale–Revised: IES–R; Weiss & Marmar, 1997)에서 55점을 받았다. IES–R의 점수는 0~88점이며, 55점은 PTSD의 심각한 임상 범위에 속한다. 그녀는 처음에 치료에 참여하기가 어려웠다. 그녀는 예정된 예약을 하는 데 어려움을 겪었고, 종종 치료 과정에 참여하는 것을 피하려고 했다. 제인의 어려움이 탐색되었고, 그녀는 자신이 '다른 모든 것과 마찬가지로' 잘못될까 봐 걱정한다는 것을 인정했다. 그녀의 어려움은 그녀의 문제 행동과 치료 목표를 연결하는 심리도식 사례개념화의 맥락에서 설명되었다. 또한 재구성하기에서 자신의 감정과 욕구를 표현하기 위해 애썼다. 특히, 그녀는 분노를 표현하는 것을 힘들어했다. 그녀가 자신을 표현하도록 조력하였고, 외상 경험이 자신의 삶에 어떤 영향을 미쳤는지 설명하기 위해 진술문에 포함하고 싶은 모든 것에 대해 생각하도록 격려하였다. 이 시점에서 그녀는 자신의 외상 기억의 재구성에 개입해야 했다. 자신이 쓴 진술문에 대해 생각해 보고 나서 양부모가 그녀에게 얼마나 상처를 줬는지 알리기 위해, 그녀가 무엇을 말하거나 행동할지 상상해 보라고 격려받았다. 제인이 양부모에 대한 분노를 표출한 것은 6회기 이후였고, IES-R 점수는 39점으로 떨어졌으며, 이는 그녀가 중간 범위에 있고 여전히 PTSD 기준을 충족한다는 것을 의미한다. 치료 과정에서 제인과 남편은 별거를 끝내기로 했다. 몇 주 후에 남편이 전화를 걸어 화해하기를 원했다고 했다. 이 대화에서 제인은 '나를 괴롭혀 내 마음을 바꾸려고 한다.'고 남편에게 화를 냈다고 보고했다. 그녀는 과거에는 압박감을 느꼈을 것이고 결국 남편의 뜻을 따랐을 것이라고 인정했다. 하지만 오랜만에 처음으로, 자신을 옹호했고 자신의 욕구를 최우선시했다. 이런 경험은 자신이 중요하고 가치 있는 사람이라는 인식을 키우는 데 직접적인 기여를 했다. 자신을 대변하는 이러한 경험은 10회기에서 제인의 IES-R 점수 14점에 반영되었으며, 이는 제인이 경증 범위에 있고 이제는 PTSD 기준을 충족하지 않음을 암시한다. 그 후 그녀가 독신으로 남아 있기를 원했고, 그녀의 인생에서 처음으로 자유를 느꼈다는 것을 깨달았다. 마지막 회기에서 제인의 점수는 5점이었고, 이는 PTSD의 무증상 범위에 있다는 것을 의미한다. 비록 그녀는 12회기로 예정되어 있었지만, 11회기 후에 자신의 외상 이력을 적절하게 다루었다고 느꼈다. 치료자는 그녀의 복종 도식을 재양육하는 부분으로서, 그녀의 욕구를 표현한 것에 대해 보상하는 것이 중요하다고 결정하여 이 시점에서 치료를 종료하는 데 동의했다.

요약

최근 연구에 따르면 외상 중심의 개입으로 복합 PTSD를 치료할 수 있음이 입증되었다(Ehring et al., 2014; Van Woudenberg et al., 2018). 동시에 1차 개입 접근법으로 외상을 치료하는 것의 중요성에 대한 인식도 높아졌다. IREM에서 우리는 연구에 참여한 16명의 치료자를 면담했다. 질적 면담에서 떠오르는 주제 중 하나는 그들이 연구에 참여한 이후로 어떤 치료 접근법과 관계없이 대다수가 PTSD를 먼저 치료한 다음, 필요에 따라 다른 문제들을 다루겠다는 것이다.

이 연구의 일반화 가능성의 한계는 모든 참가자가 어린 시절부터 PTSD 증상을 호소하고, 외상 치료를 시도하고, 12회기 치료에 전념할 준비가 되어 있어야 한다는 것이다. 우리는 임상 실무에서 외상 이력이 있지만, PTSD 증상을 경험하는지에 대해 모호하고 외상 기억을 치료하기를 꺼리는 내담자들의 경우에 처음에는 외상 접근법의 혜택을 받지 못하고 치료 관계와 부정적인 감정을 견딜 수 있는 능력을 개발하는 데 더 중점을 둔다.

우리는 외상 지도를 사용하여 내담자의 심리도식에 외상이 미치는 영향에 대한 이해와 이것이 어떻게 외상 중심 치료에 대한 참여를 촉진할 수 있는지에 대한 이론적 근거를 제시하였다. 여기에는 다양한 외상 경험, 심리도식 및 현재 행동과 굴복, 회피 및 과잉 보상 대처방식 간의 연결고리를 그리는 것이 포함된다. 그런 다음, 긍정적인 심리도식을 확인하고 이를 내담자의 치료 목표와 관련시킨다. 이 모든 정보가 수집되면 심리도식 개념화를 사용하여 치료 목표 기억을 결정한다.

일단 외상 재처리가 시작되면, 목표로 하는 초기 기억은 심리도식과 관련된 첫 번째 기억(예: 첫 번째 학대 발생) 또는 최악의 기억(가장 큰 고통과 관련된 기억) 또는 심리도식을 대표하는 기억 중 하나가 되는 것이 좋다. 이러한 기억을 사용하는 이유는 그것들이 심리도식 네트워크에 가장 중요하므로 일단 치료되면 가장 중요한 감정적인 변화를 일으키기 때문이다. 또한 초기 회기의 치료 효과가 심리도식과 관련된 다른 기억으로 일반화될 가능성도 높인다. 때로는 선택된 초기 기억이 처음 또는 최악이 아니라 심리도식을 가장 잘 대표하는 것으로 보이는 기억일 수 있다. 기억의 초기 처리 후, 지도는 다음으로 처리되어야 할 가장 관련성이 높은 외상 기억으로 치료를 안내하는 데 유용하다. 이것은 EMDR 및 심상 재구성하기와 같은 외상 중심 개입의 효과를 향상시킬 수 있다.

요약하면, 외상 지도는 치료자와 함께 내담자의 삶의 많은 영역과 자아의식(그들의 심리도식, 대처전략 및 현재의 투쟁)에 외상이 미치는 영향을 이해하기 위한 틀로 작동한다. 외상 지도는 내담자가 왜 그렇게 깊고 광범위하게 영향을 받는지, 그리고 왜 그들의 심리도식이 현재 삶에서 계속 촉발되고 영속되는지를 보여 준다. 그것은 또한 심상 재구성하기가 어떻게 심리도식을 억제하고 의도적인 방식으로 치유하는 데 도움이 되는지 이해할 수 있어 내담자와 치료자 모두 고통스럽고 괴로운 기억을 피하기보다는 마주하려는 노력에서 더 용기를 느낄 수 있도록 한다. 심상 재구성에서, 처음에는 치료자, 나중에는 내담자가 외상을 입은 아이에게 그들이 필요했지만, 갖지 못했던 것을 줄 기회를 얻게 되며, 그렇게 함으로써 매우 필요한 심리도식 치유의 과정을 시작할 수 있다. 그런 다음, 지도를 통해 치료자와 내담자는 각각 재구성하기 이후에 재편성할 수 있으며, 내담자는 정서적으로 교정적인 경험을 자신과 자신의 심리도식에 대한 더 넓은 이해에 통합할 수 있도록 한다. 일단 주요 발달적 경험이 재구성되면, 촉발될 가능성이 작고, 일상생활에서 욕구를 충족시킬 수 있는 더 강하고 내면화된 건강한 성인을 갖게 된다.

치료자 조언

1. 심리도식 사례개념화는 개입 작업을 위해 복합 외상 내담자를 준비시키기 위한 중요한 초기 기반을 제공한다. 이 공유된 사례개념화를 목표로 삼아야 하는 외상 기억을 확인하여 치료를 효과적으로 안내한다.
2. 일반적으로 첫 번째 기억, 최악의 기억 또는 심리도식을 가장 대표하는 기억을 재구성하기의 대상으로 사용하는 것이 좋다.
3. 하지만 치료자는 내담자의 감내력의 한계와 일부 기억을 다루기를 꺼리는 것에 민감할 필요가 있다. 따라서 비핵심 기억은 핵심 외상 기억을 다루기 전에 때때로 연습 대상으로 선택된다.
4. 우리는 복잡한 내담자를 위한 발달적이고 단계적인 모델을 권장한다. 치료자는 내담자가 자신의 욕구를 충족시키기 위해 성인자아를 사용하기 전에 내담자에 대한 적절한 재양육 반응을 모델링한다.
5. 처리 과정에서 치료자는 대상이 되는 심리도식과 심리도식 치유를 제공하는 데 필요한 해독제 메시지를 염두에 두어야 한다.

참고문헌

Ahmadian, A., Mirzaee, J., Omidbeygi, M., Holsboer-Trachsler, E., & Brand, S. (2015). Differences in maladaptive schemas between patients suffering from chronic and acute posttraumatic stress disorder and healthy controls. *Neuropsychiatric Disease and Treatment, 11*, 1677-1684. doi:10.2147/NDT.S85959

Arntz, A. (2011). Imagery rescripting for personality disorders. *Cognitive and Behavioral Practice, 18*(4), 466-481. doi:10.1016/j.cbpra.2011.04.006

Arntz, A. & Weertman, A. (1999). Treatment of childhood memories: Theory and practice. *Behaviour Research and Therapy, 37*(8), 715-740. doi:10.1016/S0005-7967(98)00173-9

Berntsen, D., Johannessen, K. B., Thomsen, Y. D., Bertelsen, M., Hoyle, R. H. & Rubin, D. C. (2012). Peace and war: trajectories of posttraumatic stress disorder symptoms before, during, and after military deployment in Afghanistan. *Psychological Science, 23*(12), 1557-1565. doi:10.1177/0956797612457389

Bisson, J. I., Roberts, N. P., Andrew, M., Cooper, R., & Lewis, C. (2013). Psychological therapies for chronic post-traumatic stress disorder (PTSD) in adults. *Cochrane Database Systematic Reviews, 12*, CD003388. doi:10.1002/14651858. CD003388.pub4

Boterhoven de Haan, K. L. (2018). What therapists and adult patients tell us about treating their PTSD from childhood trauma. Presentation to 49th European Association for Behavioural and Cognitive Therapies, Bulgaria.

Boterhoven de Haan, K. L., Lee, C. W., Fassbinder, E., Voncken, M. J., Meewisse, M., Van Es, S. M. … Arntz, A. (2017). Imagery rescripting and eye movement desensitisation and reprocessing for treatment of adults with childhood trauma-related post-traumatic stress disorder: IREM study design. *BMC Psychiatry, 17*(1), 165.

Brewin, C. R., & Holmes, E. A. (2003). Psychological theories of posttraumatic stress disorder. *Clinical Psychology Review, 23*(3), 339-376. doi:10.1016/S0272 7358(03) 00033-3

Cloitre, M., Courtois, C., Ford, J., Green, B., Alexander, P., Briere, J. … Spinazzola, J. (2012). *The ISTSS Expert Consensus Treatment Guidelines for Complex PTSD in Adults*. Retrieved from www.istss.org/

Cockram, D. (2009). Role and treatment of early maladaptive schemas in Vietnam Veterans with PTSD. From Murduch University Research Repository http://researchrepository.murdoch.edu.au/id/eprint/1309

Cockram, D. M., Drummond, P. D., & Lee, C. W. (2010). Role and treatment of early maladaptive schemas in Vietnam veterans with PTSD. *Clinical Psychology & Psychotherapy, 17*(3), 165-182.

de Jongh, A., Resick, P. A., Zoellner, L. A., van Minnen, A., Lee, C. W., Monson, C. M. … Bicanic, I. A. E. (2016). Critical analysis of the current treatment guidelines for complex PTSD in adults. *Depression and Anxiety, 00*, 1-11. doi:10.1002/da.22469

Ehring, T., Welboren, R., Morina, N., Wicherts, J. M., Freitag, J., & Emmelkamp, P. M. G. (2014). Meta-analysis of psychological treatments for posttraumatic stress disorder in adult survivors of childhood abuse. *Clinical Psychology Review, 34*(8), 645-657. doi:10.1016/j.cpr.2014.10.004

Harding, H. G., Burns, E. E., & Jackson, J. L. (2011). Identification of child sexual abuse survivor subgroups based on early maladaptive schemas: Implications for understanding differences in posttraumatic stress disorder symptom severity. *Cognitive Therapy and*

Research, 36(5), 560-575. doi:10.1007/s10608-011-9385-8

Herman, J. L. (1992). Complex PTSD: A syndrome in survivors of prolonged and repeated trauma. *Journal of Traumatic Stress, 5*(3), 377-391. doi:10.1002/jts.2490050305

Hoffart, A., Versland, S., & Sexton, H. (2002). Self-understanding, empathy, guided discovery, and schema belief in schema-focused cognitive therapy of personality problems: A process-outcome study. *Cognitive Therapy and Research, 26*(2), 199-219. doi:10.1023/a:1014521819858

Morina, N., Lancee, J., & Arntz, A. (2017). Imagery rescripting as a clinical intervention for aversive memories: A meta-analysis. *Journal of Behavior Therapy and Experimental Psychiatry, 55*(Supplement C), 6-15. doi:10.1016/j.jbtep.2016.11.003

Resick, P. A., Monson, C. M., & Chard, K. M. (2017). *Cognitive Processing Therapy for PTSD: A Comprehensive Manual*. New York: Guilford Press.

Schubert, S., & Lee, C. W. (2009). Adult PTSD and its treatment with EMDR: A review of controversies, evidence, and theoretical knowledge. *Journal of EMDR Practice and Research, 3*(3), 117-132.

Shapiro, F. (2001). *Eye Movement Desensitization and Reprocessing: Basic Principles, Protocols, and Procedures* (2nd ed.). New York: Guilford Press.

Van Woudenberg, C., Voorendonk, E. M., Bongaerts, H., Zoet, H. A., Verhagen, M., Lee, C. W. … De Jongh, A. (2018). Effectiveness of an intensive treatment programme combining prolonged exposure and eye movement desensitization and reprocessing for severe post-traumatic stress disorder. *European Journal of Psychotraumatology, 9*(1), 1487225. doi:10.1080/20008198.2018.1487225

Weiss, D. (1997). The Impact of Event Scale-Revised. In J. Wilson & T. Keane (Eds.), *Assessing Psychological Trauma and PTSD* (168-189). New York: Guilford Press.

제8장

현재 삶의 심상

– Offer Maurer[1)]와 Eshkol Rafaeli[2)]

서론

이 장은 고전적인 심상 재구성(ImRs)의 각색이라고 생각할 수 있는 최근의 과거, 현재 또는 미래의 장면에 초점을 맞춘 다양한 심상기법을 다룬다. 이 장에 제시된 기법들의 독특한 점은 그것이 내담자와 치료자의 주의를 현재의 감정을 불러일으키는 상황으로 향하도록 하여, 때로는 여전히 일어나고 있는 상황에 대한, '생생한' 이해, 처리, 시연 및/또는 재구성을 촉진한다는 것이다.

대부분 내담자에게, 치료 과정 동안 어린 시절과 현재의 삶의 심상을 모두 조합하는 것이 최적이다. 어린 시절에 초점을 맞춘 심상기법들은 심리도식의 기원과 충족되지 않은 욕구를 이해하는 데 도움이 되면서, 다음에 설명된 기법들은 그들의 현재 삶에서 작동하는 자신의 심리도식과 양식을 통해 작업할 수 있는 기회를 제공한다.

현재 경험의 즉시성, 생생함, 관련성은 변화를 일으키고 효과를 발휘할 수 있는 매력적인 영역을 만든다. 특히, 그것은 양식에 대한 인식을 높이고(인식 간의 차별화), 건강한 성인양식을 강화하고(특히, 아동양식을 재양육할 수 있는 적응 능력), 행동 변화를 시연하는 것을 포함하

1) 이스라엘의 헤르츨리야(Hertzeliya) 다학문센터(InterDisciplinary Center: IDC)에서 심리치료 프로그램의 The New Wave의 이사이자 이스라엘 심리도식치료연구소의 공동 창립자이자 공동 책임자인 임상심리학자이다. 그는 관계적 정신분석 및 심리치료를 위한 이스라엘 포럼의 전 위원장이다. Maurer 박사는 LGBT 및 성 문제, 심리도식치료 및 심리치료 통합에 관한 다양한 국제 프로그램의 초청 강사이다.

2) 임상심리학자(미국과 이스라엘)이며 이스라엘 바일란(Bar-Ilan) 대학교의 심리학과 및 신경과학 프로그램 교수이자 컬럼비아 대학교의 버너드 칼리지(Barnard College) 연구원이다. 그는 정신병리학 및 심리치료의 정서 및 대인 관계 과정뿐만 아니라 친밀한 관계 과정을 연구하는 정서 및 관계 연구실(The Affeet and Relationships Lab)의 책임자이다. 그는 2002년 Jeffrey Young의 뉴욕 인지치료센터에 합류한 후 심리도식 치료자로 일했으며 나중에 NY 프로그램의 슈퍼바이저가 되었으며 (2009년 이스라엘로 이주한 후) 이스라엘 심리도식치료협회 설립자 중 한 명이었다.

여 몇 가지 이점 중 하나로 이어질 수 있다.

지금까지, 현재에 초점을 맞춘 방법의 가치를 경험적으로 탐구한 연구는 거의 없다. 그러나 Weertman과 Arntz(2007)의 설득력 있는 연구는 심리도식 중심의 인지치료가 현재의 기억에 초점을 맞추는 것에서 과거의 기억으로, 또는 그 반대로 동등한 이점을 가지고 진행될 수 있다고 제안했다. 또한 일부 현재의 심상 방법은 증거 기반 개입의 생산적인 구성 요소로 나타났다(긍정적인 심상기법 포함: Hackmann, Bennett-Levy, & Holmes, 2011; 단기 불안치료 프로토콜 예: Prinz, Bar-Kalifa, Rafaeli, Sened, & Lutz, 2019; 마음챙김 기반 스트레스 감소: Grossman, Niemann, Schmidt, & Walach, 2004).

이 장은 최근의 과거, 즉각적인 현재 및 미래 장면과 관련된 심상기법을 간략히 설명하는 세 부분으로 구성되어 있다. 이 모든 기법과 관련된 몇 가지 권장 사항으로 끝을 맺는다.

최근의 과거 심상 재구성하기

고전적인 심상 재구성하기에 익숙한 많은 치료자는 훨씬 이전의 기억에 접근하기 위한 출발점으로 현재의 경험을 사용한다. 그러한 경우, 내담자가 말한 최근 감정을 불러일으키는 사건(예: 가족이나 동료와의 갈등, 상실이나 거부의 경험 등)을 확대하여, 눈을 감고 가능한 한 생생하게 이 장면을 떠올리도록 요청할 수 있다. 일단 그 장면이 생생해지면, 내담자의 주의를 이 상황에서 그들의 정서적인 경험과 신체적으로 느끼는 감각으로 향하게 하고, 그 장면의 외부적인 측면들이 사라지게 해 달라고 요청한다. 자신의 감정과 신체적 감각에 초점을 맞춤으로써 공유된 감정과 감각을 통해 이 최근의 사건을 초기 사건과 연결하는 '정서 가교'(Watkins, 1971)를 건너도록 요청한다. 다음은 그러한 고전적인 심상 재구성하기 작업을 예시하는 삽화이다.

사례 예시

29세의 내담자인 아담(Adam)은 정지 신호를 발견하지 못해 가까스로 교통사고를 피했으며, 결함이 있고, 부끄럽고, 절망적인 기분을 느끼며 상담 회기에 들어갔다. 현재의 이미지에서, 자신의 손상된 운전 능력에 대한 낙담과 이것이 그의 일과 연애 생활 모두에 무엇을 의미하는지에 대해 연결했다. 정서 가교를 사용하여 아담과 치료자가 이 장면과 굴욕의 많은 초기 사례들 사이의 정서적 유사성을 볼 수 있게 했다. (고전적이고 어린 시절에 초점을 맞춘) 심상 재구성하기의 초점이 된 한 가지 두드러진 기억은 6~7세에 자전거 타는 법을 배울 때 아버지에게 반복적으로 꾸지람을 당한 경험이었다.

고전적인 심상 재구성하기 작업의 간단한 변형은 이 기법을 사용하여 이전의 어린 시절의 사건과의 연관성을 추구하지 않고, 최근의 감정을 불러일으키는 사건들을 재구성하는 것을 포함한다. 치료자는 몇 가지 이유 중 하나로 이 전략을 선택할 수 있다. 첫째, 과거 경험에 관여하기를 꺼리는 경우, 내담자가 경험적/심상 작업과 치료 관계의 유용성을 확인한 후, 치료 관계가 더 안전하다고 느끼면, 그 이후에 전통적인 어린 시절에 초점을 맞춘 고전적인 심상 재구성하기 작업을 향한 디딤돌로 최근 과거에 초점을 맞춰 작업을 추구하는 것을 선택할 수 있다. 특히, 최근의 사건이 고통스럽고 치료자가 고전적인 심상 재구성하기에 전형적인 감정의 강화보다는 감정의 하향 조절이 우선순위로 결정될 때 현재에 초점을 둔다. 마지막으로, 최근의 과거 사건에 초점을 맞추는 것이 건강한 성인을 강화하거나, 취약성에 접근하거나, 단순히 장면 내에서 활성화된 여러 양식을 구별할 수 있는 충분한 기회를 제공할 때 적절할 수 있다. 다음에서, 우리는 아담과 그의 치료자가 어떻게 작업을 일반적인 회기로 연결하는지 방법을 보여 준다.

아담: 저는 정말 힘든 한 주를 보냈어요. 화요일이 최악이었어요! 제가 일할 때 엘리베이터에서 나오고 있었는데 '대표'가 나를 알아보지 못하고 그냥 지나쳤어요. 믿어지나요? 사실, "안녕하세요."라고 중얼거리고……. 정말로 중얼거리기만 했어요. 그녀의 얼굴은 차갑고, 화가 나 있었으며 나를 똑바로 바라보고 있었어요.

치료자: 매우 기분 나쁜 경험이네요. 어떻게 느끼셨는지 말해 줄래요? 무슨 생각을 하고 있었어요?

아담: 잠시 동안 저는 상처를 받았고, 충격을 받고, 분노가 치밀었어요. 하지만 그때 불안감에 휩싸였고…… 갑자기 해고될 것이라는 확신이 100% 들었어요! 그리고 모든 게 내 잘못이라는 것도…….

치료자: 정말 고통스러운 상황이네요……. 그런 어려운 감정들…… 그리고 또한 제 생각에는……. 우리가 최근에 이야기한 것, 특히 유기 도식과 매우 관련이 있네요. 방금 묘사한 이 장면을 이용하여 심상 작업을 해 볼까요? [최근의 경험을 심상의 출발점으로 사용]

아담: 물론이에요. 그것은 너무 강렬했었고…… 저는 아직도 그 떨림을 느낄 수 있어요.

치료자: 그럴 것 같네요. 정말 화가 나는 상황처럼 들리네요. 잠시 눈을 감고 엘리베이터를 나오면서 본 것을 이미지화할 수 있을까요? [아담은 눈을 감는다] 그 상황에 들어가서, 무슨 일이 일어나고 있는지 말씀해 보세요.

아담: 막 나가려던 참이었어요…….

치료자: 지금 일어나고 있는 일처럼 말해 줄 수 있어요? 그러니까, "이제 막 엘리베이터에서 내리는 참이에요."

아담: 네……. 알겠어요. 그래서 나는 제 층에 있는 엘리베이터에서 걸어 나와서 모퉁이를 도는데 '대표'가 오고 있어요…… 나는 그녀와 시선을 마주치려고 노력하고 있어요. "안녕하세요." 뭐라고 말하기 위해서…… 하지만 그녀가 나를 지나칠 때, 내 말이 작아지고 중얼거리고 있어요. 그리고 나는……. 나를 완전히 무시해요!

치료자: 알겠어요……. 이 장면의 속도를 좀 늦춰 보세요. 아주 느린 동작으로 모든 것을 상상해 보세요. 아마도 그녀가 당신을 무시하는 것을 알아차린 순간부터 시작해서……. 지금 당신에게 무슨 일이 일어나고 있나요? 지금 기분이 어때요?

아담: 저는 너무 상처받았어요! 그리고 화가 나요! 어떻게 그럴 수가! 이게 무슨 짓입니까? 정말 끔찍한 사람이에요.

치료자: 당신은 상처받았고, 화가 많이 났군요.

아담: 그래요……. 하지만 더 걱정되는 건……. 대표가 나한테 화를 내는 게 아닐까 걱정돼요……. 제가 대표를 화나게 한 게 분명하고, 그래서 나를 쳐다보지 않았을 거라는 생각이 들어요. 그러다 순식간에 직장에서 내가 했던 모든 행동을 되돌아보게 되고, 그 모든 것을 다 실패로 보기 시작했어요……. 나를 해고할 거예요! 나를 해고할 겁니다! 어떡하지요? 대출금도 갚아야 하는데! 다음에는 무슨 일이 일어날까요?! 나는 혼자예요. 마치 '게임 끝'같이.

치료자: 그럼 좀 더 천천히 해 봅시다. 당신이 안전지대를 찾는 것을 돕고 싶어요……. 사무실에 들어가 문을 닫는 자신을 상상할 수 있겠어요? 책상에 앉아 있다고 상상해 보세요. [내담자의 감정을 하향 조절하고, 비록 상상의 공간이기는 하지만, 재구성 작업을 수행할 수 있는 공간으로 들어가려고 노력한다]

아담: 네.

치료자: 좋아요……. 지금 올라오고 있는 것 같은 몇 가지 양식을 제가 말해도 괜찮을까요?

아담: 물론이죠. 네.

치료자: 좋아요. 겁에 질린 당신의 부분, 당신이 지금 아주 강하게 접촉하고 있는 양식에 대해 말하는 것으로 시작해 볼게요.

아담: 네?

치료자: 보세요……. 당신이 보이네요, 당신이 얼마나 충격을 받았는지 느낄 수 있어요. 밖은 정말 최악의 상황이었어요……. 지금 어떻게 지내고 있는지 말해 주세요…….

아담: 난 그저 대표가 날 해고할까 봐 두려울 뿐이에요……. 그게 전부예요……. 난 지금은 이 두려움 너머를 볼 수가 없어요.

치료자: 들어 보니 정말 그렇군요. 지금 다른 부분을 데려와도 될까요? 당신의 다른 부분과 연결을 하고 싶

어요.

아담: 예……. 어떤 거요?

치료자: 당신의 화난 부분. 당신의 상사가 인사하지 않았을 때 처음 활성화된 부분을 생각하고 있어요……. 제 말이 맞나요?

아담: 네…… 하지만 음…… 지금은 잘 연결되지 않지만…….

치료자: 알아요……. 하지만 조금 뒤로 돌려서 대표가 눈을 마주치지 않는다는 것을 깨달았을 때 당신이 옳았다는 생각과 감정으로 돌아갈 수 있을까요?

아담: 좋아요, 제 생각엔…….

치료자: 당신의 이 부분에서 말씀해 주시겠어요? 어떻게 생각하세요? 어떤 느낌이 드나요?

아담: 글쎄, 대표는 나쁜 XX, 그건 확실해요. 내 말은, 지난주에 있었던 분기별 회의에 필요한 자료들을 준비하느라 정신없이 일했는데, 인제 와서 **나를 보지도** 않는다고? 그러면 **안 되지**. 그러면 안 돼요.

치료자: 알았어요……. 좋아요……. 이제 당신이 이 양식에 좀 더 빠져 있다는 느낌이 들어요. 그렇지요?

아담: 당연하죠……. 대표는 도대체 자신이 뭐라고 생각하는 건가요? 아니, 정말! 제가 묻잖아요!

치료자: 이제 당신의 또 다른 부분을 사무실로 데리고 옵시다……. 하지만 잠깐……. 우리가 지금까지 이야기한 각 측면을 마음속에 있는 이미지 중에서 어디에 둘까요? 겁먹은 부분을 지금 어디서 보고 있는지 말해 줄래요? 그리고, 또한 화난 부분은 어디인가요?

아담: 겁먹은 부분은 책상 밑에 있어요. [조금 낄낄대고 있는데, 당황한 것 같아요] 화가 난 부분은 책상 근처에 서 있어요.

치료자: 이거 굉장하네요. 이제 당신의 성인 자아(전체상을 보는 부분)도 데려오세요……. 그는 어디에 있게 될까요?

아담: 아마도……. 나는 책상에 정상적으로 앉아 있을 거예요.

치료자: 좋아요. 이제 책상에 앉아 다른 두 부분을 바라보는 당신의 일부가 될 수 있나요? 책상 밑에 있는 겁먹은 부분과 그리고 그 옆에 서 있는 화난 부분? [건강한 성인에 접근하고 강화하여 내담자가 다양한 양식을 구별할 수 있도록 돕는다]

아담: 네…….

치료자: 당신이 그들 각 부분에게 무슨 말을 할 수 있는지 보세요……. 그들의 각각의 반응과 그들이 필요한 것이 무엇인지 생각해 봅시다……. 이 일을 멋지고 천천히 진행합시다.

이 삽화가 보여 주듯이 심상은 어린 시절의 사건에 대한 연결을 반드시 추구하지 않고도 최근의 감정을 불러일으키는 사건을 통해 작동하도록 변형될 수 있다. 이 이미지는 또한 장면의 외부 사건을 변경한다는 의미에서 '재구성'을 할 필요가 없다. 대신, 심리도식 기반 반응을 돕기 위해 내담자의 건강한 성인을 호출하는 데 사용되었다. 이러한 작업의 주요 이점은 최근 상황에서 활성화된 양식에 대한 생생한 접근을 제공하므로 그 안에서 불러일으키는 감정, 생각 및 느낌의 전체 범위로 되돌아갈 때 내담자에게 '생생하게' 느낌을 주는 효과적인 양식 작업을 가능하게 한다. 종종 이것은 근본적인 취약성과 핵심 욕구를 놓칠 수 있는 상황에 대한 보다 분리되거나 통제된 이야기를 우회한다.

현재에 초점을 맞춘 심상 기법들

심상기법은 또한 내담자의 즉각적인 경험, 즉 현재 순간 자체에 초점을 맞추는 데 사용될 수 있다. 그러한 초점은 종종 취약한 아동양식의 느낌과 접촉하도록 요청하고, 건강한 성인양식의 특성과 강점에 대한 인식을 불러일으키고, 둘 사이의 조화되고 양육되고 보상적인 대화를 수립하도록 하는 형태를 취한다.

심상을 통해 취약한 아동과 연결하기 위해, 눈을 감고, 1인칭(지금 자신의 더 어린 부분이 될 수 있나요?) 또는 3인칭(당신은 옆에 바로 앉아 있는 자신의 더 어린 부분을 볼 수 있나요?)으로 상상하거나 자신의 더 어린 부분이 되도록 할 수 있다. 치료자는 슬픔, 두려움 또는 다른 고통이 있는 적절한 순간을 포착하여 내담자에게 더 깊이 들어갈 의향이 있는지 물어볼 수 있다. 그런 다음, 자신(더 어린 부분으로서)이 감지하고 느끼고 생각하는 것을 말로 표현한다. 예를 들어, 치료자는 이렇게 말할 수 있다. "아담, 눈을 감고 잠깐, 가장 취약하거나 상처를 받는 자신의 일부가 될 수 있을까요? 당신의 감정적인 부분, 어리게 느껴지는 부분, 반드시 이성적이지 않고 통제하려고 하지 않는 부분이 되세요. 지금 기분이 어떤가요?"

대안으로, 내담자에게 자신의 취약한 아동을 관찰하거나 '보게' 하고 그 아동을 구체화하기보다는 관찰한 내용을 전달하도록 요청할 수 있다. 이것은 내담자가 직접적인 방식으로 취약성을 표현하는 것을 어려워할 때 도움이 될 수 있다. 예를 들어, 치료를 처음 접하거나, 눈물을 보일 만큼 안전하다고 느끼지 않거나, 특별한 상황에서 지나치게 범람할 가능성이 큰 경우이다. "저는 지금 당신의 슬픔을 느낄 수 있어요……. 눈을 감고 당신 옆에 앉아 있는 어린 아담을 볼 수 있나요? 그는 어떻게 생겼나요? 그에 대해 어떻게 생각하세요? 그의 내면에서 무슨 일이 일어나고 있는지 알 수 있겠어요? 그는 어떤 기분일까요? 그가 우리에게 하고 싶은 말이 있나요? 그는 무엇이 필요한가요?"

두 경우 모두(즉, 1인칭 또는 3인칭 심상), 초점은 내담자와 치료자가 함께 핵심 고통과 그 순간에 필요한 것을 더 명확하고 강하게 느끼도록 하는 것이다. 이것은 다른 양식 사이를 오갈 때, 이 목소리가 가려지는 경향이 있는 일반적 내면 대화와는 상당히 다르게, 보다 원시적이고 검열되지 않은 목소리를 듣기 때문에 취약한 아동에 대한 연민을 발달시키는 데 도움이 되는 경향이 있다. 실제로, 내담자들은 종종 이러한 순간에 예상치 못한 생각과 감정을 표현하는데, 이는 다른 양식에 의해 무시되거나 압도되었을 수 있다. 내담자는 감정을 풀어내고, 어떤 것이 '직감적' 수준에서 진실하게 들리는지 알 수 있다. 이러한 명확성 자체가 목표가 될 수 있다. Greenberg(2015, p. 99)가 표현했듯이, "먼저 그곳에 이를 때까지 우리는 어떤 장소(또는 감정)를 머물러야 한다." 이런 종류의 심상 작업은 그 감정적인 장소에서 완전히 '머무르게' 하는 데 도움이 된다.

이것을 설명하기 위해 절망적이고 나약함을 느낀다고 말하며, 상담에 들어오는 30대 초반의 가브리엘라(Gabriella)를 생각해 보자. 치료자는 그녀에게 그 감정과 신체적인 느낌에 머물도록 초점을 맞췄다. 가브리엘라는 8~10세의 어린 시절 자신의 기억처럼 구부정한 자세의 느낌에 집중한다. 자신의 중심, 특히 강한 중심이 부족하고, 가족이나 친구들의 지원이 없는 안정적인 '지지'가 없다고 느낀다.

더 깊은 감정에 도달하고 풀어내는 것은, 치료자가 재양육을 하거나 가브리엘라 자신의 건강한 성인이 심상에서의 회복할 수 있는 발판을 마련할 수 있다. 치료자는 취약한 아동에게 직접 말하고, 가장 필요한 것이 무엇인지 물어보거나 몇 가지 행동을 제안할 수 있다. 예를 들어, 가브리엘라의 강한 성인 자아는 약한 아동 바로 뒤에서 그녀가 등을 받쳐 주고 지지받는 느낌을 준다. 치료자는 가브리엘라에게 두 부분 사이를 왔다 갔다 하도록 요청한다. 건강한 성인으로서 무엇을 하고, 보고 있는지, 그리고 취약한 아동으로 무엇을 느끼고 있는지 말이다.

치료자: 당신이 와서 어린 가브리엘라를 위해 그 '지지'를 제공할 수 있을까요?. 아니면 내가 그렇게 하면 도움이 될까요?

가브리엘라: 네, 당신이 필요한 것 같아요. 어린 가브리엘라 뒤에 서 있는 제 모습을 상상할 수 있지만……. 당신이 거기에 있다면 도움이 될 거예요.

치료자: 물론이죠! 우리 둘 다 어린 가브리엘라를 지지할 수 있을 것 같아요. 무엇이 그녀에게 가장 도움이 될까요?

가브리엘라: 모르겠어요. '구부정한 자세의' 느낌이 정말 신체적으로 느껴져요. 제가 어린 가브리엘라 등에 양손을 올려도 될까요?

치료자: 그것 좋겠군요. 한번 해 보세요……. 실제로 그렇게 하는 자신을 보세요. …… 기분이 어떤가요?

가브리엘라: 정말 좋아요. 마치 내가 어린 가브리엘라를 위해 거기 있는 것처럼 우리가 정말 함께 있는 것 같아요.

치료자: 어린 가브리엘라에게 어떤지 물어봐도 될까요?

가브리엘라: 그것을 좋아하고, 그게 어린 가브리엘라에게 위안이 돼요.

치료자: 어린 가브리엘라에게 직접 들을 수 있을까요? 이제 어린 가브리엘라가 되어 어떤 느낌인지 말해 줄 수 있나요?

이 상황에서 내담자의 건강한 성인은 이미지에서 아동의 욕구를 충족시키는 데 적극적으로 맞추어 조율해 준다. 내담자가 더 불확실하거나 억제되어 있다고 느끼는 다른 상황에서 치료자는 이미지에서 건강한 성인 역할을 쉽게 수행할 수 있도록 몇 가지 지침이나 지도를 제공할 수 있다. 예를 들어, 앞에서 설명한 가브리엘라의 회기에서 건강한 성인이 처음에 어린 가브리엘라의 욕구를 충족할 수 없는 것으로 판명되면 치료자는 중간 단계로서 취약한 아동에 대한 연민의 자세를 모델링하도록 할 수 있다.

가브리엘라: 잘 모르겠어요. 구부정한 자세, 이것이 정말 신체적으로 느껴져요. 그러나 나는 그것을 어떻게 해야 할지 모르겠어요.

치료자: 그것이 시작이에요……. 그것이 어린 가브리엘라에게 신체적이라는 것을 알아차리고 있네요. 뭘 해 봐도 될까요? 무엇을 원하는지 물어볼까요?

가브리엘라: 네?

치료자: [더 부드러운 목소리로 말하면서]: 나는 지금 어린 가브리엘라에게 말하고 있어요. 우리는 함께 여기에 있어요. 당신의 지혜로운 성인 자아가 나와 함께 있으니 지금 무엇이 도움이 될 수 있는지 알고 싶어요.

가브리엘라: [취약한 아동으로서 즉흥적으로 대답]: 나를 안아 주세요. 아니면 내 뒤에 서서 나를 지지해 주세요……. 나는 젖어 있는 국수처럼 느껴져요.

치료자: [새로운 건강한 성인을 목표, 일반적인 목소리로 말하기]: 좋아요……. 내 생각에는 어린 가브리엘라가 우리의 가이드가 될 수 있다고 생각해요. 어린 가브리엘라는 자신에게 가장 필요한 것을 우리에게 말해 주고 있어요. 그것을 할 수 있겠어요?

이런 현재에 초점을 맞춘 심상의 실행은 비교적 짧은 경향이 있으며, 일반적으로 취약한 아동에게 접근하고, 건강한 성인을 불러와 둘 사이의 생산적인 대화를 만드는 것을 목표로 한다. 그러나 현재에 초점을 맞춘 심상은 필요에 따라 화나거나 충동적인 아동, 대처양식 또는 역기능적 내적 비판을 포함하여 다른 양식을 소환하는 것을 포함할 수 있다. 예를 들어, 앞의 경우 가브리엘라는 자신이 약하다고 느낄 때 일반적으로 빠져드는 굴복 양식을 인식하도록 요청될 수 있다. 그러기 위해서, 그녀는 자신의 주의를 내면으로 돌리고, 이 대처양식의 감정과 생각을 인식하고, 이 양식의 관점을 정신적으로 시각화하고 그것으로부터 말하도록 요청받을 것이다.

치료자: 우리가 알기 시작한 이 측면, 즉 포기하는 측면이나 무력한 가브리엘라를 듣고 있다고 생각해요. 잠깐 이 측면이 어떤 기분인지 보고 나서……. 이 측면의 입장에서 말할 수 있겠어요?

가브리엘라 : [잠시 후]: 예…….

치료자: (변화를 표시하기 위해 약간 다른 어조로 말함) 그래서 나는 이 포기하는 측면인 당신에게 말하는 것으로 시작할게요. 당신이 어린 가브리엘라를 훨씬 더 큰 상처나 실망으로부터 돕고, 지켜 주었던 방법에 고마움을 표하고 싶어요…….

그런 다음, 치료자는 이 양식을 알게 되고 공감적으로 반응하는 심상에 시간을 할애하여 궁극적으로 내담자의 건강한 성인이 개입하여 자신의 취약한 아동이나 외부 상황에 새롭고 다른 반응을 제공하는 방향으로 인도하도록 설득할 수 있다.

더 넓게는, 현재의 심상을 사용하여 내담자가 건강한 성인양식에 접근하고 사용할 수 있는 역량을 심화시킬 수 있다. 심상 과정을 통해 자연적으로 발생하는 기질이나 성향뿐만 아니라 치료자가 소개하거나 모델링한 기질이나 성향을 '자신의 것'으로 만들 수 있게 제공된다. 이들은 자기 연민, 자기 조절, 적응적인 대인 관계 의사소통, 고통 감내력, 외부 인물이나 내면의 목소리에 적극적으로 대면을 할 수 있다.

미래에 초점을 맞춘 기법들

고전적 심상 재구성하기 개입의 또 다른 군집은 미래의 사건이나 장면에 초점을 맞춘 개입이다. 여기에는 내담자가 원하는 목표 달성을 연습하거나, 어려운 상황(예: 데이트, 취업 면접 또는 필요한 대면)을 준비하거나, 위험하거나 문제가 있는 행동(예: 자해, 자살 시도, 약물 남용 등)에 대한 건강한 대안을 개발하는 데 도움이 되는 심상이 포함된다.

때로는 미래에 초점을 맞춘 심상을 아주 간단하게 사용하여 특정 행동을 훈련하거나 특정 기술을 시연할 수 있다. Kosslyn 등(2001)은 실제로 수행할 때와 같은 기술을 상상할 때 동일한 신경 구조가 사용된다는 점에 주목했다. 따라서 그동안 미뤄 왔던 어려운 대화, 미루고 있던 신체 활동, 또는 그들을 어떤 중요한 삶의 목표를 향해 나아가게 할 특정 단계를 정신적으로 시연하는 과정을 통해 인도하는 것은 이러한 일이 실제로 일어날 가능성을 증가시킨다. 모든 목표 관련 활동과 마찬가지로, 이러한 시연은 목표/행동/기술이 더 구체적이고 현실적이며 확실할수록 더 효과적인 경향이 있다. 중요한 것은 Beck(2011)과 Hackmann 등(2011)은 미래에 초점을 맞춘 심상이 실제로 목표를 보다 구체적으로 만드는 데 도움이 된다고 언급한다.

불안을 유발하는 상황에서 과도한 통제를 시도하는 패턴을 다루는 치료 과정을 거의 마치는 50세 여성 소피(Sophie)를 생각해 보자. 예를 들어, 그녀는 친구들과 외식할 때, 음식 주문을 마음대로 하여 다른 사람들이 방해받는다고 느끼게 하면서 '장악'하는 경향이 있었다. 치료자는 그녀에게 남편의 생일을 축하하기 위해 온 가족이 동네 식당에 모이게 될 다가오는 상황을 상상해 보라고 했다. 그녀는 자신의 습관적인 반응에 대해 인식하고 있었기 때문에(그리고 바꾸고 싶었기 때문에) 그녀에게 주차장에서 가족들과 인사하는 것부터 그녀가 가장 불안하고 과도한 통제력을 행사하는 경향이 있는 좌석과 음식 주문에 이르기까지 모든 장면을 심상[3]으로 경험하고 묘사하도록 요청했다. 치료자는 소피에게 다른 가족 구성원들을 초대해서 그들이 선택한 어떤 것이든 주문할 수 있도록 하고, 음식을 나누거나 식탁에 있는 누군가에게 접시를 나누도록 지시하지 않는 순간들에 대한 상상을 요구했다. 예전처럼 행동하는 대신, 그녀는 단순히 자신의 음식을 주문하고 옆에 있는 사람과 대화를 계속하거나 심지어 큰 소리로 "뭘 주문해야 할지 잘 모르겠어, 뭘 주문할까?"라고 말하는 자신을 상상하도록 요청했다. 이 연습의 목적은 소피가 원하는 행동 변화를 시행하도록 하는 것이었다[처음에는 상상 속에서, 그리고 그다음에(숙제로) 실제 다가오는 가족 나들이에서].

미래에 초점을 맞춘 일부 작업(예: 식당 장면 시연)은 실행하기가 간단하며 큰 어려움 없이 행동 변화를 가져올 수 있다. 그러나 많은 목표가 달성하기가 더 어렵고 보다 복잡한 접근 방식이 필요하다. Young의 "패턴 파괴를 위한 심상"(Young, Klosko, & Weishar, 2003, p. 146)에서 원하지만 실행하기 어려운 행동(예: 사무실 파티에 가는 것, 매력적인 낯선 사람과의 대화를 시작하는 것)을 상상하도록 안내한다. 그런 다음, 행동을 차단하는 심리도식 또는 양식(예: 실

3) 다른 유형의 심상에서와 마찬가지로 치료자는 현재 시제에서 소피를 1인칭 현장 관점으로 안내한다. "식당에 들어가 보니 꽉 들어찼어요. 불안해요……."

패 도식, 회피 양식, 과잉통제자)과 상황에 들어가거나, 그 상황에 머물도록 격려하는 내담자의 건강한 성인 자아 사이의 대화를 수행하도록 요청할 것이다. 이 작업의 목적은 심리도식 주도(또는 양식 주도) 회피를 극복하고 행동이 어렵다고 판명되더라도 행동에 참여하는 능력을 구축하도록 돕는 것이다.

소피의 사례로 돌아가 이 생각을 설명해 보자. 앞에서 언급했듯이, 소피는 사회적 상황에서 스트레스를 받거나 불안해할 때(즉, 취약한 아동과 실패 및 결함 도식이 활성화될 때) 과도하게 통제되는 경향이 있다. 만약 이 대처반응이 너무 강하다면, 그녀는 처음에 앞에서 설명한 행동 시연을 시작할 준비가 되지 않았을 수 있다. 대신, 회기는 파괴적인 심리도식 또는 양식을 극복하고 건강한 성인양식을 강화하기 위한 심상 작업으로 시작할 수 있다. 그러한 작업을 한 후, 함께 더 적응적인 행동에 대한 장애물이 해결되었다고 판단하면, 회기는 행동 시연 단계로 이상적으로 진행될 것이다.

패턴 파괴 심상의 이론과 실무는 모두 자기 조절에 대한 사회적 · 인지적 연구 및 건강 관련 목표나 행동을 추구하기가 더 어려운 경우에 효과적인 것으로 밝혀진 기법들과 일치한다. 원하는 결과와 결과에 도달하는 데 관련된 단계에 대한 상세한 정신적 시연(즉, 심상)이 감정과 욕구를 불러일으키고, 행동에 동기를 부여하며, 여러 목표를 향한 해결책을 개발하는 데 효과적이라는 가설에 대한 강력한 증거가 있다(검토를 위해 Oettingen & Mayer, 2002; Oettingen & Reininger, 2016; Taylor, Pham, Rivkin, & Armor, 1998 참조). 중요한 것은, 이 연구가 역효과를 가져올 수 있는, 원하는 결과에 대한 단순한 '긍정적 환상'과 일반적으로 더 효과적인 결과로 이어지는 심상 시연 사이의 심각한 차이를 강조한다는 것이다.

효과적인 심상 시연의 핵심은 두 가지 과정을 결합하는 데 있는 것 같다. 정신적 대조(Mental Contrasting: MC; Oettingen & Reininger, 2016)라고 하는 첫 번째 과정은 미래에 대한 긍정적 환상과 이러한 환상에 대한 현실적인 장애물을 동시에 설치하도록 요청하는 것을 포함한다. 실행 의도(Implimentation Intntion: II; Gollwitzer, 1999)라고 하는 두 번째 과정은 정신적 대조를 통해 확인된 장애물에 부딪힐 경우, 취할 구체적인 행동 단계를 고려하도록 격려하는 것을 포함한다.

다음 사례 예시에서 알 수 있듯이, 정신적 대조 및 실행 의도 과정은 심리도식 치료 용어로 쉽게 번역할 수 있다. 우울하고 회피적인 35세 남자인 데이비드(David)는 지역사회 센터의 일부 미술 수업에 등록하는 것이 자신에게 가장 이익이 된다는 데 동의했지만, 이것을 계속 미루었다. 이 과정을 돕기 위해, 그의 치료자(Anna)는 원하는 결과(새 친구 한두 명 사귀기, 주말에 집을 떠날 이유가 있음)를 생생하게 상상하는 것으로 시작하는 심상 연습을 시작했다.

데이비드가 미술 수업에 참여하는 것을 상상했을 때, 치료자는 그가 느꼈거나 알아차린 것이 있는지 물었고, 데이비드는 다른 화가들과 함께 이젤 앞에 앉아 이야기를 나누는 동지애에 약간 기운이 난다는 것을 알아챘다. 그러고 나서 치료자는 데이비드가 원하는 최종 상태를 달성하는 데 필요한 구체적인 행동을 상상하도록 안내했다(예: 지역 문화 센터의 웹사이트를 찾아보기, 수업 가능 여부에 대해 문의하기 위해 전화하기). 이러한 행동 단계를 상상하는 것은 데이비드가 다양한 외부적·내부적 장애물을 예상하도록 이끌었다. 첫째로, 그는 센터의 담당자로부터 조급하거나 무례한 반응을 받는 것을 상상했고, 그것에 대처할 준비가 되어 있지 않다고 느꼈다. 그리고 그는 궁극적인 결과에 대한 비관주의와 기분이 저하되는 감정에 주목했다('어쨌든 미술 수업은 재미가 없을 거야.').

치료자는 이 감정을 무기력한/회피성 보호자의 표현으로 파악했고, 이미지에서 이러한 대처양식을 취하도록 요청했다. 보호자를 초청하여 그것의 우려와 불안을 진술하고 예상되는 장애물에 관해 이야기하도록 했다. 치료자는 이들에 대해 공감적으로 반응한 다음, 보호자에게 목표를 분명히 말해 달라고 요청했다. 보호자로서, "나는 단지 그가 다시 실망하는 슬픔을 덜어 주려는 것뿐이에요."라고 말할 수 있었다. 이것은 치료자의 공감적인 직면 과정을 계속할 수 있게 해 주었고, 보호자가 데이비드를 보호한다는 정서적인 목표를 고수하도록 격려하면서도 원하는 미술 수업 등록 목표를 추구하도록 하는 등 다른 방법을 통해 얻을 수 있는 이점을 고려하도록 했다.

특히, 이 공감적 직면은 여러 가지 방법의 하나로 수행될 수 있다. 가능하다면 데이비드의 건강한 성인에게 무기력한 보호자와 이야기하도록 요청하고, 치료자가 듣고 몇 가지 조언을 제공할 수 있다. 또는 건강한 성인양식을 위해 이 역할을 모델링하면서 보호자에게 직접 이야기할 수도 있다. 마지막으로, 만약 현재 건강한 성인양식에 접근할 수 없다면, 이미지 안에 들어가 특정한 시간과 장소에 위치하게 될 상상된 장면 내에서 치료자가 참가자로서 대화를 수행할 수 있도록 요청할 수 있었다. 이 상황에서 데이비드의 끈질긴 회피와 높은 불안 때문에, 여기서 선택한 접근법이었다. 치료자는 데이비드의 무기력한 측면과 공동으로 보호할 수 있는 다른 방법을 모색했고, 이를 시도하기 위해 물러서기로 동의했다. 그러고 나서 치료자는 데이비드에게 원하는 변화(예: 지역 문화 센터에 전화하기, 무례한 담당자와 대화하기 등)와 관련된 행동 단계를 상상해 보라고 다시 요청했다. 또한 그가 장애물의 재등장(특히, 보호자)을 예상하고 '만약 ~하면 ~할 것이다.'의 문장을 작성하도록 하였다. 예를 들어, 그들은 협력적으로 다음과 같은 문장을 만들었는데, 그가 옳다고 느껴졌다. '만약 내가 미술 수업을 하는 것에 무기력과 허무함을 느끼기 시작한다면, 내가 실제로 이 미술 수업을 얼마

나 좋아하는지를 상기시키기 위해 오래된 페인트 팔레트를 꺼내서 볼 것이다.'

요약, 성찰 및 결론

이 장에서 검토된 기법들은 고전적인 과거에 초점을 맞춘 고전적 심상 재구성하기의 변형으로 생각할 수 있다. 따라서 몇 가지 예외를 제외하고는 심상 작업에 대한 일반적인 지침을 준수해야 한다. 예를 들어, 일반적인 고전적 심상 재구성하기와 마찬가지로, 주요 장면에서 작업하기 전이나 후에 안전감이나 정서적 안정감을 활성화하기 위해 현재의 고전적 심상 재구성하기에서 안전지대 이미지가 때때로 필요할 수 있다. 또한 과거에 초점을 둔 경우에서와 마찬가지로, 현재에서도 치료자는 내담자가 경험한 감정을 심화시키기 위해 가능한 한 생생하게 장면을 상상하도록 요청한다. 그러기 위해 일반적으로 내담자에게 동떨어진 외부 관찰자의 관점에서 벗어나 1인칭, 현재 시제 관점을 채택하도록 지시한다. 또한 과거에 초점을 맞춘 경우에서와 같이 현재의 경험적 작업의 시간과 기간을 염두에 두고 동일한 회기 내에서 그리고 다음 회기 모두에서 이 작업을 처리하기에 충분한 시간을 허용한다. 이러한 일반적인 권고 사항 외에도, 현재 생활 문제를 다루는 기법들을 구현할 때 몇 가지 추가적 고려 사항에 특별히 주의를 기울일 가치가 있다. 하나는 현재와 가까운 장면에서 심상 작업을 할 때, 매우 쉽게(때로는 너무 쉽게) 실제 행동으로 전환될 수 있다. 심상 작업에 의해 제공되는 자유는 종종 우리(내담자와 치료자 모두)가 강한 감정과 행동, 심지어 보복이나 복수와 같은 사회적으로 용납할 수 없는 반응을 포함하는 행동까지도 표현할 수 있게 해 준다. 일반적으로, 이것은 우려할 사항이 아니다. 실제로 Arntz 등(2007)에 따르면 고전적 심상 재구성하기는 실제로 분노를 줄이고 분노 조절을 증가시키는 것으로 나타났다(예: PTSD 치료에서 단순한 장기간 노출과 비교). 그럼에도, 정서적으로 중요한 다른 사람들의 시간적(그리고 종종 신체적인) 근접성(현실과 분노한 내담자의 심상 모두에 존재할 수 있는 사람)은 추가적인 돌봄이 필요하다.

예를 들어, 최근 과거에 초점을 맞춘 심상작업을 수행할 때, 직장 동료나 상사와의 대립을 불러올 수 있다. 심상의 과정에서 깊고 힘든 감정과 연결될 수 있으며, (상상된) 최선의 행동은 자신을 부당하게 대했던 사람에게 공격을 가하거나 반격하는 것이라고 느낄 수 있다. 실제로, 그러한 행동은 경솔하거나 불법적이거나 심지어 위험할 수 있다. 치료자는 상상으로 남겨 두는 것이 가장 좋은 행동과 현실적으로 최선의 이익을 얻는 행동을 구별할 수 있도록 해야 한다. 한 가지 가능한 방법은 심상을 두 번 반복하는 것이다. 먼저, 내담자의 화난 아동양식이 맹렬히 비난하거나 보복을 하고, 그다음에 적절한 보고를 받은 뒤 건강한 성인이 이어받아 좀 더 온건한 반응을 연습한다. 그럼에도 분노와 충동성으로 어려움을 겪는 내담자의 경우 심상 외에도 다양한 기법(예: 타임아웃, 호흡 기법, 안전한 감정 분출 및 양식 대화)을 사용하여 자신의 이익을 위해 최선을 다할 수 있도록 하는 것이 중요하다.

요약하자면, 이 장에서 논의된 기법은 심리도식 치료자의 도구상자를 풍부하게 하고 양식 인식을 향상시키고, 심리도식 치유를 촉진하고, 행동 변화를 진전시킬 수 있는 잠재력을 가지고 있다. 이것들은 고전적인 과거 초점의 고전적 심상 재구성하기 기법을 확장(대체하기보다는)하는 것을 목표로 하며 목표 설정, 기술 개발 및 문제해결에 특히 유용할 잠재력을 가지고 있다. 또한 과거의 고통스러운 측면에 초점을 맞춘 고전적인 작업을 처음에는 주저할 수 있는 일부 내담자에게 심상기법을 도입하기 위한 진입점 역할을 할 수 있다. 마지막으로, 이러한 유형의 심상을 통해 내담자들은 종종 오랫동안 피해 왔던 변화를 시도하고 탐색하여, 자신의 취약한 아동의 목소리를 듣고, 건강한 성인을 더 강하게 만들고, 자신의 대처양식을 이해할 수 있게 한다. 이러한 작업을 통해 그들의 관계와 삶에서 새로운 가능성을 보다 일반적으로 보고 실천할 수 있으며, 더 큰 유연성과 기회를 창출할 수 있다.

치료자 조언

1. 현재 삶의 심상은 양식에 대한 인식을 높이고(그리고 양식 간의 구별), 내담자의 건강한 성인양식(특히, 이 양식의 아동양식을 재양육할 수 있는 적응력)을 강화하고 행동 변화를 연습할 수 있다.
2. 내담자가 과거 경험에 관여하기를 꺼리거나 최근 사건이 특히 고통스럽고 재구성이 필요한 경우 심상 작업의 첫 단계로 이 접근법을 사용할 수 있다.
3. 다른 형태의 심상에서와 마찬가지로, 내담자가 취약성을 표현하기 어려워할 때, 자신의 취약한 아동을 관찰하거나 '보게' 하고 그 아동을 구체화하기보다는 관찰한 내용을 전달하도록 요청할 수 있다. 이는 내담자의 핵심 고통과 그 순간에 그들이 필요로 하는 것에 대해 보다 명확하고 강한 느낌을 줄 수 있다.
4. 현재 또는 미래에 초점을 맞춘 심상 작업을 사용하는 주요 강점은 동기 강화 심리학의 최근 권장 사항을 반영하는 방식으로 현재 삶의 행동 변화에 영향을 미치는 양식 작업

의 힘을 이용하는 능력이다. 사실상, 심상 내에서 일어나는 양식 작업은 정신적 대조의 논리를 따른다.

참고문헌

Arntz, A., Tiesema, M., & Kindt, M. (2007). Treatment of PTSD: A comparison of imaginal exposure with and without imagery rescripting. *Journal of Behavior Therapy and Experimental Psychiatry, 38*(4), 345-370.

Beck, J. S. (2011). *Cognitive therapy for challenging problems: What to do when the basics don't work*. New York: Guilford Press.

Gollwitzer, P. M. (1999). Implementation intentions: Strong effects of simple plans. *American Psychologist, 54*(7), 493-503.

Greenberg, L. S. (2015). *Emotion-focused therapy: Coaching patients to work through their feelings,* 2nd ed. Washington, DC: American Psychological Association.

Grossman, P., Niemann, L., Schmidt, S., & Walach, H. (2004). Mindfulness-based stress reduction and health benefits: A meta-analysis. *Journal of Psychosomatic Research, 57*(1), 35-43.

Hackmann, A., Bennett-Levy, J., & Holmes, E. A. (2011). *Oxford guide to imagery in cognitive therapy.* Oxford: Oxford University Press.

Kosslyn, S. M., Ganis, G., & Thompson, W. L. (2001). Neural foundations of imagery. *Nature Reviews Neuroscience, 2*(9), 635-642.

Oettingen, G., & Mayer, D. (2002). The motivating function of thinking about the future: expectations versus fantasies. *Journal of Personality and Social Psychology, 83*(5), 1198-1212.

Oettingen, G., & Reininger, K. M. (2016). The power of prospection: mental contrasting and behavior change. *Social and Personality Psychology Compass, 10*(11), 591-604.

Prinz, J. N., Bar-Kalifa, E., Rafaeli, E., Sened, H., & Lutz, W. (2019). Imagery-based treatment for test anxiety: A multiple-baseline open trial. *Journal of Affective Disorders, 244*, 187-195.

Taylor, S. E., Pham, L. B., Rivkin, I. D., & Armor, D. A. (1998). Harnessing the imagination: Mental simulation, self-regulation, and coping. *American Psychologist, 53*(4), 429-439.

Watkins, J. G. (1971). The affect bridge: A hypnoanalytic technique. *International Journal of Clinical and Experimental Hypnosis, 19*, 21-27.

Weertman, A., & Arntz, A. (2007). Effectiveness of treatment of childhood memories in cognitive therapy for personality disorders: A controlled study contrasting methods focusing on the present and methods focusing on childhood memories. *Behaviour Research and Therapy, 45*(9), 2133-2143.

Young, J. E., Klosko, J. S., & Weishaar, M. E. (2003). *Schema therapy: A practitioner's guide.* New York: Guilford Press.

제3부

의자 작업, 양식 대화 및 놀이를 사용한 창의적 방법

제9장

취약한 아동 및 역기능적 비판 양식과 양식 대화를 창의적으로 사용하기

– Joan Farrell[1)]과 Ida Shaw[2)]

서론

이 장에서는 취약한 아동양식에 대한 교정적 정서 경험을 제공하고 역기능적 비판 양식의 통제를 감소시키기 위해 심리도식치료에서 양식 대화를 사용하는 방법을 설명한다. 심리도식치료에서 취약한 아동양식은 충족되지 않은 아동기 핵심 욕구의 고통을 느끼는 자아의 일부로 정의된다(Young et al., 2003). 취약한 아동양식의 정서 경험은 어린 시절의 기억과 신체적 감각을 동반하여 주로 슬프거나 두렵거나 외로울 수 있다. 역기능적 비판 양식(역기능적 부모양식이라고도 함)은 충족되지 않은 아동기의 욕구와 관련된 부정적인 경험의 내면화로 정의되며, 주로 욕구와 감정에 대한 자기 또는 역기능적 규칙에 대한 부정적인 메시지의 형태를 취한다(Young et al., 2003). 이 장에서 우리는 두 가지 주요 유형에 초점을 맞춘다. 즉, 규칙이 시행되는 방식에 초점을 맞춘 처벌적 유형과 시행이 아닌 기준 및 규칙 자체에 초점을 맞춘 요구적 유형이다. 역기능 비판 양식은 처벌적이거나 요구적이거나 아니면 두 요소를 결합할 수 있다.

개인 또는 집단 심리도식치료에서 수행되는 양식 대화를 창의적으로 사용하면 취약한 아

---

1) IUPUI(Indiana University-Purdue University Indianapolis)의 임상심리학 겸임교수이며 25년 동안 인디애나 대학교 의과대학(IUSM)의 정신의학과 임상교수로 근무하였다. 그녀는 IUSM/Eskenazi 건강센터의 경계성 성격장애 치료 및 연구 책임자이다. 그녀는 고급 심리도식치료 트레이너이자 슈퍼바이저이며 인디애나폴리스의 Schema Therapy Institute Midwest를 공동 책임자이다. 그녀는 2012~2018년 교육 및 인증을 위한 ISST 코디네이터였으며 현재는 ISST 교육 및 인증 자문 위원회 의장이다.

2) ISST(International Society of Schema Therapy)의 고급 인증 심리도식 치료사이자 개인, 집단 및 아동-청소년 심리도식치료의 트레이너이자 슈퍼바이저이다. 그녀는 개인, 집단 및 아동-청소년 심리도식치료에 대한 ISST 고급 인증 교육 프로그램과 함께 Scheme Therapy Znsititue Midwest)를 설립하고 공동 책임자이다. 그녀는 국제적으로 교육 및 슈퍼비전을 제공한다. 그녀는 심리도식치료의 경험적 개입에 광범위하게 기여했으며 Joan Farrell과 함께 전 세계적으로 사용되는 집단 심리도식치료 모델을 개발하고 검증했다.

동양식에 대한 역기능 양식 영향의 인식을 높이고, 진단을 받은 모든 내담자에게 중요한 교정적 정서 경험을 제공할 수 있다. 우리는 취약한 아동양식과 역기능적 비판 양식을 대상으로 하는 다양한 유형의 개인이나 집단의 양식 대화 사용을 설명한다. 이 장에서는 두 가지 경고가 필요하다. ① 심리도식치료 양식 대화는 게슈탈트 심리치료의 '의자 작업' 개입이 아니다. 공교롭게도 우리는 의자를 양식의 표시로 사용하지만, 내담자들을 제자리에 서게 할 수도 있다. ② 우리는 '부모'라는 단어를 비판으로 대체하여 부모 외에도 다양한 중요 인물(예: 코치, 교사, 불량배)과 함께 핵심 욕구가 충족되지 않았던 어린 시절의 경험에서 파생된 메시지의 내면화를 더 정확하게 묘사하였다. 이 넓은 의미의 표시는 이러한 역기능적 양식을 감소시키는 작업을 방해하는 내담자의 가족에 대한 충성심 반응 촉발을 방지하는 것이다.

표준 양식 대화

양식 대화는 한 개인의 다양한 양식 간의 대화이다. 이 개입의 표준 버전은 개인 심리도식치료를 위해 Young(Young et al., 2003)에 의해 개발되었다. 양식 대화에서 내담자는 다양한 양식으로 이동하고 해당 부분에서 말하도록 요청받는다. 예를 들어, 회기에서 양식이 촉발된 현재 상황을 설명할 때, 내담자는 해당 상황과 관련된 역기능적 비판 양식과 연결하고 구두로 표현하도록 요청받는다. 다음에는 건강한 성인양식에 연결하고 비판 양식의 정확성과 유용성에 도전하기 위해 두 번째 위치로 이동하도록 요청받을 것이다. 이 훈련에서 치료자는 내담자의 강도에 따라 내담자의 건강한 성인양식을 지원하거나 격려하거나 심지어 말할 수도 있다(예: "이제는 당신의 말을 듣고 싶지 않아요, 당신은 도움이 되지 않아요"). 흔히 세 번째 단계는 취약한 아동양식에 연결하여 현재의 욕구를 표현하도록 하는 것이다. 또한 취약한 아동양식에 대해 말할 수 있다(예: "나는 무서워요, 나는 도움이 필요해요"). 마지막으로, 건강한 성인양식으로 이동하고 취약한 아동양식에서 표현된 욕구를 충족시키기 위해 말하거나 행동한다. 이 이론은 이 훈련이 부적응 양식, 그들의 역기능적 양식 메시지 및 취약한 아동양식의 욕구를 충족시키는 데 방해가 된다는 인식을 촉진한다는 것이다. 심상 작업과 마찬가지로, 이것은 취약한 아동양식의 내담자에게 욕구를 충족시키는 교정적 정서 경험을 제공할 수 있다. 이러한 교정적 경험을 통해 '내 욕구는 정상적이며 충족시킬 수 있다'와 같은 새로운 건강한 메시지를 발전할 수 있다. 양식 대화를 사용하기 위한 준비 작업에는 양식 개념의 이해, 양식 파악 능력, 양식 경험을 허용하고 구두로 표현할 수 있는 능력이 포함된다.

내담자는 취약한 아동양식에 접근하고 치료자가 역기능적 비판 양식으로부터 취약한 아동 양식을 보호할 수 있다는 확신을 가질 수 있도록 치료 관계에 충분한 안전이 필요하다. 양식 대화를 사용하는 과정의 초기에, 역기능적 비판 양식을 다룰 때 치료자가 옆에 앉거나 심지어 앞에 앉기를 원할 수 있다. 추가 보호를 위해 안전지대 이미지 또는 안전 거품을 사용할 수 있다(Farrell & Shaw, 2012).

양식 대화의 창의적인 변형

양식을 더 '실제'처럼 느끼도록 만들기: 역기능적 비판 양식을 나타내는 형상

내담자에게 빈 의자와 대화를 요청했을 때 바보 같다고 느끼거나 경험이 실제처럼 느껴지지 않는다고 말하는 보고에 대응하여 양식의 형상을 만들었다(Farrell et al., 2014). 직사각형 모슬린 천 조각 또는 약 4×6인치 크기의 다른 천을 사용하여 내담자(또는 집단 심리도식치료 내담자들)와 함께 역기능적 비판 양식의 그림을 그린다. 치료자가 그 과정에 함께 참여하게 되면 초기에 의자 작업 참여를 꺼리는 마음이 해소된다. 문화 전반에 걸쳐 우리는 내담자가 부모를 그리는 것이 아니라 어떤 형태의 괴물이나 악마의 형태를 그리는 것을 발견한다. 이 특성은 그림이 사람으로 보이지 않기 때문에 유용하며, 이러한 양식은 전체 사람이 아닌 양육자의 부정적인 측면만을 선택적으로 내면화한다는 점을 강조한다. 이 형상은 내담자가 역기능적 양식 메시지를 쓰기 위한 캔버스로 사용된다. 치료자는 적어도 하나 이상의 역기능적 비판 양식 메시지에 참여한다. 형상에 적힌 메시지는 대화에서 역기능적 비판 양식의 대본이 된다. 개인 심리도식치료 양식 대화에서 현실감을 더하기 위해 형상을 의자 위에 걸쳐 놓는다. 집단 심리도식치료에서 형상은 다중양식 대화에서 역기능적 비판을 재생하는 사람의 가면으로 사용되므로, 훈련이 끝난 후 역기능적 양식의 '에너지'를 가면과 함께 제거하며, 역할을 한 내담자에게 남겨 두지 않는다.

역기능적 비판 양식의 형상은 많은 감정, 두려움, 분노 및 슬픔을 불러일으키는데, 양식 대화의 교정적 정서 경험을 강화한다. 역기능적 비판 양식에 대한 이러한 구체적인 표현은 경험적 작업에서 이러한 양식을 방 밖으로 내던지는 기회를 제공한다. 대화가 끝나면 형상을 발로 쿵쿵 밟거나, 찢어버리거나, 서류 캐비닛에 보관할 수 있다. 우리는 그것을 추가 작업에 사용할 수 있도록 보관하지만, 눈에 띄지 않는다. 이러한 행동은 역기능적 비판 양식이 현재 실제로 존재하지 않으며, 그들의 메시지를 지속적으로 유지하는 데 있어서 선택의 역할이 얼마나 중요한지를 보여 주고 강조한다.

다중양식 대화

집단 심리도식치료에서 다중양식 대화는 역기능적 비판 양식의 강도 또는 빈도를 줄이기 위한 특히 강력한 개입이다. 건강한 성인 집단은 어린아이처럼 느끼는 내담자와 그들의 치료자보다 비판 양식에 더 강력하게 도전할 수 있다. 집단 심리도식치료에서는 빈 의자를 사용하는 대신, 한 구성원의 다양한 양식의 역할을 하는 다른 내담자들이 있다. 개인을 위한 양식 간의 관계를 진행하는 것은 모든 집단 구성원이 서로 관련하여 다양한 양식의 역할을 느끼고 볼 수 있다. 또한 구성원들은 다양한 양식에서 자신의 경험을 성찰하도록 요청받는다. 역기능적 비판 양식의 힘을 효과적으로 퇴치하고 감소시키는 집단적 힘에 대한 가시적인 경험은 강력한 효과를 가져올 수 있다.

우리는 내담자들이 빈 의자에 앉아 있는 것보다 다른 사람들과의 대화에 더 기꺼이 참여하는 것을 발견하고, 그것이 그들에게 더 '현실적'으로 느껴진다고 보고한다. 우리는 치료자가 처벌적 비판 양식 역할을 하는 것을 피하고, 다른 선택의 여지가 없을 때만 그렇게 한다. 많은 성격장애 내담자가 정서 발달의 구체적 조작기 수준에 있어서 추상적인 개입과는 대조적으로, 실제적이고 구체적인 경험으로부터 더 많은 혜택을 받을 수 있다.

양식의 탄생

우리는 '양식의 탄생'(Farrell et al., 2014)이라는 다중양식 대화를 개발했는데, 이는 부적응 양식의 기원과 현재에서 어떻게 기능하는지를 경험적으로 보여 준다. 내담자와 치료자는 양식의 역할을 행하므로 자신이 연기하는 양식의 경험과 대화 형식으로 다른 양식과 상호작용하는 느낌을 모두 갖게 된다. 집단 또는 개인 내담자가 각 양식에 대한 짧은 대본을 작성한다. 다양한 양식 집단을 대표하도록 요청된다. 한 집단치료자는 건강한 성인양식 역할을 하고, 건강한 성인양식이 실제로 양식을 담당한다는 점을 강조하기 위해 행동을 지시한다. 다른 치료자는 건강한 성인양식의 좋은 부모 역할을 하며 취약한 아동양식에 도달하여 보호하고, 안심시키고 달래려고 한다. 집단의 규모에 따라 다른 내담자들은 치료자의 조력자 역할을 하거나 특정 관찰자 역할을 부여받는다(치료자 대본, 이 훈련에 대한 더 자세한 지침 및 도표를 위해 Farrell et al., 2014 참조).

우리는 역기능적 비판 양식 역할자들은 자신의 역할로 보이지 않도록 대본을 말할 때 자신을 가릴 형상을 제공한다. 역기능적 비판 양식 역할의 내담자는 일반적으로 익숙하여 역할을 하는 데 어려워하지 않지만, 취약한 아동양식에 미치는 영향을 볼 때 고통스러울 수 있다고 말한다. 이 경험은 취약한 아동양식에 대한 연민을 구축하는 데 도움이 된다. 모든 사람은 특정한 작업을 수행하는 관찰자일지라도 집단과 계속 연결되어 있어야 한다.

우리는 양식이 발전하는 단계를 보여 주는 것으로 시작한다.

1. 핵심 아동기의 욕구는 충족되지 않고, 초기부적응도식이 형성되며, 취약한 아동양식은 불안, 고통을 경험한다. 취약한 아동양식은 핵심 욕구와 감정에 대해서 말하지만, 응답이 없다.
2. 화난 아동양식은 충족되지 않는 욕구에 대한 선천적인 반응으로 발전한다. 화난 아동양식은 자신을 말하지만, 답이 없다.
3. 아동은 자신의 욕구, 학대 또는 방임, 충족되지 않는 욕구의 의미에 대한 부정적인 평가 및 해석(예: '나는 너무 부족해'. '내가 잘못된 거야.' '나는 중요하지 않아.')에 대한 중요한 타인의 부정적 반응을 내면화하여 역기능적 비판 양식의 발달로 이어진다. 취약한 아동양식, 화난 아동양식 및 역기능적 비판 양식이 모두 자신을 말한다.
4. 생존을 위해서 충족되지 않는 욕구, 부적응적 대처양식이 발달한다. 집단은 하나의 변형을 선택할 것이다. 이제 부적응적 대처양식이 나머지 양식과 동시에 자신을 말한다.

대화의 각 단계가 끝나면 취약한 아동양식에게 자신의 욕구가 충족되었는지를 묻는다. 모든 양식이 동시에 말하면 아무도 들리지 않으며 취약한 아동양식의 욕구도 충족되지 않는다. 건강한 성인양식과 좋은 부모는 소음을 뚫고 들리지 않는다. 뒤따르는 혼란이 몇 분 동안 계속되도록 한 다음, 행동을 멈추고 무슨 일이 일어났는지 토론한다.

토론은 다음 질문에 초점을 맞춘다.

1. 취약한 아동양식의 욕구가 충족되었는가?
2. 화난 아동양식의 목소리를 들었는가?

3. 부적응적 대처양식은 취약한 아동양식에 어떤 영향을 미쳤는가?
4. 좋은 부모는 취약한 아동양식에 접촉할 수 있었는가?

모든 질문에 대한 대답은 '아니요'이다. 요점은 이것이 어떻게 양식이 되었고 현재 작동하는 방식이라는 점이다. 현재의 결과는 취약한 아동양식의 욕구가 충족되지 않고 건강한 성인양식이 취약한 아동양식에 도달할 수 없다는 것이다.

그런 다음, 다중양식 대화가 계속된다.

5. 건강한 성인양식은 "당신은 지금 활동하지 않고 있으며 과거에 있어요. 하지만 이러한 부정적인 메시지를 남겼어요."[역기능적 비판 양식은 장면 밖으로 이동시키고, 그 형상은 바닥에 남겨진다]라고 말하면서 역기능적 비판 양식의 형상을 가져온다.
6. 건강한 성인양식은 부적응적 대처양식들에게 어린 시절에 잘 살아남았지만, 역기능적 비판 양식의 힘이 약해진 지금은 그렇게까지 하지 않아도 되고, 이제는 치료자와 안전한 집단 구성원들이 취약한 아동양식과 화난 아동양식을 돕지 못하도록 막고 있다는 것을 설명한다. 역기능적 비판 양식은 비상시에 사용할 수 있다는 것을 이해하고 옆으로 이동한다.
7. 이제 취약한 아동양식, 화난 아동양식 및 좋은 부모양식이 그들의 대본을 말한다. 좋은 부모는 더 가까이 다가가 화난 아동양식과 대화를 시작하고, 듣고, 분노를 인정하고 표출하도록 격려한다.
8. 화난 아동양식이 말을 들어 준다고 느끼면, 좋은 부모는 취약한 아동양식으로 이동한다. 건강한 성인양식은 취약한 아동양식에 연결하여 좋은 부모가 하려는 말을 받아들이도록 요청한다. 좋은 부모는 취약한 아동양식을 안심시키고 위로하며, 두려움과 불신을 인정하고, 욕구를 파악하여 제한된 재양육에서 그것들을 충족시킨다.

우리의 관찰은 다중양식 대화가 내담자에게 강력한 영향을 미친다는 것이다. 이를 통해 다양한 양식의 원래 역할, 현재 생활에 미치는 그것들의 영향, 부적응 양식이 심리도식치료를 사용하는 능력을 제한하는 방식을 내담자가 경험할 수 있다. 그들은 종종 이전에는 이해하지 못했던 일부 양식을 이제 '이해한다'라고 말한다. 좋은 부모의 의견을 경험하여 취약한 아동양식에 대한 교정적 정서 경험을 제공한다. 이 훈련은 내담자가 취약한 아동양식의 역할을 하면서 다양한 양식의 음성 녹음을 사용하여 개별적 작업으로 변형하여 사용될 수 있다.

과거의 다중양식 대화

이러한 유형의 양식 대화에서 초점은 내담자의 심리도식과 관련된 중요한 어린 시절 경험에서 시작된다. 사건이 묘사되고 관련된 양식이 확인된다. 다른 내담자들에게 다양한 양식의 역할을 지정하거나 선택하고 대본이 개발된다. 주인공 내담자는 치료자 중 한 사람의 지도로 건강한 성인양식을 연기한다. 대화는 어린 시절에 했던 것처럼 진행된다. 다양한 양식의 장단점은 주인공의 욕구가 충족되는 것과 관련하여 논의된다. 대화가 다시 진행되지만, 이번에는 주인공이 건강한 성인양식으로서 각 양식과 상호작용하여 아동양식의 욕구를 충족시키고 부적응적 대처양식을 제쳐 두고 역기능적 비판 양식을 제한한다. 건강한 성인양식의 목표는 취약한 아동양식의 욕구를 충족시키는 것이다. 이 대화는 주인공이 중앙에 앉아 있는 것으로 끝나고, 다른 사람들은 주인공에게 걸어가서 어깨에 손을 얹고 취약한 아동양식에게 좋은 부모 메시지를 전한다.

단축형 버전은 건강한 성인양식의 주인공 내담자(1)와 형상을 가면으로 사용하여 다른 내담자(2)가 연기하는 그들의 역기능적 비판 양식 간의 대화에 초점을 맞춘다. 이 대화는 모든 내담자가 안전하다고 느낄 수 있도록 세심하게 준비되어 있다. 내담자 1은 건강한 성인양식이 그 양식 역할을 행하는 것부터 대기하는 것에 이르기까지 치료자로부터 어떤 지원을 원하는지 질문을 받는다. 또한 다른 집단 구성원들로부터 어떤 지원을 원하는지 질문을 받는다. 지원된 주인공의 건강한 성인양식은 내담자 2에서 원하는 거리에 배치되며, 내담자 2는 또한 역기능적 비판 양식을 강화하기 위한 것이 아니라 필요에 따라 내담자 2를 정서적으로 지원하기 위해 한두 명의 집단 구성원의 조력을 받는다. 다른 집단 구성원에게는 특정 작업을 수행하는 관찰자 역할이 할당된다[예: 건강한 성인양식(내담자 1)에서 건강한 대사 쓰기].

예시

카렌(Karen)은 집단 회기에서 자신의 어머니로 파악한 그녀의 처벌적 비판 양식을 추방할 수 있는지 물었다. 집단의 처벌적 비판 양식 형상이 있는 상태에서 다른 내담자가 두 번째 집단 구성원의 지원을 받아 그녀의 처벌적 비판 양식의 역할을 했다. 우리는 카렌이 원하는 지원을 설정하고, 지원과 지도를 위해 그녀의 양쪽에 또 다른 내담자를 배치했다. 그녀의 처벌적 비판 양식(어머니)에게 어린 시절 계부의 학대에 카렌을 비난하는 것이 잘못되었고, 카렌을 보호했어야 했으며, 카렌이 이제는 엄마를 필요로 하지 않는다고 말하는 등 좋은 부모로부터 강력한 일을 했다. 이 대화가 끝날 때 치료자는 처벌적 비판 양식을 연기하는 내담자에게서 형상을 빼앗아서 카렌이 원하는 대로 하라고 건네 주었다. 카렌은 그것을 뭉쳐서 집단실 문밖으로 던졌다. 그녀는 마음의 짐을 내려놓은 듯했고, 치료자는 이에 대해 언급했다. 카렌은 처음으로 자신의 '못된 어머니'로부터 해방감을 느꼈다고 말했다. 또한 12세 때 경험한 성적학대가 그녀의 잘못이 아니라고 처음으로 느꼈다고 말했다.

이 양식 대화의 결과로 이제는 그녀를 질책하고 비난하는 목소리에 시달리지 않게 되었다. 이전에는 질책을 어머니의 목소리로 파악하지 못했지만, 집단 대화 후에 알게 되었고, 순식간에 카렌과 그 집단은 처벌적 비판 양식을 제거하면서 그 목소리가 사라졌다는 것을 알게 되었다. 9개월 후 마지막으로 확인했을 때 그녀의 '못된 어머니'의 목소리는 들을 수 없었다. 이 예시는 심리도식치료의 경험적 작업이 양식 변화에 미칠 수 있는 영향을 보여준다.

개인 심리도식치료에서의 다중양식 대화

개인 심리도식치료에서 사용되는 양식 대화의 범위에 대한 잠재적인 제한은 치료자로서 우리가 내담자의 역기능적 비판 양식의 역할을 꺼리는 것이다. 제한된 재양육에서, 우리는 좋은 부모로서 느끼도록 역할을 하기 때문에, 역기능적 비판 양식의 역할을 하는 것은 아동양식에 있는 내담자에게 너무 혼란스러울 수 있다. 우리가 요구적 비판의 역할을 해야 하는 경우가 있을 수 있지만, 처벌적 비판은 아니다. 이러한 한계 극복을 위한 방법은 내담자가 이것을 기록하여(이상적으로는 휴대전화 등을 이용한 동영상), 자신의 역기능적 비판용으로 지정된 위치에 놓고 기록을 재생하도록 하는 것이다. 그런 다음, 취약한 아동양식에 있고 자신의 음성으로 역기능적 비판 양식을 듣는 경험을 할 수 있다. 이와 동일한 접근 방식을 확장하여, 다른 양식 범주가 해당 양식에서 내담자의 추가 기록을 통해 제시할 수 있다. 취약한 아동양식에서 녹음한 다음, 역기능적 비판 양식에 있을 때 녹음을 들려주는 것이 특히 유용할 수 있다. 이러한 방식으로 취약한 아동양식을 보는 것은 건강한 성인양식에 영향을 줄 수 있으며, 그들의 보호 및 역기능적 비판 양식과의 싸움을 격려할 수 있다.

다중양식 대화에서 대리학습 가능성

특히, 학대를 받은 많은 사람은 역기능 비판 양식을 두려워하지만, 그들의 성인의 삶에서 이 양식의 힘을 필사적으로 줄일 필요가 있다. 다중양식 대화는 꼼짝 못하는 두려움을 우회하기 위해 점진적으로 대리학습 기회를 설정할 수 있다. 아직 건강한 성인양식이 미발달된 내담자는 여전히 강력한 내면화된 역기능적 비판 양식과 상징적으로도 대면하는 것을 너무 두려워하므로 앞의 카렌의 예에서 설명한 것과 같은 대화를 관찰함으로써 양식 대화 과정을 시작할 수 있다. 내담자는 두려움의 크기에 따라 안전을 위해 치료자 뒤에 있거나, 건강한 성인양식에서 내담자를 지원하는 집단에 속하거나, 건강한 성인양식 역할에서 내담자들의 편에 설 수 있다. 관찰하는 동안 필요한 안전 수준(예: 안전 거품, 덮개, 공동 치료자 또는 다른 구성원의 손을 잡는 등)에 있어야 한다. 집단에서 집단적 힘의 경험은 역기능적 비판 양식과 효과적으로 싸우고 결국 추방하고, 이 양식의 강도와 힘을 감소시키는 데 강력한 영향을 미친다. 우리는 내담자들이 두려움으로 시작하여, 집단의 힘을 받아들이고, 건강한 성인양식에서 대화를 통해 역기능적 비판 양식에 대면하는 것을 보았다. 치료자가 내담자를 지원하고 힘을 주기 위해 참여할 수 있어서 개인 작업에서도 마찬가지일 수 있다.

처벌적 비판 양식에 대한 인식을 높이기 위한 대리학습

우리 내담자 중 한 명은 양부모의 끔찍한 학대에도 불구하고 역기능적 비판 양식을 가지고 있다는 생각에 매우 저항했다. 그녀의 대처 방식은 부정적인 어린 시절 경험을 최소화하고 화난 보호자 양식으로 다른 사람들을 멀리하고 자신의 취약한 아동양식과의 접촉을 피하는 것이었다. 그 집단은 다른 내담자가 그녀의 처벌적 비판 양식을 대표하고 치료자가 취약한 아동양식을 방어하는 좋은 부모 역할을 하는 양식 대화를 했다. 짧고 강렬한 상호작용 후 치료자가 말했다. "이제 당신은 떠날 시간이야, 이 늙은 ××야. 여기서 나가! 다이애나를 내버려 둬!"(이 언어와 접근 방식은 내담자의 경험과 양어머니의 심한 학대에 적절했다.) 나머지 집단원들은 박수를 보냈고, 그녀의 처벌적 비판 양식을 연기하는 내담자는 미소를 지으며 고개를 끄덕였다. 또 다른 치료자가 내담자에게 "당신을 방어해 준 말 중에 무엇이 가장 마음에 들었나요?"라고 물었다. 대화가 진행되는 동안 의자 끝에 앉아 있던 다른 내담자인 제인이 바로 끼어들었다. "당신이 '이 늙은 ××야, 여기서 나가.'라고 말했을 때 정말 좋았어요." 다이애나는 어머니와 함께 그렇게 할 수 있기를 바랐지만, 두려웠던 것에 대해 이야기하면서 이 말을 이어 갔다. "이해할 수 있어요. 처음에는 무서웠어요. 치료자가 그녀에게 말하는 모든 것이 좋았어요. 그리고 '늙은 ××'가 최고였어요. 왜냐하면 그게 진짜 그들이니까요. 나는 엄마와 함께 사는 것이 지겨워요. 영원히 내보내고 싶어요." 회기가 계속되면서 제인은 집단이나 치료자 모두에게 이야기하지 않았던 자신의 어린 시절 학대에 대한 정보를 더 많이 공유했고, 그녀의 처벌적 비판 양식의 존재를 인정할 수 있었다.

대리학습 2: 내담자는 자신의 삶에 대한 과거의 다중양식 대화를 관찰한다

예시

알코올 의존증을 앓고 있는 매우 회피적인 내담자인 새라(Sara)는 "너는 결코 행복하지 못할 거야!"라고 들었던 부모의 메시지에 대한 토론을 지원했다. 그녀는 성적 학대와 극도의 방임으로 어린 시절을 보냈고, 결과적으로 그다지 행복한 아이는 아니었다. 이것이 뭔가 잘못되었다고 느끼지 못했고, 어머니는 불행을 자녀에게 돌렸다. 새라는 다른 집단 구성원들과 치료자들이 그녀의 처벌적 비판 양식과 건강한 성인양식의 좋은 부모 사이의 대화에서 그녀의 양식을 연기하는 것을 기꺼이 허용했지만, 자신은 어떤 양식의 역할도 할 수 없다고 느꼈다. 대화가 진행되는 동안 참여하지 못하고 그녀의 양쪽에 동료와 함께 앉기를 원했다. 치료자는 좋은 부모로서 새라에게 긍정적인 말을 했고, 처벌적 비판 양식(여기서는 그녀의 어머니가 두드러졌다)에게 그녀가 지금 행복하지 않다면 문제가 된다고 말했다. 그녀가 뭔가 잘못되었고, 욕구가 충족되지 않았으며, 미래에 행복할 자격이 있다고 설명했다. 치료자는 비판 양식에게 새라를 잘못 보호(방어)하고, 잘못 양육하는 끔찍한 일을 하고 있다고 말했다. 비판 양식이 좋은 부모가 하는 말에 대해 불평했을 때, 좋은 부모는 엄마를 떠나게 하고, 독약을 사라에게 보내지 말라고 말했다.

대화가 끝날 때 새라는 매우 감격한 표정을 지으며 많은 감정을 느끼고 "내가 자라면서 그 좋은 부모의 메시지를 들었다면 오늘 내가 어디에 있을지, 어떤 기분이 들었을지 모르겠어요."라고 말했다.

새라와 같은 반응은 양식 대화를 관찰하는 것만으로도 치료 효과가 있음을 시사한다.

다음 단계는 결과가 건강한 성인양식의 역할보다는 관찰하는 내담자의 삶에서 비롯된다는 변형으로 이전에 설명된 과거의 다중양식 대화의 버전이 될 수 있다. 관찰자인 내담자는 건강한 성인양식의 역할을 하는 동료의 한계 설정과 취약한 아동양식에 대한 격려와 위로의 효과를 받아들일 수 있다.

개인 심리도식치료에서 양식 대화를 통한 대리학습

심각한 성격장애나 복합 외상 내담자들은 종종 매우 두려워하는 취약한 아동양식, 강한 부적응적 대처양식을 가지고 있고, 접근 가능한 좋은 부모의 영향이 거의 없어서 건강한 성인양식이 미발달되어 있다. 그들은 양식 대화를 사용하여 취약한 아동양식 또는 건강한 성인양식과 연결하는 데 어려움이 있다. 우리는 관찰자 관점에서 대리학습을 할 수 있는 기회가 이 양식 변경 작업의 과정을 시작하는 데 도움이 될 수 있음을 발견했다.

개인 심리도식치료에서의 대리학습 기회는 처음에 내담자의 양식의 역할을 하는 치료자에 의해 구성될 수 있다. Young(2003)은 표준 양식 대화에 이 방안을 포함하고 있으며, 우리는 이를 확장했다. 학대받거나 두려워하는 취약한 아동양식에서 치료자는 역기능적 비판 양식으로부터 물리적 거리와 보호를 제공해야 할 수도 있다. 내담자가 자신의 취약한 아동양식에 접근할 수 없다고 느끼거나, 이 부분을 거부하거나 연민이 없거나, 역기능적 비판 양식이 너무 두려워서 대화할 수 없다고 느낄 때, 치료자가 내담자의 취약한 아동양식의 역할을 통해 대화를 설정한다.

'거친 수지'의 예

수지(Susie)는 심한 학대를 받은 이력이 있고, 자신의 취약한 아동양식과 강력한 화난 보호자와 공격자 가해 대처양식에 대한 인식이 거의 없는 경계성 성격장애가 있다. 그녀는 처벌적 비판 양식의 역할에 매우 능숙했고, 건강한 성인양식은 약했다. 처벌적 비판 양식이 말하는 그녀와의 대화에서 치료자는 취약한 아동양식의 역할을 하면서 그녀의 취약한 아동양식에 도달하려고 애썼다.

치료자(취약한 아동양식): 나는 너무 두렵고, 당신은 사나워서 여기에서 이야기할 사람이 아무도 없어요.

수지(처벌적 비판 양식): 징징거리지 말고, 입 다물어!

치료자(취약한 아동양식): [울음소리와 신음을 내며] 나는 그저 어린 소녀예요. 나는 잘못한 게 없어요. 당신이 날 좋아하지 않는 건 어쩔 수 없어요.

수지(처벌적 비판 양식): 나는 네가 착한 어린 소녀였을 것이라고 너에게 말하는 것이 썩 내키지 않아.

이 시점에서 치료자가 역할하고 있던 취약한 아동양식과 마찬가지로 수지가 평범한 어린 소녀였으며, 연민과 지원을 받을 자격이 있는지를 논의하기 위해 행동을 중단한다. 수지에게 좋은 부모(건강한 성인양식의 부분)로 위치를 바꾸고 또한 취약한 아동양식으로서 치료자에게 이야기하도록 요청한다.

수지(좋은 부모): 애를 어떻게 해야 할지 모르겠어요. 그 애는 너무 슬퍼해요. 마음에 걸려요.

치료자: 나의 좋은 부모와 함께 어린 수지에게 이야기해 볼게요. 수지야, 넌 사랑스러운 소녀야, 내가 널 안아 주고 지켜 줄게. 여기 네 곁에 있을게. 넌 아무 잘못이 없어. 네가 원하는 것은 당연하고 건강한 거야. 넌 아직 어려서 네가 어떻게 할 수 없는 거야.

수지: 나는 그 말이 마음에 들어요, 어렸을 때 그런 말을 들어 본 적이 없어요. 취약한 아동양식 의자에 잠시 앉아도 될까요? 그 말을 다시 한번 해 주시겠어요?

치료자가 어린 수지의 역할을 경험하면서 수지는 자신의 그 부분에 대한 인식과 연민을 키웠다. 본질적으로 그녀는 취약한 아동양식 역할의 치료자에게 연민을 느꼈고 이것을 자신의 취약한 아동양식으로 옮겼다. 그녀는 또한 자신의 취약한 아동양식을 돌보기 위해 좋은 부모 기술을 개발하기 시작했다.

과제를 포함하는 양식 대화

때때로 내담자들은 그들이 자라면서 들은 '역기능적 비판' 양식과 심지어 처벌도 필요하고, 그렇지 않으면 아무것도 이루지 못할 것이라는 생각을 하고 있다. 이 경우 수정된 양식 대화를 통해 역기능적 비판 양식의 효과를 경험적으로 보여 줄 필요가 있다. 이것은 치료자가 역기능적 비판양식의 역할을 짧게 하는 단 한 번의 경우이다. 이 훈련은 집단 심리도식치료에서도 사용된다. 우리는 내담자에게 역기능적 비판 양식과 건강한 성인양식의 좋은 부모 양식을 번갈아 맡으며, 각 대화 내용이 간단한 과제에서 자신의 수행에 어떤 영향을 미치는지 살펴볼 것이라고 말한다. 그 과제는 손바닥에 나무막대로 균형을 잡는 것이다. 우리는 과제를 수행할 수 있을 만큼 넓지만, 다소 어려운 나무막대를 사용한다. 먼저, 우리는 역기능적 비판 양식을 사용하여 내담자를 질책하며 시도하는 동안 과제를 수행할 수 없다고 예측한다. 필연적으로 그들은 성공하지 못한다. 그들이 들었던 것은 역기능적 비판 양식이었고 너무 산만했다고 보고한다. 또한 그 과제가 불가능하다고 생각한다고 말한다. 다음으로, 그들에게 그 일을 반복하도록 요청하고 우리는 좋은 부모의 역할을 맡는다. 우리는 잘하고 있다고 격려하고, 그들이 할 수 있다는 것을 알고 있다고 말한다. 그들은 종종 할 수 있고, 그렇다면 우리는 그들을 칭찬한다. 만약 그것을 할 수 없다면, 그들이 성공할 때까지 그들에게 더 많은 시도를 하거나, 얼마나 가까워졌는지, 단지 다른 사람들처럼 연습이 필요하다는 것을 어떻게 알 수 있는지 등을 그들에게 말한다. 물론 좋은 부모 대화는 훨씬 더 기분이 좋아지고 계속해서 노력하고 성공하려는 동기를 높이는 데 더 효과적이다. 우리는 역기능 비판 양식의 기능에 대한 그들의 관점에 이 경험을 적용하는 것에 대해 논의한다.

요약

우리는 약한 취약한 아동양식 또는 강한 역기능적 비판 양식을 가진 내담자의 욕구를 충족시키기 위해 표준 형식을 변형하여, 대화를 보다 현실적으로 느낄 수 있도록 양식 형상을 추가했고, 집단 심리도식치료를 위한 다중양식 대화를 개발했다. 다른 경험적 개입과 마찬가지로, 내담자가 안심하고 치료자와 연결될 수 있도록 요구와 속도를 맞추는 것이 필수적이다. 양식 역할을 누가 하는지에 대한 유연성은 내담자가 참여할 수 있는 더 작고 관리하기 쉬운 단계를 만들 수 있다.

Young이 개발한 표준 양식 대화는 집단 심리도식치료를 위한 다중양식 대화로 확장될 수 있다. 다중양식 대화를 통해 내담자는 작동 중인 다양한 양식을 경험하고 다른 사람들이 자신의 양식을 연기하는 것을 관찰하여 이 작업을 시작할 수 있다. 이러한 대리학습의 사용은 취약한 아동양식에 대한 태도 변화와 역기능적 비판 양식의 단점에 대한 다른 이해에 강력한 영향을 미칠 수 있다. 개인 심리도식치료에서는 치료자가 내담자의 다양한 양식을 역할로 맡으면서 일종의 대리학습이 구현될 수 있다.

역기능적 비판 양식을 표현하기 위해 형상을 사용하면, 개인 심리도식치료의 대화를 더 현실적이고 믿을 수 있게 만들 수 있으며, 이 형상은 집단 심리도식치료 대화에서 역기능적 비판 양식의 역할을 하는 내담자를 위한 가면으로 사용될 수 있다. 치료자가 내담자와 조화를 유지하고, 양식 대화를 유연하고 창의적으로 구현하면 취약한 아동양식에 도달하고 치유하고 역기능적 비판 양식의 힘을 감소시키기 위한 심리도식치료의 목표를 촉진한다.

치료자 조언

1. 회기를 종료하기 전에 취약한 아동양식 또는 역기능적 비판 양식의 작업 및 안전을 위해 내담자의 준비 상태, 안전 및 연결 상태를 확인하라. 안전에 문제가 있는 경우 비상 안전 계획을 수립한다. 역기능적 비판 양식이 안전하게 자물쇠를 채워 보관되어 있다는 설명을 포함한 안전지대 이미지 또는 안전 거품으로 돌아가 회기를 마친다.
2. 내담자의 건강한 성인양식의 강도와 일치하는 역기능적 비판 양식에 직면하는 단계를 허용하라. 초기에 건강한 성인양식에 좋은 부모 지원을 추가하라.
3. 처벌적 비판양식의 역할을 하지 말라. 항상 해당 양식에서 내담자의 음성 녹음을 사용할 수 있다. 역할에 도움이 될 수 있는 다른 양식(예: 취약한 아동양식)을 유연하게 사용하라.
4. 일부 행동 패턴 깨기(예: 경험을 상기시키는 플래시 카드, 좋은 부모의 진술문)로 작업의 경험적 측면을 고정하라.
5. 집단 다중양식 대화에서 모든 사람에게 역할을 부여하라. 당신의 설명에 내담자가 타인의 양식에서 경험을 통해 배울 수 있는 것을 반영하고 취약한 아동양식을 위해 좋은 부모가 훈련에서 말한 모든 것을 받아들일 수 있도록 상기시키는 내용을 포함하라.
6. 내담자가 양식 대화를 구성할 때 취할 수 있는 관리 가능한 단계를 파악하여 내담자가 자신의 속도에 따라 두려움에서 벗어날 수 있도록 하라. 심리도식치료를 시작할 때 대리학습 경험을 설정할 가능성을 고려하라.

참고문헌

Farrell, J. M., Reiss, N., & Shaw, I. A. (2014). *The Schema Therapy Clinician's Guide: A Complete Resource for Building and Delivering Individual, Group and Integrated Schema Mode Treatment Programs*. Oxford: Wiley-Blackwell.

Farrell, J. M., & Shaw, I. A. (2012). *Group Schema Therapy for Borderline Personality Disorder: A Step-By-Step Treatment Manual with Patient Workbook.* Oxford: Wiley Blackwell.

Young, J. E. Klosko, J. S., & Weishaar, M. E. (2003). *Schema Therapy: A Practitioner's Guide.* New York: Guilford Press.

제10장

심리도식치료에서의 자발성과 놀이

– Ida Shaw[1)]

놀이의 중요성

어린 시절 놀이의 중요성과 놀이가 아동의 발달에 어떻게 기여하는지에 대해 많은 글이 있다. 심리도식치료에서 놀이는 학대받고 정서적으로 박탈당한 내담자가 정서적 고통 이외의 것을 느끼고 신뢰하는 법을 배울 수 있는 안전한 경험을 제공함으로써 불신과 두려움의 차단을 돌파하는 데 도움을 주는 제한된 재양육의 강력한 도구이자 측면이다(Lockwood & Shaw, 2012). 많은 기술은 놀이를 통해 습득되며, 이는 사람의 정신적 및 심리적 건강에 매우 중요하다. 놀이는 그것이 가지고 있는 발달적 역할의 의미에서 '과업'이다. 그것은 중요한 기능들이 있는데, 우리에게 창의성을 발휘하도록 하고, 그 안에서 자발성을 배우고, 그리고 문제를 해결하도록 가르쳐 주고, 그리고 바람과 욕구를 전달하는 것을 배우게 한다. 이것들은 모두 중요한 삶의 기술들이다. Wadley(n.d.)는 그녀의 시 〈그냥 노는 거야(Just Playing)〉의 다음 발췌문에서 이를 잘 요약한다.

오늘 학교에서 뭘 했냐고 물으면
'난 그냥 놀았어요'라고 말해요.
제발 나를 오해하지 마세요.
왜냐하면, 알고 있듯이, 나는 놀면서 배우고 있기 때문이에요.
난 내 일을 즐기고 이루는 법을 배우고 있어요.
나는 내일을 준비하고 있어요.

1) 제9장 각주 2) 참조

오늘, 지금 나는 아이이고 내 일은 놀이예요.

놀이는 어린 시절부터 아동들의 사회적 · 정서적 · 인지적 · 신체적 행복에 필수적이기 때문에 놀이 박탈의 영향은 상당하다. 유엔 인권 고등 판무관이 놀이를 모든 아동의 권리라고 언급하기 전에 Plato, Piaget, Friedrich Fröbel과 같은 철학자와 심리학자들은 건강한 아동 발달에서 놀이의 중요성을 인식했다(Milteer & Ginsburg, 2012). 일반적으로, 우리의 내담자는 행복하거나 즐거운 어린 시절의 환경이 부족했다. 이것은 방임, 열악한 정서적 환경 또는 성취와 일이 우선시되고 놀이를 경박하고 목적이 없는 것으로 인식되는 환경 때문일 수 있다. 이러한 환경은 자신이 무엇을 즐기는지 모르거나 즐거움을 위한 시간을 갖지 않고 취미나 여가 활동을 개발하지 않은 성인으로 이어질 수 있다. 놀이는 또한 아동들의 창의적인 면을 개발하고 탐색할 기회이기도 하다. 놀이는 다른 사람들과 연결하고, 협상하고, 만나고, 우정을 형성하는 가장 초기의 경험이다. 놀이가 금지되거나 발달하지 않은 상태일 때, 사람들은 이 기초 발달 경험을 놓친다.

놀이와 발달 단계

파튼(Parten)은 아동의 발달 단계에 놀이의 중요성을 처음으로 설명했다. 아동의 놀이가 발달함에 따라 변화하며, 항상 그런 것은 아니지만 일반적으로 아동의 나이에 해당하는 여섯 가지의 뚜렷한 단계를 거친다고 말한다. 이 단계들은 또한 감정과 사회적 환경에 달려 있다. 발달의 순서는 비참여 놀이(0~2세: 이것은 미래의 놀이 탐색과 발달을 위한 중요한 설정 단계이다), 단독 놀이(2~3세: 인지적 · 신체적 · 사회적 기술이 아직 완전히 발달하지 않은 어린 나이에 흔하다. 이러한 유형의 놀이는 아이들에게 자신을 즐겁게 하는 방법을 가르치기 때문에 중요하다), 구경꾼 놀이(보통 2.5~3.5세: 어느 연령대에서나 발생), 병행 놀이(보통 2.5~3.5세: 놀이의 후반 단계의 핵심인 사회적 성숙의 발달을 위한 일시적인 단계로서 중요하다), 연합 놀이(이 유형의 놀이는 일반적으로 3세 또는 4세경에 시작하여 취학 전 연령까지 이어진다. 이것은 협동, 문제해결 및 언어 발달과 같은 필수적인 기술을 개발하기 때문에 놀이의 중요한 단계이다), 그리고 협동 놀이(4세에서 6세 사이 학령전기의 후기, 이전 단계에서 배운 모든 기술을 행동으로 취합하여 아동에게 사회적 및 집단 상호작용에 필수적인 기술을 제공한다)이다. 우리의 성인 내담자들이 그들의 삶에서 놀이를 포함하여 겪는 어려움은 아동기 동안 이러한 놀이의 단계에서 놓치거나 불안전한 경험으로 인해 발생하는 발달상의 격차 때문일 가능성이 크다. 이러한 인지 및 정서 격차는 놀이의 중요성을 소개하고 회기에서 치료자와 함께 놀이에 참여함으로써 심리치료에서 개선될 수 있다. 어린 시절부터 놀이에 대한 경험이 거의 없는 성인 내담자들은 즐겁게 노는 것을 어려워한다. 놀이가 없으면 우리의 기쁨은 제한된다.

놀이는 정의상 재미있어야 하지만, 많은 성인 내담자에게는 놀이에 관한 생각조차도 불안을 일으킬 수 있다. 초기부적응도식, 핵심 신념 및 대처 방식은 내담자를 놀이에 초대할 때 촉발될 수 있다. 예를 들어, 우리는 내담자의 말에서 "이건 멍청한 짓이야, 시간 낭비야." 또는 "나는 즐길 자격이 없어. 게다가 놀이는 아이들을 위한 거야."와 같은 처벌적 비판 양식을 들을 수 있다. 그들은 다른 사람들에게 눈을 굴리거나, 혐오스러운 표정으로 고개를 가로젓거나, "너는 아주 미숙한 행동을 하고 있어. 네가 얼마나 어리석게 보이는지 안다면, 그렇게 하지 않을 거야."와 같은 못마땅한 말을 한다. 어떤 내담자들은 처음에는 놀 줄 모른다는 것을 다른 사람들이 알게 될까 봐 노는 것을 두려워했고, 그 후에 평가되고 실패한 것처럼 느껴져서 결함이 있다는 감정이 더해졌다고 말한다. 집단에서 놀이의 중요성과 가치에 대해 토론하고, 관련된 초기부적응도식을 통하여 직면하고 해결하며, 놀이의 즐거움과 이점을 발견하는 데 있어 그들의 성장을 격려하고 축하하는 것이 필수적이다. 대부분 내담자에게 이 대화는 처벌적 비판 양식의 간섭을 감소시킨다. 놀이는 우리에게 많은 본질적인 매력을 가지고 있기 때문이다. 일부에게는 수개월 동안 놀이에 참여하도록 하기에는 역기능적 비판 양식으로부터 자유가 충분하지 않다. 인내심을 가지고 자신이 어디에 있는지를 수용하고, 역기능적 비판이 소리를 지르지 않고(안전지대에서) 참여하는 것을 상상해 보기를 제안한다.

행복한 아동양식의 즐거움에 접근하면 '모든 것이 나쁘다'라는 신념, 즉 결함/수치심 도식을 산산조각 낼 수 있다. 놀이는 취약한 아동, 화난 아동, 행복한 아동의 욕구에 주의를 기울이는 안전한 방법이기 때문에 치료자와 내담자 모두에게 즐거운 경험이다. 우리가 행복한 아동양식에 연결할 때, 우리는 사랑받고, 만족하고, 연결되고, 충족되고, 충만하고, 보호받고, 칭찬받고, 가치가 있고, 양육되고, 안내받고, 이해되고, 인정되고, 자신감 있고, 유능하고, 적절하게 자율적이거나 자립적이며, 안전하고, 탄력 있고, 강하고, 통제력이 있고, 적응력이 있고, 낙관적이며, 자발적인 상태를 느낀다. 만약 우리가 이 양식에 있다면, 우리의 핵심 정서적 욕구는 현재 충족된다. Young은 이 양식을 만족한 아동(Young, Closko, & Weishaar, 2003)이라고 이름 붙였지만, 우리는 이 양식의 장난스럽고 즐거운 측면에 초점을 맞추는 것을 선호하기 때문에 이 양식을 행복한 아동이라고 부른다. 행복한 아동양식에 대해 더 많이 배우고 발전시키면 건강한 성인에게 필요한 놀이 감각과 재미를 줄 것이다.

심리도식치료에서 놀이의 중심 목표는 행복한 아동양식을 불러일으키는 긍정적인 감정을 증폭시키는 것이다. 놀이는 무한한 가변성을 포함한다. 놀이가 취하는 형식과 그 내용은 자유 형식이나 개방형이 아니라 내담자의 욕구에 따라 결정된다. 내담자의 욕구가 자유와 자발성을 위한 것이라면 회기에서의 놀이는 자유 형식과 개방형일 수 있다. 또는 애착 욕구에 따라 보호, 따뜻함, 사랑, 상호성 및 진정성에 관한 것일 수도 있고, 유능감을 느끼는 것(예: 인형의 집을 짓는 사례)일 수도 있다. 부차적인 목표는 부적응 대처양식(예: 분리된 보호자 양식)을 우회하는 것이다. 놀이는 종종 이러한 양식과 직접 작업하는 것보다 대처양식을 더 빨리 벗어날 수 있다. 그러나 거의 항상 부적응적 대처양식 또는 부적응적 비판 양식이 촉발된다. 결과적으로, 이것을 지켜보거나 촉발된 양식을 직접 확인하는 것이 중요하다.

심리도식치료 회기에 놀이를 개입시키는 예시

레고

치료 회기에서 레고를 가지고 노는 것은 심각한 우울증을 앓고 있는 19세의 대니(Danny)에게 획기적인 일이었다. 나는 진행이 늦어져서 이전 회기에서 레고를 사용할 시간이 없었다. 대니가 방에 들어와 테이블 위에 놓인 레고를 보자마자, 그의 얼굴은 흥분으로 환해졌고, 나는 그의 에너지가 긍정적으로 변하는 것을 알아차렸고, 그의 눈은 빛나고 미소를 띠기 시작했다. 그러나 일단 자리에 앉자 그의 태도는 위축되고, 도망치며, 눈을 마주치지 않고, 소통하지 않는 자신의 모습으로 되돌아갔다. 나는 재빨리 그에게 레고를 가지고 놀았던 적이 있는지 물었고 다시 그의 얼굴은 환해지고 미소가 돌아오면서 그런 적이 있다고 대답했다. 나는 "레고로 무엇을 만들 수 있는지 보여 줄래요?"라고 물었다. 그의 미소는 더욱 커졌고, 급하지 않게 기차와 선내 조리실, 그리고 선로를 만들었다. 가장 흥미로운 것은 그가 레고를 가지고 놀면서 말을 하고 무언가를 나누기 시작했고, 심지어 나와 눈을 가끔 마주치기까지 했다는 것이다. 내가 그의 창작물을 진심으로 칭찬한 후에, 그는 앉아서 남은 시간 동안 레고에 대한 그의 사랑, 만들 수 있는 것, 그리고 레고를 만들었을 때 얼마나 기분이 좋았는지를 이야기했다. 그는 12세 때 어머니가 "장난감을 가지고 놀기에는 다 컸어."라고 하면서 레고를 포함한 장난감을 모두 버렸던 고통을 이야기했다. 이 회기는 신뢰, 안전 및 연결을 구축하는 데 중추적인 역할을 했다. 그 후 몇 달 동안 지난 한 주 동안 이야기를 나누면서, 레고로 새로운 것을 만드는 것으로 회기를 시작했다. 10분 동안 '레고 놀이'를 하고 나면, 그는 긴장을 풀고 현재의 치료 작업으로 이동했다. 이것이 나와 다시 연결하고, 그의 초기 불안을 조절하고, 참여하는 방법이라고 보게 되었다. 우리는 이 과정을 '착륙'이라고 부르게 되었다. 어느 날 그는 레고 세트를 샀다는 것을 말하며 신나고 자랑스러워하며 "나는 이제 여기서, 집에서 경험하는 행복의 감정을 재현할 수 있어요."라고 말했을 때, 치료 회기에서 놀이를 위한 공간을 만드는 것은 그의 취약한 아동양식을 치유하고 건강한 성인을 강화하는 데 기여했다. 마지막 회기에서 레고로 만든 것을 나에게 주며, "이제 자유롭게 하늘을 날고 인생을 즐길 수 있어요."라고 말했다.

모든 연령대를 위한 손가락 인형

나는 양식 모델을 설명하기 위해 아동과 청소년에게 손가락 인형을 사용한다. 그들은 자신의 다른 측면을 나타내는 인형들을 고르는 것을 좋아한다. 예를 들어, 여덟 살 빌리(Billy)가 고른 인형은, 슬픈 빌리(취약한 아동), 또는 억제하는 윌리(Willy)(분리된 보호자), 지혜로운 윌리엄(William)(건강한 양식), 처벌하는 빌(Bill)(비판 양식)과 행복한 빌리(행복한 아동)이다. 빌리와 함께 인형을 사용하는 것은 감정과 욕구를 해결하기 위해 그의 양식들과 작업하는 효과적인 방법이었다.

12세의 크리스틴(Christine)은 신속하게 자신의 측면(sides)/부분(parts)을 고를 수 있었다. 먼저, 그녀는 여왕 인형을 움켜잡고 "이것은 내 '디바 양식'인데, 나는 영화배우처럼 걷고 말하고 찬사를 많이 받고 싶다."라고 했다(자기 과시적 대처양식), 다음으로, 그녀는 소녀 해적 인형을 선택하여 "이것은 나의 '비열한 미친 아가씨' 부분(화난 아동)입니다."라고 선언했다. 나는 상황이 불공평해서 소리를 지르고 비명을 지르죠. 그러면 엄마는 소리를 지르며 "아가씨, 네 방으로 가."라고 말해요. 이것은 나의 '슬프고 외로운 크리스틴'(폭신폭신한 아기 사자 인형)이지요. 나는 가끔 무섭고 외롭다고 느껴요(취약한 아동양식). 그녀는 역기능적 비판 양식을 위해 용 인형을 선택하고 '더 나아지거나 다른 사람 되기'라고 이름 지었다. 행복한 아동양식을 위해 그녀는 작은 개구리 인형을 선택했다. 왜냐하면 그것은 신나서 뛰기 때문이다. 그리고 지혜로운 마음 건강한 양식으로 올빼미를 골랐다. 가족 회기 중 한 시간 동안 그녀는 인형을 사용하는 것이 자신의 감정과 욕구를 파악하는 데 어떻게 도움이 되는지 부모에게 보여 주었고, 특히 그녀가 막힌 부분에 여전히 도움이 필요하다는 것을 그들에게 말했다. 그녀의 이야기가 끝난 후, 아버지는 그녀의 소녀 해적, 소년 해적, 그리고 아빠 인형 세 개를 집어 들고 말했다. “나에게 너의 이 측면(화난 아동)을 보여 줄 때, 나는 해적(화난 아동)이 되어서 더 크게 소리치고 비명을 지르지만, 내가 정말로 해야 할 일은 아빠 인형(건강한 성인)이 되어서 소리치지 않고, 너를 도울 수 있어야지.” 크리스틴은 아빠의 말을 열심히 듣고 지켜보았고, 말을 마치자 “우와! 아빠도 부분들(양식들)을 가지고 있네요. 엄마는 어때요. 엄마의 부분들을 보여 주세요.”라고 말했다. 어머니는 며칠 후에 치료자에게 전화를 걸어 크리스틴이 자신의 감정과 욕구에 대해 부모에게 말할 수 있는 새로운 방법을 갖게 되어 얼마나 기뻤는지를 말해 주었다. 크리스틴이 화가 났을 때 도움을 요청했지만, 무엇보다도 크리스틴의 어머니는 그녀가 다시 행복해하는 것을 보았다고 말했다.

즐거운 조절 심상: 배낭

내담자들은 종종 그들의 우려, 걱정, 절망감, 무력감과 좌절감 등, 온 세상을 어깨에 짊어지고 있는 것처럼 보이는 모습으로 회기에 들어온다. 처음 인사를 한 후, 나는 내담자에게 가장 좋아하는 색깔이 무엇인지 물어본다. 그러고 나서 나는 그들에게 눈을 감거나 아래를 내려다보고 단지 색깔의 이미지를 떠올리라고 한다(많은 경우 가장 좋아하는 색깔은 그들에게 안정과 평화의 느낌을 준다). 그리고 “내가 당신에게 좋아하는 색깔의 새 배낭을 주고 있다고 상상하세요. 다양한 크기의 칸을 보세요. 이제 당신이 일주일 내내 가지고 다녔던 모든 우려, 걱정, 감정, 그리고 좌절로 그것을 채우세요. 당신은 이 모든 것에서 휴식이 필요해요. 배낭을 계속 채우고, 배낭의 무게를 느껴 보세요, 얼마나 무거운지. 가득 찬 배낭을 의자 밑에 놓고 심호흡하세요. 짐이 없어질 때 긴장이 풀리는 것을 느껴 보세요. 이제 다시 한번 심호흡을 하고 돌아오세요.”라고 말한다.

이 훈련을 하는 것에 대한 반응은 ‘나는 가벼워지고, 편안해진다.’ ‘지치고, 조용하고, 차분해진다.’ ‘온전하고, 편안하다.’ ‘무섭고, 자신 없다.’ ‘괴로움이 줄어들고, 희망적이다.’ 등으로 나타난다. 여기서 전반적인 목표는 항상 무거운 의무들에 대해 작업할 필요는 없지만, 고통의 균형을 맞출 활동이 필요하다는 좋은 부모 메시지를 강화하는 것이다. 그들은 속도를 늦추고, 몇 번 숨을 들이쉬고, 휴식을 취하고, 즐거운 활동에 참여하고, 다시 활력을 되찾고, 고통보다 더 많은 것을 경험할 수 있도록 지원하는 건강한 성인양식으로 재연결하는 방법에 대한 지침과 전략이 필요할 것이다. 균형이 회복되면 배낭에서 한 가지를 꺼내 선택한 것과 연결된 감정과 욕구를 탐색할 수 있다. 건강한 성인양식의 도움을 받아 자신의 감정을 확인하는 기법이나 전략과 욕구를 충족시키는 건강한 방법에 초점을 맞출 수 있다.

'양식 계곡을 통과하는 여행' 게임

보드게임, 카드게임, 스포츠, 취미, 여행, 독서, 인형, 색칠, 목록이 무궁무진하며, 모두 취약한 아동양식에 도달하고 치유하며 건강한 성인양식을 강화하는 데 사용할 수 있다. Galimzyanova, Kasyanik과 Romanova(2019)의 아동을 위한 새로운 보드게임인 '양식 계곡을 통과하는 여행' 게임은 심리도식치료 교육에 놀이를 도입한다. 게임에서는 '분리의 사막'이나 '자기 비판의 동굴'에 착륙하거나 '분노하는 화산'에서 벗어나는 방법을 배울 수 있다. 그녀는 이 보드게임에서 심리도식치료의 개념, 이론 및 목표를 상대적이고 효과적인 방법으로 엮어 냈으며, 이 게임은 재미있지만, 아이들에게 감정, 욕구, 양식, 심리도식 및 선택에 대해서 교육한다. 이 게임의 성인 버전이 진행 중이다.

슈퍼비전에서의 놀이: 못생기고 비늘로 뒤덮인, 무서운 검은 용

새로운 수련생들과 스카이프(Skype)에서 슈퍼비전을 할 때, 그들의 내담자에 대해 설명할 때, 그들 자신의 처벌적 또는 요구적 비판 양식을 듣는 것은 흔한 일이다. "제가 이렇게 하거나 다르게 말을 해야 했어요. 제가 다 잘못했어요, 제가 여기서 망쳤어요, 저는 심리도식치료를 할 수 있을까 두려워요." 등이 그것이다. 나는 그들의 비판 양식이 가혹하고 요구적이며, 이 양식에 갇히면 내담자와의 연결과 현재 순간에 머무르기(being present)를 방해할 수 있다는 점을 부드럽게 설명한다. 때로는 말이나 설명만으로는 이러한 고착성을 해결하기에 충분하지 않다. 이럴 때, 나는 내 커다란 흑룡 손 인형을 꺼낸다. 용은 날개 길이가 3피트(약 0.9m)이고, 송곳니가 있는 큰 입, 튀어나온 불타는 혀를 가지고 있으며, 몸 전체가 두껍고 뾰족한 비늘로 덮여 있다. 수련생들이 자신의 비판 양식으로 전환할 때, 나는 검은색의 못생기고 비늘로 뒤덮인, 무서운 용으로 화면을 채운다. 이것은 수련생들에게 신경질적인 웃음, 비명, 두려움이나 혐오의 표정 등 많은 다른 반응을 불러일으킨다. 시간이 지나면서 용을 보고 미소를 지으며 "너무 못생겨서 귀엽다." 등의 댓글을 남겼다. 이러한 놀이의 시각적 요소와 장난스러운 제스처 또는 가벼운 유머를 추가하면, 요구적 및/또는 처벌적 비판이 촉발되고 있음을 인식하고, 결국 이를 줄이기 위해 노력한다(Farrell & Shaw, 2018).

심리도식치료 집단의 놀이 활동 예시

얼굴 게임

각 집단 구성원에게는 터트릴 풍선과 부드러운 매직펜을 준다. 풍선에 자신이 어떻게 느끼는지 보여 주는 얼굴을 그리도록 한다. 그들이 어떻게 느끼는지 말하기 전에, 다른 구성원들은 그 느낌을 알아내려고 노력한다. 이것은 감정을 이야기하기 시작하는 재미있고 안전한 방법이며, 우리가 그 감정을 갖게 된 이유와 그리고 그 저변에 있는 욕구를 충족시키는 방법을 이야기한다.

안전한 집 짓기

취약한 아동 양식을 돌보는 방법에 대한 집단 토론 후 한 집단 구성원은 자신의 어린아이를 데려갈 사랑으로 가득한 안전한 집의 이미지가 있다고 말했다. 몇몇 회원은 안전한 집에 관한 생각을 정말 좋아했고 그런 장소가 있으면 얼마나 좋을지에 대해 언급했다. "우리 모두 상상 속에서 하나를 만들고 우리가 그것을 어떻게 꾸미는지를 공유할 수 있다."라고 한 사람이 말했다. "우리 함께 인형의 집을 짓고 그것을 우리의 안전한 집이라고 부르는 게 어떨까요?"라고 또 다른 사람이 말했다. 이 생각은 실제 인형의 집을 짓는 것으로 바뀌었고, 모두에게 멋진 학습 경험이었다. 여성들은 함께 일하는 방법, 도구 사용 방법, 청사진 따라가기, 디자인 문제 다루기, 좋아하는 것과 싫어하는 것 다루기, 사포질과 페인팅과 같은 일을 위임하기, 어떤 방을 꾸밀지 결정하는 방법을 배웠다. 그들은 예산 내에서 일하는 방법을 배웠지만, 무엇보다 '안전한 집' 건설에 기여한 것에 대해 웃음과 기쁨, 자부심과 성취감을 공유했다.

폐쇄된 입원 내담자 병동에 놀이 도입하기: 올림픽

어느 날 저녁 경계성 성격장애 내담자를 위한 심리도식치료 프로그램이 있는 폐쇄된 입원 병동에서 내담자들은 올림픽 외에는 텔레비전에 나오는 것이 아무것도 없어서 지루하다고 불평하고 있었다. 나는 "우리만의 올림픽을 하자."고 말했다. 곧 흥분이 확산되고, 아이디어가 떠올랐고, 시청자(간호사)를 위해 우리만의 게임을 만들 계획이 세워졌다. 이틀 밤 동안 함께 현수막, 깃발, 의상을 만든 후, 우리는 개막식을 시작할 준비가 되었다. 한 치료자는 홀에 들어서면서 각 나라(내담자로 대표되는)를 알리는 의식의 주인 역할을 했다. "아름다운 무스 모자를 쓰고 단풍잎 깃발을 흔들고 있는 캐나다가 오고 있습니다. 다음은 흰색, 주황색, 녹색의 멋진 재킷을 입고 있는 이탈리아입니다. 잠깐만, 그녀의 머리에 있는 것은 무엇입니까? 네, 스파게티 한 접시입니다." 이런 식으로 각국이 소개되어 큰 박수와 환호를 받았다. '세계의 아이들'이라는 국가가 제창되고 대회 개막이 선언되었다. 국가들은 신발 상자를 발에 신고 숟가락에 달걀을 들고 활강 스키를 타며 경쟁했는데, 참가자들은 결승선에 이르는 다양한 장애물을 이리저리 움직여야 했다. 루지에도 같은 코스가 사용되었다. 찢어진 판지 상자 위에서 바닥에 누워 손과 발을 사용하여 추진하는 것은 꽤 볼 만한 광경이었다. 저녁 내내 많은 게임이 진행되었고 각각은 웃음, 기쁨, 소속감을 공유했다. 폐막식은 핫초코와 도넛으로 끝이 났다. 내담자들은 이 공유된 경험에 대해 여러 번 이야기했고, 항상 커다란 웃음, 미소, 반짝이는 눈으로 이야기했다.

취약한 아동을 위한 놀이 활동

기념품, 기억 및 연결 상자

우리는 특히 취약한 아동양식이 촉발되는 시기에 내담자가 집에서 사용할 수 있는 취약한 아동양식 상자를 만드는 아이디어를 생각해 냈다. 우리는 신발 상자를 사용하여 색색의 종이로 장식했다. 스티커, 오려 낸 것, 단추, 리본, 그리고 다른 다양한 재료가 이 상자를 장식하는 데 사용되었다. 내담자들은 자신의 취약한 아동이 안전하고 보살핌을 받고, 자신이 중요하다는 것을 상기시킬 수 있는 것들을 모으도록 격려했다. 해변에서 가져온 작고 매끄러운 돌이나 크레파스, 풍선껌, 그림 등과 같은 것이다. 치료자는 카드에 긍정적인 확언을 썼다. 내담자들은 편안한 음악 테이프와 책갈피와 같이, 서로를 위한 것들을 만들었는데, 이것들은 모두 이행 대상처럼 작동했다. 전에는 자신의 취약한 아동을 어떻게 위로해야 할지 몰랐지만, 이제는 상자를 열어 아동에게 읽어 주고, 물건이 어디서 왔는지 알려 주고, 메시지를 읽고, 테이프를 듣고, 비눗방울을 불기도 한다고 보고했다. 이러한 일들을 하면서 자신이 취약한 아동을 돌보는 건강한 성인이 되고 있다는 것을 발견했다. 이 활동은 또한 정서적 결핍 도식을 대상으로 한다.

인형

해리성 정체감 장애가 있는 입원 중인 내담자에게 극적인 치료 효과가 있었다. 그녀의 어린 인격 중 하나인 앤(Ann)은 그녀의 엄마가 벌로 인형을 파괴하는 것에 대해 이야기했다. 나는 앤에게 생일 선물로 아기 인형을 주기로 했다. 그녀는 매우 감동했고 인형을 매우 소중히 여겼다. 앤은 병동에서 인형을 안전하게 지킬 수 없을까 두려워해서 우리는 그것을 사무실에 보관했다. 치료 회기에서 그녀의 어린 인격(그녀의 취약한 아동양식으로 해석한)은 인형을 꺼내서 가지고 놀자고 요청하곤 했다. 인형을 가지고 나와 함께 노는 것에 대한 나의 지원은 그녀의 취약한 아동양식 분신을 회기에 참여시키는 데 중요한 돌파구였다. 인형을 안전하게 보관했기 때문에 신뢰와 안전성이 높아졌다. 그녀의 인형은 그녀가 경험한 성적 학대로 인해 잃어버린 아주 어린 아동을 대표하기 때문에 나중에 심상을 재구성하는 데 중요한 역할을 했다.

심상에서의 놀이

장난감 가게

우리는 이 심상을 주로 집단 심리도식치료에서 사용하지만, 개인 작업에 변형할 수 있다.

"모두 심호흡을 하고 제 이야기를 잘 들어 보세요. 마치 여러분이 여섯 살짜리 아이인 것처럼 자신이 그 활동의 일부가 되도록 하세요. 참여하는 동안, 설명과 자신의 감정에 세심한 주의를 기울이세요. [훈련을 시작한다] 오늘 여러분을 만나서 반가워요. 여러분에게 깜짝 놀랄 일이 있어요. 우리는 세계에서 가장 큰 거대한 장난감 가게로 모험을 떠날 겁니다. 우와!

여러분 매우 흥분되지요. 저도 흥분돼요. 일단 우리가 가게에 도착하면, 여러분이 항상 갖고 싶어 했던 두 개의 장난감을 고를 수 있는 3분의 시간을 줄 거예요. 제가 로또에 당첨돼서 여러분은 결제 걱정은 하지 않으셔도 됩니다. 좋아요, 지금부터 시작이에요. 우리가 들어가는 첫 번째 방은 동물 인형 방이에요. 어머나, 저 판다 곰의 크기를 보세요, 거의 진짜처럼 보여요! 모든 크기의 테디베어들이 너무 부드러워서 기분이 좋아요. 기린, 강아지, 새끼 고양이. 여기에는 다양한 종류와 크기의 부드러운 동물들이 있어요. 장난감을 고르는 데 2분밖에 남지 않았어요. 게임장으로 달려가는 여러분들도 보이고 웃음소리도 많이 들리고 낄낄거리는 소리도 많이 들려요. 오, 이것 봐! 크고 작은 인형들이 있는 인형 방이 있어요. 바비 인형들, 옛날 의상을 입은 도자기 인형들, 알렉산더 부인. 모든 종류의 인형이 있어요. 배터리로 작동되는 자동차, 비행기와 트럭, 과학 도구, 마술 묘기, 그리고 많은 책이 있어요. 누군가가 방금 디즈니 방으로 달려갔어요. 1분 남았어요. 서둘러요! 우와!! 모두가 두 개의 장난감을 고르는 데 성공한 것 같네요. 우리 집단실로 돌아가서 여러분이 무엇을 골랐는지, 왜 어떤 감정을 느꼈는지 이야기해 봅시다. 양식 전환이 일어났나요?"

이 형식에 따라 심상에 재미있는 모험을 원하는 만큼 추가할 수 있다. 우리는 행복한 아동 회기마다 하나의 심상 훈련을 포함한다. 내담자가 고통스러운 기억의 균형을 맞추는 데 필요할 때 불러일으킬 수 있는 긍정적인 이미지를 갖기를 바란다. 우리는 그들에게 긍정적인 이미지를 불러일으키는 것을 훈련하는 치료 과제를 준다.

분노와 작업하기

분노는, 특히 불신/학대 도식을 가지고 있는 내담자들에게 매우 두려운 것이다. 그들은 분노라는 말만 들어도 심리적 외상, 학대, 고통 및 두려움을 연상한다. 종종 자신의 화난 아동 양식에 대해 거의 인식하지 못한다. 분노를 다루기 위해 놀이에 참여하도록 요청하는 것은 큰 망설임, 두려움 및 회의감에 직면하게 한다. 그러나 줄다리기, 풍선 밟기, 터뜨리기 같은 게임은 화를 푸는 안전하고 효과적인 방법이다. 운동과 놀이가 분노를 표출하는 좋은 도구이며, 분노를 억누르고 마비시키는 것보다 더 낫다는 것을 내담자들은 깨닫기 시작한다. 누가 소 울음소리를 가장 잘 낼 수 있는지, 돼지 소리를 가장 크게 낼 수 있는지 등의 소리를 내는 것은 안전하고 재미있는 게임이다. 자신의 목소리를 주장하는 것이 시작 단계가 될 수 있다. 화가 났을 때 '그만'과 '아니요'라고 말할 수 있는 것은 놀이를 통해 가르칠 수 있다. 또한 자신이 화가 났을 때 나쁜 일이 일어나지 않으며 그것을 통제할 수 있다는 것을 발견한다.

요약하면, 심리도식치료에서 행복한 아동양식에 접근하기 위해 놀이를 사용하면 많은 치료적 이점이 있다. 그것은 자신의 아동양식을 느끼고 연결하고 취약한 또는 화난 아동양식의 자발성과 놀이에 대한 욕구를 충족시키기 시작하는 안전한 방법이 될 수 있다. 치료자와 함께하는 놀이는 회피, 불신 및 두려움의 블록을 깨기 시작할 수 있다. 그것은 안전하게 느끼고 신뢰하는 법을 배울 수 있는 경험을 제공한다. 놀이는 치료자와 내담자 모두에게 즐거운 경험이다. 치료 관계에서 놀이의 기쁨과 즐거움을 공유하는 것은 자신이 가치 없다는 신념에 반하는 느낌의 증거를 제공할 수 있다. 처벌적 비판(검은 용 훈련)을 추방하는 작업을 시작하는 데 효과적인 방법이 될 수 있다. 놀이는 건강한 성인양식의 좋은 부모 부분이 취약한 아동양식의 욕구를 충족시키는 방법의 하나가 될 수 있다.

치료자 조언

1. 심리도식치료의 목표를 위해 놀이의 잠재적인 이점을 활용하려면 활성화된 심리도식과 촉발되는 양식을 추적하고, 이에 대응하는 동시에 즐겁고 자발적이며 즐거운 치료자의 능력이 필요하다. 이를 위해서는 치료자의 행복한 아동양식과 건강한 성인양식에 접근할 수 있어야 한다. 자신의 자발성과 놀이를 즐기고, 참여함으로써 얻을 수 있는 이점을 공유하라.
2. 이야기나 놀이를 할 때 치료자의 열정이 중요하다. 내담자들은 자신도 모르게 이야기에 빠져드는 경향이 있다. 열정이라는 단어를 주목하는 것이 중요하다. 치료자로서 우리가 이끄는 훈련에서 행복한 아동양식의 즐거움과 흥을 공유하는 데 개방적이고 진실할 수 있을 때 내담자도 그 감정에 몰입하기가 더 쉽다. 마치 우리가 놀기 위해 그들의 행복한 아동 부분을 불러낸 것 같고 '게임'은 재미있어 보인다.
3. 치료자로서 우리의 상호작용에 우리 자신의 감정을 투입할 수 있고, 기꺼이 투입하는 것은 효과적인 놀이를 위해 매우 중요하다. 심리도식 치료자들이 성격, 기질 및 심리도식 프로파일에 많은 차이가 있는 것처럼 내담자와 관계를 맺는 방법도 다양하다. 중요한 것은 당신이 자신에게 진솔하고 진실하다는 것이다. 물론, 심리도식과 양식이 촉발되는 시간도 알고 있어야 한다.
4. 때때로 내담자는 자신이 놀이에 참여할 자격이 없다고 말한다. 그에 대한 대답은 치료

자도 그렇게 생각하거나, 치료자가 그들을 초대하지 않았을 것이다. 요점은 우리가 어떤 부정적인 반응에도 굴하지 않고, 갇히지 않으며, 내담자가 느끼지 못하는 것을 설득하려고 노력한다는 것이다.

5. 내담자들은 다른 경험적 훈련과 마찬가지로, 재미있게 참여하는 데 많은 어려움을 겪을 수 있다. 역기능적 비판 양식 또는 부적응적 대처양식이 촉발될 수 있다. 이런 일이 발생하면, 이 회기에서 비판을 추방하거나 부적응적 대처양식에서 벗어나기 위해 토론하고 개입하는 것이 중요하다. 행복한 아동 작업은 재미를 설정하는 것뿐만 아니라 간섭하는 양식을 다루는 것을 포함할 수 있다.
6. 회기에 놀이를 포함하고, 당신과 내담자의 행복한 아동양식에 접근할 기회를 포착하라.
7. 양식(예: 용, 해적)과 게임을 대표할 수 있는 인형이나 동물 인형을 상담실에 보관하라.
8. 자신의 행복한 아동양식의 강점에 유의하라. 그것이 약하다면 스스로 놀 기회를 찾도록 노력하라.
9. 내담자의 아동양식이 발달적으로 어느 위치에 있는지에 대한 인내와 수용이 중요하다. 심상에서 놀이는 첫 단계로 작용할 수 있다. 그들은 자신의 안전지대 이미지에서 당신과 노는 것을 상상할 수 있고, 요구적 비판 양식을 이미지에서 제외하고, 심지어 그것을 거품 속에서 보낼 수도 있다. 우리 집단은 보통 집단실 문에 '비판 양식 금지–아이들이 놀고 있음'이라고 알리는 표지판을 만들었다.

참고문헌

Farrell, J. M., & Shaw, I. A. (2018) *Experiencing Schema Therapy from the Inside-Out: A Self-Practice/Self-Reflection Workbook for Therapists.* New York: Guilford Press.

Galimzyanova, M., Kasyanik, P., & Romanova, P. (2019). *Journey through the modesvalley: Schema therapy board game for children and adolescents.* St Petersburg, Russia: Schema Therapy Institute.

Lockwood, G., & Shaw, I. A. (2012). Schema therapy and the role of joy and play. In M. Van Vreeswijk, J. Broersen & M. Nadort (Eds.), *The Wiley-Blackwell Handbook of Schema Therapy* (pp. 209-229). Oxford: Wiley-Blackwell.

Milteer, R. M., & Ginsburg, K. R. (2012). The importanvce of play in supporting healthy child development and maintaining strong parent-child bond: Focus on children in poverty.

Pediatrics, 129(1), e204-e213. https://doi.org/10.1542/peds.2011-2953

Wadley, A. (n.d.). Just Playing. A poem.

Young, J. E., Klosko, J. S., & Weishaar, M. E. (2003). *Schema Therapy: A Practitioner's Guide.* New York: Guilford Press.

제11장

대처양식과 의자 작업을 통한 창의적인 방법

– Gillian Heath[1]와 Helen Startup

서론

의자 작업은 정신분석가인 Moreno(1889~1974)의 급진적인 아이디어에서 비롯된 100년의 역사를 가진 치료기법으로, George Kelly와 그의 개인 구성 이론에 의해 더욱 발전되었고, 나중에 Perls(1969)가 개인 게슈탈트 치료법에 채택하기 위해 정교화하였다. 보다 최근에는 Greenberg를 통해 의자 작업의 치료적 기제가 운영되었으며, 경험적으로 확인되었다(검토를 위해 Rice & Elliott, 1996). 현재까지 의자 작업은 대부분의 경험적 치료에 채택된 치료 도구이며, 이제는 인지행동치료(Pugh, 2019)의 최근 발전으로 특징지어진다. 간결하지만 유익한 의자 작업의 역사에 대한 개요는 Pugh(2019)를 참조하고 자세한 설명은 Kellogg(2014)를 참조하라. Kellogg는 내적 및 외적 대화(Kellogg, 2014) 및 그의 4개 대화 행렬(Kellogg, 2018)에 집중하여 심리도식치료 내에서 의자 작업의 사용을 혁신하고 발전시켰다.

대처양식 작업의 핵심 원칙

치료적 맥락에서 사용될 때, 의자는 관계를 객관화하는 상징으로, 자아의 부분들 사이의 관계(다중의자 기법) 또는 자아와 다른 부분 사이의 관계(두 개의 의자 기법)이다. 자아의 일부

1) 런던에 거주하는 임상심리학자이다. 그녀는 뉴욕 심리도식치료연구소(New York Institute of Schema Therapy)에서 Jeffrey Young 박사에게 교육을 받았으며 고급 수준 심리도식 치료사이자 트레이너이자 슈퍼바이저이다. 그녀는 2012년부터 ISST가 승인한 프로그램인 심리도식치료 관련 훈련(Schema Therapy Associates Training)의 Tara Cutland Green 박사와 공동 책임자이다.

를 객관화함으로써 새로운 관계적 잠재력이 나타난다. 이것은 새로운 방식으로 자아의 한 측면을 '바라보는' 과정을 통해, 새로운 관점을 제공하거나, 오래된 자아 대 자아의 관계에 대한 직접적인 도전(예: 어린 자아에게 더 큰 목소리를 주기 위해 비판을 조용히 하는 것과 같은)을 통해 발생할 수 있다. 빈 의자는 과거의 사람이나 우리가 '미해결 과제'(Kellogg, 2014 참조)를 가진 사람을 상징하는 데 사용할 수 있으며, 이는 정서 중심 치료에서도 일반적으로 사용되는 기법이다(Elliott, Watson, Goldman, & Greenberg, 2004). 치료자의 위안 또는 지지적 존재와 함께하는 훈련의 상징적 특성의 안전성은 이전에는 불가능했을지도 모르는 자기와 '타인' 사이의 대화를 장려할 수 있다. 심리도식치료에서 의자 작업의 목표는 적응적인 방식으로 욕구를 충족시킬 수 있도록 지원하기 위해 자아의 다른 부분들 사이에서 정서적 반응을 전환하여 심리도식과 행동 변화를 유도하는 것이다. 양식은 일반적으로 개인에 대해 현재 활성화되어 있는 심리도식 또는 심리도식 작용(적응적 또는 부적응적)으로 정의할 수 있다(Young, Klosko, & Weishaar, 2003). 특히, 대처양식은 자신의 기질, 부모의 모델링 및 문화적 요인을 포함하여 놀이에서 발생하는 강화 우발성의 상호작용과 함께 만성적으로 충족되지 않은 핵심 욕구에 대처하면서 발달하는 것으로 생각된다. 이처럼 대처양식과 작업할 때, 우리는 대처양식이 포함하는 심리도식과 그들이 진화한 생물심리사회적 맥락에도 관심이 있다.

대처양식들과 함께 의자 작업 활용하기

심리도식치료 자아 모델에 따르면, 대처양식은 다양한 유형의 위협으로부터 보호하는 것을 목표로 하며 종종 개인의 타고난 강점을 반영하기도 한다. 따라서 대처양식에는 다른 사람들의 욕구에 대한 민감성(순응하는 굴복자), 잠재적 위협을 탐지하는 능력(편집성 과잉통제자), 싸우는 힘(가해자 공격), 계속할 수 있는 능력(분리된 보호자), 조직될 수 있는(완벽주의적인 과잉통제자), 분투하여 이기기(자기 과시자), 또는 후퇴하고 재편성하기(회피성 보호자)를 포함할 수 있다. 여러 면에서 대처양식은 우리의 인식을 상실하는 지점까지 이르게 하여 너무 멀리 가 버린 광범위한 능력을 포함하고, 상황에 맞지 않을 수 있는 해결책을 제공하는 대처양식으로 자동 조종 장치에 들어간다.

대처양식은 부분적으로 어린 시절의 역경과 외상에서 진화하며 일반적으로 부정적이거나 극단적인 결과를 예측하는 심리도식 편향을 포함한다(van Genderen, Rijkeboer, & Arntz, 2015). 심리도식이 '옳은' 것처럼 행동하면 패턴이 고정된다. 대처양식은 핵심 고통과 이전의 외상에 대한 기억과 연관성을 보유할 수 있다. 예를 들어, 경계 양식(편집성 과잉통제자의 변형)은 어린 시절의 괴롭힘과 사회적 고립감을 느끼면서 미묘하게 조롱당하는 것을 경계할 수 있다. 순응하는 굴복자는 애정을 받는 유일한 방법은 부모의 기분을 가늠하는 것이었음을 '기억'할 수도 있다. 또는 자기 과시자는 학교에서 상을 받는 기쁨을 느끼지만, 다른 것들에서 주목받지 못할 거라고 알고 있다. 이러한 대처양식 '기억'은 심리도식 치유에 대한 취약한 아동의 욕구를 말해 주며, 이것이 우리가 양식 대화에서 (맞추어 조율)할 수 있는 것이다.

이 장에서는 심리도식치료 내의 대처양식에 대한 의자 작업의 임상적 적용에 초점을 맞춘다. 우리는 내담자가 대처양식의 해로운 측면을 극복하고 이러한 양식이 서투르게 충족하려고 하는 핵심 욕구에 주의를 기울이도록 돕기 위해 의자 작업, 양식 대화 및 양식 지도화를 사용할 수 있는 방법을 설명할 것이다. 대처양식과 작업하는 방법이 설명되어 있다. 여기에는 인식 제고, 더 큰 이해를 위한 면담 양식, 양식 '표현'을 위한 그림 그리기, 작용 및 동기 부여, 변화를 위한 치료 관계, 양식의 공감적 직면, 건강한 성인에게 권한 부여, 마지막으로 양식 대화를 사용하여 '모든 측면'의 통합을 촉진하는 것이 포함된다.

이 장에서 설명하는 방법은 세 가지 대처 방식(회피, 굴복 및 과잉 보상) 모두에 적용할 수 있지만, 치료자는 각 양식 유형에 포함된 보다 구체적인 핵심 욕구에 초점을 맞출 수 있다. 회피 양식은 심리도식 기반의 위협을 피하는 것을 목표로 하므로 내담자의 근본적인 두려움에 직면하는 데 초점을 맞춘다. 굴복 양식은 핵심 심리도식에 따르며 일반적으로 어떤 종류의 권한 부여의 충족되지 않은 욕구가 있다. 과잉 보상 양식은 다른 욕구를 희생시키면서 지배 및/또는 통제를 위해 노력하며, 이러한 보다 강력한 양식에서 종종 이전에 숨겨지거나 거부되었던 내담자의 핵심 고통을 허용하고 주의를 기울이는 데 초점이 맞춰져 있다.

대처양식에 대한 인식 제고

의자 작업의 중요한 선구자는 내담자의 양식 관계가 도출되는 공유 양식 개념화(양식 지도화에 대한 자세한 내용은 제1장 참조)를 고안하는 것이다. 이러한 관계를 지도화하는 한 가지 방법은 대처양식으로 둘러싸인 도표의 하단에 '어린 자아'를 배치하는 것이다([그림 11-1]). 비판은 자아의 나머지 부분을 짓누르면서 위 어딘가에 위치할 수 있으며, 건강한 성인은 이것으로부터 멀리 떨어져 성장할 공간을 위해 고군분투하며 위 어딘가에 위치할 수 있다.

[그림 11-1] 양식 지도의 예시

이러한 방식으로 양식 지도를 배열하여, 대처양식의 자기 보호적 발달 기능과 대처양식의 동기에 대한 타당성 있는 논의를 할 수 있다. 모두가 대처양식을 가지고 있다는 것을 강조하는 것이 중요하며, 실제로 생활에서 관리하는 데 매우 중요하다. 그러나 우리의 초기 삶의 지형이 욕구가 충족되지 않았을 때, 우리의 대처방식은 그 당시 상황에 적응하기 위해 충족되지 않은 욕구를 '덮어 두고' '애써 왔다'. 이제 우리 삶의 지형이 바뀌었기 때문에, 도전은 우리의 대처양식이 작용하는 익숙함과 강도를 수정하거나 '거절'하는 것을 배우는 것이다.

이러한 아이디어를 역동적으로 삶에 가져오려면, 개념화 단계에서 의자를 통해 이러한 핵심 양식 관계 중 일부를 나타내는 것이 매우 중요할 수 있다. 여기에는 핵심 양식 관계를 나타내기 위해 몇 개의 의자가 포함될 수 있지만, 완전한 자아에 대한 감각을 구체화하는 데 더 많은 의자가 사용될 수 있다.

예를 들어, 션(Sean)[2]은 화가 나고 짜증이 난다는 것만 알고 있었다. 그는 끊임없이 세상으로부터 자신이 '화가 난 사람'이고 '정신을 차릴' 필요가 있다는 피드백을 받고 있었다. 결과적으로, 션은 자신을 아무도 좋아하지 않는 '그냥 슬프고 화난 남자'라는 제한된 자각을 갖게 되었다. 당연히 그는 우울증에 시달렸고 사회적으로 고립되었다. 그러나 션의 치료자는 그에게 더 많은 것이 있다는 것을 알고 있었다. 어린 시절, 그가 아버지에게 예측할 수 없고

2) 제시된 자료는 내담자의 비밀을 보호하기 위해 작성되었으며 예시는 여러 내담자와의 치료 대화를 합성한 것이다.

공격적인 방식으로 자주 조롱을 받았다는 것을 들었다. 어린 시절에 가정에서 살아남기 위해 션은 일반적으로 '나는 공격당하기 전에 내가 공격하는 것'(가해자 공격 양식)으로서 나타나는 세상에 '거친 측면'을 투사하는 것을 어떻게 배웠는지를 묘사했다. 이 양식을 알기 위해 치료자는 그가 공격 장소로 전환할 때마다 단순히 의자를 움직이도록 안내했다. 치료자의 목표는 그의 이런 측면에 대한 그의 인식과 호기심을 높이는 것이었다. 이후 회기에서 치료자는 가해자 공격 양식, 어린 측면, 비판이 말하기 시작할 때 의자를 바꾸도록 안내했다. 그의 어린 측면이 고통을 느끼기 시작하고 가해자 공격이 시작될 때, 치료자는 가해자 공격 의자를 문 쪽으로 약간 향하게 움직여 그 영향력을 잠재우고 다른 측면들이 말할 수 있는 여지를 만들었다. 션의 어린 부분은 가해자 공격의 존재에 압도당하고 짓눌린 기분이었다고 진술할 수 있었다. 이후 회기에서, 치료자는 션의 건강한 성인이 참여해서 그의 관점과 목소리를 찾을 수 있도록 요청했다. 션은 또한 위장의 둔한 느낌과 주먹을 꽉 쥐는 것과 같은 신체 징후[3]를 추적하여 인식을 높이고, 따라서 가해자 공격으로 전환의 자동성을 감소시킬 수 있도록 지원받았다. 여기서 목표는 양식에 직접적으로 도전하는 것이 아니라, 더 큰 유연성을 제공하기 위해 자아의 다른 부분들이 서로 관련되는 방식에 대한 내담자의 인식을 높이는 것이다.

개념화 중 의자의 또 다른 중요한 사용은 경계성 성격장애가 있는 개인의 경우처럼 빠르게 '양식 전환'을 하는 것으로 보이는 경우이다(Arntz & Van Genderen, 2011). 잠시 멈추고 자아의 일부를 자아에 앉히는 과정의 회기의 속도를 늦추고, 이 내담자 집단의 핵심적인 어려움인 메타인식과 정신화 과정을 촉진한다(Bateman & Fonagy, 2004). 다시 말하지만, 목표는 양식에 도전하는 것이 아니라 양식 전환 속도를 늦추고 완전한 자아와 부분적인 자아 관계에 주의를 집중시키는 것이다. 숙제를 위한 양식 일기를 쓰는 것은 이러한 자기 인식의 발달을 더욱 향상시킬 수 있다.

회피와 작업하기

고통을 피하는 것은 인간뿐이다. 회피적 대처양식은 강한 감정(분리된 보호자), 도전적인 상황(회피성 보호자), 대인 관계 위협(화난 보호자)을 피하거나 주의를 분산시켜서 달래거나

3) 심리도식 치료에서 신체적(somatic) 관점으로 작업하려면 제1부의 제3장을 참조하라.

자극하여(분리된 자기 위안자 또는 분리된 자기 자극자) 우리를 보호하는 것을 목표로 한다. 마음속으로, 우리가 무언가를 피할 때, 우리는 종종 그것을 두려워하며(또는 그것이 활성화시킬 수 있는 감정), 여기에 설명된 방법은 자신의 욕구를 더 잘 충족할 수 있도록 지원하기 위해 그러한 두려움에 직면하고 작업하는 것을 돕는 데 목표가 있다.

대처양식과 치료 관계

레이첼(Rachel)은 거의 아무 표정도 없이 조용히 진료실에 들어간다. 그녀는 앉아서 약간 부자연스러운 고정된 시선과 공손한 반쪽 미소로 치료자를 바라본다. 치료자는 즉시 부끄러움을 느끼고, 긴장하며, 자신에 대해 확신하지 못한다. 지난주에 보낸 편지 때문에 레이첼이 화가 났을 것으로 추측한다. 편지에서 치료자는 레이첼이 여러 차례 예약을 어기고, 연락이 닿지 않을 경우, 퇴원시키는 것의 원칙을 설명하고 연락을 요청했었다. 치료자는 그 편지를 어떻게 표현해야 할지를 놓고 고민했고, 무례하게 보일까 봐 두려워했다. 레이첼의 말 없는 무언의 분노는 치료자가 '큰 실수'를 했고 그녀를 실망하게 했다는 것을 보여 주었다.

치료 관계는 첫 만남부터 우리 자신과 내담자의 심리도식을 촉발시킬 힘이 있다. 이것은 종종 내담자의 대인 관계 세계를 특징짓는 '순간' 양식 주기를 이해할 기회를 제공한다. 이것은 정서적으로 도전적인 작업이 될 수 있으며 양식 개념은 내담자와 치료자 모두를 자신의 감내력의 한계(Ogden et al., 2006; Siegel, 1999, 2011) 내에서 유지하는 데 도움이 되며, 내담자 또는 치료자의 전부가 아닌 부분과 함께 작업할 때 억제력과 거리가 생긴다. 이를 통해 파열(또는 다른 중요한 관계적 순간)에서 한 발짝 물러서서, 안전한 거리에서 무슨 일이 일어났는지 함께 이해할 수 있게 한다.

파열 및 관련 양식 이름 정하기

치료자는 파열을 알아차리고, 대인 관계에서 무언가 '일어났다'라는 느낌을 나누기 위해 일시 중지할 수 있다. 그러고 나서 종종 감정적으로 고조되었지만 무슨 일이 일어나고 있는지 함께 해결하려고 노력하는 매우 중요한 순간이 있다. 내담자와 치료자 모두 이 순간에 강렬하게 촉발될 수 있으며, 그리고 파열을 피하는 것이 아니라 이야기하는 데는 일종의 치료적 용기가 필요한 경우가 많다. 우리의 대처양식이 어떻게 반응하는지 함께 탐색함으로써, 내담자가 나름의 방식(경계)으로 도우려는 암묵적인 가정이 있으므로 잠재적인 관계의 유독성을 확산시킨다. 다음 발췌문에서 치료자는 레이첼의 적대적인 침묵이 부분적으로 그녀의 경계 보호자(화난 보호자 양식의 일종)에서 오는 것인지를 탐색한다.

치료자: 레이첼, 무슨 일인가요? 화가 난 것 같은데요.

레이첼: 아뇨, 괜찮아요. 오늘은 무슨 작업을 할까요?

치료자: 괜찮다고 하는데 그렇게 느껴지지 않네요. 무슨 일 있어요? 화난 것 같아요.

레이첼: 아니, 이미 지나간 일이에요. 아무 의미가 없어요. 그것에 대해 이야기하고 싶지 않아요.

치료자: 잘은 모르겠지만, 제가 보낸 편지 때문에 그러는 건 아닌가요?

레이첼 : [대답하지 않고, 치료자가 말하는 것을 믿지 않는 것처럼 보인다.]

치료자: [방의 다른 부분을 가리키며] 당신의 경계 보호자가 나를 믿지 못하는 것은 아닌가요?

레이첼: [고개를 끄덕이지만, 여전히 화가 난 것처럼 보이고 침묵으로 일관한다.]

관계적 사건에 대한 대처양식의 관점을 듣기

가장 관련성이 높은 양식을 위한 상징적 공간을 만든 치료자는 파열에 관한 이 측면에 생각과 감정을 물어볼 수 있다. 이 기법은 특히 자신의 감정을 더 직접적으로 느끼거나, 공유하는 것을 꺼릴 때 유용하다. 치료자는 지금의 순간과 최근/즉각적인 심리도식 촉발요인에 집중하여, 그들 사이에서 지금 일어난 일을 이해하려고 노력한다.

치료자: 당신이 지금 화를 내는 데는 그럴 만한 이유가 있을 것 같아서 그 이야기를 듣고 싶네요. [같은 '경계 보호자' 지점을 가리키며] 지금 저와 대화하는 것을 경계 측면에서 뭐라고 말하는 겁니까?

레이첼: 그것은 당신이 신경 쓰지 않는다는 뜻이고, 의미도 없고, 내가 오늘 왜 왔는지 이해가 안 돼요.

치료자: [다시 같은 지점을 가리키며] 제가 보낸 편지를 읽었을 때 어떤 생각이 들었나요?

레이첼: 그리고, 솔직히 말해서 믿을 수 없었어요. 너무 형식적이었어요. 제가 몇 회기를 빠졌다고 끝내야 한다는 말을 믿을 수 없었어요!

치료자: 저와 우리에 대해 어떤 생각이 들었나요? 무엇이 당신을 가장 화나게 했나요?

레이첼: 당신이 그냥 신경 쓰지 않는다고 느꼈어요. 왜 그런 글을 썼는지 이해할 수가 없었어요.

치료자: [다시 같은 곳을 가리키며] 저 측면은 저랑 얘기하는 것에 대해 뭐라고 하나요?

레이첼: 지금 셔터가 내려져 있어요. 오지 않았었다고 저를 그렇게 비난할 거라면 나갈 거예요.

치료자: 경계 측면에서 저를 믿을 수 없다고 느끼게 하는 다른 것이 있었나요?

레이첼: 당신이 내게 말을 걸지 않은 것 같아요. 난(경계 측면) 여기에 온 적이 없다는 걸 알았어요. 그냥 정말 길을 잃은 것 같아요.

치료자와 그들의 관계에 대한 우려를 이해하기 위해 대처양식에게 질문을 한다(그때 뭐라고 했지? 할 때 기분이 어땠어?). 내담자는 이러한 방식으로 파열에 민감하게 주의를 기울이는 사람을 거의 경험하지 못했을 수 있다. 레이첼의 경우, 대처양식에게 솔직하게 듣고 싶은 치료자는 한 측면으로 약간 물러나서 다른 더 취약한 감정이 나타나도록 한다. 레이첼은 자신이 치료자에게 중요하지 않다고 느꼈다고 설명했고, 치료가 지속되지 않고, 스스로 대처할 준비가 부족하다는 절망적인 느낌을 표현했다. 그 치료자는 레이첼과 강한 유대감을 느꼈다. 그녀는 사실 편지를 쓰는 동안 신뢰를 잃을 것에 대해 매우 걱정했고, 말하기가 어렵다는 것을 알았다. 그것이 잘못되었다는 것을 알고 있으며, 내담자에게 많은 고통을 안겨 준 것에 대해 미안하다고 말했다.

우리 자신을 양식 주기에 끌어들이기

이 시점에서, 치료자가 그들 안에서 어떤 양식이나 반응을 끌어냈는지, 그리고 내담자의 삶에서 이것이 다른 사람들과도 어떻게 일어날 수 있는지에 대해 말하면서, 더 완전하게 과정에 참여시킬 중요한 기회가 있다. 치료자는 경계 측면이 강했던 회기 초반에 느낀 점을 공유해도 괜찮은지를 물었다. 레이첼은 동의했다. 치료자는 그 순간, 레이첼이 말을 하지 않고 너무 적대적인 표정을 지었을 때, 치료자 자신이 물러나고 싶어 한다는 것을 알았고, 그래서 다른 사람들과도 이런 일이 일어났는지 궁금했다. 레이첼은 그 이후로 연락을 끊었던 친한 친구와 비슷한 일이 어떻게 일어났는지에 대해 말했다.

핵심 욕구와 연결하기

치료자는 편지와 같은 상황에서 실망감을 느꼈을 때, 레이첼에게 무엇이 필요할지 물었다. 경계 보호자에게 할 수 있는 말이 있을까요? 레이첼(경계 보호자 지점을 바라보며)은 치료자가 여러 번 관심을 보였고, 상황이 아무리 나빠 보여도, 치료자와 대화하려고 노력할 필요가 있다고 말했다. 치료자는 그녀에게 큰 의미가 있다고 말했고, 레이첼이 그렇게 할 수 있거나, 노력에 대해 말할 수 있다면 정말 도움이 될 것이라고 말했다. 치료자 역시 형식적인 편지를 쓰기보다는 어떤 상황이었는지를 이해할 수 있도록 솔직해지려고 노력해야 했다.

이러한 유형의 양식 작업에서 치료자는 내담자의 촉발된 부분을 상징적으로 분리하고 내담자가 관계적 사건을 어떻게 보는지 객관화하여 함께 이해하고 목소리를 내도록 요청한다. 치료자와 내담자에게서 떨어진 공간에 양식을 배치함으로써 잠재적으로 감정을 불러일으키는 상황에 대한 안전성과 억제력을 제공한다. 치료자는 양식 주기에서 그들의 역할을 공유하는 데 진정성이 있고, 종종 무장해제 효과가 있으며, 연결을 유지하고, 진전을 이루는 서비스(관찰 전문가가 아닌 관계 일부로)에서 그들 사이에 방금 일어난 일을 이해하려는 치료자의 의도를 느끼기 때문이다.

분리된 양식과 공감적 직면

치료자는 더 직접적이고 공감적으로 양식에 맞서기 위해서 '저 측면에 말하기'를 허락받고, 몸짓을 사용하여 내담자에게 멀리 떨어져 있는 양식을 찾는다. 치료자는 양식에 대한 공감을 보여 주지만, 그 순간에 양식의 영향을 명확하고 구체적으로 진술하고, 치료와 관계의 진전을 위해 내담자의 도움을 요청한다.

치료자: 애즈머(Asma), 당신은 지금 차단되어 있고, 나와 단절된 것 같은데, 보호자(방어) 측면이 나타났는지 궁금해요. [내담자는 몇 분 동안 반응이 없고, 침묵하고, 의자에 웅크리고 있었다.]

애즈머: 네. [치료자를 잠깐 올려다보며]

치료자: 저 측면과 얘기해도 될까요?

애즈머: 네.

치료자: [몸짓을 사용하여 내담자에게 떨어져 있는 양식을 찾는다] 보호자 측면 님, 애즈머가 당신을 가장 필요로 할 때, 당신이 여기 있어 줘서 정말 기쁩니다. 그녀의 어린 시절 상황이 아주 나빴을 때는 말하는 것이 안전하지 않았어요. 하지만 지금은 어떤 기분인지 듣고 싶어요. 나는 애즈머가 정말 힘든 한 주를 보냈다는 것을 알지만, 당신이 그녀를 말하지 못하게 하고 내게서 완전히 멀어지게 한다면 나는 그녀를 도울 수 없어요. 당신이 필요하다면 회기가 끝나기 전에 돌아올 시간을 충분히 주겠다고 약속해요. [애즈머를 돌아보며] 지금 기분이 어떤지 말해 줄래요? 어떻게 지내세요?

애즈머: 이번 주는 정말 힘들었어요. 저는 이제는 해낼 수가 없어요. 포기하고 싶은 기분이에요, 저한테는 너무 벅차요.

대처양식에 대한 우리의 이해 증진: '면담' 기법

지배적인 대처 패턴을 접할 때, 우리의 첫 번째 과제는 그런 방식으로 대처하는 방법과 이유를 탐색하는 것이다. 양식을 면담하는 것은 각 측면의 완전한 표현을 허용하기 때문에 여기에서 유용한 접근 방식이다. 양식이 어떻게 진화했는지, 그것의 주요 관심사, 현재 작동 방식 및 미치는 영향에 대해 물어볼 수 있다. 이 기법에서 치료자는 의자 작업의 중심적인 기능을 사용한다. 즉, 내담자가 다른 측면의 방해나 건설적이어야 한다는 사회적 압력 없이 자신의 한 측면을 차지하고, 그것에 대해 더 깊이 배울 수 있다(Kellogg, 2014). 치료자는 내담자에게 별도의 의자에 앉아서 "양식이 되어 주세요."라고 요청할 수 있다. 또는 너무 불편하다고 느끼는 경우(예: 내담자가 양식의 존재에 대해 양면적일 경우) 내담자는 자신의 빈 의자에 할당된 대처양식에 대한 단어를 제공할 수 있다. 따라서 여기서 주요 과제는 본질적으로 인지적이며, ① 양식의 기원(즉, 왜 그리고 언제 발달되었는가), ② 양식의 기능(즉, 그것이 자아의 나머지 부분을 위해 무엇을 하는가, 어떤 방식으로 그것이 보호되는가), ③ 현재 이러한 방식으로 관리하는 것의 장단점을 명확히 할 수 있도록 하는 데 초점을 맞춘다. 이러한 과제를 수행하면 대처 양식이 '도움이 되려고만 하는 것'이라는 것이 분명해지므로 연민이 생긴다. 또한 양식의 주요 보호 관심사를 역사적 맥락과 연결하는 새로운 관점이 제공된다. 더 나아가, 오늘날 이 양식에 의존하는 것의 단점을 살펴봄으로써 새로운 존재 방식을 위한 '해석의 여지'가 생긴다.

주체성 및 동기 생성: 다중양식 대화

대처양식은 도식 편향의 불일치를 방지하고, 상황을 다르게 처리하는 주체성과 자신감을 감소시키기 때문에 일반적으로 자기 영속적이다. 강한 회피성 양식의 경우, 자신의 강렬한 두려움에 직면할 수 없다고 느끼면서도 치료자로부터 압박을 느낄 수 있으므로 공감적 직면만으로도 역효과를 낼 수 있다. 그래서 '나는 해야 하는 걸 알지만, 할 수 없다.'라는 의식이 고조될 수 있고, 그 구속에서 벗어나기 위해 그 상황을 회피하려는 충동이 증가한다.

일반적으로, 극심한 두려움의 기저에는 두 가지 이상의 양식이 있어서 여기에서는 개념화가 중요하다. 회피성이 강한 배경에는 일반적으로 역기능적 비판이 있어서 자신감을 떨어뜨리고 부적절하다는 느낌을 증가시킨다. 취약한 아동은 겁을 먹고, 건강한 성인은 높은 위협감과 낮은 주체성으로 비활성화되어 있다. 회피성 양식은 도전에 직면할 필요가 없기에, 즉각적인 안도감을 제공한다. 그것은 미루거나 필요하지 않다고 무시할 수 있다.

양식 이름 짓기 및 찾아내기

다중양식 대화는 비판으로부터 보호를 제공하는 치료자와 내담자가 함께 악순환을 되돌리는 데 사용될 수 있으며, 취약한 아동의 욕구와 연결하고 자신의 두려움에 직면하기 시작할 수 있도록 회피성 양식을 조절할 수 있다. 다음의 사례 예시는 내담자가 자신의 건강한 성인을 '불러내는' 데 도움이 되는 간단한 심상의 사용을 통합하여 이 상황에서 잠재적인 힘에 대한 인식을 높인다.

쇼나(Shona)는 자원봉사 활동을 찾는 데 실패한 것에 실망감을 표시했다. 자선 가게에서 며칠 전에 그녀에게 음성 메일을 남겼었다. 그녀는 전화를 걸어야 한다는 것을 알지만 전화를 다시 걸고 싶지 않았다. 어쩌면 일을 할 준비가 되어 있지 않았는지도 모른다. 치료자는 '준비가 되어 있지 않다.'라는 느낌과 함께 어떤 다른 생각이 들었는지 물었고, 쇼나는 사람들과 어울리는 것을 감당할 수 없을 것 같다고 말했다. 치료자는 비판이 곁에 있는지 물었고, 그렇다고 쇼나는 동의했다.

치료자는 문 옆에 있는 비판(손짓을 사용하여 문 쪽을 바라보며)을 찾아내고, 쇼나가 그 일을 감당할 수 없는 것에 대해 무슨 말을 하는지 물었다. 또한 비판의 '지점'을 보면서, 자신이 창피한 꼴을 당하고, 얼어붙어서 말을 할 수 없게 될 것이며, 모두가 이상하게 생각할 것이며, 모욕할 것이라고 쇼나는 비판의 말을 전했다. 치료자는 그 모든 말을 듣고 어린 쇼나가 어떤 기분인지 물었다. 어린 쇼나는 매우 작게 느껴졌다고 말했다. 치료자는 쇼나에게 옆에 있는 자신의 작은 자아를 느낄 수 있는지 물었다. 쇼나는 느낄 수 있고 매우 무섭다고 말했다.

치료자는 쇼나에게 방의 다른 부분을 가리키며, 아마 준비되지 않았을 수도 있고, 다시 전화를 걸지 말아야 한다는 부분인 숨은 측면(그녀의 회피성 보호자)을 데려올 수 있는지 물어보았다. 숨는 측면이 그녀가 다시 전화하지 않음으로써 자신에게 친절하고, 그럴 필요가 없었고. 강요하지 않는 것이 최선이라고 생각했다고 말했다. 쇼나를 돌아보며 치료자는 '숨은 부분'의 계획에 대해 어떻게 생각하느냐고 물었다. 쓴웃음을 지으며, 안도감을 느꼈다고 말했다. 그 치료자는 또한 장난기 어린 어조로 그것이 안도감을 주는 좋은 소식이며 그것을 할 필요가 없었다라는 데 동의했다. 그러자 쇼나는 비록 그것에 대해 불편했지만 다시 전화할 준비가 되지 않았다고 말했다. 치료자는 어린 쇼나가 어떤 기분인지 물었다. 어린 쇼나의 말을 들을 수 있었을까요? 어린 쇼나를 의자에 앉힘으로써, 실제로 누군가가 기회를 주기를 간절히 바랐지만, 전화를 걸어 '아니요'라는 말을 들었을 때 오는 거절과 실패감이 두려웠다고 말하였다. 그녀는 좀처럼 들을 수 없었던 대처양식 저변의 고통을 표현할 수 있었다. 연민과 자기 신념을 향한 부드러운 개입으로 치료자는 이것을 충족시킬 수 있었고, 이 상황을 스스로 관리하고 자신의 욕구를 충족시키기 위한 진전을 이룰 수 있는 잠재력을 가지고 있다는 희망을 심어 주었다.

그런 다음, 이러한 유형의 의자 작업은 심상을 통해 진행될 수 있다. 예를 들어, 건강한 성인 또는 쇼나의 '강한' 그리고 '단호한' 측면을 가져와 그녀가 회피성 대처양식에 점점 덜 의존하도록 지원할 수 있다. 그런 다음, 2개의 의자 역할극은 쇼나가 필요로 할 때 대처양식이 그녀를 위해 있을 것임을 알고 있으면서, 그녀의 건강한 성인의 관점에서 자선 가게에 전화하는 것을 연습하도록 지원하는 방법에 사용되었다. 또한 쇼나가 원하는 반응을 얻지 못할 가능성에 대비하여 역할극을 사용하고, 그녀의 감내력의 한계 안에 머물며, 건강한 성인을 사용하여 대처양식으로 후퇴하거나 자기 비판적인 태도로 끌려가기보다는 스스로 진정시키도록 했다.

굴복과 작업하기

굴복은 피할 수 없고, 극복할 수 없는 상황에 직면하는 적응 전략이다. 우리 중 대부분은 어느 정도 우리가 바꿀 수 없다고 느끼는 것들을 받아들이고 굴복할 때가 있다. 현재까지 심리도식치료 문헌은 이러한 유형의 한 가지 양식인 순응적 굴복자(Compliant Surrenderer)에 집중되어 있다(Van den Broek, Keulen–de Vos, & Bernstein, 2011). 다른 사람들을 달래고 그들의 욕구나 관점을 우선시하면서 연결을 유지하거나 비난이나 처벌을 피함으로써 굴복한다. 정서적 결핍, 자기희생 및 복종과 같은 심리도식에 굴복하여 자신의 욕구가 보이지 않거나 중요하지 않다고 느끼고 다른 사람을 우선시할 수밖에 없다.

비관주의와 절망(예: 비관적 예측자 또는 절망적 보호자 유형 양식)도 이러한 대처 방식에 속하는데, 이는 최악의 시나리오에 굴복함으로써 실망으로부터 보호받는다고 느끼고, 피할 수 없는 실패처럼 느껴지는 상황에서 어느 정도는 '포기'할 수 있기 때문이다. 이러한 양식에서 실패, 결함 및 비관주의와 같은 심리도식에 굴복하며, 종종 적어도 '자신이 서 있는 위치를 알고' '상황이 어떤지'에 직면한다는 점에서 삶이 더 예측 가능하다는 느낌을 받는다.

여기 있는 취약한 아동은 자신이 중요하지 않다고 느낄 수도 있고, 자신의 욕구가 중요하지 않으며, 자신을 위한 선택권은 매우 제한적이며, 다른 사람들과 상황에 의해 결정될 수 있다. 자신을 표현하고, 자신의 욕구가 중요하다고 느끼며, 자신이 원하는 것을 향해 일할 수 있다는 주체성을 갖도록 이해되고, 중요하며, 권한을 받았다고 느끼는 충족되지 않은 욕구가 있다.

힘을 실어 주기 위한 대화: 취약한 아동에서 건강한 성인으로

취약한 아동과 건강한 성인 간의 대화는 감정과 욕구가 표현되고 건강한 성인에게 중심 무대를 제공하므로 내담자에게 힘을 실어 주는 데 사용될 수 있다. 그들의 우려를 공유할 수 있는 첫 기회가 생기면, 대처양식을 자신의 측면에서 관찰하도록 요청할 수 있으며, 상황을 다른 방식으로 처리할 수 있다는 것을 '확인'할 수 있는 기회를 제공한다. 이것은 놀랍게도 힘을 실어 주는 효과가 있다. 굴복은 피할 수 없는 패배감에서 비롯되는 경우가 많은데, 그리고 그것으로 인하여 다른 사람들의 욕구(순응 시)나 어려운 상황(희망이 없는 상황)이 무슨 일이 있어도 지배하게 된다. 내담자가 이러한 예측에서 벗어나 취약한 아동의 감정과 욕구를 듣는 쪽으로 관심을 돌릴 때, 작은 자아가 그들에게 듣고 돌보고 더 나은 방향으로 나아갈 것을 요구하기 때문에 주체성과 변화에 다른 역동성이 있다.

존은 긴장하고 부끄러워하는 표정으로 회기에 들어온다. 그는 친구와 만나기로 했지만 강요당한 느낌이다. 그 이유는 이전에 그 친구의 인맥으로 일자리를 얻었기 때문이다. 치료자는 그에게 의자를 옮기고 친구가 원하는 것을 해야 한다고 느끼는 부분, 즉 그의 '살아남기 위한 노력' 측면(순응적 굴복자의 한 형태)에서 말하라고 한다. 이 부분은 그에게 선택의 여지가 없으며, 애초에 친구의 도움을 받지 말았어야 했다고 말한다. 불쾌할 수 있지만, 그것이 죽을 일은 아니니까 이제는 그것을 처리하기만 하면 돼 그냥 그렇게 해 봐라고 말한다. 그런 다음, 어린 존을 위한 의자로 이동하도록 요청하고, 치료자는 자신의 옆에 건강한 존을 위한 빈 의자를 놓고 순응적 의자를 약간 한쪽으로 이동하여 관찰할 수 있도록 한다. 존에게 잠시 동안 그의 어린 자아가 되어 어떻게 느끼고 있고, 무슨 일이 일어나고 있는지 말해 달라고 한다. 어린 부분인 존은(무서워하기보다는 화난) 이 남자를 싫어하고, 가까이 있는 것을 원치 않으며, 가 버리기를 원한다고 말한다. 그리고 존에게 치료자의 옆자리로 손짓을 하며, 그의 건강한 성인으로 이동하여, 강하고 돌보는 부분이 되어 달라고 요청한다. 치료자는 그의 어린 부분에 대해 어떻게 느끼는지 묻고 존은 이 남자를 있는 그대로 볼 수 있다는 사실이 자랑스럽다고 말한다. 치료자는 이것을 어린 존이 느낄 수 있게 말하도록 요청한다. 치료자는 그가 이것을 겪어야 했다는 것이 안타깝다고 덧붙인다. 비록 그 상황을 어떻게 다루어야 할지 여전히 걱정스럽지만, 어린 자아가 필요로 하는 것에 대한 계획을 세울 힘을 얻었다.

표현과 초점을 위한 양식 그리기

양식 그리기는 종종 언어를 넘어서는 예상치 못한 자신의 측면을 표현하기 때문에 빛을 발할 수 있다. 이 과정은 예술 능력이 필요하지 않는다. 막대 그림이나 형태와 같은 단순한 묘사는 상당히 표현력이 있을 수 있다. 치료자와 함께할 수 있는 기회는 다양한 가능성이 있다. 예를 들어, 바다에서 충분한 휴가를 보내는 대처양식, 방음이 된 방에서 비판, 공원 벤치에 조용히 함께 앉아 있는 건강한 성인과 취약한 아동 그림을 들 수 있다. 다른 많은 양식 기호와 마찬가지로, 그리기를 통해 양식의 동작과 영향을 변경하여 유연성을 높일 수 있다. 양식을 그리는 시간을 소비하기보다는 양식과 상호작용을 한다.

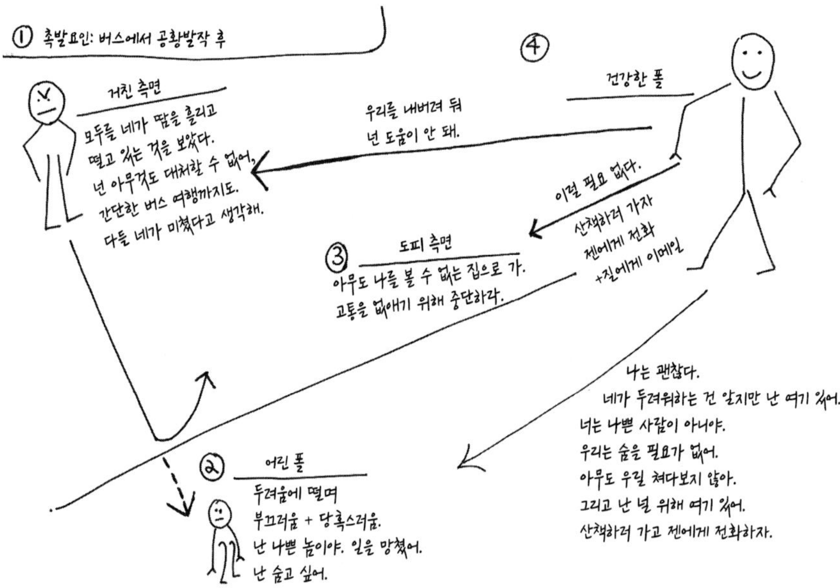

[그림 11-2] 공황발작 후 폴의 양식 활성화 지도

특히, 급격한 양식 전환에 직면하는 촉발 상황에서는 각 요소를 그리고 쓰는 것은 치료자와 함께 내담자가 필요로 하는 것을 늦추고, 분산시키고, 얻는 데 도움이 될 수 있다. [그림 11-2]는 버스에서 공황발작을 일으켜 결함 및 수치심이 촉발된 예를 보여 준다. 치료자는 촉발 상황에서 비판이 무슨 말을 하고 있었는지(비판이 양식 주기를 주도했다는 가설에 근거하여), 그리고 취약한 아동이 이 말을 듣고 어떻게 느꼈는지, 어떻게 대처했는지를 묻는 것으로 시작한다. 마지막으로, 치료자와 함께 내담자의 욕구에 연결하여 함께 작업하고 지도에 계획을 기록할 수 있다.

양식 지도화는 지배적이고 엄격한 대처양식과 작업하는 데에도 효과적일 수 있다. 이러한 양식은 처음에는 지도에서 두드러지게 '자신의 발언권'을 가질 수 있지만, 취약한 아동과 건강한 성인의 감정과 욕구가 마지막으로 표현되는 상황에서 과정을 짓누르거나 장악하는 것이 허용되지 않으며, 그들에게 적절한 공간을 제공하고 더 균형 잡힌 계획을 세우도록 한다.

과잉 보상과 작업하기

과잉 보상 양식은 더 중요하고(자기 과시자), 강력하거나(가해자 공격), 통제할 수 있다고(과잉통제자) 느끼기 위해, 기저에 있는 취약성의 반대 견해를 취하려고 한다. 그 양식은 적극적인 방식으로 내담자 특성의 매우 중요한 측면을 나타낼 수 있다. 많은 대처양식과 마찬가지로, 비현실적이며 대처양식과의 중요한 의사소통 채널을 방해하므로, 치료자는 그 양식이 완전히 거부되기보다는 건강한 성인이 양식을 알아차리고 조절하고 방향 전환에 대한 인식을 키우도록 권장한다. 가해자 공격과 같은 보다 명백한 파괴적 양식에서도 대처양식의 에너지와 힘은 이해되어야 하며, 가능하면 건강한 성인에 의해 활용된다.

일반적으로 과잉 보상 양식은 아동의 취약성이 용납될 수 없거나, 안전하지 않은 상황에서 발전한다. 그들은 감정적으로 살아남고 자신과 다른 사람들의 관심을 자신 내면의 핵심 고통에서 멀어지기 위해 적극적인 조치(인상, 강인함, 통제력)에 의존하는 법을 배운다. 내담자는 (당연히) 치료 관계에서 취약성을 경험할 위험이 크다는 것을 감지하고, 이는 종종 그들의 과잉 보상 양식을 활성화한다. 치료자는 다양한 반응을 끌어낼 수 있으며, 이는 양식 측면에서 그 순간에 탐색될 수 있다.

통합을 위한 대화: 건강한 성인으로 가는 대처양식

이러한 유형의 양식 대화는 양식이 너무 지배적이거나 융통성이 없거나 지나치게 일반화된 경우, 대안을 개발하면서 대처양식의 강점을 통합하기 위해 치료 후반에 특히 효과적일 수 있다. 이 특별한 변형에서 치료자는 대처양식을, 내담자는 건강한 성인의 역할을 한다.

치료자: 당신은 지금 모니터(편집)에 대해 잘 알고 있는 것 같지만, 여전히 생각하는 것보다 더 많이 차지하고

있는 것 같아요. 건강한 성인이 그것에 대해 더 강하게 반응하는 훈련할 수 있도록 대화를 시도해 볼까요?

내담자: 알겠어요. 의자 작업을 말씀하시는 건가요?

치료자: 이번에는 제가 모니터를 연기할 수 있고, 당신은 건강한 측면을 연기할 수 있으며, 우리는 서로 다른 견해를 이야기할 수 있다고 생각했어요. 어때요?

내담자: 네, 괜찮은 것 같아요. 시작하시겠어요?

치료자: 물론이지요……. 제가 할 수 있는 한 최선을 다해 모니터가 될 것이지만 잘못된 점이 있거나 기분이 나쁘면 교정해 주세요.

내담자: 물론이죠.

치료자: [편집성 과잉통제자의 한 형태인 그의 모니터 양식의 역할을 하면서] 나는 치료에서 지향하는 방향이 마음에 들지 않아요. 나는 상사의 이메일 확인을 멈추는 것을 좋아하지 않아요. 상사의 말과 행동을 자세하게 기록하는 것을 중단하라는 요청을 받아들이는 것은 싫어요. 문제가 해결되지 않을 것 같아요. 나는 한계에 이르렀다고 느껴요.

내담자: 그래요. 저도 한계에 이르렀다고 생각해요. 우리는 변화가 필요했어요. 전반적으로 확인하지 않을 때 저는 기분이 좋아져요.

치료자: 하지만 일이 잘못되어서 해고를 당하면 어떻게 됩니까? 그러다가는 알아차리지 못하고 우리가 또 거절당할까 봐 두려워요.

내담자: 무섭네요, 당신 말이 맞아요. 하지만 뭔가 잘못되면 우리가 알아차릴 수 있을 것 같고, 심각한 문제가 있으면 상사가 나에게 말해 주겠지요.

치료자: 하지만 나는 통제할 수 없을 것 같아요.

내담자: 글쎄, 어쩌면 그렇지 않을 수 있어요.

치료자: 하지만 내가 모르는 상황에서 대처할 수 있을지 걱정이에요. 모르겠어요.

내담자: 난 선택의 여지가 없다고 생각해요. 그리고 만약 들킨다면 심각한 문제가 발생할 거예요.

치료자: 하지만 상사가 알아낼 방법이 없어요. 제가 흔적을 지웠어요. 그러면, 내가 확인하고 싶을 때 어떻게 했으면 좋겠어요?

내담자: 들키지 않는다는 것은 확실하지는 않아요. 우리가 해고된다면 큰 충격이라는 것은 알고 있어요. 맞지만, 지금 당장 우리가 할 수 있는 일은 없어요. 그때가 되어야 알 수 있겠지요. 확인하고 싶다면 잠시 멈추고 산책하면서 극복해야 해요.

대처양식 역할을 하는 치료자는 회기 사이에 내담자가 '당면하는' 것이 무엇인지 명확히 하며, 이는 매우 타당할 수 있다. 이 과정은 또한 대처양식의 핵심적 관심사를 강조하고 내담자가 건강한 성인으로부터(가능한 한 최선을 다해) 대답하도록 한다. 내담자는 집중된 형태로 양식을 듣지만, 멀리서 듣고 있어서 더 균형 잡힌 대안을 형성하고 '시도'할 수 있다. 내담자는 결국 대처양식에 완전히 동의하지 않는 것을 알기 때문에, 일반적으로 어려운 상황에 대처할 것이다. 물론, 때때로 내담자는 대처양식에 대답하는데, 너무 설득력이 있거나 신뢰할 수 있는 대안이 부족하다고 느껴 어려움을 겪을 수 있다. 이런 경우 치료자는 취약한 아동을 대화에 불러들여 그들의 견해와 무엇이 달라지기를 원하는지 물어볼 수 있다. 예를 들어, 앞의 경우 내담자의 취약한 아동은 그들이 지쳤고, 모든 기록 점검에 겁을 먹었으며 휴식이 필요하다고 말했다. 이것은 돌파구가 되었고, 건강한 성인은 그들에게 약간의 휴식을 주겠다고 약속했다.

요약

내담자가 치료 초기에 자신의 핵심 고통을 공개적으로 표현하고 그것에 주의를 돌릴 만큼 만큼 안전하다고 느끼는 경우는 매우 드물다. 우리가 처음 접하는 것은 일반적으로 내담자의 대처양식이다. 즉, 핵심 고통으로부터 보호하는 기능을 하는 자아의 측면이다. 따라서 치료의 초기 목표는 내담자들이 이러한 대처 방법과 현재 그들의 욕구를 충족시키는 데 미치는 영향을 의식적으로 인식하도록 지원하는 것이다. 우리는 이러한 관점의 도입을 강력하게 환기시키는 방법이 의자 작업을 사용하는 것이라고 믿는다. 초기 단계, 특히 평가 및 개념화 과정에서 의자를 사용하여 양식 관계를 상징적으로 '지도화'하고 회기에서 경험한 '양식 전환'을 부드럽게 따라가면서 양식에 의식적으로 주의를 기울인다. 경계성 성격장애가 있는 경우, 이 간단한 개입이 심리적 통합의 시작을 나타낸다. 의자의 또 다른 기능은 본질적으로 더 인지적이며 대처양식, 과거와 현재의 기능, 발달 궤적 및 동기를 '알아 가기'에 관한 것일 수 있다. 이것은 강력한 새로운 관점, 심리도식 강도의 변화, 과거에 의존했던 대처 방식이 이제는 개인의 안녕에 도움이 되지 않는다는 인식에서 때로는 슬픔이나 안도감을 만들어낼 수 있다. 의자는 또한 대처양식의 지배에 직접적으로 도전하거나, 일반적으로 짓눌린 자아의 일부(예: 어린 측면)를 부드럽게 격려하여 위치와 목소리를 찾는 장면을 설정할 수 있다. 의자 작업은 심리적 통합과 심리도식 변화뿐만 아니라, 치료적 만남과 그 너머의 깊은 정서적 · 관계적 변화를 촉진할 수 있는 강력한 임상 도구라는 것이 우리의 경험이다.

치료자 조언

1. 의자 작업은 양식 관계를 묘사하고 '지도화'하여 당신의 개념화에 생명을 불어넣는 강력한 방법이 될 수 있다.
2. 내담자가 '양식 전환'을 하는 것으로 보이는 경우, 의자를 사용하여 이 과정을 늦추고 메타 인식과 통합 가능성을 높인다.
3. 의자 작업을 통해 양식으로 돌아가서 이전에 소홀히 했던 자아의 부분(측면)을 위한 공간을 만들고 알게 된다.
4. 의자 작업은 대처양식을 '면담'하거나 과거와 현재 기능의 장단점을 탐색하는 기법을 통해 심리도식 변경을 지원할 수 있다.
5. 의자 작업의 핵심은 관계적 및 정서적 변화에 관한 것이다. 자신의 대처양식으로 도피하지 않도록 최선을 다하라. 오히려, 의자를 가지고 작업하는 동안 내담자와 자신의 정서적 반응을 위해 관심 많고, 개방적이며, 연민의 공간을 자신에게 허용하라.
6. 시작할 때 의자를 너무 많이 사용하지 말라.

참고문헌

Arntz, A., & Van Genderen, H. (2011). *Schema therapy for borderline personality disorder.* Chichester: John Wiley & Sons.

Bateman, A. W. & Fonagy, P. (2004). Mentalization-based treatment of BPD. *Journal of Personality Disorders, 18*(1), 36-51.

Elliott, R., Watson, J. C., Goldman, R. N., & Greenberg, L. S. (2004). *Learning emotion focused therapy: The process-experiential approach to change.* Washington, DC: American Psychological Association.

Kellogg, S. (2014). *Transformational chairwork: Using psychotherapeutic dialogues in clinical practice.* Lanham, MD: Rowman & Littlefield.

Kellogg, S. (2018). Transformational chairwork: Five ways of using therapeutic dialogues. *NYSPA Notebook,* 19, 8-9.

Ogden, P., Minton, K., & Pain, C. (2006). *Trauma and the body: A sensorimotor approach to psychotherapy.* New York: W. W. Norton.

Perls, F. S. (1969). *Gestalt therapy verbatim.* Lafeyette, CA: Real People.

Pugh, M. (2019). *Cognitive behavioural chairwork: Distinctive features.* Abingdon: Routledge.

Rice, L. N., & Elliott, R. (1996). *Facilitating emotional change: The moment-by-moment process.* New York: Guilford Press.

Siegel, D. (1999). *The developing mind: toward a neurobiology of interpersonal experience.* New York: Guilford Press.

Siegel, D. (2011). Mindsight: *The new science of personal transformation.* New York: Bantam Books.

Van den Broek, E., Keulen-de Vos, M., & Bernstein, D. P. (2011). Arts therapies and schema focused therapy: A pilot study. *The Arts in Psychotherapy, 38*(5), 325-332.

van Genderen, H., & Rijkeboer, A. A. (2015). Theoretical model: schemas, coping styles and modes. In M. Van Vreeswijk, J. Broersen & M. Nadort, *The Wiley-Blackwell handbook of schema therapy: Theory, research, and practice.* Chichester: John Wiley & Sons.

Young, J., Klosko, J. S., & Weishaar, M. E. (2003). *Schema therapy: A practitioner's guide.* New York: Guilford Press

제12장

법의학과 일반 임상 실무 간 격차 해소

-어려운 심리도식 양식과 '지금 여기'에서 작업하기-

- David Bernstein[1]과 Limor Navot[2]

심리도식치료의 첫 번째 회기에서 내담자는 치료자와 눈을 마주치는 것을 거부했다. 그는 모든 질문에 한두 마디로 대답했고, 그의 치료자는 점점 더 좌절감을 느끼며 토론할 생산적인 주제를 찾았다. 내담자의 태도는 침울하고 위축되었으며 적대적이었다. 회기가 끝날 무렵 치료자는 "당신의 치료 목표는 무엇입니까?"라고 물었다. 내담자는 "제 목표는 치료가 끝날 때까지 당신이 지금처럼 저에 대해 거의 알지 못하는 것입니다!"라고 대답했다.

서론

치료자들은 법의학(과학적 범죄조사)과 일반 임상 실무는 두 개의 다른 분야라고 생각한다. 사실, 법의학 집단에서 공격성, 분노, 충동성, 교활함 및 조작과 같은 행동은 일상적인 사건이다. 심리도식치료에서 우리는 이러한 현상을 심리도식 양식(주어진 순간에 활성화되고 개인의 인지, 감정 및 대처 행동을 지배하는 정서 상태)으로 개념화한다(Rafaeli, Bernstein, & Young, 2011; Young, Klosko, & Weishaar, 2003). 연구에 따르면 심리도식 양식은 범죄 및 폭력 행위를 이해하는 데 중요한 역할을 할 수 있다. 예를 들어, 법의학 입원 내담자(Keulen-de Vos,

1) 임상심리학자(PhD, New York University, 1990)이자 네덜란드 마스트리히트 대학교 심리학과 부교수로 법의학심리치료 교수(2010~2018년)와 법의학심리학 과장(2010~2015년)을 역임했다. 그는 성격장애 연구협회(2001~2005년) 전 회장이자 국제 성격장애 연구회(2003~2007년) 부회장, 국제 심리도식치료협회(2010~2012년) 부회장을 역임했으며 고급 심리도식 치료자이자 심리도식치료 슈퍼바이저이다.

2) 예루살렘 히브리 대학교에서 아동 임상 및 교육 심리학 석사학위를 받았다. 그녀는 이스라엘 교도소에서 심리학자로 몇 년 동안 일했으며 심각한 폭력 범죄를 저지른 죄수를 진단하고 치료하며 성격장애를 치료한 경험이 있다. 그녀는 SafePath Israel의 책임자로서 팀과 함께 작업하기 위한 심리도식치료 기반 방법인 SafePath에서 교육 및 슈퍼비전을 제공한다. 그녀는 네덜란드 마스트리히트에서 개인 개업을 하고 있다.

Bernstein, Vanstipelen, de Vogel, Lucker et al., 2016)에 대한 연구에서 대부분의 폭력 범죄는 양식의 전개 순서에 따라 재구성될 수 있다. 이러한 순서는 일반적으로 취약한 아동양식(예: 유기, 학대 또는 굴욕) 중 하나로 시작한 다음, 충동성(충동적인 아동), 분노(화난 아동) 및 약물 남용(분리된 자기 위안자)과 관련된 양식을 통해 고조되어 반응적 또는 약탈적 공격성[가해자 공격(Bully Attack) 또는 약탈자 양식]으로 절정에 이른다. 법의학 집단에서 심리도식치료는 이러한 양식과 다른 '법의학' 양식을 대상으로 변형되었다(Bernstein, Arntz, & de Vos, 2007; Keulen-de Vos, Bernstein, & Arntz, 2014). 최근에 완료된 무작위 임상 실험(Bernstein et al., 심사 중)에서 심리도식치료는 성격장애가 있는 법의학 입원 내담자에서 통상적인 치료보다 훨씬 더 나은 결과를 보였다.

그러나 '법의학' 심리도식 양식은 비 법의학 환경의 성격장애 내담자에게도 다소 다르거나 약화된 형태로 나타난다. 비 법의학 환경에서 내담자들은 일반적으로 법의학 내담자들보다 상대적으로 자제력이 높고, 애착 문제가 덜 심각하며, 성격장애 또는 특성이 덜 심각하고 법적 개입이 더 제한적이다(즉, 범죄가 없거나 덜 심각한 범죄). 그럼에도 그들은 여전히 B군 성격장애(예: 자기애성, 경계성 또는 반사회성 성격장애) 또는 폭력, 괴롭힘 또는 스토킹, 분노 및 충동성, 감정 조절 문제, 중독성 행동, 거짓말 및 속임수와 같은 외현화 행동 문제와 관련된 B군 특성을 나타낼 수 있다. 따라서 법의학 및 비 법의학 환경에서 볼 수 있는 현상은 심각도의 연속성을 형성한다.

불행히도, 일반 임상 실무에서 치료자는 대부분 법의학 집단에서 더 만연하고 심각한 감정 상태를 다루는 방법에 대한 훈련을 거의 받지 못하거나 전혀 받지 않는다. 그들은 이러한 양식을 인식하거나 개입하는 방법을 모를 수 있다. 이것은 심리도식 양식이 치료자의 경계를 넘어 치료를 방해하는 행동을 포함할 때 치료 관계와 관련하여 특히 문제가 될 수 있다. 법의학 환경 및 일반적 임상 실무에서 이러한 심리도식 양식은 치료자의 안전지대를 벗어날 수 있다. 예를 들어, 내담자는 협박(가해자 및 공격 양식), 지배(자기 과시자 양식) 또는 행동 조작(교활한 및 조작 양식)을 통해 치료자를 압박할 수 있다. 그들은 감정으로부터의 분리(분리된 보호자 양식), 간접적인 적대감(화난 보호자)이나 갑작스러운 분노의 표시를 통해 허를 찌르기(충동적이고 화난 아동양식)나 반응적 공격성(가해자 공격 양식)을 통해 치료자를 멀리할 수 있다. 치료 회기의 '지금 여기'에서 발생하는 이러한 양식은 종종 치료자들이 무력하고 비효율적이라고 느끼게 만든다.

법의학 내담자에 대한 경험을 통해 우리는 어려운 양식으로 '지금 여기'에서 작업하기 위한 체계적인 틀을 개발했으며, 일반 임상 실무의 치료자들도 혜택을 받을 수 있다. 우리는 법의학과 일반 임상 실무 사이의 격차를 메우기 위해 이 장을 썼으며, 가장 힘든 내담자와 함께 작업하는 모든 환경에서 치료자들을 위한 지침을 제공한다.

우리는 어려운 심리도식 양식을 가진 내담자와 함께 작업할 때 발생하는 많은 난관이 다음 세 가지 문제에 기인한다고 제안한다.

1. 치료자는 치료 관계의 '지금 여기'에서 내담자의 양식을 잘못 인식한다.
2. 치료자는 잘못된 개입을 선택하거나 개입을 수행하는 방법을 알지 못한다.
3. 내담자의 양식이 치료자의 양식을 촉발한다.

우리는 이러한 각각에 문제에 대해 논의하고, 법의학 및 비 법의학 내담자의 예를 제시하며, 치료자들이 그것들을 어떻게 극복할 수 있는지에 대한 체계적인 접근 방식을 제공한다.

치료자가 치료 관계의 '지금 여기'에서 내담자의 양식을 잘못 인식하고 있다

심리도식 양식 작업은 치료자가 실시간으로 발생하는 내담자의 양식을 인식하고 그에 따라 자신의 개입을 조정할 수 있다는 가정에 기반한다. 치료자의 목표는 내담자를 부적응 심리도식 양식에서 더 생산적인 양식, 즉 취약한 감정을 포함하는 양식(예: 유기된 아동, 외로운 아동) 또는 건강한 성인양식으로 전환하거나 변경하는 것이다.

건강한 성인양식에서는 내담자가 자신의 감정 상태를 되돌아볼 수 있다. 행동에서 자신의 감정 상태를 규정하기보다는 그것에 대해 건강한 관점을 취할 수 있다. 취약한 아동양식에서는 자신의 충족되지 않은 정서적 욕구와 관련된 고통스러운 감정을 직접 경험한다. 취약한 아동양식에 들어가면, 치료자는 현실적인 한계와 경계 내에서 충족되지 않은 정서적 욕구 중 일부를 제공하는 제한된 재양육을 시작한다.

심리도식 양식 작업을 수행하기 위해 치료자는 실시간으로 내담자의 양식을 식별해야 하며 회기에서 어떤 양식이 활성화되었는지에 따라 다른 개입을 선택한다(다음 '치료자가 잘못된 개입을 선택하거나, 개입을 수행하는 방법을 알지 못한다' 참조). 그러나 일반적인 문제는 치료자가 치료 회기의 '지금 여기'에서 발생하는 양식을 인식하지 못하거나 잘못 식별하는 경우이다.

법의학 환경 외부의 많은 치료자는 과잉 보상의 형태를 포함하는 법의학적 심리도식 양식(자기 과시자, 편집성 과잉통제자, 가해자 공격, 교활한 조종자 또는 약탈자 양식)에 익숙하지 않다.

이러한 양식은 법의학 환경이 아니어도 존재하지만 보다 미묘한 방식으로 나타나는 경우가 많아 식별하기가 더 어려울 수 있다. 〈표 12-1〉에서는 이러한 심리도식 양식이 법의학 내담자와 비 법의학 내담자에서 자주 나타나는 방식에 대한 설명을 제시한다.

〈표 12-1〉 법의학 또는 비 법의학 환경에서 나타나는 일반적인 과잉 보상 양식

	법의학	비 법의학
자기 과시자	지배하거나 통제하려고 시도하고 자신의 의지를 다른 사람들에게 강요한다. 그는 마치 '보스'인 것처럼 행동하고, 모든 사람을 관리하고 통제하며 항상 제멋대로 하는 알파 남성 또는 여성이다.	오만하고 우월한 행동을 하거나 찬사와 관심이 필요하다. 이 양식은 비 법의학 환경에서도 지배성을 보일 수 있지만, 일반적으로 그 정도는 덜하다.
가해자 공격	협박하고 위협하고, 해를 끼치겠다고 노골적인 협박을 하거나, 그렇게 할 것이라고 암시하고, 원하는 것을 얻기 위해 위협적인 행동과 신체언어를 사용한다.	불쾌한 발언을 하고, 방어하거나 보복하기 위해서 다른 사람들을 몰아세우는 말을 사용한다.
교활한 조종자	원하는 것을 얻기 위해 간접적으로 역할을 하고, 은밀한 계획이나 이중생활을 하며, 매력과 조작을 사용하여 도구적 목적을 달성하고, 자연스럽게 거짓말을 하며, 진실을 바꿀 수 있는 것으로 처리한다.	원하는(예: 승진) 특별한 위치에 있는 사람들에게 아첨, 추근거림, 애교 떨기를 사용하고, 충성심과 신뢰를 얻기 위해 역할(예: 착한 아들 또는 딸)을 하고 다시 돌려받기 위해 호의를 베푼다. 동맹은 전략적 목적을 위해 만들어지며 필요하지 않을 때는 없어진다.
편집성 과잉통제자	항상 해를 입거나 위협에 대해 경계심을 갖고 벽에 등을 기대고 앉아 방을 훑어보고 문제를 살펴보며 다른 사람들이 그를 상대로 음모를 꾸미고 있음을 증명하는 작은 징후들을 끊임없이 찾는다. 요컨대, 아무도 믿을 수 없다는 가정이다.	누가 자신을 이기려고 하는지, 해를 끼치거나 굴욕감을 주려는지 끊임없이 경쟁자를 샅샅이 뒤지고 있다. 다른 사람들이 말하는 것이 그대로 받아들여질 수 있는지, 아니면 누가 친구이며 잠재적인 적이나 경쟁자인지 확신할 수 없다.
약탈자	도구적 목적을 달성하거나 복수를 위해 다치게 하거나 죽이거나 파괴할 수 있다. 그가 일으키는 해악이나 고통에 무관심하고, 그것을 '그냥 사업'으로 본다. 몇 주 또는 몇 달 전에 약탈 행위를 계획하고 비밀리에 준비하며 냉정하고 체계적인 방법으로 수행할 수 있다.	자신에게 상처를 줬다고 생각하는 사람을 고의로 다치게 하거나, 누군가의 경력이나 명성을 망치고, 누군가의 이름을 더럽히거나, 그가 준 상처에 대해서 진심으로 사과하지 않고 정당화하거나 합리화할 수 있다.

일반 임상 실무에서 대부분 내담자는 법의학 환경보다 상대적으로 더 강한 건강한 성인양식을 가지므로 동일한 심리도식 양식의 덜 심각한 형태가 나타난다. 그럼에도 더 미묘한 징후는 다른 대처양식을 확인하고 구별하기가 더 어려울 수 있다. 양식을 적절하게 지정하고 효과적인 개입을 하는 두 가지 예시가 〈글 상자 12.1〉에 제시되어 있다.

글 상자 12.1 양식 인식 및 양식 구별

예시 1: 그의 두 번째 회기에서, 그 내담자는 같은 기관에 있는 다른 여성 치료자에게 치료를 받겠다고 그의 남성 치료자에게 말했다. 그는 그 기관에서 일했던 여성 치료자 중 몇 명의 이름을 말하며, 그들의 지성, 지각력, 따뜻함 및 공감 능력을 칭찬했다. 그는 자기의 남성 치료자에게 그것은 개인적인 것이 아니고, 여성이 남성보다 보살피고 지원하는 것을 더 잘하기 때문이라고 말했다.

오인: 치료자는 내담자가 취약한 아동양식에 있다고 믿었다. 따뜻함과 보살핌의 필요성을 이해하고 있으며, 비록 그가 남성 치료자일지라도 그것을 제공하기 위하여 최선을 다할 것이라고 말했다. 치료자는 제한된 재양육을 제공하려고 시도했으며, 따뜻하고, 도움이 되는 세심한 태도로 내담자를 대하려고 했다. 다음 회기에서 내담자는 치료자의 많은(추정된) 결함을 비판하고, 계속해서 여성 치료자에게 옮겨 달라고 요청했다.

정확한 양식 확인: 내담자는 아마도 자기 과시자 양식에 있었을 것이다. 양식의 목적은 자신을 '유리한' 위치에 놓고, 치료자를 '불리한' 위치에 두는 것이었다.

효과적인 양식 일치 개입: 자기 과시자 양식에 대한 적절한 개입은 일반적으로 공감적 직면이다. 치료자는 회기에서 현재 활성화된 심리도식 양식에 주의를 기울임으로써 내담자에게 자기성찰의 순간을 만들어 낸다. 이를 달성하는 가장 간단한 방법은 치료자가 관찰하는 양식에 이름을 붙이거나 설명하고, 양식을 언급하기 위해 '당신의 측면' 또는 '당신의 부분'의 언어를 사용하는 것이다.

치료자: "존, 당신을 돌보고 지원하는 치료자가 있어야 한다는 것이 당신에게 매우 중요하다는 것을 알고 있고, 또한 동의합니다. 동시에 나의 돌봄과 지원을 받아들이기 힘든 당신의 측면을 봅니다. 당신이 원하는 것을 제공하려고 노력했지만, 당신의 측면은 그것을 거부하고, 결점을 찾으려고 합니다. 나는 당신이 일부러 그런다고 생각하지 않아요. 이 측면이 당신을 방어한다고 생각해요. 누군가가 당신에게 접근하려고 할 때 자동으로 그렇게 하고 있어요. 당신이 상처받지 않도록 보호하기 위해 개발된 오래된 측면이라고 생각해요. 또한 다른 치료

자들, 심지어 당신이 저보다 더 보살피고 지원할 것으로 생각하는 치료자들에게도 그런 일이 일어날 것으로 생각해요. 누군가가 당신을 진심으로 아끼고 이해해 준다는 것을 믿기까지는 시간이 걸릴 수 있어요. 기꺼이 그 시간을 당신과 함께하겠어요."

예시 2: 내담자는 같은 병원에서, 그녀의 이전 치료자에게 받은 학대에 대해 매우 화가 났다. 새로운 치료자로 옮겨진 후, 그녀는 자신이 얼마나 심하게 대우를 받고 있는지를 크게 그리고 자주 불평했다. 그녀는 소리를 지르며 욕설을 퍼부었고, 너무 큰 소리로 말했기 때문에 치료자의 동료들이 무슨 일이 일어나고 있는지에 대해 걱정했다. 한번은 그녀가 플라스틱 커피 머그잔을 들고 벽에 던졌다. 화가 난 내담자의 긴 이야기가 너무 귀찮아서 다른 내담자들이 그것에 대해 불평했다.

오인: 치료자는 내담자가 화난 아동양식이 있다고 믿었다. 내담자에게 자신의 감정을 드러내도록 격려했고, 부당하다고 느끼는 감정에 공감했다. 이 개입은 감정을 표출하기보다는 분노를 채우는 것처럼 보였고, 더욱 분노가 고조되었다.

정확한 양식 확인: 내담자는 가해자 및 공격 양식일 가능성이 가장 컸다. 그녀의 폭발은 분노의 표출과 관련이 있는 것처럼 보였지만, 그것들은 너무 극단적이고 멈추지 않아서 병원의 모든 사람이 그녀를 볼 때마다 '살얼음판을 위를 걷는 기분'으로 겁을 먹게 했다.

효과적인 양식 일치 개입: 가해자 및 공격 양식에서 가장 효과적인 개입은 일반적으로 한계 설정이다. 치료자는 치료자의 경계를 넘고, 안전하게 느끼고 존중받을 권리와 같은 치료자의 권리를 침해하는 양식에 한계를 설정한다. 치료자의 한계 설정은 확고하고 중대하지만 처벌적이지는 않다. 치료자와 내담자에게 동등하게 적용되고, 치료 관계의 기초를 형성하는 권리나 욕구를 언급하면서 개인적인 방식으로 한계를 설정한다. '중지 기법'에서 먼저 '멈추세요.'라고 명확하고 단호하게 말하고 종종 손동작(손바닥을 앞으로 향하게 하여 손을 위로 들어 올림)을 동반한 다음, 나머지 개입을 수행한다.

치료자: 수잔, 멈추세요! 당신의 분노는 수용하지만, 소리치고 고함치는 것은 너무 심해요. 그것은 너무 난감하네요. 당신의 분노를 들을 수 있게 표현해 주세요.

수잔: 그것을 감당할 수 없다면, 그것은 당신의 문제예요! [계속 고함]

치료자: 수잔, 그만! 당신이 분노를 표현하는 방식은 지금 당신과 함께 작업하는 것을 불가능하게 하고 있어요. 우리 둘 다 여기에서 안전함을 느끼고 존중받을 권리가 있어요. 당신이 안전하고 존중받을 수 있도록 최선을 다할 것을 약속할 테니 당신도 약속해 주시겠어요?

심리도식 양식을 인식하는 것은 언어적 신호와 비언어적 신호를 모두 관찰하는 과정으로, 전자는 말의 내용을 포함하고, 후자는 그의 목소리 톤, 표정 및 신체언어를 포함한다. 치료자는 내담자의 감정, 생각, 대처 행동을 관찰하고 어떤 심리도식 양식이 존재할 수 있는지 추론한다. 치료자가 현재 활성화된 심리도식 양식을 결정하기 위해 자신에게 물어볼 수 있는 몇 가지 질문이 있다. 당연히 실제로 그는 심리도식 양식을 볼 때마다 이러한 모든 질문을 하지는 않을 것이다. 그러나 이러한 방식으로 양식에 대해 생각하는 것은 치료자가 양식 간의 중요한 구별에 맞춰 경험을 쌓으면서 양식을 빠르게 식별할 수 있게 한다.

1. 내담자와 함께 '지금 여기'에서 무엇을 알아차리고 있는가? 치료적 교착 상태나 혼란을 일으키는 양식이 존재하는가?
2. 내담자의 감정 상태(예: 눈에 보이는 감정을 드러내지 않거나, 표정이나 자세에서 긴장하거나, 화가 나거나, 슬프거나, 두려워하는 것처럼 보이는 것)에 대해 무엇을 관찰하는가? 양식의 주요 감정(예: 무감각, 분노, 슬픔, 두려움)은 무엇인가?
3. 무엇이 그 양식을 촉발하게 시켰는가? (예: 치료자가 회기를 늦게 시작했거나, 치료자가 내담자가 말한 어떤 것의 진실성에 의문을 제기)
4. 내담자는 무슨 생각을 하고 있을까? (예: '당신이 나를 배신했어!' '여기서는 내가 우선이지, 당신이 아니야!')
5. 내담자의 대처 방식은 무엇인가? 회기에서 거리를 두거나(즉, 회피), 치료자 위에 있거나, 지배하려고 하거나(즉, 과잉 보상), 복종하거나, 의존적이거나, 절망적이거나, 무력한 방식으로 행동하는가(즉, 굴복)?
6. 내담자가 이 양식에 있을 때 어떻게 느끼는가? (예: 불안하거나 열등하거나, 짜증내거나, 분개하거나, 분리되거나, 원하는 것을 제공해야 할 때) 내담자 양식에 의해 촉발된 양식은 무엇인가?

심리도식 양식은 강한 정서적 반응의 활성화를 포함하기 때문에 내담자의 감정을 관찰하는 것으로 시작하는 것이 좋다. 감정을 올바르게 확인하면 올바른 심리도식 양식에 대한 검색 범위가 빠르게 좁혀진다. 예를 들어, 주된 감정이 분노인 경우, 가능한 심리도식 양식은 ① 화난 아동양식, ② 화난 보호자 양식, ③ 가해자 공격 양식, ④ 약탈자 양식이다. 그런 다음, 치료자는 앞의 나머지 질문에 답함으로써 이 네 가지 양식을 구별할 수 있다. 예를 들어, 분노가 통제되지 않고 열려 있다면 심리도식 양식은 화난 보호자가 아니라 화난 아동일 가능성이 크다. 화난 아동양식은 자신의 불공평함이나 좌절감을 불러일으키는 분노가 공개적으로 표출되는 것을 포함한다. 반면에 화난 보호자 양식은 적대적인 비언어적 단서와 위축되고 거리를 두는 행동으로 분노의 은밀한 표현을 포함한다. 화난 아동양식의 기능이나 목적은 '분노를 해소'하고 인지된 불공평함에 항의하는 것이다. 화난 보호자 양식의 기능이나 목적은 은밀한 적대감의 '벽'을 만들어 위협적이거나 해로운 것으로 인식되는 다른 사람들을 안전한 거리에 두는 것이다.

화난 아동과 가해자 공격 양식을 구분하는 것은, 주로 공격성이 없는지(화난 아동양식) 또는 있는지(가해자 공격 양식)의 문제이다. 가해자 공격 양식의 목적이나 기능은 위협하거나 협박하는 것이지만, 화난 아동양식에서는 단순히 분노를 표출하고 불공정 또는 좌절감을 나타내는 것이다. 가해자 공격 양식과 약탈자 양식을 구별하는 것은 몇 가지 차이에 달려 있다. 가해자 공격 양식에서 공격성은 '격렬하고' 반응적이며(즉, 감정적으로 촉발됨), 약탈자 양식에서는 '냉정하고' 일반적으로 도구적이다(즉, 위협, 장애물 또는 경쟁자 제거와 같은 특정 목표를 달성하려는 의도). 가해자 공격 양식에서는 신속하게 반응하여 위협적이고 협박하는 방식으로 공격 대상을 향해 이동한다. 약탈자 양식에서는 공격성이 억제되고 통제되며 종종 미리 계획된다. 명백한 감정이 없이 자신의 계획을 수행하기 위해 '사무적인' 또는 '기계적인' 방식으로 행동한다.

치료자가 잘못된 개입을 선택하거나, 개입을 수행하는 방법을 알지 못한다

'지금 여기'에서 심리도식 양식 작업을 성공적으로 수행하기 위해서 치료자는 현재 활성화된 양식을 관찰하고 대처양식의 기능(예: 화난 아동양식의 경우 분노를 표출함)을 고려하고 내담자의 욕구를 더 잘 충족시키기 위해 양식 변경을 촉진하는 '일치' 개입을 선택해야 한다. 이러한 목적을 달성하기 위한 전략은 양식에 따라 크게 다르다. 우리는 〈표 12-2〉에서 심리도식 양식과 효과적인 '지금 여기' 개입 사이의 대응 관계를 보여 준다.

부적응적 대처양식(대처 방식으로 회피, 굴복 또는 과잉 보상을 두드러지게 사용하는 양식)은 개입으로서 공감적 직면이나 한계 설정이 필요하다(〈표 12-2〉 참조). 이 두 가지 유형의 개입 중에서 선택하는 것은 대부분 심리도식 양식의 심각성과 그것이 치료적 교착 상태를 유발하거나, 치료자의 경계를 넘어서는 정도의 문제이다. 부적응 양식이 안전 또는 존중 행위와 같은 치료자의 기본 권리를 침해하는 경우, 치료자는 즉시 위반 양식에 대한 한계를 설정한다. 예를 들어, 내담자가 치료자에게 위협적이거나 협박하는 방식으로 행동하거나(예: 가해자 공격 양식) 비하하는 경우(예: 자기 과시자 양식), 치료자는 한계 설정을 사용하여 '즉각적으로 양식을 중지'한다. 반면에 부적응 양식이 덜 심각하고 치료자의 경계를 크게 위반하지 않는 경우, 공감적 직면을 사용하여 내담자가 자신의 양식과 치료자에 미치는 영향을 직면하는 자기성찰의 순간을 만든다. 마찬가지로, 양식이 다른 기법으로 해결할 수 없는 치료에서 심각한 교착 상태를 일으킬 경우, 한계 설정이 필요하다. 그렇지 않으면 공감적 직면이 사용된다. 실제로, 한계 설정과 공감적 직면의 조합이 일반적으로 요구된다. 예를 들어, 치료자는 처음에 교착 상태를 유발하거나, 경계를 위반하는 심각한 심리도식 양식에 한계를 설정한 후 공감적 직면을 사용하여 자기성찰의 순간을 만들 수 있다.

〈표 12-2〉 '지금 여기' 치료 관계에서 심리도식 양식과 효과적인 개입 간의 대응(설명과 예시 포함)

심리도식 양식	개입
취약한 아동양식(유기되거나, 학대받거나, 굴욕감을 느끼는 아동) 또는 외로운 아동	제한된 재양육: 치료자는 적절한 한계와 경계 내에서 내담자의 충족되지 않은 정서적 욕구 중 일부를 제공한다. 주어진 순간에 존재하는 욕구에 따라 재양육을 조정한다. 이것은 내담자의 감정과 욕구에 가장 쉽게 접근할 수 있고, 재양육으로 직접 충족될 수 있는 아동양식 중 하나에 있을 때 가장 직접적으로 이루어진다. 예를 들어, 유기된 아동양식을 재양육하는 것은 안전, 안정성 및 연결에 대한 욕구를 충족시키는 것을 포함하기, 충동적인 아동양식은 한계에 대한 필요성을 포함하기 등
화난 아동양식	3단계 과정: ① 경청하고, 분노한 감정을 표현할 수 있는 공간을 마련하라. ② 공감을 표시하고, 반응의 현실적인 측면을 인정하고(분노의 핵심에 대한 이해를 보여 줌), 감정을 인정하라. ③ 건강한 성인 또는 취약한 아동양식으로 전환하라. 건강한 성인양식에서 왜곡되거나 어울리지 않는 측면을 보다 현실적이고 균형 잡힌 방식으로 반영하도록 요청할 수 있다. 취약한 아동양식에서 치료자는 충족되지 않은 정서적 욕구에 대해 제한된 재양육을 제공할 수 있다(앞 참조).
충동적 또는 비훈육된 아동양식	공감적 직면이나 한계 설정 **공감적 직면**: 당신이 관찰하는 양식을 말하거나 기술하라. 이것은 진술이나 질문의 형태일 수 있다. '나는 당신의 ~한 측면을 본다(양식을 묘사한다).' 또는 '당신의 어떤 측면인가(양식을 묘사한다)?'가 있다. 또한 두 양식 간의 관계를 암시하는 두 양식의 이름을 지정하거나 기술하거나 두 양식 간의 관계를 명시할 수 있다. 충동적 아동양식(단일 양식)에 대한 공감적 직면의 예: "질(Jill), 나는 지금 들떠 있는 당신의 한 측면을 보는데, 그것은 힘이 넘쳐서 가만히 앉아서 듣기가 힘든 것 같아요[충동적 아동양식]. 이것은 당신의 어느 측면인가요?" 또는 두 가지 양식, 충동적 아동양식과 건강한 성인양식: "질, 나는 지금 당신의 들떠 있는 면을 봐요[충동적 아동양식]. 당신이 마음을 가라앉히고 경청할 수 있도록 당신

	의 건강한 성인을 돕기 위해 우리가 할 수 있는 일은 무엇일까요?" **한계 설정**: 양식이 권리를 침해하거나 경계를 심하게 넘는 경우, "그만!"이라는 단어를 명확하고 단호하게 말한 다음, 한계 설정이 필요한 권리나 욕구를 명시한다. 공식적인 규칙이나 요구 사항(예: 정시에 회기에 도착해야 하는 규칙)을 참조하기보다 개인적인 방식으로 한계 설정을 수행하라. 비 훈육된 아동양식에서 중지 기법을 사용하지 않는 한계 설정의 예: "존, 일어나는 것이 힘들어서 가끔 늦는 것을 알고 있지만, 밤늦게까지 놀고, 늦잠 자고 싶은 당신의 이런 측면이 치료를 방해하고 있어요. 제시간에 오지 않거나, 회기에 빠지면 도와드릴 수 없어요. 여기에 오지 않으면 치료를 할 방법이 없어요. 이런 일이 계속되면 치료를 중단할 수밖에 없어요. 당신의 비 훈육된 측면과 함께 작업할 방법을 찾아야 해요. 그렇지 않으면 나는 너무 답답하고 어렵고 당신은 필요한 도움을 받을 수 없어요. 당신의 건강한 성인 측면은 제시간에 치료를 받을 수 있도록 어떻게 도울 수 있을까요?"
내면화된 부모양식	양식에게 대답하기: 내담자 및/또는 치료자가 내담자의 요구적 부모나 처벌적 부모양식에게 대답한다. 이것은 치료자 또는 내담자가 빈 의자에 놓인 내담자의 요구적 또는 처벌적 부모양식에 관해 이야기하는 역할극 훈련에서 가끔 수행된다(빈 의자 기법). 내담자는 양식에 대한 목소리를 제공한다. 처벌적 부모양식의 예: **치료자**: 처벌적 측면이 존에 대해 무엇이라고 말하나요? **내담자**: 그는 존이 패배자이고, 하는 모든 일을 망친다고 말합니다. **치료자**: 존의 처벌적인 측면, 존을 비난하는 것을 멈추길 바라요. 나는 존을 잘 알고 있고, 그는 좋은 자질을 많이 가지고 있는 멋진 사람이에요. 당신이 그를 비난하는 방식은 부당하고 그에게 상처를 주고 있어요. 그를 비난하기보다는 지지해 주세요.
회피성 또는 굴복 대처 양식	공감적 직면 또는 한계 설정 분리된 보호자 및 외로운 아동양식과의 공감적 직면의 예: "나는 안전한 거리를 유지하는 당신의 측면을 봅니다[분리된 보호자]. 그것을 이해하지만, 거리를 좁혀 더 많은 연결이 필요한 외로운 측면을 느낍니다[외로운 아동]." 분리된 보호자 양식의 공감적 직면의 예: "나는 당신의 고슴도치 같은 측면을 봅니다. 너무 가까이 가면 찔릴 것 같아요. 이것이 당신의 어느 측면인가요?" "나는 당신이 자신의 분노를 표현하는 데 익숙하지 않다는 것을 알아요. 괜찮아요. 하지만 나에게 화가 났거나 내가 당신을 화나게 한 일을 했다면, 나는 그것을 알고 싶어요. 당신은 그럴 자격이 있어요."
과잉 보상 대처 양식('법의학적' 양식)	공감적 직면 또는 한계 설정 가해자 및 공격 양식에서 중지 기법을 사용하는 한계 설정의 예: "카렌(Karen), 그만하세요! 가석방 담당관에게 편지를 써 달라고 요구하는 당신의 이 측면이 저를 압박하고 있어요. 제가 궁지에 몰린다고 느끼면 도와줄 수가 없어요. 우리 둘에게 치료가 안전하고 존중받는다는 것을 느낄 필요가 있어요. 나를 강요하지 않고, 내가 편지를 써야 할지 말아야 할지에 대해 우리가 논의할 수 있다고 느낄 필요가 있어요."

교활한 조종자 양식과의 공감적 직면 예: "당신이 뭔가를 꾸미고 있는지, 나에게 진실하게 행동하고 있는지 궁금하게 만드는 측면이 있어요. 당신은 나의 신뢰를 받을 자격이 있다고 생각하기 때문에, 일단 믿어 주려고 노력해요. 치료를 잘하려고 노력하는 당신의 건강한 측면이 있다는 것을 알고 있어요. 또한 간접적인 방식으로 원하는 것을 얻으려고 하는 또 다른 측면이 있다고 생각해요. 당신이 나에게 말하는 것을 믿고 싶지만, 내가 의심스러울 때, 당신에게 말하는 것이 중요해요. 당신이 나에게 솔직하지 않다면, 거기에는 이유가 있다고 생각하고, 왜 그런 일이 일어나는지 알고 싶어요."

내담자의 심리도식 양식은 치료자의 양식을 촉발한다: 심리도식 양식 일치, 상보성 및 대결

세 번째이자 매우 일반적인 문제는 내담자의 심리도식 양식에 대한 치료자의 정서적 반응으로 인해, 그 자신이 심리도식 도식 양식으로 들어갈 때 발생한다. 치료자의 심리도식 양식이 활성화되면 상황에 대한 시각을 잃을 수 있다. 치료자의 심리도식 양식과 그 기저에 깔린 초기부적응도식은 효과적인 기능을 방해하는 강한 정서적 반응과 부적응적 대처반응을 생성하는 사건을 해석하는 방식을 왜곡시킨다. 심리도식 양식으로 대표되는 치료자의 과거는 내담자의 양식에 의해 촉발될 때 '지금 여기' 치료 관계를 다루기 어렵게 만든다.

우리는 '심리도식 양식 일치(schema mode congruency)' '심리도식 양식 상보성(schema mode complementarity)' '심리도식 양식 대결(schema mode battle)'이라고 부르는 양식을 촉발하는 세 가지 기본 패턴을 관찰했다(예시는 〈글 상자 12.2〉 참조). 이러한 상호작용이 어떻게 발생하는지 이해하면 치료자가 내담자와 함께 하는 자신의 작업에서 패턴을 인식하고 내담자들에 대한 건강한 시각을 얻는 과정의 시작에 도움이 될 수 있다.

심리도식 양식 일치: 내담자와 치료자가 같은 양식에 있으며, 오랜 시간 지속되면 치료에서 교착 상태가 발생한다. 매우 일반적인 예는 내담자와 치료자가 모두 분리된 보호자 양식에 있을 때이다. 그들은 감정이나 어려운 주제를 다루거나 서로 진정한 접촉을 피하려고 '공모'했다. 이 패턴에 대한 또 다른 변형은 내담자와 치료자가 지나치게 지적이거나 이성적인 방식으로 서로 관련되어 있을 때 발생한다. 그들은 분리된 보호자 양식의 주지화 또는 합리화 형태를 공유한다.

심리도식 양식 상보성(유리 및 불리): 두 번째 패턴은 내담자와 치료자의 양식이 유리한 입장이거나 불리한 입장의 상보적 관계에 있는 경우이다. 일반적으로 한 사람은 자기 과시자 또는 가해자 공격 양식과 같은 과잉 보상 양식에 있지만, 다른 한 사람은 취약한 아동양식(예: 굴욕적인 아동양식) 또는 순응적 굴복자 양식에 있다.

심리도식 양식 대결: 세 번째 상황은 일반적으로 과잉 보상 양식인 두 가지 지배적 양식 간의 통제 싸움이다. 예를 들어, 내담자가 자기 과시자 양식에 있을 때 치료자를 비난하려 하고, 치료자가 자기 과시자 양식에 들어가, 내담자에게 잘난 척하거나 콧대를 꺾음으로써 자신의 이미지를 강화하려고 노력한다.

글 상자 12.2 심리도식 양식 일치, 상보성 및 대결 예시

일치: 한 내담자가 주중에 있었던 자신의 경험에 관해 이야기를 시작한다. 그는 단조롭거나 지루한 어조로 "모든 것이 괜찮았고, 특별한 일은 없었어요. 사람들을 만났고 좋았어요. 룸메이트들과 조금 싸웠지만, 결국 잘 되었어요."라고 말한다. 내담자는 자신의 감정을 마비시키고 어려운 주제나 치료자와의 감정적인 접촉을 피하는 분리된 보호자 양식에 있다. 이에 대한 반응으로 치료자도 종종 스스로 분리된 보호자 양식에 들어간다. 치료자는 지루해지거나 피곤해진다. 그는 심지어 매우 졸리기도 한다. 그는 휴가 계획이나 회기가 끝난 후 슈퍼마켓에서 무엇을 사야 할지와 같은 관련 없는 것들에 대해 생각하면서 산만해질 수도 있다.

상보성: 한 내담자가 "나는 심리학을 공부했고, 미안하지만, 당신보다 나이가 많고, 더 많은 인생 경험이 있어서 나는 이 치료가 잘 되리라 생각하지 않아요."라고 말한다. 여기서 내담자는 열등감에 대한 과도한 보상에서 동기가 부여되는 자기 과시자 양식에 있다. 그 순간, 치료자는 무의식적으로 내담자가 자신을 조종하는 자세, 즉 불리한 자세를 취할 수 있다. 치료자는 자신이 열등하다고 느끼는 굴욕적인 아동양식으로 들어가거나, 예를 들어 내담자의 더 큰 삶의 경험으로부터 배우겠다는 의지를 표현함으로써 내담자를 달래려고 노력하는 순응적 굴복자 양식으로 들어갈 수 있다. 치료자가 유리한 위치를 취하고 내담자가 불리한 위치를 취할 때 상황은 역으로 발생할 수도 있다.

대결: 법의학적 맥락에서 일반적인 예는 내담자가 교활한 조종자 양식에 있고, 이에 응하여 치료자가 응답으로 내담자의 '정체를 벗길' 필요성을 느낄 때이다. 치료자는 "나는 잘 알고 있는 전문가예요!"라고 말한다. 내담자에게 암묵적으로 '당신이 무슨 짓을 하려는지 알아요!'라고 말한다. 따라서 치료자는 내담자의 교활한 조종자 양식의 '정체를 드러내도록' 시도하면서 과잉 보상 양식, 편집성 과잉통제 양식으로 들어간다.

치료자가 정서적으로 촉발될 때, 건강한 성인양식을 취하기

치료자들이 어려운 심리도식 양식을 가진 내담자들을 다룰 때, 때때로 정서적으로 촉발되어 자신을 안전지대에서 밀어내는 것은 불가피하다. 그러나 치료자가 심리도식 양식으로 들어간 그 순간을 인식하는 능력은 건강한 성인양식의 기능이다. 결국 그 기능은 자신의 반응을 받아들이고, 회복하고, 건강한 성인양식의 개입을 진행할 수 있게 한다. 이러한 상황에서 회복하기 위해, 치료자는 심리적 평형 상태로 돌아가기 위해 자신의 건강한 성인양식을 취할 필요가 있다.

우리는 치료자의 건강한 성인양식을 취하기 위해 심리도식치료, 마음챙김 및 자기 자비의 요소를 결합한 다음 접근 방식을 권장한다.

1. 내담자에 대한 자신의 반응을 주목하고 수용하라. 따뜻한 사람이 될 수 있다.
2. 이것은 자신의 어느 측면(예: 심리도식 양식)인가? 다른 상황에서 이 측면을 인식하는가? 무엇이 이 측면을 촉발하게 시켰는가?
3. 자신의 건강한 성인양식은 이 측면에 대해 어떻게 말해야 할까?
4. 자신의 심리도식 양식을 잠시 옆에 '안정시킬' 수 있는가?
5. 현재의 순간에 자신을 접지시키기 위해 호흡에 집중하라.
6. 내담자에게 주의를 돌려라.
7. 내담자의 심리도식 양식에 대해 자신의 반응은 무엇을 말하는가?
8. 내담자의 심리도식 양식과 일치하는 개입을 선택하라.

물론, 우리는 치료자가 몹시 흥분하여 이 모든 단계를 수행할 것으로 기대할 수는 없다. 그러나 그 과정을 약간 늦추는 법을 배울 수 있으며, 건강한 성인의 기능을 회복할 시간을 줄 수 있다. 치료자가 자신의 감정을 알아차리는 순간, 건강한 성인양식으로 돌아가기 시작한다. 단순히 그 순간에 자신의 경험을 인식하도록 허용함으로써[신체 감각, 감정, 생각 및 행동 경향(즉, 싸우거나, 얼거나, 도망가려는 경향)을 알아차림] 치료자는 현재 순간에 자신을 접지한다. 자신의 호흡에 주의를 집중하는 것도 현재에 있다는 인식에 뿌리를 내리는 닻 역할을 할 수 있다. 마음챙김 인식의 이러한 태도는 치료자가 건강한 성인양식으로 돌아가서 그게 뭐든 간에 자신의 반응을 알아차리고 받아들이는 데 도움이 된다.

치료자들은 종종 회기 중에 자신의 반응을 원치 않고, 달갑지 않은 것으로 경험한다. 내담자에게 불편함을 느끼면 치료자이자 사람으로서 자신에 대한 자기 처벌적 생각과 감정(처벌적 부모양식)을 촉발할 수 있다. 예를 들어, 다른 치료자들은 그 상황을 성공적으로 처리할 수 있으리라 생각하면서, 그러한 상황에서 종종 고통스러운 부적절감을 경험한다. 치료자들은 자신의 기대에 부응하지 못할 때 스스로 용서하지 않을 수 있다(요구적 부모양식). 심각한 성격장애 내담자에게 극도로 도전적일 수 있는 그들의 작업에 대해 균형 잡히고 현실적인 시각을 갖기보다는 개인적인 실패로 좌절을 경험한다. 자기 주도적 비판의 이런 고통스러운 경험들은 그들의 어려움을 더 악화시킬 뿐이어서, 내담자에 대한 반응을 수용하기 더 어렵게 만든다. 사실, 치료자들은 내담자들에게 화가 나거나, 지루하거나, 끌리거나, 겁을 먹거나, 외롭거나, 산만해지는 등 온갖 종류의 반응을 보인다. 이런 종류의 반응은 도전적인 내담자들을 다룰 때 예상할 수 있다. 그것들은 치료자들이 다른 사람들과 마찬가지로 인간이라는 것을 의미한다. 치료자는 자기 처벌적이거나 요구적인 측면을 포함하여 자신의 매우 인간적인 반응을 받아들일 수 있다.

일단 치료자가 자신의 심리도식 양식을 인식하고 받아들이게 되면, 우리는 치료자가 그것들을 '옆에 안정시키는' 것을 권장한다. 따라서 치료자는 자신의 양식을 거부하지 않고, 자신의 인식 주변으로 이동시켜 건강한 성인양식을 앞뒤로 두고 내담자에게 주의를 돌릴 수 있다. 그러고 나서 자신에게 묻는다. '지금 내담자가 어떤 양식에 있는가? 그의 정서적 욕구는 무엇인가? 그를 자기성찰 상태(건강한 성인양식) 또는 정서적 취약성(취약한 아동양식)으로 전환하기 위해 어떤 개입을 사용할 수 있는가?'

요약

이 장에서 우리는 법의학 및 일반 임상 실무 모두에서 치료적 교착 상태를 초래할 수 있는 세 가지 유형의 문제에 대해 논의했다. ① 치료자가 치료 관계의 '지금 여기'에서 내담자의 양식을 잘못 인식하고 있는 것, ② 치료자가 잘못된 개입을 선택하거나, 개입을 수행하는 방법을 알지 못하는 것, ③ 치료자의 양식을 촉발하는 세 가지 유형의 역기능적 양식 패턴(심리도식 양식 일치, 심리도식 양식 상보성, 양식 지배를 위한 대결)을 검토했다. 마지막으로, 우리는 치료자가 어떻게 자신의 정서적 반응을 받아들이고, 옆에 두고 '안정시키고' 내담자에게 주의를 돌려주는 건강한 성인양식을 취할 수 있는지에 논의했다. 이러한 개념과 기법은 치료자가 '지금 여기' 치료 관계의 장애물을 극복하는 데 도움이 될 수 있으며, 법의학 및 비 법의학 환경 모두에서 개입을 더 효과적으로 수행할 수 있는 정서적 공간을 만든다.

치료자 조언

1. 법의학 및 비 법의학 환경에서 나타나는 현상은 두 집단 모두에서 반사회적 양식이 나타나는 심각도의 연속성을 형성한다는 것을 명심하라. 일반 임상 실무에서 대부분 내담자는 법의학 환경보다 건강한 성인양식이 상대적으로 강하므로 동일한 심리도식 양식의 심각도가 덜하다.
2. 치료에서 치료자의 목표 중 하나는 내담자를 부적응 심리도식 양식에서 더 생산적인 양식, 즉 취약한 감정과 관련된 양식(예: 유기된 아동, 외로운 아동) 또는 건강한 성인양식으로 전환하는 것이다.
3. 활성화된 부적응 양식을 확인할 때 여섯 가지 요소를 고려하라. 치료적 교착 상태/파열의 존재, 정서적 상태 관찰, 잠재적 촉발요인, 인지 및 대처 방식, 내담자에 대한 자신의 정서적 반응이다.
4. 지금 여기에서 심리도식 양식 작업을 성공적으로 수행하려면, 치료자는 현재 활성화된 양식을 관찰하고 대처양식의 기능(화난 아동양식의 경우에 분노를 환기하게 시키는)을 고려하고 내담자의 욕구를 더 잘 충족시키기 위해 양식 변경을 촉진하는 '일치' 개입을 선택해야 한다.
5. 과잉 보상 법의학 양식의 경우, 일반적으로 공감적 직면과 한계 설정이 바람직하다. 이 두 가지 유형의 개입 중에서 선택하는 것은 주로 심리도식 양식의 심각성과 그것이 치료적 교착상태를 유발하거나 치료자의 경계를 넘어서는 정도에 따라 결정된다.
6. 치료 관계에서 양식을 촉발하는 양식에는 세 가지 기본 패턴이 있는데, 심리도식 양식 일치, 심리도식 양식 상보성 및 심리도식 양식 대결이다. 이러한 상호작용이 어떻게 발생하는지를 이해하면 치료자들이 내담자들과의 작업에서 패턴을 인식하는 데 도움이 될 수 있으며, 내담자들에 대한 건강한 관점을 얻고 치료의 진전을 극대화하는 과정을 시작할 수 있다.

참고문헌

Bernstein, D., Arntz, A., & de Vos, M. (2007). Schema focused therapy in forensic settings: Theoretical model and recommendations for best clinical practice. *International Journal of Forensic Mental Health, 6*, 169-183.

Bernstein, D. P., Keulen-de Vos, M., Clercx, M., de Vogel, V., Kersten, G., Lancel, M., Jonkers, P., Bogaerts, S., Slaats, M., Broers, N., Deenen, T., & Arntz, A. (submitted). Effectiveness of long-term, inpatient psychotherapy for rehabilitating violent offenders with personality disorders: A randomized clinical trial of schema therapy vs treatment-as-usual.

Keulen-de Vos, M., Bernstein, D. P., & Arntz, A. (2014). Schema Therapy for aggressive offenders with personality disorders. In R. C. Tafrate & D. Mitchell (Eds.), *Forensic CBT: A Handbook for Clinical Practice*, 66-83. Chichester: Wiley-Blackwell.

Keulen-de Vos, M. Bernstein, D. P., Vanstipelen, S., de Vogel, V., Lucker, T., Slaats, M., Hartkoorn, M., & Arntz, A. (2016). Schema modes in the criminal and violent behavior of forensic cluster B PD patients: A retrospective and prospective study. *Legal and Criminological Psychology, 21*, 56-76.

Rafaeli, E., Bernstein, D. P., & Young, J. (2011). *Schema Therapy: Distinctive Features*. New York: Routledge.

Young, J. E., Klosko, J., & Weishaar, M. (2003). *Schema Therapy: A Practitioner's Guide*. New York: Guilford Press.

제13장

커플을 위한 심리도식치료

–안전한 연결을 촉진하기 위한 개입–

– Travis Atkinson[1)]과 Poul Perris[2)]

서론

고통스러운 남녀 관계에서 심리도식치료는 초기부적응도식이 파트너 간의 부정적인 상호작용을 점화시키고, 파트너가 상대방을 경험하는 방식에 편견을 가진, 인식된 위협이나 위해의 자기 영속적인 주기를 생성한다고 가정한다. 기질과 함께 초기부적응도식은 중요한 양육자와의 어린 시절 경험에서 발달하고 현재 관계에 부정적인 영향을 미쳐 박탈, 유기, 통제, 비판 또는 학대와 같은 핵심 관계 위협을 촉발할 수 있다(Young et al., 2003). 마음의 상태 또는 양식은 초기부적응도식에서 발전한다. 여기에는 아동 및 부모양식과 함께 역기능적 대처양식이 포함된다. 파트너 간의 역기능적 행동을 유발하는 양식은 심리도식 주도의 관점에서 비롯된다(Arntz & Jacob, 2013). 양식의 편견, 우세 및 경직성은 건강한 사랑 관계에 필요한 관심, 개방성 및 수용을 차단한다(Siegel, 2012). 일련의 대처양식이 파트너 간에 반복적으로 충돌할 때, 양식 주기는 고통스러운 대인 관계의 기본 패턴으로 나타난다. 이러한 유형의 양식 주기는 각 파트너의 핵심적인 관계 욕구를 충족시키는 능력을 좌절시키고(Atkinson, 2012), 점차로 관계 불화로 이어져 커플 만족도와 유지 기간에 좋지 않은 결과를 초래한다(Mikulincer & Shaver, 2016).

---

1) 뉴욕 심리도식치료 교육 센터(the Schema Therapy Training Center of New York, STTC) 소장이다. 그는 뉴욕 심리도식치료 협회 설립을 도왔고, 수년 동안 Jeff Young 박사와 함께 뉴욕 인지치료센터의 스태프로 일했다. 그는 공인 고급 개인 및 커플 심리도식 치료자, 슈퍼바이저 및 트레이너이다.

2) 의학박사로서, 공인 심리치료자 및 슈퍼바이저이며, 스웨덴 스톡홀름에 있는 스웨덴 CBT 및 심리도식치료연구소 소장이다. 그는 2008년부터 2010년까지 ISST(International Society for Schema Therapy)의 창립 회장이었고, 2010년부터 2016년까지 스웨덴 인지행동치료 협회(the Swedish Association for Cognitive Behavioural Therapy: SABCT) 회장을 역임했다. 그는 Jeffrey Young 박사의 초기 심리도식치료 및 개인 및 커플을 위한 공인 심리도식 치료자, 슈퍼바이저 및 트레이너이다. 그는 성격장애 치료와 복합 관계적 문제가 있는 커플치료를 전문으로 한다.

커플 심리도식치료의 목표는 파트너 간의 안전하고 안정적인 연결의 일관된 패턴을 촉진하는 것이다. 치료자는 커플 내에서 새로운 경험을 조정하고 지원하는 동시에 그러한 경험에 새로운 의미를 부여하고 각 파트너의 초기부적응도식의 정체를 알게 하고 건강한 성인양식을 강화한다. 중심 요소는 치료자와 커플이 관계에서 초기부적응도식이 촉발될 때 각 파트너가 어떻게 대처하는지 함께 발견하고, 그들의 대처양식이 굴복, 회피 또는 과잉 보상 행동을 통해 관계적 위협에 직면하여 자신의 욕구를 충족시키려는 방법을 파악하는 것이다. 양식은 종종 파트너의 심리도식을 촉발하여 거리감과 긴장을 조성하는 동시에 작동 중인 심리도식의 핵심 신념을 강화한다. 양식 주기는 일반적으로 파트너가 자신의 심리도식 렌즈를 통해 관계적 불화를 이해하기 때문에 의식적 인식 밖에서 작동하며, 이는 각 주기와 함께 더 확고해질 수 있다.

커플이 그들의 양식 주기를 인식하고 이해함에 따라 더 정서적으로 연결되고 균형 잡히고 유연하고 적응적인 방식으로 서로의 핵심 욕구를 충족시킬 기회를 얻게 된다. 커플은 점차로 역기능적 대처양식의 상호작용, 즉 관계를 증진하는 건강한 성인, 취약한 아동 및 행복한 아동양식(즉, 건강한 양식 3요소) 사이의 긍정적인 상승 효과로 대체한다. 건강한 성인은 취약한 아동 및 행복한 아동양식의 핵심 관계 욕구를 확인하고 요청한다. 두 파트너의 핵심 욕구를 충족시키기 위해 상호 반응을 일으키는 취약성에 대해 서로 자기 개방을 포함하는 새로운 상호작용 패턴이 개발된다(Mikulincer & Shaver, 2016). 건강한 양식 3요소는 커플이 서로 개별적인 '나'를 존중하고 구별하며, 두 파트너를 사랑 관계 전체를 정의하는 하나의 '우리'로 통합한다(Siegel, 2012). 커플은 갈등을 효과적으로 치료하고 과거의 상처를 치유하며 미래의 관계 파열을 피할 수 있다(Gottman, 1999).

심리도식치료는 성격장애 특성을 경험하거나 성격장애의 기준을 충족하는 내담자에게 흔히 나타나는 견고하고 파괴적인 양식을 목표로 하여 특별히 개발되었다(Young et al., 2003). 개인이나 집단 양식을 사용하는 다양한 성격장애의 활용에 대한 경험적 지지(Giesen-Bloo et al., 2006; Farrell et al., 2009; Bamelis et al., 2014)가 있다. 커플 심리도식치료는 심리도식치료를 커플에 맞게 변형하여 고통스러운 상호작용에 맞춤화된 치료를 제공한다. 대부분의 기존 커플치료 모델은 성격장애 특성을 명시적으로 다루지 않아서, 치료에서 중요한 진전을 이루지 못하고 있다(Simeone-DiFrancesco et al., 2015). 예를 들어, 정서 집중 치료에 반응이 없는 커플의 27~30%를 살펴보면, 대다수는 심리도식치료가 완고한 역기능적 대처양식으로 분류할 수 있는 것들의 결과로 관계(Makinen & Johnson, 2006)에서 여러 번 상처를 입었다.

성격장애에서 흔히 볼 수 있는 더 심각한 초기부적응도식은 혼란이나 경직성의 강렬한 패턴을 통해 관계에서 쉽게 활성화되어 보이고 있으며, 종종 관계 만족도를 감소시키고 관계의 안정성을 위협하는 심한 분노 또는 분리된 무감각을 포함하는 대처양식을 통해 표현된다(Siegel, 2010). 이 장에서는 커플 심리도식치료에서 이러한 양식 주기로 효과적으로 작업하는 방법을 개략적으로 설명하며, 커플의 임상 삽화로 설명된 여섯 가지 핵심 원리에 초점을 맞추고 있다.

1. 이중 초점: 치료 관계 및 과제/목표
2. 안전성 확립하기: 공감적 관심, 인정 및 보호
3. 양식 주기 개념화하기
4. 건강한 양식 3요소 강화하기
5. 연결 대화: 취약성을 불러오기 및 욕구 충족시키기
6. 커플을 위한 심상 재구성하기: 무대 설정 및 재양육

삽화에 등장하는 커플인 아리아나(Ariana)와 하리(Hari)는 2년 동안 사귀어 왔다. 아리아나는 최근 휴가를 보내면서 하리가 청혼하지 않아 큰 상처를 받은 후 치료에 들어갔다. 그 과정을 충분히 깊이 있게 설명하기 위해, 삽화는 아리아나에게 더 집중적으로 초점을 맞춘다. 전체 회기에서, 동일한 원리와 개입 유형이 하리에게도 그의 욕구를 해결하기 위해 사용될 것이다. 삽화는 심리도식 치료자와 함께 열 번째 회기에서 시작된다. 아리아나와 하리는 모두 양식 주기의 최근 예를 설명하고 있다.

이중 초점: 치료 관계 및 과제/목표

커플 심리도식치료에서 치료자는 이중 과제를 위해 노력하며, 제한된 재양육 기법을 사용하여 두 파트너와 동맹을 맺어 그들이 동등하게 이해되고 보살핌을 받는다고 느끼도록 돕는 동시에 진행을 방해할 수 있는 초기부적응도식 및 역기능적 양식 주기에 공감적으로 직면하는 것을 포함하여, 핵심 커플 심리도식치료 과제 및 목표를 해결하도록 안내한다. 치료자는 두 파트너와의 치료적 관계에 주의를 기울이면서 각각의 경험과 양식을 철저히 탐색한다.

한 파트너가 커플의 역기능의 유일한 원인이 되는 경우는 거의 없으므로, 치료자들은 초기부적응도식이 관계 고통의 원인인 양식 주기의 근원이라는 생각을 강화한다. 관계의 각

파트너를 양식 주기에 대한 해독제, 초기부적응도식의 변화와 치유의 주체자로 설정한다. 치료자가 재양육의 주요 원천인 개인 심리도식치료와는 달리, 커플 심리도식치료에서는 각 파트너가 서로를 재양육하도록 안내한다. 커플 심리도식치료의 주요 개입은 각 파트너가 상대방의 교정적 영향으로부터 완전히 혜택을 얻도록 돕기 위해 설정된다. 적극적인 재양육을 지원하기 위해 그들에게 개인 또는 집단 회기를 추가로 제공하는 등 추가 지원이 필요할 수 있다.

다음 부분에서 치료자는 양식 주기에서 그녀의 역할을 평가하기 위해 아리아나의 원형적 갈등 경험을 탐색한다. 그녀가 논쟁을 잘못 전달하고 있다고 느끼는 하리의 불신이 촉발되어 갑자기 방해를 받는다. 치료자는 아리아나의 양식(핵심 커플 심리도식치료 과제)을 평가하는 것에서 하리의 정서적 반응(관계적 전략)을 인정하기 위해 공감적 직면을 사용하는 것으로 유연하게 전환한다. 치료자는 하리의 정서적 반응을 확인함으로써 그의 대처반응을 완화하여 아리아나의 경험과 그들의 양식 주기에서 아리아나의 역할을 평가하는 작업을 계속할 수 있게 한다.

치료자: 아리아나, 당신이 하리와 함께 운전했을 때 무슨 일이 일어났는지 말해 주세요.

아리아나: 하리는 조수석에 앉아 평소와 같이 휴대전화를 보고 있어요. 저는 우리가 휴가 계획을 세우기 위해 운전하는 동안 이야기하기를 바라고 있었어요.

하리: 사실대로 말해, 아리아나. 나한테 소리를 지르면서 어떻게 시작했는지는 빠뜨리고 있잖아요?

치료자: 잠깐만요, 하리[치료자가 몸을 기울인다]. 아리아나가 끝낼 수 있도록 한 다음, 당신에게 물어도 될까요?

하리: 그녀가 진실을 말하지 않는데 무슨 소용이 있겠어요? 그것은 사실이 아니에요. 나는 그녀가 무슨 말을 하려는지 다 알고 있어요.

치료자: 알겠어요, 하리. 아주 다르게 기억하는 이야기를 듣기가 어렵다는 것을 압니다. 지금 아리아나 이야기를 중단시키지 않아서 힘들 수 있어요. 저는 누구 편을 들기 위해 여기에 있는 것이 아니에요. 두 사람이 차 안에서 있었던 일을 어떻게 기억하는지 알고 싶어요. 나는 당신의 양식 주기가 어떻게 진행되었는지 알고 싶어요. 물론, 우리는 모든 사물을 다르게 기억하고 있어요. 아리아나가 기억하는 나머지 이야기를 좀 더 들을 수 있을까요? 그리고 내가 당신의 이야기를 들어 줄게요.

안정성 확립하기: 공감적 관심, 인정 및 보호

파트너 간의 부정적인 상호작용 패턴을 평가하려면 높은 수준의 공감적 관심이 필요하다. 공감은 다른 사람의 감정, 생각, 태도를 동일시하거나 상상하는 것을 포함하며, 치료자와 커플 모두에게 가장 가치 있는 관계적 도구 중 하나이다. 공감을 실천하는 것은 내담자의 취약한 아동이 일어나도록 요청할 수 있으며, 이는 차례로 역기능 부모 및 대처양식 반응의 복합체를 끌어낼 수 있다. 예를 들어, 치료자가 대처양식을 우회하여 취약한 아동과 연결할 때, 내담자의 비판적 부모양식은 자신의 감정을 표현하기 위해 그들을 공격함으로써 반응할 수 있다. 이 양식의 반응은 파트너가 자신의 취약성에 대해 어떻게 반응할지에 대한 두려움 때문에 심화된다. 예를 들어, 자신을 약하거나 실패로 간주하는 것과 같은 비판적 부모양식과 유사한 입장에서 파트너가 자신의 취약성을 볼까 봐 두려워할 수 있다. 또한 그들은 파트너가 자신의 고통을 오해하거나 인정하지 않는 것 같은, 다른 방식으로 실망하게 할 것이라고 예상할 수 있다. 마지막으로, 그들은 취약성을 표현하는 것이 갈등을 촉발하고, 그들의 기본양식 주기를 예상하여, 안전하지 않거나 쓸모없다고 느끼게 만드는 것을 두려워할 수 있다.

치료자들은 취약한 아동의 감정을 확인하고 역기능적 부모양식으로부터 보호하며, 수용하고 치료적 유대를 강화한다. 취약성에 대해 개방적이고 긍정적인 치료자의 반응은 대개 듣고 있는 파트너로부터 공감과 인정을 끌어낸다. 그러나 듣고 있는 파트너가 비판적이거나 인정하지 않는 양식으로 전환하면 치료자들은 취약한 파트너를 돌보는 데 계속 집중하면서 공격에 공감적으로 직면할 준비가 되어 있어야 한다.

다음 단계는 내담자가 일반적으로 활성화되었을 때, 건강한 성인양식의 핵심 기술을 사용하여 취약한 아동양식의 감정을 진정시키고 조절할 수 있도록 돕는 것에 중점을 둔다. 치료자들이 안정성을 확립하기 위해 사용하는 핵심 전략은 다음 삽화에 나와 있다.

아리아나: 하리와는 늘 똑같은 이야기예요.

치료자: 어떻게요, 아리아나? 제가 이해할 수 있도록 해 주세요.

아리아나: 그냥 너무 무의미해 보여요.

치료자: 아리아나, '너무 무의미해 보인다.'라고 말할 때 지금 무슨 일이 일어나고 있는지 말해 줄 수 있나요?

아리아나: 잘 모르겠어요. 공허함 같아요.

치료자: 맞아요. 그 공허함을 살펴봅시다.

아리아나: 내 생각을 말하려고 할 때나 중요한 것을 공유하려고 할 때마다 하리가 저를 공격하고 차단해요.

치료자: 조금 전에 시작된 것과 비슷한 건가요?

아리아나: 맞아요.

치료자: 하리가 끼어들 때 그 공허함이 떠오르는 겁니까?

아리아나: 네. 내 안에 차단하고 있을지도 몰라요. 그가 마음대로 하도록 두는 게 더 쉬워요. 내가 반격할 때마다, 운전 중에 그랬던 것처럼, 하리는 정말 화를 내고, 항상 어떻게든 제 잘못으로 끝내곤 해요. 무슨 말을 하면, 나는 항상 많은 것을 요구하는 철없는 아이니까 늘 패배자가 돼요. 그러다 울기 시작하고, 아무 말이나 하는 내가 정말 싫어져요. 왜 나는 그에게 말하지 않고 혼자서 이 일을 처리할 수 없을까요? 내가 왜 이러지요?

치료자: 지금 자신을 공격하는 건 꽤 거친 목소리네요, 아리아나.

아리아나: 물론이지요. 나는 더 성장해야 해요. 보채며 우는 아이와 누가 같이 있고 싶겠어요? 내가 늘 울기만 한다면 좋아할까요?

치료자: 보세요, 아리아나. [아리아나가 잠시 멈추고 치료자를 본다] 좋아요. 저와 함께 심호흡하고 천천히 숨을 내쉬세요. 좋아요. [치료자는 잠시 멈췄다가 하리를 본다] 지금 우리와 같이 있는 거지요. 하리?

하리: 듣고 있어요.

치료자: 하리! 기다려 줘서 고마워요. 곧 돌아올게요.

양식 주기 개념화하기

효과적인 커플치료를 위해서는 치료자와 두 파트너가 기본양식 주기에 대한 정확한 이해를 발전시켜야 한다. 치료자는 각 파트너와 함께 초기부적응도식을 활성화하는 일반적인 내용과 촉발요인을 확인하고 양식 주기를 정하는 양식 상호작용(예: 공격 또는 위축 행동) 패턴을 탐색한다. 개인 심리도식치료 동안 사용된 동일한 이론적 원리에 의해 양식 개념화에 대한 정보를 제공한다. 그러나 커플 회기에서 치료자는 개인 회기 동안 내담자의 설명에서 완전히 이해하기 어려울 수 있는 빠르고 강렬한 상호작용을 목격한다. 또한 파트너의 심리도식 기원을 이해하는 것은 치료자(및 커플)가 양식 주기 동안 각 파트너의 특정 관계적 민감성과 원형적 패턴을 확인하는 데 도움이 된다.

다음 삽화에서 치료자는 차 안에서 있었던 일에 대해 그가 그녀를 방해할 때 폭발하는 아리아나와 하리의 양식 주기를 평가한다. 치료자는 아라아나의 초기부적응도식 및 양식의 존재를 확인하고, 그녀가 분리된 보호자 양식으로 전환하여 대처한 정서적 결핍('나는 결코 내 욕구를 충족시키지 못할 것이다')로 시작한다. 아리아나의 결함 도식('나의 욕구가 문제이다.')은 그녀의 처벌적 부모양식에 의해 강화되었다. 마지막으로, 그녀의 유기 도식('나는 항상 혼자일 것이다.')은 체한 것처럼 답답한 상태로 나타나서 어린 아리아나(취약한 아동양식)를 두렵고 슬프고 부끄럽게 만들었다.

치료자: 아리아나, 조금 전에 하리가 끼어든 후에 공허함이 생긴다고 말했어요. 그 공허함 속에 있는 것이 어떤 것인지 내가 이해할 수 있도록 말할 수 있을까요?

아리아나: 무슨 뜻인가요?

치료자: 차에서 휴가 계획에 대해 하리와 이야기하고 싶다고 말했을 때로 돌아가 잠시 시간을 가져 보세요. 하리는 당신이 제대로 말하고 있지 않다며 끼어들었어요. 그 순간, 당신의 내면에 공허함이 떠올랐다고 말했어요. 그 공허 속으로 들어갔을 때 무슨 일이 있었는지 제가 이해할 수 있도록 도와주실 수 있겠어요?

아리아나: 가슴에 엄청난 압박감이 있었고, 숨이 막힐 것 같았어요.

치료자: 좋아요, 아리아나. 지금 그 순간에 자신의 모습을 상상해 보세요. 숨이 막힐 것 같은 압박감, 압박감에 주목하세요. 지금 몸 어디에서 느끼고 있나요?

아리아나: 바로 여기[가슴에 손을 얹고 배 쪽으로 내려간다].

치료자: 좋아요, 아리아나. 지금 배 속에서 느껴지는 감각이 무엇일까요?

아리아나: 위에 통증이 느껴지는 것 같아요.

치료자: 좋아요. 거기에 머물면서 체한 듯이 답답한 상태를 느껴 보세요. 하리가 끼어들었을 때, 숨 막힐 듯이 가슴이 조여 오는 그 느낌을 말해 보겠어요? 그 느낌이 무슨 말을 하려는 거죠?

아리아나: 겁에 질린 것은 그 부분이에요. 거절당할까 봐 너무 무서워요. 마치 내가 없는 것 같아요, 중요하지 않아요. 내가 원하는 것, 내가 누구인지는 중요하지 않아요.

치료자: 알겠어요. [아라아나의 경험과 함께 있는지 확인하면서 하리를 살핀다] 중요하지 않다고 느끼는 것은 당신의 부분이며, 거절당할 수도 있어요. 맞나요?

아리아나: 네, 나는 중요하지 않아요. 저는 혼자예요.

치료자: 맞아요, 아리아나, 당신이 중요하지 않다고 느낄 때, 그리고 완전히 혼자라고 느낄 때 체한 것처럼, 답답한 느낌이 올라오고 매우 두렵지요.

아리아나: 네, 그게 내가 아는 전부예요.

치료자: 아리아나! 그러고 나서 당신의 그 부분이 거절당하고 혼자라고 느낄 때, 무슨 일이 일어나고 있나요?

아리아나: 엄청나게 슬퍼져요. 다 내 잘못이고 내가 멍청하고……. 그때 공허함을 느껴요.

치료자: 더는 참을 수 없을 것 같은 느낌이 들 때, 고통으로부터 자신을 보호하기 위해 물러나면, 이 공허함이

나타납니다. 그래요?

아리아나: 나는 숨어야 해요. 다른 방법이 없어요.

치료자: 아리아나, 내가 이해했는지 도와주시겠어요? 하리가 끼어들면 체한 듯이 가슴이 답답하고 매우 슬프고 외로워지기 시작해요. 갑자기 비난하는 목소리가 들어와 당신이 너무 심해서 모든 것이 자신의 잘못이라고 말하고 있어요. 더 많은 고통으로부터 자신을 보호하기 위해 뒤로 물러나고 내면에 깊은 공허함이 남아요. 맞나요?

아리아나: 네, 정확히 맞아요. 비어 있어요. 저는 사랑스럽지 않아서 혼자예요.

건강한 양식 3요소 강화하기

유해한 양식 주기를 깨뜨리기 위해서는 커플이 건강한 성인, 취약한 아동 및 행복한 아동의 건강한 양식 3요소 사이의 유연한 상호작용 패턴을 발전시켜야 한다. 이전 삽화는 치료자가 아리아나에게 취약한 아동에 대한 인식과 공감을 발달시키는 데 초점을 맞추고, 그녀의 초기부적응도식 및 양식을 확인하도록 안내하는 방법을 보여 준다. 다음으로, 치료자는 아리아나의 건강한 성인이 자기 주장을 높이고 취약성을 표현할 수 있도록 도와주며, 그녀의 충족되지 않은 핵심 욕구를 충족시키기 위해 하리를 초대한다.

다음 삽화에서 치료자는 아리아나가 자신을 비난하기보다는 자신의 욕구를 충족시키기 위해 하리의 도움을 요청하도록 하여, '나를 공격하지 말아요.'를 '나를 보호해 주세요.'로 대체하여 적응적 기술을 구축하도록 돕는다. 치료자는 아리아나에게 그녀의 두려움을 확인하도록 하고, 하리가 그녀의 욕구를 충족시킨다면 어떨 것인지 상상하도록 그녀에게 요청한다. 하리에게 자신의 욕구에 잘 부응할 수 있는지를 분명히 말하도록 격려를 받는다. 치료자가 아리아나의 욕구를 인정하는 것은 그녀의 건강한 성인을 강화하고, 정서적으로 결핍된 취약한 아동을 옹호하도록 돕는다.

치료자: 잘했어요, 아리아나. 우리가 답답한 느낌에 더 오래 머무르게 되면, 당신의 부분은 혼자 있고 사랑스럽지 않을까 봐 두려워합니다. 그 부분이 하리에게 원하는 것은 무엇일까요? 답답한 느낌을 푸는 데 하리가 무엇을 하거나 무슨 말을 할 수 있을까요?

아리아나: 나를 그만 공격해요. 내 말을 들어 주세요. 나를 제정신이 아닌 것처럼 말하지 마세요.

치료자: 당신의 말을 듣고 공격으로부터 보호해 주기 위해서는 하리가 필요합니다. 그가 당신을 수용하고 사랑한다는 걸 알아야 합니다. 맞습니까?

아리아나: 맞아요. 하지만 그가 나를 진심으로 이해할 수 있으리라 생각하지 않아요. 혼자가 될 운명인 것 같아요.

치료자: 당신의 내면에는 답답한 느낌이 있고, 충분하지 않고, 항상 혼자가 될까 봐 두려워하는 부분이 있어요.

아리아나: 그것이 달라질 수 있다고 생각하기는 어려워요.

치료자: 하리가 말을 듣고 당신을 수용한다면 어떤 모습일지 상상해 볼까요?

아리아나: 그는 인내심을 가지고 내가 두려울 때 내 옆에 있을 거예요. 그는 나를 아끼고 있다는 것을 보여 줄 거예요. 내가 생각하고 느끼는 것을 알고 싶어 할 거예요. 나는 하리가 날 이해하도록 애쓸 것이고, 그가 좀 더 참아 주었으면 좋겠어요.

치료자: 잘 말했어요, 아리아나. 당신의 그 부분은 답답함에 묶인 것처럼 느껴지고, 무언가 잘못되었기 때문에 거절당하는 것을 두려워하지요. 그래서 이 부분은 당신이 자신을 보호하기 위해 멀어지기를 원하고 있지요. 그 답답한 느낌을 풀려면 당신이 힘들 때, 하리가 참을성 있게 당신의 말을 들어 주고, 무조건 수용하고, 당신에게 신경 쓰고 있다는 것을 보여 줄 필요가 있다는 것이지요. 그게 다인가요?

아리아나: 맞아요.

연결 대화

1부: 취약성 표현과 욕구 불러오기

최근 성인 애착이론은 취약성을 공유하고, 욕구를 불러와서 커플이 서로에 대한 상호 반응을 발전시켜 안전하고 따뜻한 유대감을 발전시킨다고 제안한다(Mikulincer & Shaver, 2016). 마찬가지로 커플 심리도식치료에서도, 우리의 경험에 따르면, 정기적으로 연결 대화에 참여하는 커플은 오랜 시간 관계 만족도를 보고할 가능성이 더 크다. 연결 대화 기법의 초기 구성 요소는 세 가지 핵심 요소를 통합한다. 첫째, 두 파트너 모두 자신의 취약한 아동과 관련된 취약한 감정을 확인하고 표현한다. 치료자는 취약한 아동에 접근하기 위해 대처양식을 우회하는 작업을 하고 필요에 따라 역기능적 부모양식으로부터 파트너를 보호한다. 둘째, 두 파트너 모두 관계적 위협을 경험할 때 발생하는 대처양식 '주장'을 확인하고 공유하여 두 파트너가 자신의 대처양식에 대한 책임을 지고 양식 주기를 이해하도록 돕는다. 셋째, 치료자는 각 파트너가 자신의 핵심 욕구를 충족시키기 위해 다른 파트너를 불러오도록 안내한다. 치료자는 파트너들이 대처양식을 우회하도록 돕고 다음 구성 요소로 진전하기 전에 각 요소에 능숙해지도록 점진적으로 작업한다.

다음 삽화에서 치료자는 첫 번째 구성 요소의 세 가지 요소 모두를 아리아나와 결합한다. 치료자는 그녀를 건강한 성인양식과 취약한 아동양식을 혼합하여 하리와 차 안에서의 충돌 이야기를 다시 하도록 불러온다. 아리아나는 자신의 취약한 감정을 파악하고 욕구와 연결하고, 자신의 욕구를 충족시키기 위해서 하리를 불러온다. 처음에 그녀는 하리와 자신의 취약성을 공유할 위험과 맞서 싸우고 회피성 보호자 양식으로 전환한다. 일관된 공감적 조율과 인정을 통해 회피성 보호자가 설정한 차단을 그녀가 극복하도록 안내한다.

치료자는 아리아나가 하리에게 자신의 취약한 아동의 감정과 욕구를 표현하도록 지도한다. 또한 아리아나가 두려운 경험에 직면했을 때 '순응하도록 명명된' 중요한 측면인 경험의 의미를 파악하도록 돕는다(Siegel & Bryson, 2011). 그녀가 맞서 싸우는 것의 이해를 표현하면, 아리아나의 건강한 성인양식과 취약한 아동 양식 사이의 유대가 강화된다. 치료자는 그들의 양식 주기에서 하리 역할의 중요한 원인인 그의 결함 도식의 해독제로서 그녀를 향한 하리의 중요성을 강조한다. 마지막으로, 아라아나가 자신의 취약성을 하리에게 보여 주는 정도를 평가하도록 요청한다. 다소 불안을 유발하지만, 그녀는 그것이 참을 만했다는 것을 인정하여, 회기 밖에서 연결 대화를 사용할 가능성을 높였다.

치료자: 아리아나, 하리를 똑바로 보고, 당신이 거절당한다고 느낄 때 얼마나 무서운지, 그 답답한 느낌이 몸에서 어떻게 나타나는지, 물러서고 싶은 기분이 어떤지 그에게 말해 줄래요? 당신이 정말로 필요로 하는 것은 그와 함께 있고, 당신의 말을 들어 주고, 이해해 주는 것이라고 하리에게 말할 수 있어요?

아리아나: 해 볼게요. [아리아나가 천천히 하리를 정면으로 바라본다] 당신이 끼어들었을 때, 나를 밀어낸 것 같았고, 정말 무서웠어요. 거절당한다는 생각에 그만두고 싶었지만, 내가 정말 필요한 건 당신이 마음을 열고 관심을 주면 좋겠어요.

치료자: 좋아요, 아리아나. 이제 그에게 원하는 것을 추가해 보세요.

아리아나: 내가 밀려나는 느낌일 때, 나는 겁이 나서 마음을 닫지만, 내가 정말 필요한 것은…… [일시 정지] 이건 정말 어렵네요.

치료자: 알겠어요. 거의 다 왔어요. 겁이 나지만 필요한 부분을 추가할 수 있나요?

아리아나: 조금만 참아 줘요. 내 옆에서 나에게 신경을 쓰고 있다는 것을 보여 줘. 그리고 내 말에 관심이 있다는 걸 보여 줘요.

치료자: 잘했어요, 아리아나. 마지막으로, 하리가 당신에게 신경 쓰고 있다는 것을 보여 주는 것이 당신에게 얼마나 중요한지 이야기해 주세요.

아리아나: 하리, 당신이 나를 진심으로 신경 써 준다면, 세상에서 가장 기분 좋은 일이에요. 당신은 내게 누구보다 소중해요.

치료자: 잘했어요. 당신의 두려움을 나누는 것이 어떤지, 그리고 하리가 당신을 아끼고 있다는 것을 알기 위해 얼마나 시간이 걸릴까요?

아리아나: 쉽지 않아요. 나는 위험한 상황을 혼자 걷고 있어요.

치료자: 당신은 정말 용감했어요.

2부: 취약한 아동에 대한 반응

연결 대화 개입의 두 번째 구성 요소는 듣고 있는 파트너가 그녀의 핵심 욕구를 충족시키도록 안내하는 것이다. 여기에는 세 가지 주요 요소가 포함된다. 첫째, 취약성과 욕구를 말하는 파트너가 표현한 감정적인 내용을 간략하게 요약한다. 둘째, 이 상황에서 자신의 대처 양식을 파악하고, 자신과 파트너의 취약한 아동에 대해 더 큰 공감을 할 수 있도록 돕기 위해 듣고 있는 파트너에게 질문을 한다. 마지막으로, 듣는 파트너가 말하는 파트너의 욕구에 대한 답을 표현할 때 도움을 준다.

다음 삽화에서 치료자는 아리아나의 취약한 아동에 대한 하리의 초기 반응을 탐색한다. 그의 건강한 성인에 접근하면서, 아리아나의 이력에 대해 그가 알고 있는 것을 활용하고 그것을 양식 주기와 연관시킨다. 아리아나의 '답답한 느낌'은 그녀의 아버지에 대한 두려움을 떠올리게 하고, 그녀의 핵심 욕구에 진실하고 배려하는 방식으로 반응하면서 그의 공감이 커진다. 하리의 배려하는 반응에 익숙지 않아서 아리아나는 혼란스러워한다. 또한 그녀의 취약한 아동은 하리를 힘들게 만드는 그녀의 처벌적 부모양식의 공격을 받는다. 처벌적 부모는 양육자에게 불편을 끼친 것에 대해 취약한 아동을 수치스럽게 할 수 있다.

치료자: 아리아나, 지금 하리와 함께 확인할 수 있나요?

아리아나: 네, 부탁드려요.

치료자: 하리, 아리아나가 답답한 느낌을 느끼고 거절당할까 봐 두려워하는 이 부분을 표현하는 것을 듣는 것이 어떤가요? 아리아나가 자신을 보호하기 위해 자신을 밀어내고 있다는 것을 들었어요. 또 다른 부분은 당신이 누구보다도 그녀에게 중요하다는 것을 알고 있어요. 당신이 그녀를 아끼고, 이해하고 싶고, 그녀를 수용한다는 것을 알아야 합니다. 어떻게 들리나요, 하리?

하리: 그녀가 요구하는 것에 반응하는 것은 어렵지 않아요. 아리아나에게 많은 사랑을 느껴요. 당신이 그녀에

게 그 답답한 느낌을 풀어 달라고 했을 때, 그녀가 아버지와 함께 있는 것을 상상했어요. 그가 아리아나를 많이 괴롭혔고 그녀는 아버지와 힘을 다해서 싸웠어요. 전에는 이런 생각을 해 본 적이 없었지만, 이제는 가끔 그녀의 아버지가 그녀를 어떻게 느끼게 하는지를 알아요. 저는 결코 그녀가 그렇게 느끼게 하고 싶지 않아요. 저는 그녀를 보호하고 싶어요, 그녀가 그 답답한 느낌을 절대 느끼지 않도록 그녀가 안전하다고 느낄 수 있도록 돕고 싶어요.

치료자: 당신이 그녀를 사랑하고 보호하고 싶다고 말하기는 쉬워요. 저도 궁금해요. 하리, 가끔 그녀에게 아버지를 상기시킨다고 말할 때, 당신은 지금 무엇을 알아차리나요?

하리: 그녀의 아버지처럼 나쁜 남자가 되고 싶지 않아요. 그래서 그녀가 나를 나쁜 사람처럼 만드는 말을 하면 나는 그녀를 중단시키고 싶어요.

치료자: 자신의 고통을 차단하기 위해 어쩌면 스스로에 대해 늘 별것 없다고 느끼는 부분이 아닐까요?

하리: 네, 맞아요. 아리아나에게 상처 주지 않고, 실망시키지 않고 싶어요. 그래서 저에게 실망할 것 같은 상황이 되면 제가 그녀를 막아요.

치료자: 맞아요, 하리. 그녀를 사랑하고 그녀의 고통을 이해하고 싶다고 말하는 걸 들었어요. 당신이 부족해서 그녀를 고통스럽게 할 수 있다고 말하는 것을 들었을 때, 그녀에게 상처 주는 것을 상상하는 것이 너무 속상해서 그녀를 막으려고 해요. 맞나요?

하리: 네, 저는 그녀의 고통의 원인이 되는 걸 참을 수 없어요.

이 상황에서 파트너의 대처양식의 의도된 기능을 이해한 후, 치료자는 그의 근본적인 핵심 욕구(이 경우에는 실수를 수용하는 것)를 표현하도록 돕기 위해 그의 결함 도식에 대한 해독제로 이동한다.

치료자: 맞아요. 지금 바로 그녀에게 이야기할 수 있어요? 그녀를 똑바로 보고 너무 사랑하기 때문에 결코 실망시키고 싶지 않다고 말해 줄래요? 그것이 당신의 마음을 너무 아프게 해서, 실망감을 표현하는 것을 막으려고 했다는 것을 그녀에게 이야기해 주겠어요? 때때로 그녀를 실망하게 하더라도 당신을 받아 달라고 요청할 수 있겠어요? 그녀에게 그렇게 말할 수 있나요?

하리: 아리아나, 나에게 뭘 원하는지 말하기가 쉽지 않았다는 것을 알아요. 내가 화를 내고 당신을 밀어냈을 때, 얼마나 상처를 받았는지 알아요. 아버지에게 받았던 고통으로 돌아가게 하고 싶진 않아요. 당신이 나를 자랑스러워하고 내가 당신을 그 고통으로부터 지켜 주고 싶어 한다는 걸 알아 줬으면 해요.

치료자: 잘했어요, 하리. 아리아나에게 미칠 수 있는 영향을 알고, 그녀를 진심으로 사랑하고, 보호하고 싶어 한다는 것을 아리아나에게 말한 것은 어떤가요?

하리: 가끔, 그녀에게 상처를 주었다는 것을 인정하기 힘들지만, 기분이 좋았어요. 그녀의 답답한 느낌을 풀어 주고 싶어요. 그래야만 저를 두려워하지 않을 거예요.

치료자: [울기 시작하는 아리아나를 바라보며] 아리아나, 눈물을 흘리네요. 하리가 당신에 대한 사랑을 말하는 것을 듣고, 그를 자랑스러워하기를 원한다는 그의 말을 듣는 것은 어떤가요?

아리아나: 내가 그에 대해 어떻게 생각하는지를 너무 신경 쓰느라고 나를 차단하는 줄은 몰랐어요. 그것은 놀랍지만 믿기 어려워요. 내가 너무 일을 크게 만들고 있는 것처럼 기분이 나빠지기 시작하는 또 다른 측면이 있어요. 그를 그냥 내버려 두어야 해요.

치료자: 아리아나, 하리가 당신을 그토록 사랑하고 실망시키고 싶지 않다는 것을 상상하기가 힘드시죠? 당신을 실망하게 하는 이 비판적이거나 처벌적인 목소리가 당신 내면에서 나오는 것을 알아차리고 있네요. 그 목소리는 누구를 떠올리게 하나요?

아리아나: 아버지요. 그를 제 머릿속에서 지우기가 너무 어려워요.

커플을 위한 심상 재구성하기

1부: 무대 설정

커플을 위한 심상 재구성하기는 초기부적응도식을 치유하기 위한 핵심 개입이며, 특히 한쪽 또는 양쪽 파트너에게 외상의 이력이 있을 때 유용하다. 각 파트너와 함께 어린 시절의 심상을 수행함으로써, 커플은 자신과 파트너 모두에게 충족되지 않는 어린 시절의 욕구를 느낄 수 있다. 그들은 자신의 초기부적응도식 기원을 이해하고 다른 사람을 위한 재양육자가 될 수 있다. 치료자는 개인 심리도식치료에서와 유사한 방식으로 심상을 수행하지만, 치료자들이 점차로 파트너를 재양육 과정에 불러온다는 중요한 예외는 있다. 목표는 파트너의 욕구에 대응하고 충족시키는 방법을 배우면서 심상 속의 치료자를 파트너로 점진적으로 교체하는 것이다.

커플을 위한 심상 재구성하기를 준비하기 위해 치료자들은 개인 심리도식치료 동안의 심상 평가와 유사하게(이 책의 제6장 참조) 그들의 파트너의 욕구가 충족되지 않았을 때 파트너의 어린 시절에 대한 자세한 정보를 탐색한다. 또한 커플 심리도식 치료자들은 초기부적응도식 및 현재 관계의 양식 주기를 강화할 수 있는 중요한 과거 관계 손상을 파악한다. 이미지의 주요 지점에서 자신의 반응에 대해 질문함으로써 지속적으로 참여하도록 듣고 있는 파트너를 불러오고, 어린 시절 욕구가 충족되지 않았을 때 파트너의 핵심 고통에 대한 명시적 인정과 함께 공감을 향상시킨다. 이것은 듣는 파트너에 의한 효과적인 재양육 반응의 단계를 설정한다. 다음 장면에서, 아무도 그녀의 욕구를 충족시키지 못할 것이라 믿는 그녀의 부분인 정서적 결핍 도식을 목표로, 커플을 위한 심상 재구성하기를 통해 너무 감정적이어서 '멍청이'라고 말하는 처벌적 부모양식과 함께 연결 대화 개입에서 치유의 추진력을 구축한다. 치료자는 아리아나가 여섯 살 때 아버지와 관련된 유해한 기억을 통해 그녀를 안내한다. 그 장면에서, 어린 아리아나는 무서웠고 보호와 위안이 필요했다. 초기 장면에서 감정적 · 감각적 · 인지적 측면의 일부를 전달하며 자세히 설명하는데, 이는 개인 심리도식치료의 심상 과정과 유사하다. 그런 다음, 어린 아리아나가 필요했지만 받지 못한 것을 확인하게 하여 정서적 결핍 도식에 대한 보살핌의 해독제인 하리의 재양육 반응에 대한 기반을 제공한다. 이 과정은 하리의 결함 도식을 돕고, 어린 아리아나를 양육하는 데 그가 중요하고 강하다고 느끼도록 격려한다.

치료자: 아리아나, 우리가 당신 아버지의 처벌적인 목소리에 초점을 맞출 것을 제안합니다. 혹시 하리의 도움을 받아 심상 재구성하기 연습을 같이 할 수 있을까요?

아리아나: 네.

치료자: 하리, 당신이 언제 장면에 들어갈지 알려 줄게요, 알았죠?

하리: 물론이지요.

치료자: 아리아나, 눈을 감아 주세요. 계속해서 당신을 때리고, 징징거리지 말라 하고, 자신을 나쁘게 느끼게 하는 목소리를 가지고 있다고 했잖아요. 어릴 때 아버지와 함께 있을 때와 같은 감정을 경험하는 이미지를 살펴보세요. 너무 많은 생각을 하지 말고 이미지가 떠오르도록 하세요.

아리아나: 하나 있어요. 늦은 밤이었는데 이유는 모르지만, 잠에서 깨서 정말 무서웠어요. 저는 제 방에 혼자 있었어요.

치료자: 이 장면에서 당신은 몇 살입니까?

아리아나: 아마 여섯 살쯤 되었을 겁니다. 저는 여섯 살 때 할머니가 주신 분홍색 코끼리가 그려진 초록색 잠옷을 입고 있어요.

치료자: 당신은 잠에서 깨어나서 겁을 먹고 있어요. 지금 무슨 일이 일어나고 있나요?

아리아나: 저는 너무 무서워서 침대에 가만히 누워 있어요. TV 소리가 들려요. 우리 아빠는 보통 TV를 켠 채로 소파에서 잠이 들어요. 이불을 감싸고 천천히 문 쪽으로 가서 문을 열어요. 아니나 다를까, 아빠는 소파에 계시지만 주무시지 않아요. 저는 조용히 하면서 아빠가 눈치 채지 못하도록 바닥에 누워 TV의 소리를 듣기

로 했어요.

치료자: 그리고 지금 무슨 일이 일어나고 있나요?

아리아나: 아빠가 저를 보고 소파에서 일어서서 소리를 지르며 들어가 자라고 말해요. "대체 왜 이러는 거야!" 라고 소리쳐요. 저는 너무 무서워서 오줌을 싸기 시작했어요. 아빠는 바닥이 젖는 것을 보고 화가 나서 나에게 소리쳤어요. "왜 이러는 거야? 어떤 아이가 바닥에 오줌을 싸?" 나는 가슴이 철렁 내려앉아서 말을 할 수가 없었고 얼어붙었어요.

치료자: 어린 아리아나에게는 정말 무서운 경험이네요.

커플을 위한 심상 재구성하기 2부: 재양육

커플을 위한 심상 재구성하기가 계속되면서 치료자는 어린 아리아나의 양육을 돕기 위해서 하리를 불러온다. 치료자는 겁에 질린 여섯 살짜리 아이의 핵심 욕구를 충족시키는 방법을 하리에게 조심스럽게 지도한다. 커플을 위한 심상 재구성하기는 일반적으로 파트너가 이미지 속의 아이에 대해 연민을 느끼기 때문에 강력한 재양육 반응을 끌어낸다. 치료자들은 장면에서 아이를 향한 파트너의 보호 감정에 초점을 맞출 수 있으며, 필요에 따라 그들의 돌봄을 표현하고 이미지에서 사랑하는 사람을 도울 수 있다.

치료자: 하리, 어린 아리아나와 그녀의 아버지에게 일어난 일을 어떻게 생각하세요?

하리: 그녀는 그런 대우를 받으면 안 되지요. 너무 안쓰러워서 뛰어들어 그녀를 보호하고 싶어요. 그는 아라아나를 겁주고 있어요.

치료자: 당신이 지금의 성인으로서 이미지에 들어가 주시겠어요?

하리: 물론이죠!

치료자: 아리아나, 어린 아리아나와 아버지가 함께 있는 장면에 하리가 들어가는 것을 허락하겠어요?

아리아나: 물론이지요.

치료자: 이미지에서 하리가 옆에 서서, 아버지를 바라보고 있다고 상상해 보세요.

아리아나: 상상하기 무섭네요. 우리 아빠는 정말 못되게 굴어요.

치료자: 알았어요, 아리아나. 하리! 당신이 어린 아리아나 옆에 서 있는데, 어떻게 그녀를 아버지로부터 보호할 수 있나요?

하리: 그녀의 아버지에게 어린 아리아나를 혼내는 것을 멈추라고 하고, 얼마나 겁에 질려 있는지 보라고 말할 거예요. 아라아나를 이런 식으로 대하는 것을 그만두라고 할 거예요.

치료자: 어서 가서 큰소리로 아버지에게 말하세요.

하리: 이제, 그만 하세요! 어린 아리아나를 겁주고 있어요. 계속 이렇게 놔두지 않을 거예요. 아라아나는 놀라서 일어났고 위안이 필요했어요. 그런데 당신은 소리를 지르고 겁을 주어 아리아나는 당황해서 잠옷에 오줌을 쌌어요.

치료자: 예, 하리, 잘하고 있어요. 이제 그녀의 아버지에게 당신이 어린 아리아나를 어떻게 생각하는지 말하세요.

하리: 아리아나는 놀랍도록 멋진 사람이고 저는 그녀를 사랑해요. 그녀는 당신의 사랑과 보호를 받을 자격이 있어요. 아리아나는 절대 겁먹을 이유가 없어요. 특히, 아버지한테요. 다시는 그런 식으로 아라아나를 대하지 못하게 할 겁니다.

치료자: 바로 그겁니다. [아리아나에게 시선을 돌린다.] 어린 아리아나를 보호하기 위해 아버지에게 맞서는 하리의 말을 들으며, 어떤가요?

아리아나: 놀라워요. 우리 아빠는 망연자실해 보여요. 아무도 그를 대적해 본 적이 없거든요.

치료자: 어린 아리아나는 지금 어떤 느낌인가요?

아리아나: 마음이 후련해요. 이상해요. 기분이 좋아요. 겨우 여섯 살이었고 아무 잘못도 하지 않았어요. 하리, 당신이 내 곁에 있어 나를 보호해 줘서 너무 기분이 좋았어요.

치료자: [하리를 돌아보며] 하리, 그녀의 아버지와 맞서고 그녀를 보호하는 것은 어땠나요?

하리: 쉬웠어요. 저는 아리아나가 누구에게도 그런 대접을 받도록 내버려 두지 않을 거예요. 나는 어린 아라아나와 성인 아리아나 둘 다 보호하기 위해서 항상 여기 있어요.

결론

초기부적응도식은 종종 우리가 가장 사랑하는 사람들에 의해 활성화된다. 당연히, 커플은 파트너의 초기부적응도식 아래에 있는 욕구를 파악하고 적절하게 충족시키는 데 어려움을 겪을 수 있으며, 이는 핵심 관계적 고통을 강화하는 대인 관계적 함정의 희생양이 될 수 있다. 커플을 위한 심리도식치료는 커플이 기본양식 주기와 핵심 관계적 욕구를 이해할 수 있도록 지원하는 모델을 제공한다. 파트너는 취약성을 공유하고 핵심 욕구를 파악하며, 심리도식 치유를 촉진하는 상호작용에 서로 초대한다. 치료자들은 연결 대화, 커플을 위한 심상 재구성하기, 재양육 및 공감적 직면을 포함한 다양한 커플 심리도식치료 전략을 사용하여 파트너들이 건강한 양식 3요소를 발달시킬 수 있도록 안내하며, 이 건강한 양식 3요소는 자신의 건강한 성인양식이 자신의 취약한 아동양식과 행복한 아동양식을 불러와서 두 파트너의 관계적 욕구를 만족시키는 방식으로 대응한다. 비교적 새롭고 혁신적인 접근 방식으로, 우리는 특히 전통적인 커플치료에 반응하지 않는 매우 고통받는 커플에 대해 심리도식치료의 효과를 입증하기 위한 추가 연구를 요청한다.

치료자 조언

1. 고통스러운 남녀 관계에서 심리도식치료는 초기부적응도식이 파트너 간의 부정적인 상호작용을 점화시키고, 각 파트너가 상대방을 경험하는 방식에 편견을 가지고, 인식된 위협이나 위해의 자기 영속적인 주기를 생성한다고 가정한다.
2. 핵심 요소는 커플이 관계에서 초기부적응도식이 촉발될 때, 각 파트너가 어떻게 대처하는지 함께 발견하고, 굴복, 회피 또는 과잉 보상 행동을 통해 인지된 관계적 위협에 직면하여 그들의 대처양식이 어떻게 자신의 욕구를 충족시키려고 시도하는지 발견하는 것이다.
3. 한 가지 중요한 치료 작업은 일반적으로 활성화되었을 때, 건강한 성인양식의 핵심 기술인 취약한 아동양식에서 감정을 진정시키고 조절하도록 돕는 것이며 회기에서 정서적으로 조절된 상태를 유지하는 것이 핵심이다.
4. 치료자가 재양육의 주요 원천인 개인 심리도식치료와는 달리, 커플 심리도식치료에서는 처음에 치료자가 파트너들에게 재양육을 모델링한 다음, 각 파트너가 서로를 재양육하도록 안내한다.
5. 치료적 개입은 파트너가 건강한 성인, 취약한 아동 및 행복한 아동양식으로 구성된 튼튼한 건강한 양식 3요소를 발달시키도록 돕는다. 파트너는 취약성을 개방하고 서로의 핵심 욕구를 충족시키는 방식으로 반응할 수 있도록 충분한 안전을 제공한다.
6. 치료자들은 연결 대화, 커플을 위한 심상 재구성하기, 재양육 및 공감적 직면을 포함하여 변화를 촉진하기 위해 모든 범위의 커플 심리도식치료 전략을 사용할 수 있다.

참고문헌

Arntz, A., & Jacob, G. (2013). *Schema therapy in practice: An introductory guide to the schema mode approach*. Chichester, UK: Wiley-Blackwell.

Atkinson, T. (2012). Schema therapy for couples: Healing partners in a relationship. In M. van Vreeswijk, J. Broersen & M. Nadort (Eds.), *The Wiley-Blackwell handbook of schema therapy: Theory, research, and practice* (pp. 323-335). Chichester, UK: Wiley-Blackwell.

Bamelis, L. L. M., Evers, S. M. A. A., Spinhoven, P., & Arntz, A. (2014). Results of a multi-center randomized controlled trial of the clinical effectiveness of schema therapy for personality disorders. *American Journal of Psychiatry, 171,* 305-322.

Farrell, J. M., Shaw, I. A., & Webber, M. A. (2009). A schema-focused approach to group psychotherapy for outpatients with borderline personality disorder: A randomized controlled trial. *Journal of Behavior Therapy and Experimental Psychiatry, 40*(2), 317-328.

Giesen-Bloo, J., van Dyck, R., Spinhoven, P., van Tilbureg, W., Dirksen, C., van Asselt, T., & Arntz, A. (2006). Outpatient psychotherapy for borderline personality disorder. Randomized trial of schema-focused therapy versus transference-focused psychotherapy. *Archives of General Psychiatry, 63,* 649-658.

Gottman, J., M. (1999). *The marriage clinic*. New York: Norton.

Makinen, J. & Johnson, S. (2006). Resolving attachment injuries in couples using emotionally focused therapy: Steps toward forgiveness and reconciliation. *Journal of Consulting and Clinical Psychology, 74,* 1055-1064.

Mikulincer, M., & Shaver, P. R. (2016). *Attachment in adulthood: Structure, dynamics, and change* (2nd edition). New York: Guilford Press.

Siegel, D. J. (2010). *Mindsight*. New York: Bantam Books.

Siegel, D. J. (2012). *The developing mind* (2nd edition). New York: Guilford Press.

Siegel, D. J., & Bryson, T. P. (2011). *The whole-brain child*. New York: Delacorte Press.

Simeone-DiFrancesco, C., Roediger, E., & Stevens, B. A. (2015). *Schema therapy with couples: A practitioner's guide to healing relationships*. Chichester, UK: Wiley-Blackwell.

Young, J. E., Klosko, J. S., & Weishaar, M. E. (2003). *Schema therapy: A practitioner's guide*. New York: Guilford Press.

제 4 부

공감적 직면과 치료 관계

제14장

공감적 직면과 한계 설정의 기술

– Wendy Behary[1)]

우리가 견고한 성인의 마음으로 내담자들을 참여시킬 때 우리는 공감과 보살핌으로 그들의 문제에 효과적으로 맞설 수 있는 더 나은 자세를 갖게 된다. 우리는 감정에 초점을 맞춘 작업에 대한 그들의 심각한 회피에 도전하거나, 반항적이고, 무례하고, 폄하하고, 요구하는 양식으로 고조된 내담자에게 한계를 설정해야 할 수도 있다. 우리의 불안과 공포를 가진 내담자 중 일부는 이탈된 이야기(tangential storytelling), 지적인 장황함, 보고되는 기억상실의 사용을 통해 감정을 관여시키는 더 깊은 작업에서 자신과 우리를 산만하게 하려고 시도하거나 단순히 정서적이고 감각적으로 인식할 수 없다고 말할 것이다. 다른 내담자들(특히, 자기애성 유형)은 시간 약속을 지키고, 시간을 어길 때 비용을 지불하고, 치료 과정을 준수하라고 요청받았을 때, 회기에 대한 만성적인 지각이나 마지막 순간에 취소(수동적–주장적), 또는 분노와 비판의 폭발(적극적–주장적)을 통해서 고통스러운 정서적 내용과 노출된 취약성에 위험을 피할 수 있다. 이러한 모든 대처전략은 우리의 관심, 공감, 조율 및 진정성을 이용하여 그들의 정서적인 세계로 더 깊이 들어갈 기회를 제공한다. 이 장에서는 두 가지 전략에 필요한 전제 조건으로서 심리도식치료에서 공감의 의미와 진정성 있고 견고한 양육자가 되는 것에 대해 설명한다. 그런 다음, 공감적 직면의 다양한 요소(우리의 공감적 어휘, 사건을 뛰어넘어서 과거와의 연결고리를 만들기, 암묵적 가정, 자기 개방 및 공감적인 말로 시작하기)을 탐색한다.

1) 뉴저지 인지치료센터의 설립자이자 소장이며 NJ-NYC의 심리도식치료연구소의 공동 책임자(Jeffrey Young 박사와 함께)이다. 웬디는 뉴욕 인지치료 센터와 심리도식치료연구소의 교수였으며, 그곳에서 그녀는 1989년부터 Jeffrey Young 박사와 함께 훈련하고 작업했다. 그녀는 2010년부터 2014년까지 국제심리도식치료협회(ISST)의 이사회 의장을 지냈으며, 현재 심리도식치료 개발 프로그램 위원회의 위원장을 맡고 있다.

견고하고 진정성 있는 양육자

내담자와 대면하고 연결하며 효과적인 치유와 적응적 변화를 위한 유대감을 확보하기 위해서는 진정성과 지속적인 관심이라는 견고한 입장에서 작업해야 한다. 감정에 접근하려는 우리의 노력에 그들이 지나치게 지적이고, 복종적이고, 경계하며, 방어적이고, 화를 내며, 때로는 강렬한 비판적 반응을 보이는 것을 이해한다. 다시 말해서, 우리는 내담자가 느끼게 공감적으로 다가가도록 노력하고, 그들의 개인적인 이야기의 배경에 따른 정서적인 반응과 행동을 (느껴지는 방식으로) 이해하려고 시도한다. 이러한 이야기에는 초기 경험, 충족되지 않은 정서적 욕구, 초기부적응도식(삶의 주제) 활성화의 시작, 그들의 심리도식과 양식을 계속 촉발하는 지배적인 조건이 포함된다. 거울 신경 연구자인 Marco Iacoboni(2009)가 가정한 바와 같이, "우리의 뇌는 거울 반사를 위해 만들어진 것 같이 보이며, 오직 거울 반사를 통해서만 타인이 느끼는 감정을 뇌에서 시뮬레이션함으로써 우리는 다른 사람들이 느끼는 것을 깊이 이해할 수 있다."

공감은 동정심도 아니고 연민도 아니다. 공감은 말하는 사람이 어떻게 느끼는지 완전히 이해하려는 의도로 경청하는 공명적 경험이다. 상대방의 생각을 이해하는 것 외에도 '내 맞은편에 앉아 있는 사람은 어떤 기분일까?'라는 질문을 스스로 던지는 것이다. 공감을 보여주는 것은 비록 당신이 동의하지 않더라도 주어진 상황에서 그 사람의 생각, 행동 및 정서적 반응을 확인하고 이해하는 것을 포함한다. "사람들이 느낄 때, 자신의 마음이 다른 사람의 마음속에 있다는 것을 느낄 때, 놀라운 일들이 일어난다."(Siegel, 2010)

공감은 이해가 된다

공감적으로 조율된 자세에서 우리는 심리도식 양식으로서 회피성 또는 공격성과 같은 패턴을 확인하고, 그것은 내담자에게 철저하게 구성된 개념화, 즉 세상에서 살기 위한 생물심리사회적 준비와 연결하게 한다. 예를 들어, 우리는 수치심이나 부적절함의 노출에 대한 두려움, 통제되는 것에 대한 두려움, 또는 거절당하는 것에 대한 두려움과의 연관성을 추적한다. 우리는 어린 시절 이야기에서 고통받는 아이에 대해 필연적으로 연민을 느낀다. 그 아이는 혼란스러운 조종, 무시, 조건적 수용의 메시지를 견뎌 왔을 수 있고, 어린 시절부터 불안정이 지금 여기에서 보호 가면(예: 분리된 혹은 과잉 보상적 태도와 행동)으로 이어졌는지 감지하는 데 우리는 더 주의 깊게 예민해진다. 또한 우리 자신의 심리도식 활성화에서 파생된 이러한 양식, 즉 내가 무능하다 …… 너무 민감하다 …… 나는 실패자이다 …… 나는 충분히 노력하지 않는다 …… 나는 충분히 강하지 않다 …… 나는 부끄러워해야 한다 …… 나는 가치가 없다 …… 등과 같은 고통스러운 메시지와 꼬리표를 달고 다니는 양식들로부터 우리 자신에 대한 잠재적인 공격으로부터 우리를 해방시켜 준다. 연구들에서 "공감이 치료 결과의 상당히 강력한 예측 요인"이라고 제안하는 것은 놀라운 일이 아니다(Elliott et al., 2011). 화난 양식이나 비판적인 부모양식으로부터 자신을 보호하고 방어하는(자연적으로 반사적인) 일에 몰두할 때, 현재에 진정으로 있는 것은 가능하지만 매우 어렵다. 견고한 성인양식에서 우리는 공감적 현존을 유지할 수 있다. 나중에 우리 자신의 촉발요인들을 다루는 방법에 대한 예를 공유할 것이다.

공감적 직면

내담자의 심리도식 주도 반응에 대해 협력적으로 의미를 만들고 치료 관계에서 발생하는 촉발요인들을 확인하는 태도에서 우리는 공감적 직면을 사용할 준비가 되어 있다. 공감의 사용은 분리 또는 공격적인 반격과 같은 방어적인 반응을 활성화하는 것과 대조적으로, 내담자의 주의를 끄는 연결과 이해심을 촉진할 수 있다. 심리도식 치료자는 진정한 자아의식과 조율하고자 하는 욕구에서 비롯된 '현실'에 기반하여 작업하는 것을 의미한다. 우리는 다음과 같은 공감적인 말로 반응한다. "당신의 관계에서 일어나는 모든 갈등에 책임을 지고 어쩔 수 없이 치료를 받으러 온 것에 화가 나 있어요. 당신의 불편한 마음이 느껴지고, 나는 그 감정에서 진실을 느낄 수 있지만……." 또는 "당신이 사적인 생활을 얼마나 소중하게 생각하는지 알겠어요. 가족의 이야기를 드러내지 않고 항상 충성심을 갖도록 배웠지만……." 또는 "이것을 듣기 힘들다는 것을 이해해요. 특히 당신이 신뢰받을 가치가 있는 사람으로 보이기 위해 얼마나 열심히 노력하고 있는지를 생각할 때, 하지만……." 또는 "당신이 상처를 주려는 의도는 없었다는 것을 충분히 알겠지만……." 우리가 이런 식으로 조율하면 내담자가 깊이 수용되고 이해받고 있다고 느끼게 되고, 우리는 진정한 연결을 위한 기회를 만든다. 여기서부터 내담자는 더 '듣고' 도전을 견딜 수 있다.

여기 자기애성 내담자의 격렬한 반응 속에서의 공감적 직면의 예가 있다. 불륜의 행동으로 파트너를 배신한 피터(Peter)를 직면시키려고 한다. 그는 그녀의 불신과 속상함, 그리고 그를 평가하는 것처럼 느껴지는 것(치료자의 평가에 대한 그의 인식을 포함)에 (너무 빨리) 지쳤다. 그는 치료자(그리고 그의 파트너)에게 '부당한 의심'과 '너무 지루하고 터무니없는 과정'처럼 느껴지는 것에 혐오와 분노를 표출한다. 그는 수치심의 굴레에서 벗어나고자 필사적이며, 치료자는 그가 모든 사람에게 인정받을 만큼 잘하지 못해서 성과가 특별하지 않으면 열등감을 느끼게 된 그의 어린 시절을 이해하기 때문에 이것을 잘 알고 있다.

공감을 위한 어휘

그의 취약성에 대한 당신의 조율을 보여 주는 것은 과거에 대한 공감적인 말로 시작할 수 있다. 예를 들어, "피터, 당신이 '실패'나 '나쁜 남자'로서 익숙하게 주목을 받는다고 느낄 때, 그것은 매우 힘들 거예요. 어린 시절과 연결된 거지요. 그렇죠? 당신은 종종 불가능한 기준에 부응해야 하는 불공평함을 자주 느꼈고, 높은 기준을 충족시켰을 때도 기분이 좋지 않았어요. 아버지가 생각하는 당신의 약점에만 집중되었고 훈계받았어요. 그리고 파트너가 지금 당신에게 화를 낼 때 (신뢰를 회복하는 데 시간이 걸리기 때문에) 자신이 다시 나쁜 남자가 되었다고 느껴요…… 그리고 당신은 열심히 일했고 피곤한데 인정받지 못하고 있어서, 개인적으로 즐겁게 기분전환이 필요하다고 생각하면서 대처하고 있어요. 그러나 문제는 이 양식(가끔 '특권의식' 양식이라고 부르는 부분)이 어렸었을 때는 견딜 수 없는 욕구와 고통에서 벗어날 수 있어서 도움이 되었지만, 이제는 사랑하는 사람들에게 의도하지 않은 고통과 마음의 상처를 주고, 소위 나쁜 남자를 방어해야 한다는 느낌으로 바로 돌아가게 합니다. 당신은 깊고 익숙한 고통에 사로잡혀 있지만, 현명한 당신의 부분은 배신으로부터 치유되는 것이 쉬운 일이 아니라는 것을 알고 있고, 이 관계를 회복하기 위해 더 많은 관용과 확신을 가질 필요가 있을 것입니다. 마치 사랑받지 못하는 아이를 지켜야 하는 것처럼 맞서 싸우느라 바쁜 '전투 양식'에 있을 때는 그렇게 하기 어렵습니다."라고 할 수 있다.

이것이 부적응적 대처양식의 심리도식을 영속화하는 특성이다. 피터는 자신의 취약성, 공허함, 불안정함을 피하고, 자신이 원하는 것은 무엇이든 특별하고 비범하게 느낄 수 있는 한 방법으로, 자신의 결함 도식과 정서적 결핍 도식과 싸우기 위한 수단으로 '미친 듯이 즐겁게' 기분전환을 한다. 문제는 이러한 유형의 기분전환이 건강한 성인양식에 의해 만들어지지 않는다는 것이다. 건강한 성인양식은 파트너에게 자신의 혼란을 정확하게 표현하고 자신과 다른 사람들에게 해를 끼치지 않고 진정시킬 수 있는 방법을 찾도록 할 것이다. 대신, 그것은 오래전에 구축된 분리된 자기 자극 및 과잉 보상 양식(도피 예술가, 우리가 말하는 '특권의식 및 전투 양식')에 지시를 받으며, 이는 궁극적으로 자신의 배신과 분노 및 독선적인 방어로 인해 상처를 받은 사람들로부터 결함(약하고 수치스러운 느낌)과 정서적 결핍(단절된 느낌)을 활성화하는 역할을 한다.

치료자는 내담자의 현재 상황(그의 파트너의 분노)이 매우 오래된 주제(유기된 느낌과 결함이 있다는 느낌)를 촉발하는 방법과 그의 '현명한 측면'(또는 건강한 성인)이 더 잘 알고 있음에도 불구하고, 전투 양식에서 그의 심리도식을 맹렬히 방어하는, 오랫동안 확립된 대처양식에 그가 어떻게 이끌렸는지에 대한 공감과 이해를 보여 준다. 공감과 함께 패턴에 대한 치료자의 관찰을 공유함으로써, 현재 사건의 '지금 여기'를 뛰어넘는 동시에 내담자가 깊이 이해받는다고 느끼고 자신의 대처양식으로부터 어느 정도 거리를 갖도록 도와준다. 또한 그의 대처양식이 그의 핵심 심리도식과 취약한 아동양식의 고통을 어떻게 영속화시키는지를 말한다. 이 경우 그의 과잉 보상 전투 양식은 근본적으로 나쁘고 사랑스럽지 않다는 가정하에 작동하는 방식(정서적 결핍과 결함에 관련이 있음)으로 그의 심리도식을 강화하고 사람들을 밀어낸다.

전달 중에 메시지가 분실된다

또 다른 형태의 공감적 직면은 의도와 영향을 구분한다. 우리는 내담자에게 그들의 의도를 선의로 받아들이면서 동시에 책임을 강화하고 한계를 설정한다. "데나(Dena), 당신의 의견은 팀에 중요한 자산이 될 수 있지만, 당신이 토론과 협력 없이 그 일을 맡게 되면, 당신의 좋은 의도는 잔소리하는 낡은 욕구에 가려지게 됩니다."

치료자가 '하지만'이라는 단어를 사용하는 것이 어떻게 직면의 본질이 되는지, 또한 자기패배적인 삶의 궤적을 예측하는지 주목하라. 공감적인 말로 시작하는 것은 심리도식이 활성화되었을 때 방어하거나 반격하려는 충동을 약화한다. 반면에 하지만은 문제와 바람직하지 않은 효과, 즉 부적응적 반응양식, 공격적 행동이 다른 사람들에게 미치는 영향, 치유 과정에서 함께 직면하고 있는 장애물을 목표로 한다. 따라서 데일(Dale)은 회기에서 촉발되면, 자신이 무시당하고(정서적 결핍 도식), 비하되고(내면화된 비판적 요구 및 결함 도식), 아주 유능하지 않거나(실패 도식), 이용당하고, 통제되고 있다고(복종, 불신 및 엄격한 기준 도식) 느끼면서 맹렬하게 가해자 공격 양식(최악의 경우 무섭고, 잘해도 여전히 매우 혼란스러울 수 있는)을 쉽게 시작한다. 즉, 데일은 이 양식에 있을 때, 위협적이고 모욕적인 분노를 순간적으로 느낀다. 이러한 순간에 비난의 맹공격, 냉소적 발언, 몸짓, 고조되는 공격성으로부터 자신을 보호하려는(합리적인) 충동을 경험할 가능성이 크다. 예를 들어, 심리도식과 이미 만들어진 양식 패턴으로 구성된 이 오케스트라는 삶의 갈등에 대한 책임을 회피하고, 직장에서 다른 사람을 비난하는 패턴을 동료에게 직설적으로 지적받은 후에 자신의 문제를 쉽게 이야기할 수 있었다(아마 집에서도 그럴 거라고 여겨짐). 데일은 직장 동료에 대해 치료자가 함께 혹평하며 쏟아내 줄 것을 기대하고 화를 내며 치료실로 들어간다. "그가 어떻게 감히, 자기가 뭐라고? 멍청한 회사가 일을 똑바로 못해요!"라고 시작한다. 치료자는 그 내용에 대한 동의 없이 분노의 기저에 있는 고통을 확인하려고 시도하고, 예상대로 그는 "나를 대하는 다른 사람들과 다를 바 없네요. 라고 냉소적으로 말하면서 치료자에게 공격을 돌린다……. 어쩌면 당신은 내 마음을 이해할 만큼 유능하지 않을 수도 있어요. 치료는 시간과 돈 낭비예요……. 이건 농담이에요." 등. 치료자는 아픔을 느끼고, 심호흡하고, 그 순간에 자신에게 무엇이 촉발되고 있는지 알아내기 위해 잠시만 시간을 달라고 부탁한다. "잠시만요, 데일, 이것은 중요한 일임에 틀림없어요. 나도 무언가가 올라오고 있거든요. 나는 당신을 진정으로 이해하려는 사람입니다."(치료자는 눈을 감고 손을 들어 잠시 동안 기다려 달라고 요청한다.)

이 한계를 설정하는 순간은 치료자가 건강한 성인 양육자 양식으로 자신을 회복할 수 있도록 하는 데 매우 중요하며, 그의 충족되지 못한 핵심 욕구 중 하나는 원하는 것을 얻지 못했을 때 오는 좌절감으로, 중요한 감정을 전달하기 위해 잠시 멈춤이 얼마나 효과적인 전략이 될 수 있는지를 보여 주는 모델이다. 눈을 감고 심호흡을 하면서 취약한 어린 자아와 심상 속의 안전하고 차분한 장소의 이미지를 빨리 떠올리며, 치료자(건강한 성인이자 훈련된 전문가)가 데일을 돌볼 수 있다는 확신으로 그 안전한 장소에서 자신의 어린 자아를 보호하고, 데일의 삶이 어떤 상황인지 상기시켜 준 직장 동료에게 감사한다. 치료자의 어린 자아는 이러한 부담을 감당할 필요가 없으며, 직장 동료를 보호하기 위해 자신의 대처양식(데일의 행동을 피하거나, 그것들에 굴복하거나, 그것들로부터 자신을 방어하기 위한 것들)을 불러들일 필요가 없다. "나는 이것이 있고 완벽할 필요는 없고 그냥 사실이야."라고 어린 자아에게 말한다.

이제 눈을 뜨고, 데일이 쳐다보고 있고(혹은 먼 곳을 응시하고), 잠시 멈춤에 대해 자세히 이야기한다. "내가 그런 기분이 들었을 때, 굴복하거나, 포기하거나, 방어적으로 될 위험이 있어요. 그리고 이러한 반응들이 어느 것도 당신에게 도움이 되지 않을 거예요. 데일, 다른 사람의 감정을 고려하지 않고, 자신의 느낌이 전부인 것처럼 주장하는 것이 맞아야 한다는 당신의 부분에 만족스럽게 느껴질지 모르지만, 이것은 당신의 분노나 모욕적인 행동에 다른 사람들이 반응하는 것과 같아요. 그 사람들은 당신의 삶과 근본적인 고통을 이해하도록 훈련받지 않았고, 또한 그렇게 할 책임이 없습니다. 나에게 상처를 주는 것이 당신의 의도가 아니라는 것을 알고 있지만(공감적인 선의로 받아들여), 그러나 (직면) 불쾌하고 상처를 주며, 받는 사람이 화가 나고 잠재적으로 방어적으로 되고, 더 나쁜 것은 그들이 당신의 짜증을 받아들이고 나서 당신을 원망할 수도 있어요. 또한 중요한('중요한'이라는 단어의 사용이 그가 표현하지 못한 것이 매우 중요하다는 것을 분명히 하는 데 주의를 끌고) 메시지를 전달하려 했으나 전달 과정에서 잃어버렸기 때문에 슬플 수도 있어요.' 그런 다음, 데일에게 자신의 취약한 측면에서 느끼고 있는 감정을 표현할 기회를 다시 얻도록 제안할 수 있다. 약간의 도움과 끈기가 있으면, 데일은 자신이 '매우 외롭다…… 의지할 사람이 아무도 없는 것처럼…… 나를 이해해 주는 사람이 없는 것처럼…… 오래된 익숙한 느낌…… 우위에 있지 않는 것에 익숙하지 않다…… 힘들다'라고 느꼈다고 말할 수 있을 것이다. 우리는 너무 오랫동안 자기 패배적이었던 이런 행동들을 작업하고, 재양육하고, 재구성하고, 점진적으로 변경할 수 있다.

솔직한 공감: 한계 설정

특히, 내담자의 공격적인 말이나 행동이 선을 넘고 위협을 나타내는 경우, 한계를 설정할 때 공감적 직면에서 말을 많이 할 필요는 없다. 때때로 그것은 간단하게 표현될 수 있다. "당신이 협박하려는 의도가 아닐 수도 있다는 것을 알지만, 지금 마음이 불편하고 이것은 용납될 수 없어요. 우리는 권리가 있어요. 이것은 나에게 안전하고 존중받을 권리를 침해하는 것처럼 느껴져요." 치료자는 다음과 같이 제안하여 한계를 설정할 수 있다. "그래서 잠시 멈추고 호흡하고, 취약한 어린 나와 연결하거나, 산책하고 호흡하고, 물을 마시고, 돌아와서 그 혼란스러운 분노 밑에 자신이 가지고 있는 매우 중요한 메시지와 의미 있는 경험이 무엇인지 탐색할 수 있어요." 어떤 내담자는 잠시 멈춤을 선택할 것이고(특히, 유기 문제가 있는), 또 다른 내담자는 산책하고 나서, 비록 그것이 결정적인 발언을 하기 위한 것일지라도 거의 항상 돌아올 것이다. 하지만 점감하기(de-escalation)는 취약한 아동이 분노와 비판 뒤에 숨겨진 진정한 감정, 즉 '중요한' 메시지를 더 잘 표현할 수 있게 해 준다.

분리된 양식 우회하기

심리도식치료에서 심상을 사용하는 것은 충족되지 않은 정서적 욕구를 충족시키고 적응적 행동 변화를 뿌리내리도록 하는 데 매우 효과적인 전략인 것으로 나타났다. 어려운 내담자에게 심상을 사용하려고 할 때, 자주 접하는 회피의 다른 변형은 반항적으로 분리된 보호자 양식이다. 이 양식에서 내담자는 "내가 이미지를 볼 수 없어요……. 아무것도 기억나지 않아요. …… 이것은 어리석은 일이고 과거는 끝났고 이것은 직업이나 결혼 생활에 별 도움이 되지 않습니다. …… 전에도 이런 일을 해 봤지만 도움이 되지 않았어요. 사실, 그것이 기분을 더 나쁘게 만들어요."와 같이 강하게 주장하는 표현을 사용할 수 있다.

우리는 이러한 보호적 양식에 있는 경우의 반항에는 대개 숨겨진 동기가 있다는 것을 알고 있다. 예를 들어, ① 오해받는 것의 두려움, ② 나쁜 점이나 약점을 드러내는 것의 두려움, ③ 버려지는 것의 두려움, ④ 심상을 할 수 없고 실패하는 것의 두려움, ⑤ 통제력을 잃거나 무너지거나, 기능을 할 수 없다는 두려움, ⑥ 비밀을 발설하거나 충성을 깨는 것에 대한 죄책감이나 처벌에 직면하는 것의 두려움, ⑦ 통제되고 굴복해야 하는 것의 두려움, ⑧ 자신의 우위, 특별함 등을 잃는 것의 두려움이다.

우리가 분리된 양식의 역할, 기원, 주요 기능을 묻고, 현재 이 양식을 유지하는 것의 부정적인 위험을 파악해서(초기에는 무력한 아이에게 생존의 원천으로 도움이 되었지만) 분리된 양식을 계속 이해할수록, 양식의 숨겨진 동력에 대한 인식을 향상하고, 이 양식을 약화시켜 결국 우회하기 위해 공감적 직면을 사용할 가능성이 더 커진다. 자기애성 성격자들을 치료하기 위해 개발했지만 많은 유형의 어려운 내담자들과 함께 작업하기 위해 확장될 수 있는 공감적 직면의 한 형태인 암묵적 가정 전략을 사용하는 것은, 고통스러운 정서적 경험으로부터 분리와 단절의 추동에 동기를 부여하는 무언가가 암묵적으로(기억하고 있다는 것을 인식하지 못하고 기억하는 것) 있다고 가정한다. 암묵적인 이야기를 명시적인 것으로 만드는 것은 많은 점을 연결하는 의미 형성의 한 형태이며, 우리가 양식 반응의 전체 그림을 볼 수 있게 하고, 그것들이 암묵적으로 연상되는 경험을 촉발하는 특정 조건에서 어떻게 나타나는지를 보여 주는 수단이다.

기억의 기록 보관소에서 꺼내서 명시적으로 밝히면, 우리는 새롭고 지속 가능한 건강한 패턴을 채택하고 강화하면서 오래 지속된 역기능적 신념과 패턴을 치유하거나 수정하는 데 필요한 재양육 및 재구성 작업을 실행할 수 있다. 예를 들어, 우리는 다음과 같은 것을 제안할 수 있다. "그 의자에 앉아 있는 '요새' 양식을 보니 어린 데나가 지금 얼마나 무서운지 궁금해요? [이것은 그녀가 분리된 보호자 양식에 있을 때의 느낌에 대해 공동으로 만든 명칭이다]. 어린 데나에게 들어가는 것을 금지하고 나오는 것을 허락하지 않는 문[양식의 반항적인 측면]에서 '경비원'을 마주합니다. 그리고 그 경비원이 두렵고 화가 나 있어서 매우 무섭다는 것을 압니다. 그리고 우리가 함께 알아낸 것으로, 과거와 비밀을 드러내고, 자신의 권리가 있다는 걸 알아차리도록 하는 것은 마치 엄마에 대한 배신으로 받아들여지고, 당신을 해칠 것으로 느껴진다는 것을 이해할 수 있어요. [데나는 고개를 끄덕이고 떨어뜨린다] 그리고 만약 내가 이 요새의 문에 있는 경비원과 이야기할 수 있다면, 어린 데나를 보호하고 있는 노력에 감사하다고 말하고 싶어요. 물론, 데나는 한때 무력했고 지켜 줄 사람이 아무도 없었기 때문이에요 ['물론'은 특정한 지식, 이해를 나타내는 공감적인 용어이다]. 당신은 그녀에게 규칙을 따르는 방법과 타고난 감수성을 사용하여 아주 좋은 아이가 되는 것을 가르쳤고(우리는 그녀가 완벽할 수 없다는 것을 알면서도) 안전하다고 느낄 수 있도록 평온함을 유지하는 방법을 가르쳤어요. 그러나 무시당하거나 상처를 받았을 때, 자기 생각, 선호, 의견을 주장하거나 한계를 설정할 권리가 여전히 없다는 생각을 성인이 된 후에도 계속 이어 가면서 큰 대가를 치렀어요. 많은 고통을 겪었고 큰 대가를 치렀고 이제 이 부담에서 벗어날 기회와 권리를 갖게 되었어요. 이제는 무기력하지 않으며, 다른 사람들의 승인을 얻는 것이 엄마를 위한 것이 아니에요. 이제는 치료자인 나와 함께할 수 있고, 데나를 매우 아끼고 돕고 싶지만, 내가 요새 안에서 접근할 수 있어야 합니다. 그것이 이제는 데나를 억누르고 외롭고 원망스럽게 만들기 때문이에요. 자신의 목소리를 낼 자격이 있고, 아무것도 증명할 필요 없이 자신이 얼마나 사랑스러운지 알 자격이 있어요. 그리고 그녀 자신과 나에게 옹호할 수 있는 건강한 성인이 있어요. 건강한 성인 데나와 치료자인 내가 어린 데나와 연결될 수 있도록 잠시 비켜 주시겠어요?"

공감적 직면을 통해, 반항적으로 분리된 보호자 양식과 협상하는 것은 데나의 현실을 고립시키고, (학습된) 스스로 부과한 요구와 복종에 대한 기대에 굴복하는 데서 오는 갈등의 피로와 외로움(화를 내고 분개하여 사람들을 그녀의 삶에서 떼어 내거나 변덕스러운 분리로 그들을 소외시키는)에서 데나를 재양육하고 재구성하고 요새의 벽을 무너뜨리는 부담을 덜어 주는 의미 있는 단계가 될 수 있다. 이를 통해 그녀의 내면화된 요구적 비판을 감소시키고 결국 폐지하고, 그녀의 주장과 건강한 권리와 자기 가치를 강화한다.

공감적인 말로 시작하기

공감적 직면의 이 마지막 예시는 공감적 직면을 위한 선제적 조치, 간단히 말해서 직면에 대한 공감적인 말로 시작하기라고 부르는 것이다. 이것이 의미하는 바는 당신이 내담자의 민감성에 대해 '알고 있는 것'(공감)을 고려하여 그들의 개연성 있는 심리도식 주도의 반응을 예상한다는 것이다. 이러한 민감성은 기억된 경험으로 심리도식 주도의 경험으로 즉시 옮겨지는 특정 단어, 몸짓 및 표정일 수 있다. 예를 들어, 조(Joe, 자기애성 성격장애가 있는 사람)는 이용당한 기분, 열등감, 수치심에 극도로 민감하다. 그는 촉발될 때 방어적이고 비판적인 양식으로 쉽게 전환하고 치료를 끝내겠다고 위협한 다음, 분리된 산만한 양식으로 이어진다. 그래서 남이 알아주기를 바라는 이야기를 중단시키고 그의 회피 가능성과 너무 많이 '자신을 증명하는 것'(그가 치료자와 함께할 필요가 없다는 것을 상기시키는 것뿐만 아니라)을 지적하려고 할 때, 헛기침하고 자신의 오만하고 방어적인 자세로 전환한다. "좋아요, 어쨌든, 저는 중요한 요점을 말하려고 했지만 제 생각엔 당신의 쇼인 것 같군요."라고 말하며, 너무 근시안적이고 통제적이라고 비난하는데, 이는 그가 그의 파트너에게도 느끼는 것이다. 이런 일이 일어나는 것을 방지하거나, 일어났을 때 즉시 치료하는 한 가지 방법은 공감적인 말로 시작하기이다. "조, 중단시켜서 미안해요. 내가 당신 말에 관심이 보이지 않는 것이 주변의 다른 사람과 똑같다는 느낌을 들게 한 것을 알아요. 그것이 나의 표현이고, 안건이고 당신에 대한 기대입니다. 조, 저를 바라보세요. 당신을 아끼고 다른 사람들과 만족스러운 관계를 맺기를 바라는 사람, 바로 저예요. 당신의 소중한 취약한 측면부터 밝고 재능 있고 재치 있는 측면, 그리고 아무것도 증명할 수 없는 진짜 당신까지 그들이 완전히 볼 수 있게 할게요. 나는 당신의 아버지나 경쟁심이 강한 형이 아니에요……. 그들은 이용당했다고 느끼게 하거나 노력을 방해하면서 영향력을 행사하는 사람들이에요. 여기를 바라보세요. 조, 접니다. 저는 당신의 행복과 어렸을 때 갖지 못한 것을 더 자유롭게 사랑할 수 있도록 당신의 욕구를 충족시키는 것 외에는 아무런 목적이 없어요. 자, 이제 무엇이 당신의 '환대'[승인-추구] 양식으로의 전환을 활성화했는지 알아봅시다. 그리고 함께 한 발짝 물러나 한 팀이 되어 어린 조를 돌볼 수 있는지 알아봅시다."

요약

공감적 직면은 과거와 현재의 경험 사이에 구별을 촉진하여, 원래 보호와 생존의 유일한 원천으로 설계된 강력한 벽 양식 뒤에 있는 숨겨진 상처, 수치심, 절망과 연결할 수 있게 한다. 이 전략은 또한 우리가 건강한 한계를 설정하고 유연성, 좌절 감내력, 호혜성, 타인에 대한 존중, 충동 조절 및 합리적인 규칙을 준수할 수 있는 능력에 충족되지 않은 욕구로 고통받는 사람들을 위해 적응 기준을 보장할 수 있게 한다(발달 중인 아동이 타인과의 관계 속에서 성공적으로 사는 데 필요한 준비의 모든 부분).

심리도식치료는 치료 평가 단계의 일부로서 강력하고 풍부한 포괄적인 개념화를 제공한다. 이 개념화는 치료의 정보를 제공하여 내면의 고통과의 연결 및 치유를 촉진하는, 세심하게 구성된 공감적 진술과 질문을 정확하게 표현함으로써 치료에서 가장 어려운 교착 상태에 직면할 수 있게 한다. 효과적인 임상가의 기본적인 역할은 감지하고, 공명하고, 다른 사람과의 연결을 아는 것으로 시작하며, 이러한 입장에서 우리는 가장 어렵고 의미 있는 정서적 변화를 추구하는 인간의 용기를 볼 수 있는 특권을 가지고 있다.

치료자 조언

1. 당신의 타고난 공감을 사용하라. 그것은 심리도식 치료자로서 가장 큰 강점이다. 공감은 말하는 사람이 어떻게 느끼는지 완전히 이해하려는 의도로 경청하는 공명적인 경험이다. 말하는 사람의 생각을 이해하는 것 외에도 '내 맞은편에 앉아 있는 사람은 어떤 기분일까?'라는 질문을 자신에게 해 보는 것이다.
2. 내담자가 자신을 보호하기 위해 필사적으로 노력하고, 핵심적인 취약성으로부터 떨어져 거리를 두려고 할 때, 그들의 이력이 현재에서 일어나고 있다는 측면(오래된 감정, 불가능한 정서적 상황에서 생존하는 오래된 방식)에서 가장 불쾌한 순간을 이해하라.
3. 당신의 풍부한 심리도식 개념화를 사용하여 치료자와 내담자 사이에 무슨 일이 일어나고 있는지 '보고' 분명하게 표현하고 치료에서 가장 변화하지 않는 교착 상태를 탐색하라.
4. 당신이 사건을 뛰어넘어, 공감적으로 직면하고, 내담자와 한계를 설정할 수 있게 하려면 자신의 어린 부분을 접지시키고 달래라('나는 이것을 가지고 있고, 그것은 완벽할 필요는 없어, 사실일 뿐이야!').

5. 내담자의 취약한 아동이 거기에 있다는 것을 기억하라(하지만 매우 불쾌한 대처전략의 벽 뒤에 숨겨져 보이지 않는 것처럼). 치료자의 진정한 연결은 도전적일 때조차도 정서적 변화의 가능성을 제공한다는 것을 기억하라.

참고문헌

Elliott, R., Bohart, A. C., Watson, J. C. & Greenberg, L. S. Empathy (2011). *Psychotherapy (Chic), 48*(1), 43-49. 10.1037/a0022187

Greenberg, L. (2015). *Emotion-focused Therapy: Coaching Clients to Work Through Their Feelings* (2nd ed.). Washington, DC: American Psychological Association(APA).

Iacoboni, M. (2009). *Mirroring People: The Science of Empathy and How We Connect with Others.* New York: Picador.

Siegel, D. (2010). *Mindsight, The New Science of Personal Transformation*. New York: Bantam Books.

제15장

치료 관계에서 진정성과 개인적 개방성

– Michiel van Vreeswijk[1]

치료 관계의 맥락에서 진정성(authenticity)은 무엇을 의미하며 내담자의 안녕에 얼마나 중요한가? 진정성은 "실제적이거나 진정한 자질"(Cambridge Dictionary, 2017)로 정의할 수 있으며 진실성, 헌신, 성실, 정성 및 긍정적 의도와 같은 관계적 경험과 관련된다(Wikipedia, 2017). 진정성은 자기표현, 신체언어 그리고 다른 비언어적 의사소통을 통해 보여 주고, 치료의 맥락에서 치료 관계와 내담자의 목표를 위해 우리의 생각, 감정 및 경험을 공유하는 것을 포함한다.

우리가 진정성에 어떻게 적응하는가는 부분적으로 우리의 치료 목표에 달려 있다. 예를 들어, 취약한 아동에게 제한된 재양육을 제공하는 경우, 진정한 연결은 치료자가 양육하고, 감사하며, 격려하며, 대처양식에서 불쾌한 행동에 의도적으로 무시하는 데 중점을 둘 수 있다. 따라서 여기에서 진정한 연결은 대처양식을 넘어서 핵심 감정과 그 아래에 있는 욕구를 보는 것이다. 다른 경우에, 내담자의 건강한 성인에게 다가갈 때 진정성은 치료자가 대처양식이나 불쾌한 행동에 대한 개인적인 반응을 훨씬 더 직접적으로 말하고 '실제'가 되어야 할 욕구를 충족시키고, 치료 관계에서의 양식 주기를 이해하기 위한 출발점을 포함할 수 있다. 게다가, 치료자는 실수할 수 있고, 내담자가 감지할 수 있는 심리도식 주도의 반응을 경험하며(아무 말도 하지 않더라도), '방 안의 코끼리'[2]의 이름을 진정으로 가장 잘 붙일 수 있는지에 대한 또 다른 딜레마를 제기한다.

진정성 있는 치료자가 되기 위해서는 내담자의 심리도식과 광범위한 치료적 욕구를 사려

1) 임상심리학자, 공인 심리도식 치료자 및 ISST의 슈퍼바이저-트레이너이다. 공인 CBT 실무자 및 슈퍼바이저, 네덜란드의 G-kracht Psychomedisch centrum BV(정신 건강 관리 기관)의 대표이다. 그는 네덜란드와 해외에서 심리도식치료의 정기적인 워크숍과 슈퍼비전을 제공한다. 심리도식 집단치료와 집단 및 개인 심리도식치료의 치료 효과 예측 변수에 특별한 관심을 가지고 있다.

2) 역자 주: 누구나 알고 있지만 그 누구도 먼저 이야기를 꺼내지 못하는 크고 무거운 주제를 비유하는 표현이다.

깊게 성찰하는 맥락에서(치료자가 그들과 '실제'가 되도록), 정직성과 개방성 수준에 대한 내담자의 전반적인 욕구에 따라 안내된다고 주장할 수 있다.

이것은 우리 자신의 심리도식과 우리가 작업하는 시스템의 심리도식에 의해 '끌어당길' 수 있어서 어려운 작업이다. 치료적 표류와 유사한 것이 있을 수도 있는데, 그리고 그것으로 인해서 우리는 자신의 내담자와 슈퍼비전 동안 정서적 저항이 가장 적은 경로로 조용히 이끌릴 수 있다[즉, 한편으로는 '더 부드러운' 방안을 선택하고(예: 양육, 이해 및 수용), 다른 한편으로는 기법적 숙련도(예: 의자 작업, 심상 등에 대한 세심한 주의)를 선택하여 도전적인 작업을 피하는 방법으로서].

이 장의 목적은 우리가 내담자들에게 최적의 진정성을 벗어나게 하는 패턴에 대한 인식을 높이고 관심과 연민으로 한 걸음 물러나 내담자와 다시 연결하기 위한 새로운 약속을 향해 나아가도록 돕기 위한 것이다.

내담자의 진정성 경험

내담자가 당신에게 이렇게 말한 적이 있는가? "당신은 치료자로서 직업이기 때문에 그렇게 말하는 것입니다." 또는 "이것은 당신이 사용하는 기법의 하나일 뿐입니다."라고 말이다.

내담자가 질문할 수 있는 것은 다음과 같다. "당신은 나에게 진정성이 있나요?" 그들의 질문은 그들의 심리도식과 양식에 의해 주도될 수 있다. 그들의 불신/학대 도식은 "조심해라, 이것은 단지 너를 유인하기 위한 설정일 뿐이야."라고 말하는 것일 수 있다. 또는 그들의 정서적 결핍 도식은 "나는 이 사람의 진정성, 내가 느끼는 것을 보고 연결될 수 있다는 것을 믿을 수 없어."라고 말할 수 있다. 또는 그들의 유기/불안정 도식은 "만약 네가 이 치료자와 연결되기 시작하면, 그/그녀는 머지않아 떠날 것이고, 너는 혼자 있게 될 텐데, 이것이 정말 투자할 가치가 있을까?"라고 말할 수 있다.

하지만 우리가 내담자의 심리도식을 잠시 두고 자신에게 "지금, 이 순간에 우리는 이 내담자에게 진정성이 있는가?"라고 묻는다면 어떨까? 아마 우리 대부분은 그렇다고 대답하고 그것을 증명하려고 노력하거나 이와 유사하게 말을 할 것이다. "나의 보살핌이 당신에게 기법일 뿐이라고 믿게 한 것이 무엇인지 궁금해요. 심리도식이나 양식이 활성화되었나요?" 하지만 솔직히 말해서, 그 특정 순간에 정말 진정성이 있었는가? 아니면 내담자와 연결이 끊겼거나, 두려웠거나, 심지어 화가 났는가? 아마도 함께하고 최선을 다해 그들의 욕구에 조율하였음에도 불구하고, 이것을 비언어적 또는 언어적으로 자신도 모르게 드러냈을 것이다. 나는 종종 나도 모르게 그리고 다양한 이유로 내가 원하는 것보다 덜 진실한 경우가 많다는 것을 알고 있다. 예를 들어, 내가 개인적인 문제에 몰두했거나 치료에서 다음에 어떻게 할지 확신이 없었기 때문이다. 아니면 우리 관계에 대한 내 생각을 어떻게 가장 잘 표현할 수 있을지 염려했기 때문이다. 그리고 그렇다. 뭔가 더 복잡한 일이 나에게 일어나고 있음에도 불구하고 여전히 나의 명확하고 단순한 의도(예: 그들이 "이것은 당신이 사용하는 기법의 하나일 뿐입니다."라고 말할 때)를 자신에게 설득하려고 노력하는 순간들이 있다.

나는 시간이 지남에 따라 이러한 순간들이 줄어들었다고 말하고 싶지만, 그 순간 내 진정성에 대한 의심의 느낌을 더 잘 알아차리고 있다고 말하는 것이 아마도 더 정확할 것이다. 나는 이 의심을 조장하려고 노력한다. 특히, 내가 가장 불편하게 느끼는 순간에, 내 부분이 그들을 무시하고 상관없이 계속하는 것을 원할 때이다. 이 장의 목표는 치료 관계를 최적화하고 새로운 애착 경험과 제한된 재양육을 위한 토대를 형성하는 방식으로 진정성 있고 개방적인 방법에 대한 과제에 직면하도록 돕는 것이다.

연습 1: 나는 얼마나 진정성 있는 사람인가?

진정성에서 나는 어디에 있는지 아는가? 내담자들은 나에 대한 이 질문에 어떻게 대답하고 나의 진정성을 어떻게 평가할까? 가장 듣기 어려운 대답은 무엇인가? 무엇을 들으면 기분이 좋을까?

내가 내담자들에게 가장 진정성을 느낄 때는 언제인가? 내가 가장 덜 진실할 때가 언제인가? 무엇이 나를 더 진정성 있게 만드는 데 방해가 되는가? 내 메시지가 민감하거나 달갑지 않은 경우에도 더 잘 인식하고, 정직하고, 개방적으로 되는 데 도움이 되는 것은 무엇인가?

진정한 치료자의 자질

진정한 치료자는 항상 내담자와 정직한 관계를 유지하기 위해 노력하며, 헌신적이고 진실하지만, 항상 모든 것을 공유하는 것은 아니다. 특히, 치료 과정에 도움이 되지 않을 때는 더욱 그렇다. 언제, 무엇을 공유할 것인지에 관한 임상적 판단은 복잡하며 특정 시점에서 종종 감정적인 상호작용을 다룰 수 있는 내담자와 치료자의 욕구와 능력을 모두 고려해야 한다.

진정한 치료자는 내담자에게 긍정적 반응과 부정적 반응을 모두 공유하려고 노력하며, 앞으로 나아가는 최선의 방법에 어려운 딜레마를 듣거나 제시하기 어렵더라도 내담자의 반응에 개방적이다. 또한 나의 경우 치료자로서 진정성이 있다는 것은 당신이, ① 내담자들에 대한 자신의 감정과 치료가 어떻게 진행되고 있는지에 대해 자신에게 정직해야 하며, ② 자신의 개인 내, 그리고 대인 관계 반응에 의문을 제기할 수 있어야 하며, ③ 자기 생각과 일부 경험을 내담자와 기꺼이 공유할 수 있어야 하며, ④ 동료들과 기꺼이 생각과 경험을 공유할 수 있어야(예: 슈퍼비전에서) 한다는 것을 의미한다고 가정한다.

앞의 모든 것을 성취하기 위해서는 긍정적이고 잘 확립된 자아개념을 가져야 한다. 그러나 심리도식 치료자로서, 우리는 모두가 자신의 심리도식과 양식에 의해 궤도에서 벗어날 가능성이 있으므로 이것이 정적인 상태가 아니라는 것을 알고 있다. 슈퍼비전과 개인치료는 우리 자신의 반응을 이해하고, 자신의 심리도식을 치유하며, 균형 잡히고 긍정적인 자아개념을 발달시키는 데 중심적인 역할을 한다.

내 생각에 진정성은 제한된 재양육이 가능하고, 파열이 적절하게 처리되고, 중도 탈락 가능성이 최소화되는 좋은 작업동맹 관계를 구축하는 데 필요한 요소이다. 우리의 감정을 내담자들에게 계속 숨기고 감추는 것은 스트레스를 줄 수도 있고 부자연스러울 수도 있다. 또한 진정한 자세는 2차 외상 및 소진의 위험을 감소시킨다. 이 장의 목표는 다음과 같다. ① 자신의 진정성에 더 잘 맞추어 조율할 수 있게 된다. ② 자신의 심리도식과 양식이 자신의 진정성과 어떻게 상호작용하는지 추적한다. ③ 진정성을 활용하고 육성하는 작업을 한다. ④ 치료가 중단되었을 때 진정성을 사용한다. ⑤ 진정성에서 발생할 수 있는 함정을 인식한다.

진정한 치료자가 되는 것과 심리도식과 양식의 역할

치료자 퀸의 사례: 1부

퀸(Quinn)은 58세의 심리치료자로 주로 CBT와 EMDR에서 훈련을 받았다. 그의 아버지는 군대에서 부사관이었고 그의 어머니는 가정주부였다. 퀸의 남동생은 국회의원이고, 그의 여동생은 임상심리학 교수이다. 어렸을 때, 그의 가족에게는 의심의 여지없이 모두가 따르는 엄격한 규칙이 있었다. 그의 아버지는 지배적이고 조용한 남자로 분노를 나타내지만 다른 감정을 나타내지 않았다. 그의 어머니는 남편과 아이들에게 자신의 감정을 숨기는 '순종적인' 아내였다. 퀸과 그의 형제자매는 국제 사립학교와 명문 대학에서 교육을 받았다. 퀸의 주요 심리도식은 결함/수치심, 엄격한 기준과 실패이다. 그의 가장 중요한 양식은 분리된 보호자, 순응적 굴복자 및 처벌적 부모이다.

공동 치료자 부부 야라와 로이의 사례: 1부

야라(Yara)는 정신분석과 정신화 기반 치료를 훈련받은 38세의 심리치료자이다. 그녀는 최근에 심리도식치료 훈련을 받았고, 그녀와 로이(Roy)는 곧 집단 심리도식치료에 대한 무작위 대조 실험에서 공동 치료자로 일할 예정이다. 로이는 DBT(변증법적 행동치료), 집단치료 및 심리도식치료에서 훈련을 받은 32세의 임상심리학자이다. 야라는 감정을 이야기하는 것이 용납되지 않는 집안 출신이다. 내면의 생각과 감정을 나누는 것보다 외모를 유지하는 것이 더 중요했다. 그녀의 주요 심리도식은 정서적 억제, 엄격한 기준 및 자기희생이고 그녀의 주요 양식은 건강한 성인, 행복한 아동 및 요구적 부모이다. 반면에 로이는 감정을 충분히 나눈 적 없는 가정에서 태어났는데, 그의 어머니는 경계성 성격장애가 있고, 아버지와 여동생은 ADHD가 있다. 로이의 주요 심리도식은 유기/불안정, 사회적 고립/소외와 실패이다. 그의 주요 양식은 요구적 부모, 건강한 성인, 자기 과시자이다.

퀸의 경우([그림 15-1]) 여러 심리도식 및 양식이 가계도를 통해 어떻게 실행되는지 볼 수 있으며, 때로는 한 세대를 건너뛰고, 때로는 첫 번째 줄에서 전달된다. 또한 퀸의 가족, 특히 그의 아버지 쪽에서 진정성 수준이 낮음을 알 수 있다. 야라와 로이의 가계도를 여러분의 상상력으로 채워 넣는다면 어떤 모습일까? 그의 가족의 다른 구성원들은 감정을 나누거나 진정한 것에 대해 뭐라고 말할까? 그들은 좋은 양육에 대해 어떤 생각을 하고 있을까? 각 가족 구성원은 어떤 심리도식과 양식을 가지고 있다고 생각하는가?

연습 2: 현재에서 과거로, 자신만의 진정성 가계도 만들기

[그림 15-1]의 형식을 사용하여 자신과 가족의 태도와 자기개방, 개방성 및 진정성에 대한 접근 방식을 지도화하라. 그렇게 하면서 자신에게 다음과 같이 물어보라.

1. 나는 어떤 심리도식과 양식이 있는가? (도구로서 심리도식 및 양식 질문지 YSQ 및 SMI를 작성할 수 있다.)

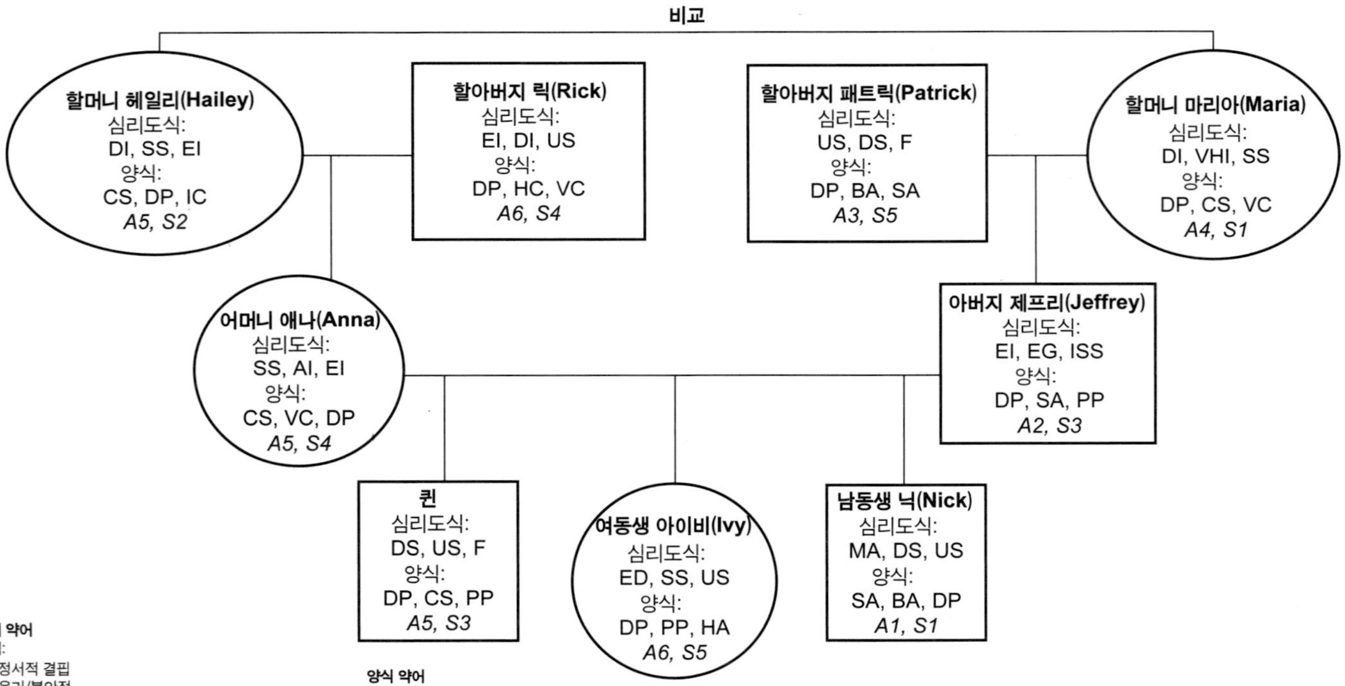

심리도식 약어
심리도식:
ED: 정서적 결핍
AI: 유기/불안정
MA: 불신/학대
DS: 결함/수치심
F: 실패
DI: 의존/무능
VHI: 위해와 질병에 대한 취약성
SS: 자기복종
EI: 정서적 억제
US: 엄격한 기준
EG: 특권의식/과대성
ISS: 부족한 자기통제/자기 훈련

양식 약어
양식:
VC: 취약한 아동
IC: 충동적 아동
HC: 행복한 아동
CS: 순응적 굴복자
BA: 가해자 공격
SA: 자기 과시자
DP: 요구적 부모
PP: 처벌적 부모
HA: 건강한 성인

지수
A....: 진정성 수준 0~10점
(0: 전혀 진정적이지 않다, 10: 충분히 진정적이다)
S....: 감정과 내면의 생각 공유 수준 0~10점
(0: 아무것도 공유하지 않는다, 10: 모든 것을 공유한다)

[그림 15-1] 퀸의 가계도 개요[2)]

2) 이것은 관계에서 심리도식, 양식, 자기개방 및 진정성의 기원을 더 잘 인식할 수 있는 방법의 예이다.

2. 나의 감정과 내면의 생각을 나누는 것에 나는 어떤가?
3. 나의 개인적 가치는 무엇인가?
4. 내 욕구는 무엇인가?
5. 진정한 관계를 유지하는 것에서, 나는 어디에 있는가?
6. 진정성에 대해 10년 후에 나는 어디에 있고 싶은가?

이제 당신의 형제자매, 부모, 조부모에게도 이 질문을 하라. 어쩌면 그들에게 직접 질문하는 것도 가능하다. 어떤 패턴이 나타나는가?

심리도식 및 양식을 인식하는 것 외에도 핵심 욕구가 충족되지 않은 결과로 심리도식이 (부분적으로) 발달한다는 것을 깨닫는 것도 좋다. Lockwood와 Perris(2012)는 심리도식의 종류에 따라 제안된 충족되지 않은 욕구를 설명한다. 그들의 관점에서, 퀸의 충족되지 않은 욕구는 무조건적인 수용과 사랑(결함/수치심), 적절한 기준과 이상에 대한 지침(엄격한 기준), 숙달을 발달시키는 것에 대한 지원과 지도가 될 것이다. 야라는 자극을 주는 즐겁고 자발적인 환경(정서적 억제), 적절한 기준과 이상에 대한 지침(엄격한 기준), 각 개인 욕구의 중요성의 균형(자기희생)에 대해 충족되지 않은 욕구를 가졌을 가능성이 크다. 로이에게는 안정적인 애착 대상(유기/불안정), 공동체에 포함 및 수용(사회적 고립), 숙달을 발달시키는 것에 대한 지원 및 지도가 될 것이다.

각각의 경우에 그들의 충족되지 않은 욕구, 심리도식 및 지배적인 대처 방식은 그 순간의 진정한 관계와 매우 관련이 있었다. 앞의 예들에서, 치료자의 심리도식이 촉발되었을 때, 일반적으로 그들의 감정을 숨기려고 하거나 과잉 보상하려 하고, 내담자에게 중요한 것을 빠트리거나 말하지 않았다는 느낌을 갖게 했다.

삶의 경험, 개인치료 및 지속적인 임상 슈퍼비전을 통해 얻은 치료자의 자기 인식은 진정한 임상적 만남을 위한 토대를 형성한다. 예를 들어, 만약 당신이 정서적 억제 도식이 있다는 것을 알고 있다면, 더 표현력이 풍부하고, 자발적이며, 당신이 편하게 마음을 열도록 영감을 주는 가족, 친구, 동료를 찾는 것이 중요할 수 있다. 또는 만약 당신이 '엄격한 기준'을 가지고 있다면, 건강한 일과 삶의 균형을 유지하는 것과 함께 기준과 이상을 중시하는 직장을 찾는 것이 중요하다. 이것이 없으면, 진정성을 유지하는 데 방해가 될 수 있는 엄격한 기준을 가진 치료자에게는 소진될 위험이 높다(Keading et al., 2017; Simpson et al., 2018).

연습 3: 진정성, 욕구 및 개인적 가치에 한 걸음 더 다가갈 수 있는 심상

동료/친구와 함께 이 훈련을 하거나 휴대전화기에 지시사항을 녹음한 다음, 눈을 감고 녹음을 재생할 수 있다.

1. 눈을 감고 호흡에 집중하세요. 그것을 유지하고 따라가면서 호흡이 가장 잘 자각하고 있는 신체 부분에 집중하세요.
2. 자신의 감정을 가장 잘 알고, 취약한 아동을 가장 잘 알고 있는 신체 부분으로 가세요. 그 측면은 무엇이 필요한가? 연결과 수용을 느낄 필요가 있는가? 더 자율적이고, 더 강하고, 더 자신감을 가질 필요가 있는가? 균형을 찾는 데 도움이 필요한가? 적절한 한계를 찾기 위해 도움이 필요한가?
3. 시간을 갖고 취약한 아동이 말하는 것을 솔직하게 들어 보세요. 당신이 산만해지고 있다는 것을 알게 되면(아마도 어려운 감정이 닥칠 것이라고 예상했기 때문에), 취약한 아동에게로 부드럽게 돌아오세요. 자신이 이 훈련을 평가하기 시작한다는 것을 알아차리고, 자신이 정말로 필요로 하는 것을 더 잘 인식하는 데 도움이 되지 않을 것이기 때문에 이런 비판적이고 처벌적인 부분을 멀리 보내세요. 원한다면, 언제나 지금 여기를 더 자각하기 위해 호흡으로 갈 수 있어요.
4. 자신이 행복을 가장 잘 자각하는 신체의 그 부분으로 스스로 떠돌아다니도록 두세요. 자유롭게 떠다니는 에너지를 느끼는 곳, 웃고 있는 곳, 장난기 가득한 기분이 드는 곳, 자신의 행복한 아동은 무엇을 즐기고 있는가? 행복한 아동은 무엇을 좋아하는가? 자신의 그 부분을 행복하게, 즐겁게, 활기차게 느끼게 해 주는 다른 것이 있는가? 부담 없이 느끼고 즐기세요.
5. 준비되면 자신이 받아들일 수 있고, 친절하고, 현명하다고 느낄 수 있는 신체 부분으로 가 보세요. 자신의 건강한 성인의 부분은 무엇을 말하고 있는가? 무엇을 소중히 여기는가? 무엇이 자부심을 느끼도록 도와주는가? 안정감과 애착을 느끼기 위해서? 다른 사람들이 자신의 가치관에 대해 어떻게 생각하는지 들을 수 있는가? 그들의 의견을 듣는 데 개방적이고 관심이 있는가? 중요한 다른 사람들이 자신에게 말하게 하세요. 그들은 뭐라고 하는가? 어떤 기분이 드는가? 부디 그들과 현명하고 친절하며 수용적인 방식으로 자유롭게 교류하세요. 배울 수 있고 배우고 싶은 것을 그들에게 배우세요.
6. 이제 호흡으로 다시 돌아가세요, 그 호흡을 유지하고 지금 여기에서 가장 잘 자각하고 있는 자신의 신체 부위로.

7. 셋을 세고 천천히 눈을 뜨세요. 아무것도 하지 말고, 자신의 경험했던 것을 다시 느끼는 시간을 가지세요.

자신이 경험했던 것을 그림으로 그리는 것은 도움이 될 수 있다. 사랑하고 신뢰하는 사람과 그것을 공유하세요.

우리의 진정성에 대한 외부의 영향

심리도식과 양식은 각 하위 체계 내에서 그리고 하위 체계 간에 활성화되며, 마찬가지로 진정성에 영향을 미친다. 예컨대, 집단 심리도식치료에는 집단 역동을 지배하는 공유된 심리도식, 양식 또는 대처 방식이 있을 수 있다. 그래서, 예를 들어 한 집단의 대부분 내담자가 사회적 고립 도식이 있을 때, 그들은 집단과 걱정을 나누는 대신, 위협받는다고 느끼면 철수할 가능성이 크다. 요구적 부모양식이 지배적일 때, 집단은 감정을 표현하고 공유하는 '시간 낭비'보다는 해결책과 결과에 초점을 맞출 가능성이 크다.

예를 들어, 개인치료에서 요구적 부모를 멀리 보내려고 할 수 있지만, 내담자가 요구적 파트너가 있는 집으로 돌아간다면 양식이 잘 보존될 수 있다. 어떤 의미에서, 그들이 파트너의 기대를 충족시킬 수 있도록 돕는 것이 필요하다. 개방성과 진정성의 경우 이것이 왜 그렇게 중요한지 자문해 볼 수 있다. 많은 경우에 요구적 부모가 있는 사람들은 요구적 부모의 관점에서 이를 약점의 표시로 보는 경향이 있어서 개방성과 진정성의 개념과 씨름한다. 그러한 경우, 당신은 개방성과 진정성에 대한 방안을 탐색할 때 그들 자신과 작업하면서, 간접적으로는 파트너의 요구적 부모양식과 함께 작업하고 있다.

치료자 퀸의 사례: 2부

퀸은 3년 전부터 망설이며 심리도식치료 워크숍과 슈퍼비전에 참석하기 시작했는데, 이는 그의 정신건강 관리 연구소의 일부 젊은 동료들이 심리도식치료 교육을 받았고 심리도식치료에 매우 열광했기 때문이다. 그들은 젊고 활기찬 방식으로 심리도식치료를 어떤 증상에도 적용할 수 있는 새로운 심리치료의 '표준'으로 묘사했다. 특히, 그들은 치료 관계에 초점을 맞추는 것을 좋아했고, 치료 관계가 주로 방해가 되고 기법에 중점을 두는 것이 앞으로 나아갈 길이라는 퀸의 '구시대적' 견해에 대해 놀랐다. 퀸은 CBT 및 EMDR 동료 슈퍼비전 집단과 원래 CBT 치료자로 훈련받은 일부 관리자들로부터 자신의 견해에 대한 지지를 구했다.

공동 치료자 부부 야라와 로이의 사례: 2부

야라는 로이와 함께 심리도식치료 슈퍼비전을 받게 될 것이라는 사실을 깨닫고 약간 긴장한다. 경험이 많고, 개방적이며 도전적인 슈퍼바이저의 이야기를 들었다. 그녀는 또한 슈퍼바이저가 슈퍼비전에서 그리고 내담자와 함께할 때 촉발되는 자신의 심리도식과 양식을 공유하는 데 큰 중점을 둔다고 들었다. 그녀는 로이가 항상 표현력이 뛰어나서 그것이 쉬울 것으로 생각한다. 첫 번째 슈퍼비전 회기에서 그들은 자신의 심리도식과 양식, 그리고 그들의 치료 관계에서 발생할 수 있는 함정에 대해 무언가를 공유하도록 요청받는다. 로이는 즉시 그의 심리도식과 양식에 대해 유창하게 공유하기 시작한다. 슈퍼바이저는 야라가 어떻게 마음을 닫고 철수하는지 확인하고, 슈퍼바이저는 로이를 중단시키고, 야라에게 무슨 일이냐고 묻는다. 야라는 공유하는 것에 약간 긴장하고 있다고 말한다. 그런 일에 익숙하지 않다는 것이다. 슈퍼바이저는 로이에게 이 사실을 알고 있었는지 묻고, 로이에게 그의 유창하게 말하는 것이 야라를 촉발시켰을 수 있다고 지적한다. 로이는 그것을 알지 못했으며 자신의 심리도식과 양식에 대해 쉽게 말할 수 있다는 것을 보여 줌으로써 '잘하고 있다.'라고 생각했다고 설명한다. 그런 다음, 그의 실패 도식이 활성화되고 슈퍼바이저는 공동 치료자들이 때때로 서로를 촉발하는 것은 정상이며, 그것에 대해 논의하는 것이 좋다고 그를 안심시킨다. 슈퍼바이저는 공동 치료자를 위해 공유하고 함께 있는 것의 중요성을 강조한다. 슈퍼바이저는 야라와 로이가 어떻게 서로를 촉발시킬 수 있는지, 그리고 이러한 일이 발생했을 때 필요한 것이 무엇인지에 대한 대화를 촉진한다. 비록 대화가 어색할 때도 있었지만, 결과적으로 야라와 로이는 둘 다 안도하고 가까워진 것 같다.

우리가 동료들에게서 필요로 하는 것을 요청하는 것을 잊어버리는 일이 발생할 수 있다. 일부 기관에서는 그것은 심지어 금기시되고 비전문적인 것으로 간주된다. 이러한 작업 환경에서는 엄격한 기준 도식과 요구적 부모양식이 대부분의 시간 동안 지배적이며 활성화될 가능성이 크다. 많은 치료자를 본 결과, 개인 심리도식 집단치료에서 건강한 성인이나 행복한 아동양식에 있는 척하면서 실제로는 자신의 요구적 부모(자신과 시스템의) 측면과 함께 살면서 직장에서 감정에 대처하는 법을 배웠다는 것을 알게 되었다. 이러한 상황에서 취약성을 보이는 것은 종종 약점으로 보이기 때문에 다른 반응과 감정이 억제된다.

부모가 정신질환을 앓았거나 학교에서 왕따를 당했거나 실패했던 배경에서 오는 일부 사람들은 직장 내에서 취약하다는 것에 대해 추가적인 수치심을 경험할 수 있다. 사회적 고립 및 결함/수치심과 같은 도식은 강한 요구적 부모양식이 작동하는 직장에서 활성화될 가능성이 더 크며, 때로는 치료자가 철수하거나 분리되도록 하고, 때로는 과잉 보상하여 자신의 유능한 측면만 보여 준다.

다른 직장에서는 팀이 행복한 가족처럼 될 필요가 있는 문화가 있다. 긍정적인 감정과 특정 종류의 취약성(보통 팀과 관련이 없음)이 일상적으로 공유되고 정서적 참여도가 높다. 하지만 '행복한 가정'이 되어야 한다는 압박감 때문에 서로에 대한 좌절감, 경쟁심, 불신감 등 복잡한 감정은 애써 무시된다. 분명히, 두 가지 유형의 작업 환경은 독성이 있을 수 있으며, 동료들 간, 내담자와 치료자 간에 건강한 진정성을 가로막는 장벽으로 작용할 수 있다. 건강한 균형을 찾는 것은 때때로 외부 조력자로부터 도움을 받는 어려운 작업이지만, 이것은 정신건강 관리에서 거의 하지 않는 것처럼 보인다.

연습 4: 더 넓은 맥락에서 진정성과 개방성

개인치료의 경우

1. 그들의 삶에서 다른 사람들이 중요한 문제나 패턴에 대해 뭐라고 말할지 물어보라. 그들의 관점은 무엇일까? 특히 장기 치료 및/또는 대인 관계 문제가 많은 경우 가족이나 친구를 불러오라.
2. 외부 세계의 다른 요소를 나타내도록 빈 의자를 사용하라. 이 빈 의자가 정직하고 진실할 때, 무슨 말을 할 것인지 물어보라. 내담자 자신의 반응에 진정성을 갖도록 격려하라. 치료자의 진정성으로 내담자를 도와라. 예를 들어, 어려움을 겪었던 것, 취약성을 뒤흔들었던 것을 공유함으로써 같은 방법이 있다.

집단치료의 경우

1. 집단 간의 지배적인 심리도식, 양식 및 대처 방식과 이것이 개방적이고 진정성 있는 집단의 능력에 어떻게 영향을 미치는지 알고 있어야 한다. 집단이 그들의 집합적인 심리도식과 집단 대처 방식을 토론하도록 격려하라. 도움이 되는 질문은 다음과 같다. 만약 그 집단이 사람이라면 가장 지배적인 심리도식 또는 양식은 무엇이었을까? 이 집단의 지배적인 대처 방

식은 무엇인가?

2. 특정 집단 구성원의 삶에서 중요한 역할을 하는 집단 구성원을 포함하는 (이력) 역할극을 수행하여 취약함과 감정에 대해 개방할 수 있는 능력에 대해 어떤 메시지가 전달되었는지 파악하라.

작업 환경의 경우

1. 개방적이고 진정한 방식으로 공유할 수 있는 능력이 있는지 동료들과 부드럽게 시험해 보라.
2. 팀의 관계 발전을 지원하기 위해 외부 조력자를 참여시키도록 하라.

자신의 진정성을 위해 작업하기

지금까지 읽었는데, 자신의 진정성에 대한 관점은 무엇인가? 바꾸고 싶은 것이 있는가? 만약 자신의 개방성 수준을 약간 조정한다면 어떻게 보일까? 내담자, 동료, 또는 사생활에서의 관계를 어떻게 바꿀 수 있을까?

치료자 퀸의 사례: 3부 a

퀸은 그의 젊은 동료들에 의해 심리도식치료 동료 슈퍼비전 집단에 참여하도록 초대받았다. 슈퍼비전의 하나로 그 집단은 서로에게 자기 욕구의 일부를 표현하는 연습을 했다. 이것은 퀸이 사용했던 기법적인 접근 방식과 매우 대조된다. 그러나 이 맥락에서 그는 자신의 취약한 어떤 측면을 공유하고 보여 주는 것이 괜찮다고 느꼈고, 기법적 조언보다 정서적 지원을 받은 일부 상황에서는 실제로 더 위로되고 도움이 된다는 것을 발견했다. 이를 통해 그는 직장에서 동료 및 내담자와 사생활에서 더 많은 것을 개방할 수 있었다.

치료자 퀸의 사례: 3부 b

퀸은 새로운 내담자인 23세 로저(Roger)를 만난다. 로저가 방에 들어올 때 땀 냄새가 나고 그들이 악수할 때 그의 손이 끈적끈적하게 느껴진다. 퀸은 냄새 때문에 속이 메스꺼워지지만, 로저에게 보이지 않으려고 한다. 로저는 그를 바라보며 머뭇거리며 "당신은 아이가 있나요? 왜냐하면 결혼하지 않은 노총각처럼 보이기 때문이죠. 당신이 요즘 젊은 세대를 이해하는지 궁금합니다. 나는 나이 든 치료자의 조언을 듣고 싶지 않아요."라고 말한다.

퀸의 자동적인 충동은 거리를 두고 이런 종류의 자기애가 삶에 도움이 되지 않을 것을 '그 젊은이'가 이해하도록 도울 수 있는 기법을 생각하는 것이다. 이러한 충동을 느끼면서 마지막 심리도식치료 동료 슈퍼비전으로부터 무언가를 기억한다. 즉, 공유의 중요성이다. 퀸은 잠깐 자신이 느끼고 있는 것과 그에게 생기를 불어넣는 심리도식 및 양식을 인식하게 된다. 그런 다음, 그는 로저에게 "로저, 나는 내가 기분이 상한 것을 알아차리고 왜 그런지 알아내고 있어요. 방금 한 말이 나를 평가절하하는 것처럼 느껴져서 그런 것 같아요. 우리가 섣불리 판단하기보다는 서로를 더 잘 알아 갔으면 좋겠네요. 나는 이런 식으로 시작하는 것을 좋아하지 않아요. 새롭게 시작할 수 있을까요?"라고 말한다.

로저는 당황한다. 그는 사람들이 이렇게 개방적이고 직접적으로 말하는 것에 익숙하지 않으며 퀸이 자신의 말에 진지하다는 것을 알 수 있다.

공동 치료자 부부 야라와 로이의 사례: 3부

슈퍼비전에서 야라는 좀 더 개방적이고 자신의 다양한 측면을 보여 주는 연습을 했다. 그녀는 로이의 취약한 아동과 대화하고, 자신의 취약한 아동의 어떤 것을 보여 주는 법을 배웠다. 로이는 야라의 경험에 더 깊이 귀를 기울이는 법을 배웠고, 더는 자기 과시자 뒤에 숨지 않았다. 그들은 서로에게 필요한 것을 공유하는 것이 얼마나 도움이 되는지, 그리고 '부모'로서 집단 구성원들을 위한 건강한 부부를 형성하는 방법을 발견했다. 야라와 로이는 집단 내에서 '부부'로서 몇 가지 취약점과 의견 차이를 공유하는 데 문제가 없었기 때문에 집단 구성원들이 이전에 피했던 민감한 주제들에서도 더 쉽고 안전하게 진정성을 느낄 수 있도록 했다.

이 사례들을 읽으면서, 이 내담자들과 자신의 정서적인 반응을 마주하고 작업하는 데 도움을 주기 위해 동료들로부터 무엇이 필요하겠는가?

연습 5: 미래, 더 진정한 자신

1. 내담자, 동료, 친구에게 자신의 진정성에 대한 피드백을 요청하고 그것에 대해 어떻게 생각하는지 알아보라. 바꾸고 싶은 것이 있는가?

2. 변화하고 싶다면 목표를 가지고 계획을 세워라. 만약 자신이 이런 식으로 변화한다면 무엇을 알아차릴 것인가? 변화를 평가할 방법과 시기를 결정하라. 가능한 구체적으로 하라. 자신의 계획을 가까운 사람과 공유하라.
3. 미래의 진정한 자아를 그리거나 미래의 진정한 자아와 접촉하는 이미지 연습을 하고, 이 측면이 어떤 모습이고 어떤 느낌인지 상상해 보라.
4. 의자 위에 커다란 거울을 놓고 거울이 자신을 향하도록 놓는다. 자신이 미래를 마주하고 이야기하고 있다고 상상해 보라. 희망과 두려움에 대해 좀 더 진정한 자신을 상상해 보라. 변화의 과정을 시작하기 위해 자신의 이 측면에서 무엇이 필요한가?

개방 및 진정성의 한계

일반적인 실수는 내담자와 생각과 감정을 공유하는 시기에 있을 수 있다. 때때로 우리의 요구적 부모는 해결책을 요구하거나, 개인적인 내용을 공유함으로써 재양육을 할 수 있는 '좋은 치료자'가 되기를 원한다고 성급하게 행동하도록 강요한다. 또는 우리의 분리된 보호자 양식에서는 그 순간에 내담자의 욕구에 대한 중요한 신호를 놓치게 된다. 우리가 무엇을 공유하고 있는지, 왜 그리고 어떻게 메시지를 전달할 계획인지에 대해 항상 스스로 확인하는 것이 좋다. 우리 자신의 욕구(예: 내담자와의 정서적 연결에 대한 욕구)와 심리도식이 활성화되고 있는가? 만약 그렇다면 우리는 진실한 것의 또 다른 형태인 공유를 고려하기 전에 우리 자신 안에 있는 이 욕구를 잠시 멈추고 아마도 그것을 해결해야 할 것이다.

또한 우리는 실수를 하는 것이 우리가 내담자에게 적절한 방법으로 이것을 인정할 준비가 되어 있는 한, 괜찮다는 것을 이해할 필요가 있다. 자신의 관계에 파열이나 강한 감정이 있을 때, 아무 말도 하지 않는 것은 종종 더 나쁜 일이다. 왜냐하면 내담자가 치료적 연결에서 무언가가 심하게 비현실적이거나 모자란다고 느끼기 때문이다. 내 작업의 예시로, 내담자가 너무 부끄러워서 회기에서 감히 말하지 못한 것들에 대해 긴 개인적인 이메일을 보내왔다. 내가 일하는 시간이 끝나갈 무렵이었고 나는 그녀에게 몇 가지 질문을 하면서 짧게 대답했다. 하지만 내가 왜 짧게 대답했는지, 더 중요한 것은 그녀의 감정의 깊이를 명시적으로 인정했는지는 언급하지 않았다. 본질적으로, 내 내담자가 고통스러워하는 동안 나에게는 결정적인 부재가 있었다. 그 내담자는 시간이 없거나 너무 피곤해서 제대로 대답할 수 없다면,

이메일을 아예 신경 쓰지 말았어야 했다고 몹시 화를 내며 나에게 이메일을 보냈다. 내담자의 반응은 부분적으로 심리도식 주도적이었지만, 또한 내가 그녀의 고통 속에서 역할을 한 부분에서도 정확했다. 그녀의 고통에서 나의 역할을 인정했을 때 그녀는 부드러워졌고 우리는 우리의 취약한 아동 측면을 돌보는 것에 대해 좋은 대화를 나누었다. 그것은 우리의 치료 관계를 심화시켰다.

우리의 감정을 공유하는 것은 확실히 상황을 뒤흔들 수 있고 심리도식을 촉발할 가능성이 매우 크다. 하지만 그것은 보통 내담자가 이전에 거의 경험하지 못했던 것을 허용한다. 정직하고, 개방적이며, 감정을 공유하고, 관계와 진정한 연결에 전적으로 기여한다. 왜냐하면 그것들은 당신에게 중요하기 때문이다. 당연히, 이것은 종종 다른 관계에서도 고착된 패턴을 풀어 주거나, 또한 자신을 잃지 않고 피드백을 흡수하는 능력이 향상되기 때문이다. 이 과정에서 종종 치료자는 성장하며 반대로 그들의 내담자로부터 많은 것을 배운다.

치료자 퀸의 사례: 4부

퀸의 내담자 새라(Sara)는 4년 전에 죽은 아버지를 그리워하고 있다고 말한다. 퀸은 그녀를 불쌍히 여기며 작년에 죽은 자신의 어머니를 잃은 것에 대해 약간의 이야기를 나누며 이것이 얼마나 고통스러운 일인지 알고 있다고 말했다. 그가 그럴 때, 새라가 불안해하는 것을 보고 아마도 이것이 그녀가 원하는 것이 아니라는 것을 깨달았다. 치료자는 자기 생각을 큰 소리로 표현했고, 새라는 약간 부끄러워하며 그저 들어 주고 그녀를 위해 거기에 있기를 원했다고 말한다.

공동 치료자 부부 야라와 로이의 사례: 4부

심리도식치료 집단 회기가 끝날 때, 야라와 로이는 집단에서 오늘 집단이 '적극적'이지 못했고, 서로 다양한 불쾌한 감정을 다루는 것을 피하고 있다고 느꼈다고 말했다. 한 집단 구성원이 회기가 끝날 때, 왜 그런 말을 하는지 이해할 수 없다며 그들을 맹렬하게 비난한다. 치료자들이 집단에 큰 충격을 주고 떠나고 있다고 느낀다. 야라와 로이는 일반적으로 과잉보상을 하는 경향이 있지만, 이 경우에는 성찰 시기가 좋지 않다는 것을 인정하면서도 시간을 초과하지 않고 집단을 제시간에 종결한다. 그들은 진심으로 집단에 미안하다고 말하고 다음에 실수와 일어났던 일을 다루겠다고 다짐한다. 그들은 그대로 두기 어렵다는 것도 인정하지만, 시간의 제한을 벗어나지 않은 것도 중요하다는 것을 인정한다.

퀸은 무엇을 제대로 했는가? 야라와 로이는 무엇을 제대로 했는가? 이것에서 무엇을 배울 수 있는가?

퀸의 경우, 새라는 퀸도 부모를 잃었기 때문에 퀸을 보호하기 위해 더는 마음을 열지 않는 것으로 반응할 수 있다(그녀의 자기희생 도식을 촉발함). 또는 그녀의 욕구에 충분히 정서적으로 조율해 주지 못한 치료자에게 화를 낼 수도 있다(정서적 결핍 및/또는 엄격한 기준 도식을 촉발함). 퀸이 그랬던 것처럼 이 문제를 해결하지 않았다면 파열됐을 가능성이 크다. 이제 내담자와의 관계에서 필요로 하는 것과 느끼는 것(예: 아버지 인물의 필요성)을 탐색할 기회를 얻게 되었다.

야라와 로이는 집단 회기 시간을 연장함으로써 과잉 보상을 하지 않았고, 그렇게 함으로써 구조화, 예측 가능성, 따라서 안정성을 생성하는 핵심 집단치료 규칙을 준수했다. 또한 실수를 인정하고 다음 회기에서 다시 문제로 돌아가겠다는 약속함으로써 실수를 관리할 수 있고(당신이 그것들에 책임을 지는 한) 집단이 즉각적인 해결이 필요하기보다는 점진적으로 치료할 수 있을 만큼 충분히 강하다는 역할 모델이 되었다. 이러한 종류의 갈등을 즉시 해결하려고 하지 않는 것은 대부분 치료자와 내담자들에게 어려운 일이다. 단기적으로는 맹렬하게 비난하는 집단 구성원과 치료 회기를 연장하거나, 개인 회기를 추가로 제공하기가 훨씬 쉽고 안전하지만, 이는 생존을 위해 갈등을 즉시 해결해야 한다는 메시지를 줄 위험이 있다. 장기적으로는 당신이 회피성이나 과잉 보상적 대처 방식에 굴복하지 않을 때 좋은 본보기를 제공할 수 있다.

내담자에게 진실해지는 것을 피하고 있는지 자신에게 물어볼 질문

내가 무엇을 두려워하는가? 조용히 지내는 것의 대가는 무엇인가? 내가 더 진정성이 있으려면 무엇이 필요한가?

내담자에게 더 진정성 있게 다가가기 위한 노력에서 자신에게 물어봐야 할 질문

내 생각, 감정 또는 경험을 공유할 생각을 하는 이유는 무엇인가? 이 개방성은 내 내담자와 우리 관계에 어떻게 도움이 될 수 있는가? 내 욕구, 심리도식 및 양식이 관련되어 있는가? 나의 건강한 성인, 취약한 아동 그리고 내가 개입할 다른 양식들 사이에 균형이 있는가?

성찰

내담자들과 동료들에게 진정성을 보이는 것이 언제나 쉬운 길은 아니다. 그러나 잘 고려되고 적절한 시기에 진정한 응답을 하면 우리가 아끼는 사람들과 새롭고 진정한 관계를 깊이 맺을 수 있는 통로를 제공할 수 있다고 믿는다. 진정성의 경우 우리가 핵심 교육에서 명시적으로 배우는 경우가 거의 없다. 대신, 프로그램은 내담자를 이해하고 치료하기 위한 올바른 '도구상자'를 갖추면, 진정성이 자연스럽고 비교적 쉬운 만남처럼 관계적 과정을 그만두고 내담자 병리학과 기법에 집중하는 경향이 있다. 그런데도 치료가 잘 진행되지 않거나 내담자가 필요로 하지만 목소리를 낼 수 없는 무언가가 있을 때, 이미 내담자와 그들 사이에 놓여 있는 작은 목소리보다 그들의 '도구상자'를 너무 자주 찾는다. 이 장이 당신이 진정한 치료자로서의 자신의 개념을 성찰하고, 그리고 행동하도록 자극했기를 바란다.

치료자 조언

1. 자신의 심리도식, 양식, 욕구 및 개인적 가치를 인식하는 데 시간을 투자하라. 내담자, 동료, 가족 및 친구들과의 관계에서 어떤 사람이 되고 싶은가?
2. 내담자, 동료, 가족과 친구에게 진정성에 대한 피드백을 요청하라.
3. 자신의 진정성을 향상하기 위해 슈퍼비전이나 개인치료를 활용하라.

참고문헌

Cambridge Dictionary. (2017). https://dictionary.cambridge.org/dictionary/english/authenticity

Keading, A., Sougleris, C., van Vreeswijk, M. F., Hayes, C., Dorrian, J., & Simpson, S. (2017). Professional burnout, early maladaptive schemas and physical health in clinical and counselling psychology trainees. *Journal of Clinical Psychology, 73*(12), 1782-1796.

Lockwood, G., & Perris, P. A. new look at core emotional needs. In M. F. van Vreeswijk, J. Broersen & M. Nadort (2012), *The Wiley-Blackwell Handbook of Schema Therapy. Theory, Research and Practice*. Oxford: Wiley-Blackwell, pp. 42-66.

Simpson, S., Simionato, G., Smout, M., van Vreeswijk, M. F., Hayes, C., & Reid, C.

(2018). Burnout amongst clinical and counselling psychologists: The role of early maladaptive schemas and coping modes as vulnerability factors. *Clinical Psychology and Psychotherapy*. doi:10.1002/cpp.2328

Wikipedia (2017). https://en.wikipedia.org/wiki/Authenticity

제16장

치료자 심리도식 활성화와 자기 돌봄

– Christina Vallianatou[1]와 Tijana Mirovi[2]

치료자로서 우리는 다른 사람들을 돌보는 것을 목표로 한다. 우리는 최선을 다해 내담자의 어려움과 때로는 삶의 외상 경험을 처리하는 데 도움이 되는 방식으로 공감하고 숙련되어 있다. 우리는 그들의 충족되지 않은 욕구에 대응하고 재양육 태도를 제공하는 것을 목표로 한다. 우리는 '너무 적게' 줄 때 죄책감을 느끼고 '너무 많이' 줄 때 지칠 수 있다. 우리 중 많은 사람은 민감한 기질을 가지고 있고, 다른 사람들을 돌본 개인적인 이력을 가지고 있으며, '부모화된' 자녀로 자랐거나 우리의 욕구를 우선시하지 않는 가정에서 자랐다. 우리 중 일부는 정서적으로 박탈당하거나 외상을 입고 자신의 고통을 내면에 지니고 있을 수 있다. 성인으로서 우리는 때때로 다른 사람들의 욕구에 정서적으로 대응하면서 자신의 욕구를 충족시키기 위해 애쓴다. 치료 관계에서 우리의 심리도식은 내담자의 심리도식에 의해 촉발될 수 있으며 뒤이은 '심리도식 화학반응'은 양쪽의 역기능적 패턴을 악화시킬 수 있다. 이 상황은 또한 치료자가 심리도식 영속화와 어쩌면 내담자를 돕는 데 실패한 것이 결합한 스트레스에 직면하기 때문에 치료자 소진에 기여할 수 있다.

연구에 따르면 심리치료자 간의 소진이 높고 업무 과부하, 통제 부족과 보상 부족 및 조직 환경 문제와 같은 다양한 원인이 있다(Skovholt & Trotter-Mathison, 2016). 스트레스와 소진의 수준에서 개인적 요인(예: 심리도식)의 역할을 탐색한 연구는 거의 없다. 우리 자신의 충

---

1) 카디프에 있는 웨일스 대학교에서 심리학으로 첫 학위를, 서리(Surrey) 대학교에서 상담심리학 박사학위를 받았다. 그녀는 고급 심리도식 치료자, 슈퍼바이저 및 트레이너이자 EMDR 치료자이다. 그녀는 영국 국립보건서비스(National Health Service)에서 근무했으며 현재 아테네에서 개인 개업을 하고 있다. 그녀는 다양한 학문적 환경에서 수년간 가르친 경험이 있으며 세르비아와 그리스에서 심리도식치료를 가르쳤다. 그녀는 복합 외상, 해리, 성격장애 및 섭식장애에 대한 심리치료 경험이 있다.

2) 임상심리학 박사학위를 취득했으며, ISST의 고급 수준 심리도식 치료자이며 슈퍼바이저이며, 체계적 가족 치료사 및 합리적 정서 행동 치료사(Albert Ellis 연구소의 준회원)이다. 그녀는 대학의 부교수였으며, 현재 세르비아 베오그라드에서 상담센터를 운영하고 있다. 그녀는 심리도식치료 관련 석사 및 박사 학위 논문을 썼고, 초기부적응도식과 사회적 외상, 가족 기능, 애착 및 다양한 증상과의 관계에 대한 많은 논문을 발표했다.

족되지 않은 욕구 또는 과거의 외상을 적절하게 돌보지 않으면 정서적 소진 수준을 높이고 잠재적으로 도움이 되지 않는 대처양식을 촉발시킬 수 있다. 이런 상황에서는 우리의 심리도식이 강화되고 상처받은 작은 자아가 치유될 기회를 얻지 못한다. 타인 돌봄과 자기 돌봄의 균형을 맞추는 것이 매우 중요하다는 것이 분명해진다.

우리의 삶의 상황이 복잡해지면 자기 돌봄과 심리도식 치유 능력이 종종 손상된다. 심리도식 치료자로서 우리는 더 넓은 사회적 환경과 그 안에서 작용하는 사회정치적 힘으로부터 분리되어 있지 않다. 사실, 우리는 일반적으로 내담자와 유사하거나 동일한 사회문화적 상황 및 국가적 사건에 노출되어 있으며, 이는 우리가 자신도 모르게 치료 관계에 가져올 수 있다. 문화적 · 역사적 · 정치적 요인들이 우리의 심리도식, 핵심 정서적 욕구와 우리의 자기 돌봄을 충족시키는 능력의 발달에 기여할 수 있는 방식은 적절하게 이해되지 않고 종종 최소한의 고려 사항만 제공된다.

이 장에서는 치료 관계에서 우리의 심리도식의 역할과 그것들이 우리의 자기 돌봄에 어떻게 영향을 미치는지 탐색한다. 우리는 또한 일부 문화의 특수적인 심리도식 패턴과 이것이 치료 과정에서 어떻게 작용할 수 있는지에 대해 규명할 것이다. 주로 트레이너 또는 슈퍼바이저의 경험을 바탕으로 창의적이고 자비로운 자기 돌봄을 촉진하는 구체적인 권장 사항을 제공한다. 이 주제에 대한 우리의 관심은 심각한 경제 문제, 대규모 정치적 변화 및 사회적 외상을 겪은 나라들에서 생활하고 일하면서 나타났다.

치료자 심리도식 및 양식 활성화

연구 결과에 따르면 정신건강 전문가 중 상당수는 불운한 아동기 상황을 보고한다(예: Simpson et al., 2018). 자라면서 외상이나 방임을 경험한 전문가들은 공감 능력을 향상시킬 수 있지만, 부적응 신념, 대처 기제 및 관련 심리적 고통의 발생 위험이 더 클 수 있다(Simpson et al., 2018). 연구에 따르면 정신건강 전문가들 사이에서 가장 흔한 심리도식은 자기희생, 정서적 결핍, 엄격한 기준이다(예: Haarhoff, 2006; Saddichha, Kumar, & Pradhan, 2012). 이러한 심리도식과 다른 부적응 도식을 인식하고 다루는 것은 임상적 추론을 편향시키고 치료 관계에 부정적인 영향을 미칠 수 있으므로 필수적이다(Saddichha, Kumar, & Pradhan, 2012).

자기희생과 정서적 결핍

자기희생 도식은 치료자들 사이에서 가장 흔한 심리도식 중 하나이다(Haarhoff, 2006; Saddichha, Kumar, & Pradhan, 2012). 이 심리도식을 가진 치료자들은 자신들에 대한 내담자들의 반응에 매우 민감하며, 버림받는 것을 두려워하거나 그들을 충분히 돕지 못한 것에 죄책감을 느낄 수 있다. 치료자가 자기희생 도식에 굴복할 경우 피로와 소진의 징후를 무시하면서 내담자의 욕구를 충족시키기 위해 '과잉'으로 가는 여러 가지 자기 패배적 행동을 할 수 있다. 자기희생 도식은 특히 더 많은 시간, 더 많은 관여를 요구하는 내담자(예: 경계성 성격장애 또는 자기애성 성격장애 내담자)에 직면했을 때 촉발될 수 있다. 동시에 자기희생 도식을 가진 치료자는 적극적으로 행동하고 적절한 경계를 설정하는데, 어려움을 겪을 수 있으며, 그 결과 치료 시간을 과도하게 연장하고, 비용을 줄이고, 약속을 빠지는 것을 용인할 수 있다(Haarhoff, 2006). 또한 자기희생 도식이 있을 때 치료자는 내담자를 화나게 하거나 갈등을 일으킬 수 있다고 예상하는 기법(예: 심상, 공감적 직면 또는 한계 설정)을 피하려는 경향을 느낄 수 있다. 우리 교육생 중 한 명이 이렇게 말했다.

> "저는 내담자들에게 이 새로운 심리도식 기법을 연습하는 데 어려움을 겪고 있습니다. 저는 마치 제 훈련과 제 이익을 위해 그것들을 사용하는 것 같습니다. 마치 제가 연습하기 위해서 고통을 느끼도록 그들을 몰아세우는 것처럼요."

치료자가 정서적 연결을 유지하기 위해 다른 사람의 욕구를 충족시키는 법을 배웠을 수 있기 때문에 자기희생은 종종 정서적 결핍과 연결된다. 이러한 심리도식들(특히, 결합된 경우)은 치료자에게 자신의 욕구를 무시하면서 너무 많은 것을 주도록 강요한다. 이것은 적절한 식사와 수면을 잊어버리거나 시간이 없거나, 사교 활동이나 즐거움을 위한 시간 없이 과로로 이어질 수 있다. 치료자들은 정서적 결핍에 '익숙해' 있어서 종종 자신의 욕구가 충족되지 않는다는 사실을 인식하지 못하거나, 충족되더라도 죄책감을 크게 경험한다. 합리적인 수준에서, 대부분 교육생은 자기 돌봄의 중요성을 인정하면서, 그들은 '나는 내담자/프로젝트 등을 마치고, 휴식/식사/사회적 활동을 하겠다.'라고 생각할 수 있다. 하지만 그것이 끝나자마자, 그들은 새로운 내담자와 새로운 프로젝트를 떠맡는다. 성취하고 성공해야 한다는 압박감을 느끼는 상황에서 이러한 과도한 수준의 희생은 치료자의 소진에 대한 취약성을 증가시킨다(Simpson et al., 2018).

자기희생 및 정서적 결핍 도식에 대처하려면, 우리의 어린 자아에 관심이 필요하다. 우리의 건강한 양식은 자기희생이나 정서적으로 자기 자신을 박탈하는 경향을 염두에 두고, 점진적으로 우리의 바람을 우선시하고 충족되지 않은 연결 욕구를 돌보는 것을 배운다. 우리의 어린 자아가 중요하다는 것을 기억하고 자기를 돌보는 시간에 대해 적극적으로 대처하는 것이 필수적이다. 우리는 자기 돌봄을 위한 목록을 만들거나 안전지대 이미지를 편하게 유지하는 것과 같이 우리의 어린 자아를 진정시키는 데 도움이 되는 방법을 찾을 수 있다. 우리는 우리의 어린 자아와 연결, 자비로운 건강한 자아 경청 및 그들의 욕구와 감정에 조율하여 위로하는 심상 훈련을 정기적으로 연습할 수 있다. 다른 자기 돌봄 심상 훈련에서 우리의 어린 자아는 반려동물이나 안전한 사람들과 함께 있는 장면에서 위안을 느낄 수 있다. 우리의 어린 자아와 대화하고, 무엇이 필요한지 물어보고, 이것을 우선시할 수 있다. 의미 있는 관계와 개인적인 경험이 긍정적인 감정을 강화하고 심리도식 치유를 제공할 수 있도록 개인 생활을 적극적으로 적응시키는 것도 중요하다. 슈퍼비전 집단에서, 우리의 어린 자아를 돌보는 방법을 적극적으로 탐색한다. 또한 교육생들이 자신의 욕구에 대해 생각하고, 집단 내에서 소통할 수 있도록 격려한다. 집단의 도움으로 자기희생과 정서적 결핍 도식을 가진 많은 교육생은 그들의 욕구를 표현하고, 우선시하는 것에 깊은 안도감과 수치심의 해소를 경험할 수 있으며, 과거의 심리도식 메시지에 대한 직접적인 해독제를 제공한다.

엄격한 기준

엄격한 기준은 치료자의 또 다른 매우 일반적인 심리도식이며 소진과도 연관되어 있다 (Simpson et al., 2018). 치료자의 엄격한 기준은 내담자가 '적당히 빠르게' 진전되지 못하거나 치료자의 접근 방식에 비판적일 때 종종 촉발된다. 슈퍼비전에서 엄격한 기준을 가진 치료자가 높은 기준을 충족하지 못하는 것이 드러나면 슈퍼바이저가 자신을 하찮게 볼까 봐 새로운 것을 시도하거나, 축어록을 제공하거나, 경험적 기법을 사용하거나, 역할극에 참여하는 것을 꺼릴 수 있다.

자기희생과 마찬가지로, 우리가 엄격한 기준 도식에 굴복할 때 우리는 휴식, 자발성 및 놀이에 대한 우리의 욕구를 심각하게 무시하면서 자신을 너무 몰아붙일 수 있다. 그러나 여기에는 내담자의 감정에 지나치게 민감하기보다는 완벽을 추구하거나 비현실적으로 높은 기준이 있다. 우리는 오랜 시간 일하거나, 너무 많은 내담자를 보거나, 휴식을 취하지 못할 수 있다. 또한 '우리는 충분히 알지 못하고 배울 것이 너무 많으므로' 주말을 사용하여 추가 훈련이나 공부를 할 수도 있다. 엄격한 기준 도식에 굴복하는 것은 요구적/내면의 비판 양식에 굴복하는 것과 같다. 이 양식은 치료자의 직업 만족도를 강탈하고, 치료의 진행이나 기간에 대한 불필요한 좌절을 일으키며 치료자의 자신감을 약화할 수 있다(Perris, Fretwell, & Shaw, 2012). 우리 교육생 중 한 명이 이렇게 설명했다.

> 저는 종일 바쁘게 내담자를 만나는 경우가 많습니다……. 쉬지 못하고, 휴식 시간 없이 일합니다. 저는 제 몸과 마음이 지치고 피곤하다는 것을 알지만 여전히 그렇게 합니다. 일하는 시간을 줄이지 않고, 새로운 내담자를 거절하지 못하기 때문에 이것은 자초한 것입니다. 거절했다면 죄책감을 느꼈을 것입니다……. 그 이후에 회기를 잘 준비하지 못한 것 때문에 내담자에게 최선을 다하지 않았다는 죄책감을 느낍니다.

우리는 종종 요구적 비판 양식의 한 형태로 들리는 우리의 엄격한 기준 도식에 균형을 맞추고 대항하기 위해 자비로운 건강한 양식과 행복한 아동 둘 다 필요하다. 이런 상황에서, 우리는 실수와 좌절을 받아들이고, 자기 자비를 실천하고, 우리의 삶에 더 많은 균형과 즐거운 활동을 통합할 수 있어야 한다. 비록 현재 우리의 요구적/비판적 양식에서 벗어나는 것이 어렵지만, 충족되지 않은 욕구에 집중하기 위해 우리의 어린 자아와 우리의 인생 목표의 더 넓은 소망은 건강한 자기 돌봄 계획으로 우리를 궤도에 올려놓을 수 있다. 우리의 엄격한 기준 도식과 내면의 비판과 싸우는 것이 어려울 뿐 아니라, 이것을 혼자 하는 데 어려움을 겪을 수도 있다. 따라서 동료와 함께, 슈퍼비전 또는 개인치료를 통해 이 문제를 해결해야 할 수도 있다. 슈퍼바이저 자신의 실수와 잘못된 판단을 공유할 때 특히 강력하다. 이것은 실수의 일상적인 것, 적절한 임상적 성찰을 장려하고, 수용과 자기 자비로 자기 돌봄 모델을 촉진한다.

치료자-내담자 심리도식 화학반응

치료자와 내담자의 심리도식은 상호작용하며 자기 영속적인 회로에서 작동한다(Young, Klosko, & Weishaar, 2003). 일반적인 예는 치료자의 자기희생 도식이 내담자의 특권의식 또는 의존 도식과 만나는 경우이다. 이 상황에서는 많은 개인적 희생이 따르더라도 수용해야 한다고 느끼는 치료자와 함께 내담자는 더 많은 것을 기대할 수 있다. 치료자는 자신의 욕구를 무시하고, 한계를 설정할 수 없으며(또는 독립을 추진할 수 없음), 결과적으로 내담자의 충족되지 않은 핵심 욕구의 재양육에 실패한다. 또 다른 일반적인 예는 분리된/회피성 내담자가 우리의 엄격한 기준 도식을 촉발하는 경우이다. 원하는 진전을 보이지 않을 수 있으므로 치료자는 자신이 목표에 미달하고 내담자의 시간과 돈을 낭비하고 있다고 느끼기 시작한다. 이에 대처하기 위해 치료자는 내담자가 누구도(치료자조차도) 받아들이고 돌볼 수 없는 '어려운' 사람이라는 기존의 생각을 조장하는 언급을 하여, 잠재적으로 내담자의 결함, 정서적 결핍 또는 유기 도식을 촉발할 수 있다. 이와 같은 상황에서 슈퍼비전은 심리도식 화학반응에 대한 더 나은 이해를 촉진하고 치유의 여지를 제공할 수 있다. 우리의 슈퍼비전 집단에서 우리는 내면의 비판에 초점을 맞춘 심상 재구성하기, 의자 작업 및 양식 대화와 같은 경험적 훈련을 사용한다. 따라서 이 집단은 내면의 비판에 회복시키는 해독제를 제공하고, 치료자는 원형적인 촉발요인에 직면하여 자비로운 건강한 양식을 사용하는 연습을 하도록 권장된다.

치료자가 분리된 보호자와 같은 대처양식 중 하나로 전환될 때, 또는 내담자가 압도되거나 취약한 아동이 촉발될 때 추가적인 문제가 발생한다. 치료자의 분리의 전형적인 예로는 주지화 및 최소화, 인지적 기법의 남용, 위안과 재양육 제공의 실패, 다른 치료자에게 내담자 의뢰, 새로운 경험적 · 직면적 기법의 회피 등이 포함된다. 치료자의 회피성은 조율이나 정서적 연결이 부족하다는 것을 내담자에게 느끼도록 촉발하여 그들의 심리도식이 '이것을 개인적으로 받아들이도록' 할 수 있다. 예를 들어, 내담자가 결함 도식을 가진 경우, 치료자의 분리를 그들이 '좋은 내담자, 관심을 받거나 사랑스럽지' 못한 결과 등으로 해석할 수 있다. 이 상황에서 자신의 대처 방식에 따라 내담자는 뒤로 물러서거나, 화를 내거나, 치료자에 맞춰서 관계를 회복하려고 노력할 수 있다.

때때로 치료자는 내담자가 진전되지 않을 때, 분노와 조바심으로 반응하거나(빠르게 변화하도록 밀어붙임), 너무 직면하거나, 비난함으로써("당신은 나아지고 싶어 하지 않네요.") 자신의 '결함'이나 '실패' 도식을 과잉 보상한다. 이것은 내담자에게 다시 외상을 입힐 수 있으며, 치료와 자신에 대한 믿음을 약화시킬 수 있다. 연구(Haarhoff, 2006)에 따르면 약 4분의 3의 치료자가 '특별히 우월한 사람' 도식을 어느 정도 가지고 있다고 제안한다. 이 심리도식이 활성화되면, 치료 상황은 우월함을 성취할 기회가 되고, 치료자는 자신의 수행에 대해 대단한 기대를 할 수 있다. 치료가 잘 진행되고 있다면 내담자를 이상화하는 경향이 있을 수 있으며, 반대로 호전되지 않거나 치료에 순응하지 않는 내담자로부터 치료자 자신을 평가절하하거나 거리를 둘 수 있다(Haarhoff, 2006).

치료자로서, 언제 그리고 왜 우리가 분리 혹은 과잉 보상으로 전환하는지 슈퍼비전에서 탐색할 필요가 있다. 우리의 '특별한 치료자' 순간에 대해 논의하는 것이 어색하게 느껴질 수 있지만, 우리는 이러한 종류의 과잉 보상이 드문 일이 아니며, 우리의 역할에 수반되는 높은 수준의 불확실성과 책임의 맥락에서 이해할 수 있다는 것을 부드럽게 상기시킬 수 있다. 게다가, 우리는 높은 성취나 최고가 되는 것이 중요한 가족적 배경을 가지고 있을 수 있다. 때때로 우리는 과잉 보상에 눈이 멀 수 있고, 이것을 풀기 위해서는 슈퍼비전이 필요하다. 강한 과잉 보상을 가진 많은 치료자는 이유를 알지 못한 채 압박감을 느끼고 외로움을 느낄 수 있으며, 좋은 슈퍼비전(및 개인치료)은 '충분히 좋은' 것과 연결되고, 실수를 인정하고, 도움을 받아들일 기회를 제공할 수 있다. 심리도식 치료자를 위한 자기성찰 워크북(Farrell & Shaw, 2018)[3]을 통해 작업하거나, 자신의 사례개념화를 작성하는 것이 도움이 될 수 있다. 이것은 우리가 치료자로서 우리 자신, 우리의 양식의 기원 및 어린 자아의 욕구를 더 잘 이해하는 데 도움이 된다.

심리도식치료는 잠재적으로 내담자에게 필요한 공감 수준과 외상의 높은 유병률로 인해 더 큰 소진 위험을 수반한다(Perris, Fretwell, & Shaw, 2012). 이 외에도 일부 심리도식 치료자는 전쟁, 빈곤 및 기타 불운한 사건들을 통해 외상의 발생률이 높은 상황에서 일한다. 따라서 문화적 · 사회적 스트레스 요인과 그것들이 치료자와 내담자에게 미치는 영향을 염두에 두어야 한다. 우리는 다음에 이러한 문제를 다룰 것이다.

치료자의 심리도식, 문화 및 사회

사회가 우리 모두에게 영향을 미치는 가장 분명한 방법의 하나는 우리의 양육을 통해 전해지는 가치 체계와 규범을 통해서이다. 사회는 다양한 모습으로 우리의 양육자, 교사들에게 많은 문화적 규범을 전수하고, 그들은 그 규범을 전수하며, 우리는 계속해서 아동들에게 전수한다. 많은 사람은 특정한 문화적 규범을 인식하고, 저항하고, 심지어 반항하려고 노력하지만, 그것들은 종종 우리의 심리도식과 대처반응에 무의식적인 영향을 미친다. 그래서 예를 들어, 서양 여성들은 종종 고전적으로 아름다워져야 한다는 언론의 압력에 강하게 도전하는 동시에, 개인적으로 이 문화적 규범을 충족시키기 위해 엄청난 시간과 에너지를 투자한다. 일부 심리도식(예: 융합, 정서적 억제, 엄격한 기준)은 '가족에 유전되는 것'뿐만 아니라 특정 사회에서 더 우세한 경향이 있다(Young, Klosko, & Weishaar, 2003).

사회문화적 또는 정치적 요인, 개인적 긴장, 재양육과 자기 돌봄 간의 관계는 종종 복잡하

3) 국내에서는 『내면으로부터 심리도식치료 경험하기: 치료자를 위한 자기실천 및 자기성찰 워크북』(2020)이라는 제목으로 번역서가 출간되었다.

다. 치료자와 내담자 둘 다 융합 도식이 있고, 가족 구성원들 사이에서 융합을 장려하고, 자율성을 좌절시키는 문화에서 자란 경우의 예를 들어 보자. 슈퍼비전을 통해 치료자는 자신과 내담자의 문화적 배경에서 매우 일반적인 가족의 역할에 대한 뿌리 깊은 신념을 가지고 있음을 깨닫는다. 이것은 자율성에 대한 자신의 욕구를 충족시키고, 내담자의 정서적 욕구를 재양육할 수 있는 능력에 영향을 미친다. 그리스와 세르비아와 같은 집단주의 사회에서 작업하면서, 우리는 성장한 자녀가 부모로부터 분화되고 분리되는 것을 융합이 어떻게 막는지를 종종 본다. 성인 자녀와 죄책감을 유발하는 그들의 부모 사이에 어느 정도 거리를 두는 것에 대한 죄책감은 우리 작업에서 만연한 주제 중 하나이다.

부모와 거리를 두거나 학대하는 가족과 단절되기를 원할 때, 그것은 훨씬 더 복잡해진다. '누구도 가족보다 너를 더 사랑하거나, 더 잘되기를 원하는 사람은 없다.'라는 이유로 그것이 잘못되었다는 사회 전반적인 메시지를 전달한다. 이러한 메시지를 가지고 자랐기 때문에, 치료자들은 종종 내담자의 자율성을 지지할 필요성과 가족과 단절하는 것에 대한 사회적 죄책감 사이에서 갇힌 자신을 발견한다. 종종 치료자들은 경험적 훈련에서 부모의 모습과 직면하는 동안 죄책감이나 양가감정과 씨름하거나, 내담자가 부모에 대해 표현하는 분노를 줄이기 위해 서두른다. 우리 교육생 중 많은 사람은 이러한 문제들을 슈퍼비전에 가져왔고, 이것이 얼마나 부담스럽고 혼란스럽고 스트레스를 주었는지 표현했다. 다른(덜 전통적이고 더 개인주의적인) 배경에서 온 슈퍼바이저는 때때로 이러한 문제로 인한 긴장과 어려움의 수준을 이해하고 확인하는 데 어려움을 겪는다.

문화적으로 유도된 죄책감은 또한 치료자들이 자기 돌봄에 관여하는 것을 방해할 수 있다. 개인의 욕구보다 집단의 욕구를 높게 평가하는 사회에 기반을 둔 슈퍼비전 집단에서 그 집단의 절반 이상이 자기 돌봄에 대해 죄책감을 표현했다. 그들은 우리에게 이렇게 말했다. "자신을 위해 뭔가를 할 때 죄책감을 느껴요. 왜냐하면 그것은 이기적이고 잘못되고 이기적인 생각이라고 배웠기 때문입니다. 심지어 당신이 아니라고 말할 때도, 당신이 이기적이고 무례하다고 여겨져요." "만약 당신이 자기 자신을 돌보고, 자신을 먼저 생각한다면, 당신은 나약하고, 자기애적이며, 자신을 부끄러워해야 합니다……. 이것이 우리가 받은 메시지입니다."

다른(서양) 문화권에서 온 수련생들은 성취, 외모, 지위에 더 큰 중점을 두는 다른 가치 체계에 의해 압박감을 느낀다고 말했다. 다음은 전형적인 예이다. "저는 하는 일에 성공해야 한다는 엄청난 압박감을 느낍니다. 우리나라 전체가 경쟁적이며 '그것은 결코 만족스럽지 못한 양식' 안에 있어요." 다른 경우에는 지배적인 문화가 정서적 연결과 지원을 희생하면서 정서적 억제/통제, 분리 및 주지화를 과대평가하여, 심리도식 치료자가 더 개방적이고 자발적으로 작업하는 것을 어렵게 만드는 것이 문제일 수 있다.

심리도식과 양식은 가치의 전수를 통해서뿐만 아니라 특정 지역 내에서 공유된 경험과 공유된 외상을 통해서도 발달한다. 치료의 맥락에서 공유된 외상은 임상가가 내담자와 동일한 집단적 외상에 이중 노출된 결과로 경험하는 정서적 · 행동적 · 인지적 · 영적 · 복합적 반응으로 정의된다(Tosone, Nuttman-Shwartz, & Stephens, 2012). 구 유고슬라비아에서 수행된 연구(Hadžić & Mirović, 2016)에 따르면, 심리도식은 빈곤, 망명, 전쟁, 폭력 및 부패에 대한 노출과 같은 불운한 사회적 조건과 사회적 외상의 결과로도 발달할 수 있음을 시사한다. 이러한 유형의 불운한 경험은 위험에 대한 취약성과 불신/학대 도식을 배양하고 강화하는 것으로 보인다.

불신/학대 도식은 학대의 경험에서 비롯되며 다른 사람들이 의도적으로 해치거나 어떤 식으로든 배신할 것이라는 예상을 수반한다. 위험에 대한 취약성은 언제든 재앙이 닥칠 것이며 누구도 이를 막을 수 없을 것이라는 과장된 두려움을 수반한다. 이 심리도식은 일반적으로 신체적 · 정서적 또는 재정적으로 안전하지 않은 것으로 경험되는 어린 시절 환경에서 비롯된다(Young, Klosko, & Weishaar, 2003). 이 두 가지 심리도식은 우리가 만성적으로 안전하지 않거나 불안정한 환경(예: 심각한 금융 위기나 전쟁을 겪고 있는 국가)에 있는 경우 나중에 발달할 수도 있다. 우리는 수련생(그리고 우리 자신)에게서 높은 수준의 인식과 자기 돌봄에도 불구하고, 최악의 상황에서 불안해하지 않는 것이 매우 어렵다는 점을 주목했다. 치료자로서 우리도 취약함을 느끼지만, 우리는 그것을 뒤로 미루고, 같은 경험, 같은 불확실성, 같은 집단적 외상을 공유하는 내담자들을 돕는다. 최근 연구에 따르면 불신/학대 도식을 가진 심리학자들은 자신의 외상적 경험을 활성화하거나 과도하게 동일시하기 때문에, 고통스러운 내담자 증상에 대해 강한 동정적-공감적 반응을 경험할 위험이 가장 클 수 있다(Simpson et al., 2018). 따라서 불신/학대 도식을 강화하고 영속시키는 환경 내에서, 이 심리도식을 가진 치료자들은 자신의 정서적 욕구를 충족시키기 위해 고군분투하는 특별한 위험이 있다. 공유된 사회적 외상을 다루는 데 수반되는 어려움과 도전을 보여 주는 두 가지 사례가 뒤따른다.

치료자 심리도식과 경제 위기: 사례 1

그리스에서의 연구에 따르면 2008년 경제 위기는 사람들의 정신 및 일반 건강에 심각한 영향을 미쳤으며 자살률이 많이 증가했다(Simou & Koutsogeorgou, 2014). 또한 많은 사람에게 불확실성과 절망감이 현저하게 증가했다(ibid). 실업, 긴축 삭감, 범죄 증가, 사회적 · 정치적 격변은 종종 치료자와 내담자의 삶 모두에 영향을 미친다. 상황은 치료자와 치료 관계에 다른 방식으로 영향을 미친다(Vallianatou & Koliri, 2013). 내담자들은 자신의 삶에서 경제 위기의 결과에 대해 공개적으로 이야기하고, 치료자들은 종종 매우 유사한 경험을 통해 살고 있다. 한 수련생은 얼마나 안전하지 않고 불안해했는지, 위기가 그녀의 위험에 대한 취약성 도식을 어떻게 강화했는지('경제는 완전히 붕괴되고 우리는 모든 것을 잃을 것이다.'), 그리고 어떻게 분리된 양식으로 전환해서 자동으로 조종되어 작업하고 있는 것을 발견하는지 집단에 말했다. 다른 수련생들도 동의했다. 집단 경험적 훈련을 통해 그녀의 위험에 대한 취약성의 어린 시절 기원을 밝혀냈다. 즉, 어머니는 종종 재앙을 초래했고, 아버지는 그녀를 안심시킬 수 있는 위치에 있지 않았다. 경제 위기를 이야기하는 내담자들에 의해서 종종 그녀의 취약한 어린 자아가 촉발했고, 그녀의 자동 조종 장치는 대처할 수 있는 유일한 방법처럼 느껴졌다. 또한 자기희생 도식은 복잡하거나 가난한 내담자들이 더 많은 치료가 필요할 때 촉발되었고, 그들이 의료 보험의 긴축 삭감 때문에 필요한 도움을 받지 못할 것을 알고 있었다. 이 기간에, 우리의 슈퍼비전은 그녀의 어린 자아를 돌보는 방법을 찾는 데 초점을 맞췄다. 처음에는 자기 돌봄을 받아들이기 어려웠지만(그녀의 자기희생 도식은 다른 사람들이 훨씬 더 가난했다고 말한다), 점차 분리되지 않고 어린 자아를 지지하는 법을 배웠고 그녀의 건강한 성인은 더 강해졌다. 우리 경험에 따르면, 한 나라가 집단적 위기나 외상을 겪을 때, 그 위기나 외상이 치료자와 치료 관계에 미치는 영향에 대해 슈퍼바이저가 논의를 시작하는 것이 매우 중요하다. 우리는 비슷한 경험을 가진 다른 동료들과 이야기하는 것이 더 깊은 이해와 상호 지지와 소속감을 가능하게 하는 안도감을 주는 효과가 있다는 것을 관찰했다.

치료자 심리도식, 전쟁과 이주: 사례 2

1991년부터 1999년까지 세르비아는 네 차례의 무력 충돌에 휘말려 나토의 폭격을 받았다. 이 나라는 극심한 경제난(국제 제재와 사상 최악의 초인플레이션으로 악화)을 겪었고, 엄청난 난민과 실향민들의 유입이 겹쳤다(Mirović, 2014). 우리 치료자들과 교육생들의 대부분은 이런 맥락에서 자랐고, 경제적 · 사회적 어려움이 증가했기 때문에 대다수 치료자는 그들 주변에서 일어나는 사건들을 말하거나 처리할 기회가 거의 없었다. 세르비아에서 치료자로 작업하면서 우리는 매일 같은 외상 경험을 공유하는 내담자들을 만난다.

우리 중 많은 사람은 우리가 '강인한 사람'이 되어야 하고 내담자의 욕구가 최우선이라는 것을 배웠기 때문에, 외상을 입은 우리 자신의 어린 자아를 분리하고 외면하려는, 피할 수 없는 경향이 있다. 이것은 세르비아에서 강력하게 실행되는 다음과 같은 문화적 명령으로 더욱 강화되었다. '당신은 강인해져야 하고 뒤돌아보지 않고 모든 것을 버려야 한다. 다른 것은 약점이다!' 그래서 많은 치료자가 그런 일이 일어나지 않았던 것처럼 분리되었다. 우리의 집단 슈퍼비전 중 한 곳에서 이 문제를 제기했을 때 한 교육생은 "[오랜] 시간 동안의 수련과 개인치료를 통해 제가 난민이라는 사실을 제외하고는 모든 것을 이야기했어요. 많은 사람이 이 사실을 몰라요."라고 말했다. 한 동료가 덧붙였다. "저도 마찬가지예요. 저는 징집되어 최전선에서 몇 달을 보냈어요……. 그것에 대해 이야기한 적이 없어요." 나(저자)는 최근에야 폭격과 관련된 플래시백과 외상 기억에 대해 입을 열었다. 말할 필요도 없이, 우리는 매일 이러한 경험을 이야기하는 내담자를 본다.

우리 자신보다 '더 강인하게' 행동하도록 강요하는 이러한 경향은 다른 문화권의 심리치료자들에게도 입증되었다. 정신건강 종사자들은 과도한 업무 압력에 계속 노출되면서 자신의 취약성을 최소화하는 경향이 있다(Simpson et al., 2018). 이 취약성은 무엇보다도 스트레스나 취약성의 징후를 보이는 것에 대해 자책하고, 개인적인 욕구와 감정을 거부하면서 더 높은 기준에 도달하려고 노력하며, 다른 사람들을 실망하게 하는 것이 두려워서 한계를 설정하고 지원을 요청하는 것을 꺼리는 특징이 있다(ibid.). 특히, 공감 능력이 매우 높고, 개인적인 외상 이력이 있는 사람들 사이에서 대리 외상의 위험이 크기 때문에 분명히 이것은 자기 돌봄에 좋은 방법은 아니다(Perris, Fretwell, & Shaw, 2012). 그렇다면 이것을 예방하고 자기 돌봄을 하는 가장 좋은 방법은 무엇일까? 다음에 이 문제를 다루겠다.

치료자 자기 돌봄

여러 연구에 따르면 도움이 되지 않는 대처 패턴과 결합하여 우리 자신을 적절하게 돌보지 않으면, 소진과 연민 피로 또는 대리 외상을 경험할 가능성이 높아진다(예: Thomas & Morris, 2017; Simpson et al., 2018). 우리 중 많은 사람이 심리치료자가 되면 자동으로 자기 돌봄을 실천하지 않는 것 같다. 이것은 우리가 배워야 하고 직장 생활 전반에 걸쳐 적극적으로 계속해서 실행해야 할 것이다. 다음에서는 심리도식 및 양식 활성화, 자기 돌봄에 관한 구체적인 권장 사항을 제공한다.

심리도식 인식

무엇보다도 우리 자신의 심리도식, 양식이나 부적응 패턴에 대한 인식을 발전시키는 것이 필요하다. 이것은 개인치료 동안뿐 아니라, 심리치료 또는 심리 훈련 동안에 유용하게 일어날 수 있다. 우리의 임상 환경에서, 자신의 사례개념화를 구축하는 것으로 시작한다. 이것을 지침으로 사용하여 건강한 성인에게 우리의 심리도식과 양식이 촉발될 때, 특히 내담자와의 회기 동안 관찰하도록 가르친다. 트레이너 또는 슈퍼바이저의 도움으로, 우리는 치료 관계에서 심리도식 화학반응을 예상하고 해결하기 위한 전략을 개략적으로 설명한다. 우리는 패턴을 더 깊이 이해하기 위해 심상을 사용할 수 있다. 내담자를 대하는 것처럼 우리는 특정 회기에서 촉발된 감정에 집중할 수 있고 잠재적으로 우리 삶의 초기 이미지로 '플로트 백'하여 심리도식의 기원과 충족되지 않은 욕구와 연결할 수 있다.

자기 돌봄 프로그램 만들기

인식만으로는 자기 돌봄 계획으로 전환되지 않는다. 한발 물러서서 시간을 가지고 우리의 충족되지 않은 욕구에 초점을 맞추도록 적절하게 개인화된, 즉 양육하고 활력을 주고, 해야 할 일처럼 되지 않는 자기 돌봄 프로그램을 만드는 것이 중요하다. 이렇게 하는 동안, 우리의 엄격한 기준과 내면의 비판을 염두에 두고, 필요하다면 양식 대화에 참여할 필요가 있다. 앞에서 설명한 것처럼 우리는 실수와 좌절을 받아들이고, 자기 자비를 연습하고, 우리 삶에서 더 즐거운 활동을 통합하는 법을 배워야 한다. 우리는 자신의 충족되지 않은 욕구에 집중하고 자기 돌봄 계획을 계속 잘 수행해야 한다.

문화적으로 공유되는 심리도식

문화적으로 정의된 심리도식은 그 사회에서 널리 공유되고, 따라서 정규화될 가능성이 크기 때문에 확인하기가 더 어려울 수 있다. 우리의 건강한 자아는 한 걸음 물러서서 문화와 역사의 특정한 특징에 관한 대화에 참여할 수 있다. 이것은 공유된 경험에 대한 이해를 심화시킬 것이고 우리의 문화와 관련된 심리도식에 이름을 붙일 수 있게 할 것이다. 또한 훈련 프로그램과 슈퍼비전에서 이 주제에 대한 논의를 시작하고 촉진하도록 권장된다. 개인적인 차원에서, 우리의 충족되지 않은 욕구와 가치를 탐색하는 것은, 우리의 자비로운 건강한 자아가 문화적으로 정의된 규범에 부합하는 정도를 의식적으로 결정할 수 있음을 의미한다. 예를 들어, 만약 융합이 우리의 문화 특수적 도식 중 하나라면, 우리의 직계 가족, 대가족 그리고 우리의 공동체 집단의 다른 사람들과 얼마나 밀접하게 연결되기를 원하는지 결정하는 것이 중요할 수 있다. 만약 우리나라가 많은 불안을 겪었고, 따라서 불신/학대가 우리의 문화 특수적 도식 중 하나라면, 우리는 상황이 어려울 때 누구를 믿을 수 있는지 배울 필요가 있을 것이다. 만약 우리나라가 전쟁, 재정적 문제, 또는 다른 심각한 변화를 겪었고, 우리가 위험에 대한 취약성 도식을 발달시켰다면, 안정적인 삶을 유지하고 어린 자아를 위로하는 것에 주의를 기울여 치유될 수 있다.

공유된 외상과 공유된 치유

공유된 외상이 발생할 때의 자기 돌봄은 우리에게 어려울 수 있다. 우리는 공유된 외상이 공유된 치유로 처리될 수 있다고 제안한다. 안전하게 관리되는 동료 슈퍼비전 집단은 공유된 외상을 처리할 좋은 기회인 것 같다(Tosone, Nuttman-Shwartz, & Stephens, 2012). 이 집단에서 우리는 개인적인 스트레스, 회기 중 우리의 정서적 반응, 전문적인 연습의 애매한 부분을 관리하는 방법을 탐색하고 필요한 경우 문제를 해결할 수 있다. 우리의 어린 자아와 성인 자아는 아마도 더 안전하고 덜 외롭다고 느낄 것이다. 집단은 또한 마음챙김 연습, 산책 및 기타 양육 활동과 같은 건강을 증진하는 진정 활동을 구성할 수 있다. 운동, 취미, 개인치료 및 추가 훈련과 같은 일반적인 자기 돌봄 권장 사항은 재정적 한계(또는 기타 문제)로 인해 항상 가능하지 않을 수 있으며, 집단은 창의적인 적응을 개발하기 위해 함께 작업해야 할 수도 있다.

심리치료에서의 자기 돌봄에 관한 문헌은 일과 삶의 균형의 중요성을 강조한다(Simpson et al., 2018). 우리는 우리의 자기 돌봄 계획이 자비로운 건강한 성인 입장에 의해 인도될 것을 제안한다. 먼저, 자비로운 건강한 성인은 자신의 개인적인 삶과 직업적인 삶 사이의 균형을 찾으려 한다. 직업 생활과 관련하여, 슈퍼비전에 참석하고, 추가 교육 및 지원 그룹을 찾는 것이 적절한 기반을 제공할 수 있다. 우리의 개인적인 삶에서, 삶의 만족, 연결성을 추구하고 스트레스와 불안을 관리하는 건강한 방법을 찾는 것은 중요하다. 마지막으로, 자비로운 개인은 자신의 고통을 인식하고 자신을 위한 복지를 우선시하기로 약속한다.

요약

치료자로서 우리는 내담자를 이해하고 돕기 위해 노력한다. 이것은 종종 매우 복잡하고 도전적인 과정이며, 우리 자신의 감정, 욕구 및 심리도식에서 벗어나 외적으로 내담자에게 집중하는 자연스러운 경향이 있을 수 있다. 문화적 요인들도 우리의 반응을 끌어당기는데, 때때로 자신도 모르게 사회 규범과 개인의 욕구 사이에 긴장을 조성하기도 한다. 종종 내담자들의 대처양식이 우리의 심리도식을 활성화하고 내담자와 치료자 모두에게 심리도식 영속화의 위험이 있는 양식 주기에 들어간다. 치료자들이 전쟁이나 경제 위기와 같은 공유된 사회적 또는 국가적 외상과 작업할 때, 또 다른 것이 추가된다. 여기서 치료자는 자신의 상처받은 어린 자아를 돌볼 여지와 자원을 찾기 위해 고군분투할 수 있다. 일반적으로, 집단으로서 치료자는 자신의 취약성과 자기 돌봄의 필요성을 과소평가하는 경향이 있다(Simpson et al., 2018). 우리는 우리의 심리도식이 어떻게 내담자와 함께 활성화되는지, 우리가 어떻게 문화적 규범과 내담자와 공통으로 가질 수 있는 외상에 의해 영향을 받는지를 탐색하는 것이 중심적이고 전문적 과제라고 주장한다. 이 과정의 일부로서, 우리의 어린 자아와 연결하고 우리와 내담자가 최선을 다해 치유하고 성장할 수 있도록 하는 돌보는 방법을 만들 필요가 있다.

치료자 조언

1. 자신의 심리도식과 양식에 대해 주의하고 관심과 자비심을 가지라.
2. 자기희생, 정서적 결핍, 엄격한 기준은 특히 치료자들에게서 흔히 볼 수 있다. 이러한 심리도식 중 하나가 있는 경우 연결, 자기 친절 및 현실적인 한계에 대한 자신의 욕구를 돌보는 것이 매우 중요하다.
3. 성찰적 실천을 발달시켜라. 자신의 문화적 가치/신념과 그것이 자신의 심리도식과 양식, 그리고 작업에서 할 수 있는 역할을 탐색하라.
4. 자신의 욕구와 생활 상황에 맞는 자기 돌봄 계획을 수립하라.
5. 공유된 심리도식 치유를 위한 기회를 찾으라. 공유된 경험/공유된 외상에 대해 이야기할 동료 또는 집단을 찾으라. 다른 심리도식 치료자들은 당신의 개방성과 지혜로부터 혜택을 받을 수 있다.

6. 자신의 어린 자아를 돌보라! 긴장을 풀고 웃고, 즐겁고 행복한 아동 활동에 참여하는 것을 기억하라.

참고문헌

Farrell, J. M., & Shaw, I. A. (2018). *Experiencing Schema Therapy from the Inside Out: A Self-Practice/Self-Reflection Workbook for Therapists*. New York: Guilford Press.

Haarhoff, B. A. (2006). The importance of identifying and understanding therapist schema in cognitive therapy training and supervision. *New Zealand Journal of Psychology, 35*(3), 126-131.

Hadžić, A., & Mirović, T. (2016). *Afektivna vezanost, Rane maladaptivne sheme i stresna iskustva*. Banja Luka: Filozofski fakultet.

Mirović, T. (2014). Growing up in political and economic turmoil: The effects in adulthood. In M. T. Garrett (Ed.), *Youth and Adversity-Psychology and Influences of Child and Adolescent Resilience and Coping* (pp. 117-132). New York: Nova Biomedical, Nova Science.

Perris, P., Fretwell, H. & Shaw, I. (2012). Therapist self-care in the context of limited reparenting. In M. van Vreeswijk, J. Broersen, & M. Nadort (Eds.), *The Wiley Blackwell Handbook of Schema Therapy* (pp. 473-492). Chichester: John Wiley & Sons.

Saddichha, S., Kumar, A., & Pradhan, N. (2012). Cognitive schemas among mental health professionals: Adaptive or maladaptive? *Journal of Research in Medical Sciences, 17*(6), 523-526.

Simou, E., & Koutsogeorgou, E. (2014). Effects of the economic crisis on health and healthcare in Greece in the literature from 2009 to 2013: A systematic review. *Health Policy*. http://dx.doi.org/10.1016/j.healthpol.2014.02.002

Simpson, S., Simionato, G., Smout, M., van Vreeswijk, M., Hayes, C., Sougleris, C., & Reid, C. (2018). Burnout amongst clinical and counselling psychologists: The role of early maladaptive schemas and coping modes as vulnerability factors. *Clinical Psychology and Psychotherapy*. 10.1002/cpp.2328

Skovholt, T. M., & Trotter-Mathison, M. (2016). *The Resilient Practitioner: Burnout and Compassion Fatigue Prevention and Self-Care Strategies for the Helping Professions*.

London: Routledge.

Thomas, D. A., & Morris, M. H. (2017). Creative counsellor self-care. *Ideas and Research You Can Use: VISTAS Online*. ttps://pdfs.semanticscholar.org/ca07/bc9628a8d1f26cb5fe02f6934c0bcf8b1608.pdf

Tosone, C., Nuttman-Shwartz, O., & Stephens, T. (2012). Shared trauma: When the professional is personal. *Clinical Social Work Journal, 40*, 231-239.

Vallianatou, C., & Koliri, M. E. (2013). The economic crisis and its implications on same-culture identities and the therapeutic relationship. *European Journal of Psychotherapy and Counselling, 15*(4), 346-360. http://dx.doi.org/10.1080/13642537.2013.85524

Young, J. E., Klosko, J. S., & Weishaar, M. E. (2003). *Schema Therapy: A Practitioner's Guide*. New York: Guilford Press.

제5부

심리도식치료에서 건강한 성인 발달시키고 종결하기

제17장

건강한 성인을 강화하기 위해 자비로운 마음 발달시키기

– Olivia Thrift[1)]와 Chris Irons[2)]

서론

심리도식치료(ST)와 자비중심치료(Compassion Focused Therapy: CFT)의 이론적 토대 중 하나는 자아가 여러 부분으로 구성되어 있다는 것이다. 심리도식치료에서 여러 부분은 아동, 부모 및 대처양식을 중심으로 구성된다(Arntz & Jacob, 2013). 자비중심치료에서 이러한 여러 부분은 서로 다른 정서(예: 분노, 슬픔)와 동기(예: 자비심, 경쟁심)를 중심으로 구성된다(Gilbert, 2010). 두 가지 접근법 모두에서 중심 원리는 자아의 탄력적이고 견고한 부분, 즉 강한 메타 인식을 가진 부분을 개발하여, 자아의 다른 모든 부분에 대한 관찰자 역할을 하는 것이다. 이것은 배의 선장과도 같은 부분으로, 키를 잡고, 가장 거친 바다에서도 흔들리지 않고 방향을 잡고, 공감과 이해, 지혜로 자아의 모든 부분과 교감할 수 있는 부분이다. 심리도식치료에서는 이 부분을 건강한 성인양식이라고 하며, 자비중심치료에서는 자비로운 자기(Compassionate Self)라고 한다. 이것은 두 개념이 같다는 것을 암시하는 것이 아니다. 그러나 우리는 겹치는 부분이 많다고 생각한다. 예를 들어, 건강한 성인과 자비로운 자기는 모두 자아의 다른 부분을 관찰하고, 반응하고, 안정시켜 내담자가 자신의 범위 내에서 머물고 자아 통합을 향해 나아가도록 도와줌으로써 건강과 성장을 위한 더 큰 잠재력을 끌어낸다.

1) 고급 인증 심리도식 치료자, 트레이너 및 슈퍼바이저이자 경험 많은 CFT 실무자이자 인증된 마음챙김 및 요가 교사이다. 원래 영국 출신인 그녀는 NHS에서 일했으며 선임 상담심리학자로 15년 넘게 법의학 환경을 확보했다. 그녀는 성격장애 및 복합 외상 진단을 받은 사람들과 함께 작업하는 것을 전문으로 한다. 현재 북부 캘리포니아에 거주하며 캘리포니아 심리도식치료 교육 프로그램에서 슈퍼바이저 및 강사로 일하고 있다.

2) 런던에 거주하는 임상심리학자이다. 그는 Paul Gilbert 교수 및 다른 동료들과 함께 과학 기반 심리치료 접근 방식으로서 자비중심치료(Compassion Focused Therapy: CFT; Gilbert, 2009; Gilbert & Irons, 2005, 2014)의 이론 및 임상 개발 및 적용에서 작업하고 있다. 임상 작업에서 그는 CFT를 사용하여 다양한 성격장애와 함께 지속적인 우울증, PTSD, 강박장애(OCD), 양극성 정동장애, 섭식장애 및 조현병을 포함한 다양한 정신 건강 문제로 고통받는 사람들과 함께 작업한다.

심리도식치료 내에서 다른 치료적 접근[예: 수용전념치료(Acceptance and Commitment Therapy)]의 아이디어를 통합할 때의 잠재적 이점에 대한 논의가 있었다. 이 장에서 우리는 심리도식치료, 특히 건강한 성인양식이 자비중심치료의 아이디어를 통합함으로써 어떤 이점을 얻을 수 있는지 탐색한다(Gilbert & Irons, 2005; Gilbert, 2009). 자비중심치료는 단일 '치료 학파'에 속하기보다는 다중양식 치료로 사용하기 위해 제안되었으며 Paul Gilbert에 의해 설립되었다(Gilbert & Irons, 2005). 처음에는 수치심과 자기 비난이 높은 내담자들의 욕구에 부응하여 개발되었다. Gilbert는 그의 내담자 중 많은 수가 분노, 적대감, 수치심에 기반한 내면의 목소리 톤으로 치료 개입(예: 도전적인 생각)에 관여한다는 것을 발견했다. 더 따뜻하고, 더 배려심 있고, 지지적인 톤을 만들도록 도와주려고 할 때, 많은 사람이 이것을 하기 위해 애쓰지만 사실은 이것을 매우 꺼리는 것을 발견할 수 있었다. 길버트는 내담자들이 어려움을 극복하는 데 도움을 주기 위해서는 스스로와 관계를 맺는 다른 방법이 필요하다는 것을 깨달았고, 이것이 자비중심치료의 개발로 이어졌다. 초기 단계에 있지만, 자비중심치료는 우울증, 섭식장애, 성격장애 및 정신병을 포함한 다양한 정신건강 문제를 다루는 데 유용성을 보여 주는 새로운 증거 기반을 가지고 있다(Gale et al., 2012; Gilbert & Procter, 2006; Laithwaite et al., 2009; Lucre & Corten, 2012). 자비중심치료에 대한 이론적 토대와 증거 기반을 완전히 검토하는 것은 이 장의 범위를 벗어난다. 관심 있는 독자는 다음 요약을 참조하라(예: Gilbert, 2010, 2014). 자비중심치료는 진화 심리학, 애착이론, 발달 및 사회 심리학, 신경과학 및 생리학적 연구뿐만 아니라 다른 심리치료적 접근 방식(예: 인지행동치료)의 개념과 개입을 활용한다. 그것은 또한 불교의 사상과 실천의 영향을 받는다.

이 장에서 우리는 심리도식치료의 건강한 성인 작업을 증진할 수 있다고 믿는 네 가지 핵심 자비중심치료 기술인 마음챙김, 생리기능의 안정화, 심상 및 자비로운 자기 정체성 함양에 중점을 둔다. 우리는 이러한 자비중심치료 기술을 통합하는 것은 내담자의 건강한 성인양식이 처벌적이고 요구적인 부모양식에 대해 더 강력하고 보다 현명하게 대응하는 대화를 할 수 있도록 돕고, 취약하고 화난 아동양식의 고통을 정서적으로 조절하고 견딜 수 있도록 건강한 성인양식을 더 잘 갖추게 할 것이라고 믿는다. 마지막으로, 보호자 양식을 지원하여 자기 보호적 기능을 약화할 것이다.

자비중심치료의 핵심 개념

자비중심치료는 우리가 어떻게 그리고 왜 고통을 받는지에 대한 여러 핵심 '현실 점검'에 뿌리를 두고 있다(자세한 내용은 Gilbert, 2009, 2010 참조). 예를 들어, 우리는 우리가 선택하지 않은 일련의 유전자를 가지고 있는데, 그것은 노화되고, 부패하고, 질병에 걸리기 쉬우며, 궁극적으로 죽음에 이르기 쉬운 신체와 뇌이다. 우리는 생존에 중요하지만, 매우 고통스럽고, 우리의 삶에서 고통을 초래할 수 있는 다양한 감정을 부여받았다. 우리는 사회적 환경에 의해 형성되며, 그중 많은 부분(예: 괴롭힘, 학대)은 우리가 거의 통제할 수 없다. 자비로운 마음의 기술을 육성함으로써, 우리는 이것을 이해하는 지혜를 발전시키고, 도전에서 벗어나고(즉, 이것은 '우리의 잘못'이 아니라는 것), 그리고 결정적으로, 변화를 가져오는 것에 대한 책임을 지는 것을 배운다. 자비중심치료 모델의 핵심 개념은 다음과 같다.

우리는 까다로운 뇌를 가지고 있다

지난 수백만 년 동안 우리의 조상들은 인지 능력의 급격한 확장을 이끈 방향을 따라 진화했다. 이 '신뇌(new brain)'는 상상력, 계획, 반추 및 자기성찰/점검을 위한 우리의 능력을 끌어냈으며, 우리의 생존과 번영을 위한 진화적 이점을 제공했다. 그러나 유익한 진화적 변화는 일반적으로 단점을 가져오며, 우리의 마음은 종종 합리적인 판단을 할 필요가 없는 상황에서도 신속하게 작동한다(Gilbert, 1998). 따라서 우리의 신뇌 능력은 고대[구뇌(old brain)]의 동기(예: 안전 추구 및 위험 회피, 경쟁하기), 감정(예: 분노, 불안 및 혐오) 및 행동(예: 싸움, 도주, 얼어붙기 및 복종)을 자극할 수 있다. 이것들은 차례로 우리의 신뇌 능력의 초점, 내용 및 과정에 영향을 미치고 '마음의 회로'가 형성되는 조건을 만들어 많은 고통을 유발할 수 있다.

우리가 이 점을 상세히 설명하기 위해 사용하는 일반적인 예는 풀을 뜯고 있는 얼룩말이 사자에게 쫓기고 도망친다면, 이 일이 있은 후 비교적 빨리 진정하고 다시 먹기 시작할 것이라고 상상하는 것이다. 하지만 카페에서 점심을 먹고 있다가 사자가 달려오는 것을 보고 도망친다면 금방 진정될 것 같지 않다. 대신에, 강력한 구뇌의 감정(예: 불안)과 동기(예: 위험 회피)의 영향 아래, 우리의 신뇌는 위협에 초점을 맞추도록 유도된다. 우리가 사자에게 잡혔더라면 무슨 일이 일어났을지 혹은 내일 다시 나타날 수 있다는 우려에 대해 걱정할 가능성이 크다. 심지어 우리의 죽음이 우리의 삶에서 다른 사람들에게 어떤 영향을 미쳤을지 상상하기 시작할지도 모른다. 사고와 상상의 이러한 신뇌 패턴은 우리의 구뇌로 신호를 되돌려 보내고, 비록 위협(사자)이 더는 존재하지 않더라도 감정을 자극할 수 있다. 이것은 우리의 잘못이 아니지만, 사람들이 이러한 회로를 현명하고 유용한 방식으로 알아차리고 작업하는 방법을 배우도록 돕는 것이 중요하다. 우리는 다음에서 이것으로 돌아갈 것이다.

다양한 과학적 이론(Deepue & Morrone-Strupinsky, 2005; LeDoux, 1998; Panksepp, 1998)에 기반하여 자비중심치료는 위협, 추동, 진정이라는 세 가지 주요 정서 조절 체계가 있으며, 각각은 우리의 마음과 몸을 특정한 방식으로 조직한다고 제안한다([그림 17-1] 참조).

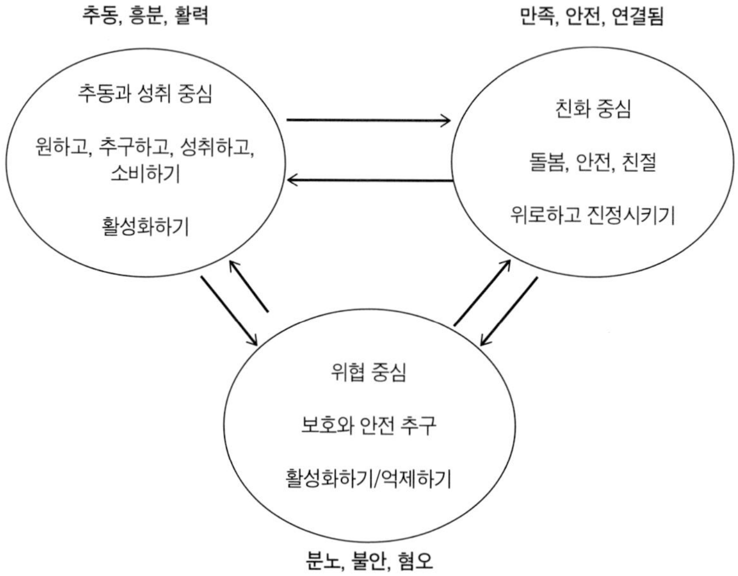

[그림 17-1] 3체계 모델

위협 체계와 분노, 불안, 혐오의 감정은 우리가 위협에 주의를 기울이고 대응하도록 진화했다. 위협을 인식하면 종종 교감 신경계 및 시상하부-뇌하수체-부신(HPA) 축과 관련된 뇌와 신체의 다양한 생리학적 변화가 발생한다. 이러한 생리학적 시스템은 우리가 특정한 방식(예: 싸움, 도피, 차단 등)으로, 주의(예: 위협의 반경을 좁히고 집중하는 것)와 사고(예: 미안한 것보다 안전이 우선)를 유도하여 위협에 대응하도록 준비시킨다. 이 체계는 생물학에 뿌리를 두고 있지만, 조건화 과정(예: 조작적 및 고전적)과 사회적 관계 경험으로 형성된다.

추동 체계는 흥분, 기쁨 및 기대의 감정과 연결되어 있으며, 우리에게 유익한 자원(예: 음식, 지위 및 성적 기회)에 주의를 기울이고 추구하도록 진화했다. 이러한 추구에 성공했을 때, 우리는 기분이 좋고 강화되는 긍정적인 감정(도파민과 같은 교감 신경계 및 신경전달물질과 관련된)의 활성화를 느낄 수 있다.

진정시키는 친화 체계는 위협이나 추동이 없는 것이 아니라 부교감 신경계와 관련된 뇌와 신체의 변화, 그리고 엔도르핀과 같은 신경전달물질의 방출과 연결되어 만족감, 평온함, 평화로움의 감정을 불러일으킨다. 이 과정은 때때로 '휴식 및 소화'라고 불리며, 생리학적으로 볼 때 이 체계는 다른 두 체계의 균형을 유지하는 데 도움이 된다.

특히, 포유류의 출현, 애착, 확장된 돌봄과 함께 진화는 다른 사람들의 돌봄, 애정, 친절의 신호에 매우 민감하게 진정 체계를 형성했다. 그래서 이 체계는 또한 다른 사람들이(또는 내면적으로 자기 대화와 심상을 통해) 우리를 돌보고, 친절하고, 안심시킬 때 활성화될 수 있다. 우리의 많은 내담자가 규칙적이고, 일관적이며, 적절한 돌봄과 애정을 포함하지 않은 애착과 관계 경험이 있다는 것을 고려할 때, 자비중심치료 일부는 내담자들이 자신의 진정 및 친화 체계를 강화하도록 돕는 것을 포함한다. 이는 위협 상태(예: 생리기능, 감정 등)를 조절하는 데 강력한 역할을 하도록 진화한 뇌와 신체(생리기능) 상태를 생성함으로써 달성된다. 아래 절에서 이에 대해 살펴보겠다.

자비의 본질

자비중심치료는 동기 부여와 의도에 뿌리를 둔 자비의 정의를 사용하며, 이를 완화하고 가능한 경우 예방하려는 확고한 의도를 가진 자신과 타인의 고통에 대한 민감성으로 간주한다(Gilbert, 2014). 이 정의에는 두 가지 심리가 있다.

① 고통에 주의를 기울이고, 향하고, 몰입하는 능력(몰입 심리의 한 유형)이다. 여기에는 자신 또는 다른 사람에게 지시될 수 있는 여섯 가지 핵심 역량이 포함된다. 안녕을 위한 돌봄, 고통에 대한 민감성, 연민, 고통 감내력, 공감 및 비판단([그림 17-2]의 내부 원; Gilbert, 2009, 2010 참조).

② 고통을 완화하는 방법을 아는 동기와 지혜와 연결된 일종의 행동심리학, 여기에는 내담자가 다중양식 기술([그림 17-2]의 외부 고리 참조)을 개발하도록 돕는 것이 포함될 수 있으며, 이는 일단 실행되고 개발되면 자신과 다른 사람의 고통을 완화하는 데 도움이 될 수 있다. 여기에는 자비로운 주의, 심상, 추론, 행동, 감각적 초점 및 감정을 발달시키는 것이 포함된다. 우리는 다음의 이것 중 일부로 돌아갈 것이다.

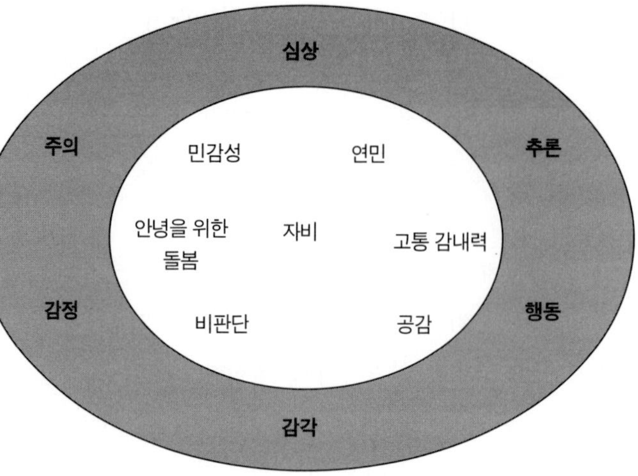

[그림 17-2] 자비로운 마음

*Gilbert(2009)에서 출판사의 허가를 받아 재인쇄됨.

자비로운 마음을 발달시키는 치료기법

내담자들이 '이것은 내 잘못이 아니다.'라는 인식과 함께 자신의 어려움에 대한 수치심을 없애는 감각을 발달시키도록 돕는 것과 함께, 도움이 되지 않는 위협 및 추동 체계 과정을 인식하고 규제할 수 있는 능력을 발달시키는 것도 중요하다. 우리는 불안과 우울을 경험하는 내담자 레온(Leon)의 사례를 사용하여 이를 달성하기 위한 네 가지 자비중심치료 전략[3] (마음챙김, 생리기능 안정화, 심상, 자비로운 자아 정체성 함양)을 설명할 것이다. 우리는 괄호 안에 자비중심치료 용어와 함께 심리도식치료 언어를 사용했다.

레온은 30대 후반으로, 결혼하기 3개월 전에 도나(Donna)로부터 헤어지자는 갑작스러운 통보를 듣고 어쩔 수 없다는 생각에 지금에 와서 치료를 받게 됐다. 결별은 그가 치료를 받기 2년 전이었지만, 그 기간에 그는 점점 더 불안하고 우울함을 느꼈다(과잉 활성화된 위협 체계와 차단된 추동 체계).

3) 자비로운 마음 훈련(conpassion Mind Training) 기술에 대한 종합적인 설명은 Gilbert(2009), Irons와 Beaumont(2017)를 참조하라.

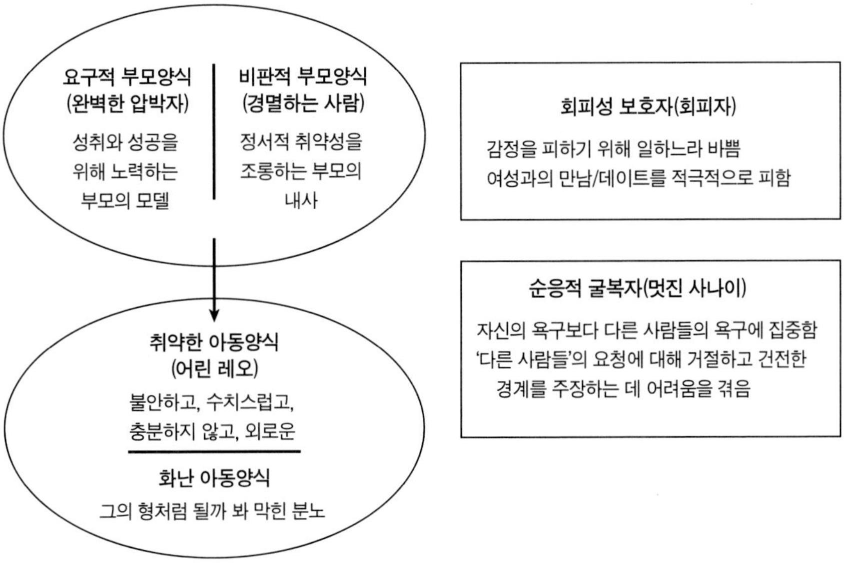

[그림 17-3] 레온의 양식 지도

레온의 치료자는 [그림 17-3]에 나타난 양식 지도를 포함하여 심리도식 개념화를 개발함으로써 그가 불안과 우울을 이해하도록 도왔다.

레온의 불안과 우울은 부분적으로 그가 '경멸하는 사람'이라고 이름 붙인 악의적인 비판적 양식에 의해 영속화되었다. 경멸하는 사람은 관계 파탄에 대해 전적으로 책임을 져야 하고, 그가 40대에 가까워지면서 독신이라는 사실을 속상해하는 것이 얼마나 한심하고 경멸스러운지를 매일 말했다. 그의 이 부분(자주 그의 위협 체계를 촉발시킴)은 정서적으로 무능한 그의 부모(사랑과 지원에 대한 그의 핵심 욕구를 충족시키지 못한)로부터 내면화되어 감정적 표현이나 애쓰는 것을 비웃었다.

레온의 요구적 부모양식은 그가 '완벽한 압박자'라고 이름 지었는데, 그것은 계속해서 그에게 집을 사고 결혼하고 가정을 꾸려야 한다는 것을 상기시켜 줌으로써 경멸하는 사람을 부채질했다(레온은 종종 과잉 활성화된 추동 시스템에 갇히곤 했다). 그는 직업 생활에서 성공을 거두는 것뿐 아니라 개인 생활에서도 '성공적'이라는 것을 자신과 세상에 보여 줘야 한다는 끊임없는 압박감을 느꼈다. 레온의 완벽한 압박자 양식은 현실적인 기대와 무조건적인 수용에 대한 그의 욕구를 충족시킬 수 없었던 그의 부모의 많은 가치와 메시지를 내면화했다. 레온이 지금 완벽한 압박자 양식의 엄격한 기준에 부응하지 못했을 때, 경멸하는 사람 양식이 빠르게 나타나는 것과 같은 방식으로 그가 부모의 이상에 부응하지 못했을 때, 그들은 매우 비판적으로 될 것이다. 그의 '완벽한 압박자' 양식은 자신을 증명해야 한다는 끊임없는 압력에 의해 의도하지 않게 자신이 쓸모없고 가치 없는(레온의 핵심 두려움) 사람이 아니라는 것을 다른 사람들과 자신에게 끊임없이 증명하려고 노력하고 있다.

개인 생활에서 '성취하지 못한' 것에 대한 수치심이 압도적이었고, 레온(자신의 취약한 아동양식을 어린 레온이라고 지칭)에게 너무 힘이 들어서 일하러 나가는 것 외에는 거의 집 밖으로 나가지 못하고 있었다. 그의 위협 체계는 증가하고 있었고, 치료를 시작하기 전에 그는 자신을 더 잘 지원하기 위해 진정시키는 친화 체계에 관여할 필요가 있다는 것을 알지 못했다(그리고 어린 시절 정서적 결핍으로 인해 이 체계에 관여하는 방법을 확실히 알지 못했다). 이 결별은 유기, 정서적 결핍과 결함/수치심을 포함한 거절/단절 영역에서 심리도식(또는 자비중심치료의 핵심 위협/공포)을 촉발시켰고, 어린 레온은 외로움과 수치심으로 압도되었다. 치료 초기에는 레온의 화난 아동양식이 차단되었기 때문에 분노는 레온의 감정에 속하지 않았는데, 이는 그의 형이 극도로 감정적으로 불안정하고 공격적이었다는 점에서 이해가 되었다. 레온은 분노와 연결되는 것이 안전하지 않다는 것을 알게 되었다(그의 핵심 두려움 중 하나는 그의 형처럼 되어 '통제력을 잃고' 다른 사람들에게 상처를 주는 것이었고, 그리고 그의 분노를 차단함으로써 이 두려움에 대처했고, 이것은 자신과 감정적으로 완전히 연결하지 않거나, 필요할 때 적절한 경계를 주장할 수 없는 의도하지 않은 부정적인 결과로 이어졌다). 그의 차단된 분노가 치료에 중요한 역할을 할 것이고, 그것을 돕기 위해 그의 건강한 성인(자비로운 자기)이 필요할 것이므로 화난 아동양식은 여전히 그의 양식 지도에 그려져 있었다.

레온은 일반적으로 무리하게 일하는 것을 통해 자신의 감정 억제가 나타났지만, 사람을 만나는 것을 피하는 것으로 나타나는 회피성 보호자(이를 회피자라고 부름) 대처양식을 통해 자신의 감정에 대처했다(이 두 회피성 유형 행동 모두 정서적으로 압도되고 거부당하는 것에 대한 핵심 두려움에 대하여 자비중심치료의 대처전략으로 간주된다). 그는 또한 강한 순응적 굴복자 양식(멋진 사나이로 이름 붙인)을 가졌다. 대인 관계 갈등에 극도로 민감한 레온은 자신의 관계에서 긴장의 위험보다 자신의 욕구를 억제하는 것이 더 안전하다고 느꼈다(자비중심치료에서 이것은 갈등을 관리하기 위한 진화된 대처전략으로서 복종적인 행동을 이용하는 것으로 보일 것이며, 뜻하지 않게 그를 예속시키고 건강한 상호관계를 맺지 못하게 하는 결과를 초래했다). 멋진 사나이 양식은 다른 사람들의 요청에 대한 경계를 설정하는 데 큰 어려움을 겪었기 때문에 과로로 이어졌다(의도하지 않은 부정적인 결과로 소진될 위험이 있는 거절에 대한 두려움의 대처전략). 다른 사람들은 레온이 좋은 직업을 가지고 있고 동료들과 표면적으로 잘 지냈기 때문에 자신감 있고 느긋하다고 생각했다. 그러나 이것은 그가 실제로 자신의 삶에서 어떤 즐거움을 느끼고 기능하는 것이 얼마나 힘든지를 은폐하는 분명한 능력이었다.

마음챙김

레온은 자신의 마음에 대한 더 큰 인식을 키우기 위해 마음챙김에 대해 알게 되었고, 특히 그가 정기적으로 휘말렸던 '마음의 회로'의 유형과 '지금 여기'에 자신을 어떻게 접지시키는지에 대해 알게 되었다. 시간이 지남에 따라 연습을 통해 자기 생각을 경멸하는 사람(위협 체계 사고)에 의해 얼마나 많이 주도되었는지를 더 잘 알게 되었고, 이 위협 기반 사고가 어떻게 그의 구뇌 감정인 수치심과 불안(위협 기반 감정)을 촉발하여 그를 어린 레온 양식으로 전환시켰는지를 보게 되었다.

레온과 치료자는 그의 경멸하는 사람 양식과 그의 위협 체계 사이의 연관성을 탐색했고, 레온은 자기 비난이 어떻게 자신의 위협 체계를 활성화했고, 그에게 스트레스 호르몬이 넘쳐나게 했고, 어린 레온을 수치스럽고 불안하게 만들었고, 더 많은 자기 비난을 부채질했는지를 인식하게 되었다. 그는 또한 어린 레온이 기분이 좋지 않거나 불안해할 때(구뇌 위협 시스템 활성화) 그의 경멸하는 사람 양식이 그의 생각(신뇌)을 더 쉽게 장악하여 그의 고통을 영속시키는 역전이 어떻게 일어날 수 있는지 깨달았다. 심리 교육을 통해 레온은 그가 어린 레온 양식에 있을 때, 균형 잡힌 사고를 하기 어려웠던 이유가 위협 체계가 정신화, 공감, 자기 성찰과 같은 신뇌 역량에 영향을 미치고 편향되기 때문이며, 이러한 조건에서 주의는 스포트라이트로 작용하여, 그의 양식과 심리도식을 확인하는 모든 것을 보여 주기 때문이라는 것을 이해하게 되었다.

레온의 치료자는 어떻게 주의가 의식적으로 관리될 수 있는지를 설명하기 위해 그에게 다양한 '초점화된 주의' 마음챙김 연습(예: 소리, 신체 스캔 및 호흡)을 소개했다. 그는 또한 집에서 정기적으로 마음챙김 연습을 개발하여 단일 초점(예: 호흡)에 주의를 유지하고, 자발적인 주의 전환(예: 초점 간 이동)과 판단하지 않기(예를 들어, 마음이 방황하기 시작했을 때)를 연습할 수 있었다. 몇 달간의 공식적인 마음챙김 연습 후에 레온은 자신이 생각의 줄거리에 휘말리고 있는 것을 알아차리고 그의 주의를 돌리기 시작했다. 주된 목표는 레온의 건강한 성인(자비로운 자기)이 자신의 위협 체계에 대한 메타 인식을 갖고, 자신의 뇌 속 회로에서 벗어나 '지금 여기'로 인식을 되돌리는 것이었다.

생리기능 안정화

호흡 조절과 요가와 같은 다양한 신체 기반 연습을 통해 전두엽 피질이 자비로운 마음과 건강한 성인 기능의 발달에 중심인 편도체와 HPA 축 시스템에 대한 조절기 역할을 할 수 있게 된다는 증거가 많아지고 있다(Schmalzl et al., 2015).

자세는 '몸이 마음을 지탱하는 것'을 돕고 고통을 견디는 능력을 키울 수 있다. 치료의 초기 단계에서, 치료자는 강인함, 부드럽고 자신감을 반영하는 자세를 구현하는 것과 같은 상향식 기법을 사용하여 어린 레온을 지원하는 방법을 레온의 건강한 성인(자비로운 자기)에게 모델링했다. 먼저, 그의 발을 바닥에 고정하고, 척추를 들어 올리고 늘리며, 어깨를 이완시키고, 자신감과 안정감, 개방감을 반영하는 방식으로 그의 몸을 지탱하라고 지시하곤 했다. 그리고서 그가 깊이 아끼는 누군가를 보고 있다고 상상하고 이 표정을 지으라고 격려했다(더 자세한 설명은 Irons & Beaumont, 2017 참조). 레온이 위엄 있고 경계하는 자세를 구현하자, 치료자는 그를 진정시키는 리듬 호흡으로 안내함으로써 그의 생리적 일관성을 강화했다. 시간이 흐르면서, 레온의 건강한 성인(자비로운 자기)은 자신의 생리기능을 안정시키기 위해 해야 할 일이 무엇인지 아는 데 자신감을 느꼈고, 더는 치료자의 지도가 필요하지 않게 되었다. 그의 주체 의식은 감정적으로 압도당하는 것에 대한 두려움을 줄이고 필요할 때 자신의 감정적 각성을 조절하고 도울 수 있는 지혜와 기술을 가지고 있다는 자신에 대한 믿음을 갖도록 도왔다.

신체 기반 훈련을 하기 전에, 레온의 치료자는 호흡이 자율신경계, 미주신경, 심박변이도에 미치는 영향을 포함하여 호흡에 숨겨진 과학을 설명했다. 호흡의 과학을 이해함으로써 회기 사이에 규칙적인 호흡 연습에 참여하려는 레온의 동기를 증가시켰다. 그는 호흡을 연습할 때 리듬과 부드러움에 초점을 맞췄고, 시간이 지남에 따라 호흡 속도를 분당 5~6회 호흡으로 줄였다(Lin et al., 2014 참조).

냄새, 소리, 촉각은 또한 생리기능을 안정시키고 자비를 위한 역량지원에 사용될 수 있다. 특정 소리와 냄새는 우리의 위협 체계를 자극할 수 있고(예: 경찰 사이렌, 타는 냄새), 다른 소리/냄새는 우리의 진정 체계를 자극할 수 있다. 레온과 그의 치료자는 어떤 소리와 냄새가 그의 접지 감각을 향상시키고 따라서 어린 레온을 지원할 수 있는지 탐색하였고 그것들을 치료실로 가져올 것이다. 예를 들어, 오일 디퓨저에서 네롤리(neroli)를 태우고 호흡 연습을 할 때 탁탁거리는 불소리를 연주하는 것이다. 회기 외에도 레온은 다양한 질감을 만지면 어떻게 진정 체계가 자극되어 어린 레온이 고통을 겪을 때 위안을 줄 수 있는지 탐색했고, 그리고 호흡의 리듬에 맞춰 강아지를 쓰다듬기 시작했고, 그것은 친화감과 연결감을 증진하는 추가적인 이점이 있었다.

예를 들어, 호흡 지침, 만질 물건, 들을 소리, 들이마실 냄새 등의 플래시 카드를 사용하여 도구상자를 개발하면, 내담자가 진정 체계에 접근하는 데 도움이 될 수 있다. 내담자의 위협 기반 체계가 활성화되면(인지 유연성이 일시적으로 좁아짐) 이러한 자원을 사용하도록 권장할 수 있으며, 이는 건강한 성인 기능을 위한 역량을 증가시킬 수 있다.

자비 기반 심상

심리도식치료와 자비중심치료 모두 심상을 치료적 개입으로 사용한다. 자비중심치료의 주요 기능 중 하나는 진정시키는 친화 체계(예: 부교감, 미주신경 시스템)를 자극하고, 위협 생리를 조절하며, 내담자가 자비심의 특성(예: 공감, 고통 감내력)에 접근할 수 있도록 돕는 것이다. 심리도식치료에서는 건강한 성인양식이 이러한 목적을 이해하여 취약한 아동을 더 잘 지원할 수 있기를 바라며, 따라서 치료자들이 자신의 내담자에게 매우 직접적인 방법으로 이를 설명하도록 권장한다.

진정시키는 친화 체계를 활성화하고 자비를 형성하기 위해 우리가 사용할 수 있는 다양한 심상 훈련이 있다. 심리도식 치료자들은 안전지대 심상에 익숙할 것이다. 그러나 일반적인 지침에 도움이 되는 추가 사항은 내담자들에게 자신의 안전지대가 자신을 돌보고 감사하며 친근하게 인식하고 있다고 상상하도록 요청하는 것이다. 즉, '안전지대'는 그들을 환영하고 그들이 그곳에 있기를 바라기 때문에 그들을 지원하고 위로할 수 있다. 이러한 측면에서 자비중심치료의 안전지대 심상은 진정 체계의 생리적 · 정서적 측면을 자극하는 동시에 이 체계와 연관된 친화, 돌봄 및 관계적(애착 체계) 측면을 개발하는 것을 목표로 한다.

레온이 돌봄과 지지를 받고 있다는 느낌으로 연결되도록 돕기 위해(그리고 그의 정서적 결핍 도식에 대처하는 추가적인 이점을 가질 수 있는 진정시키는 친화 체계를 생생하게 가져오기 위해), 치료자는 그에게 '이상적인 자비로운 타인'을 연습하는 것을 설명하고, 그가 자비심의 특정 주요 측면(이 장 앞부분의 [그림 17-3]에 연결된 측면들)뿐 아니라 더 광범위하게는 지혜, 힘 및 헌신(Gilbert, 2009 참조)을 가진 사람(또는 존재)의 이미지를 개발하도록 도와주었다. 레온이 자신의 이상적인 자비로운 타인을 개발하도록 돕기 위해, 과거에 자신에게 자비로웠던 누군가를 회상하고 그들의 특성을 생각해 보라는 요청을 받았다. 비록 이것이 힘든 일이었지만, 그는 난독증 때문에 영어 수업에서 어려움을 겪었을 때 참을성 있고 친절했던 선생님을 기억했다. 이러한 특성들과 함께, 레온은 그의 이상적인 자비로운 타인이 큰 지혜를 가지고 있다고 상상하도록 격려받았다. 레온이 겪은 모든 일, 인간이 된다는 것이 무엇을 의미하는지, 그리고 그의 어려움이 어떻게 그의 잘못이 아닌지를 이해했다. 게다가, 이 이상적인 자비로운 타인은 레온이 가장 힘들어할 때도 도와줄 수 있는 능력에 자신감을 가지고 힘과 권위의 분위기를 가지고 있었다. 마지막으로, 그는 레온이 어떤 양식에 있든지 간에 관계없이 그를 돌보고 지원하려는 깊은 동기가 있었다.

이상적인 자비로운 타인은 제한된 재양육에서 제공되는 좋은 부모와 동일한 특성을 많이 가지고 있다. 이 심상기법은 애착 욕구가 충족되는 것을 경험하고 고통을 겪을 때 안전하다고 느끼도록 도와줌으로써 위협 체계를 하향 조절하는 추가 방법일 수 있다. 일단 치료자가 내담자에게 자비로운 타인을 개발하고 접근하도록 안내한 후에는 내담자의 건강한 성인이 활용할 수 있는 감정 조절 및 고통 감내 기술의 목록을 지속적으로 확장하고 내담자 스스로 수행하도록 돕는 것이 중요하다. 예를 들어, 건강한 성인은 자신의 취약한 아동의 외로움을 보고 자비로운 타인을 마음에 떠올리며 아동양식에게 따뜻하고 친절하게 이야기하는 것 이상으로 추가 지원을 제공할 수 있다.

자비로운 자아 정체성 발달시키기

자비로운 자아 정체성은 자비로운 마음에 뿌리를 두고 있으며, 현명하고 강하고 헌신적인 자신의 '부분'을 발달시키는 것과 관련이 있다(Gilbert, 2009, 2014). 그것은 불교적 개념인 Boddhicita와 Boddhisatva의 불교 개념과 중복되며, 자비의 두 가지 심리, 즉 고통에 대한 관여와 숙련된 완화를 촉진할 수 있는 기술을 발달시키려는 동기에 뿌리를 두고 있다. 이를 고려할 때, 건강한 성인양식의 발달을 지원하고, 건강한 성인이 취약한 아동의 고통을 충족시키고 감소시킬 수 있으며, 공감적이면서도 적극적으로 부모양식에 관여할 수 있을 것으로 보인다. 이것은 여러 가지 방법으로 수행될 수 있는데, 그중 하나는 배우가 일반적으로 사용하는 기술과 기법을 활용하는 것이다. 예를 들어, 기억, 공감, 상상력, 관찰 및 구현을 사용하여 지혜, 강점 그리고 돌봄을 가진 사람들 일부(또는 성격)의 마음과 몸 안으로 들어가는 것이다.

자비로운 자기의 첫 번째 차원은 지혜이다. 여기서 지혜는 고통의 원인을 이해하고 이를 완화하고 예방하는 방법을 아는 것이다(자비의 두 가지 심리와 연결됨). 레온의 자비로운 자기는 자신이 (모든 사람과 마찬가지로) 우리에 의해서가 아니라 우리를 위해 고안된 까다로운 뇌를 가지고 있다는 것을 인식하는 법을 배웠다. 그는 (모든 사람과 마찬가지로) 뇌의 회로에 쉽게 걸릴 수 있고, 그는 (모든 사람과 마찬가지로) 자신을 형성한 경험이 있다. 예를 들어, 핵심 욕구에 대한 좌절로 인해 그의 심리도식과 양식이 발달되었다(또는 자비중심치료 용어를 사용하여 레온은 자신의 위협체계를 형성하는 것을 스스로 선택하지 않았고, 의도하지 않은 결과를 초래하는 보호전략을 발달시켜 대처했던 핵심적인 내적 및 외적 두려움으로 이어졌다는 것을 인식했다). 게다가, 지혜는 레온의 자비로운 자기가 고통이 삶의 일부이며, 그가 질병, 슬픔, 거부, 실망, 죽음과 같은 것들을 겪는 전체 인류의 일부임을 인식할 수 있게 해 주었다(때로는 '현실 점검'이라고도 함; Gilbert, 2009 참조). 이러한 지혜의 핵심은 고통이 그의 잘못이 아니라는 레온의 건강한 성인 인식을 심화시키는 데 도움이 되었다. 건강한 성인이 이 지혜를 염두에 둘 수 있을 때 그것은 처벌적 비판 양식의 판단에 대한 매우 강력한 반응이며 취약한 아동의 수치심을 줄일 수 있다. 게다가, 내담자들이 덜 수치심을 느낄 때, 삶에서 경험하는 어려움에 대해 더 쉽게 책임을 지게 될 수 있다. 예를 들어, 레온은 자신의 감정에 대해 덜 수치심을 느끼기 때문에 감정을 받아들이고 도움이 되는 감정 조절 전략에 관여하는 것에 더 개방적이었다.

자비로운 정체성의 두 번째 특성은 강점이다. 레온의 건강한 성인이 어린 레온의 고통에 직면하게 된다면, 안정된 상태를 유지하기 위해서는 현실과의 연결감, 안정성, 결단력, 회복탄력성, 자기 주장 및 자신감과 같은 특성이 필수적이다. 강점이 구현될 수 있으므로 레온은 자세와 호흡 리듬에 주의를 기울이도록 격려받았다. 치료자는 또한 예(예: 안정적이고 둥근 위치에서 행동으로 옮기는 하이 다이버 혹은 체조선수)와 접지나 강점을 나타내는 이미지(예: 뿌리가 깊은 나무나 산)를 제공했다. 부모의 양식에 맞서 싸우고 아동과 보호자 대처양식이 자신감을 얻기 위해서는 건강한 성인양식(자비로운 자기)이 강점을 구현하는 것이 필수적이다.

그러나 지혜와 강점은 돌보고, 도움이 되고, 강점이 되는 헌신과 통합되어야 한다. 자비로운 자기는 고통을 완화하고 다른 사람들과 자신 모두의 안녕과 번영을 증진하기를 원한다. 이러한 동일한 동기가 건강한 성인의 핵심에 있어야 한다. 레온은 이 헌신을 자신에게 가져오는 데 어려움을 겪었다. 이것은 자비중심치료에서 흔히 볼 수 있으며 자비에 대한 두려움, 차단 및 저항을 확인하고 작업하는 치료 작업의 중요한 측면을 형성한다(좀 더 논의하기 위해 Gilbert, 2010; Irons & Beaumont, 2017 참조). 치료자는 레온이 다른 사람들에게 더 친숙하고 편안했던 자비의 '흐름'(자비중심치료는 다른 사람들에게, 다른 사람들로부터, 그리고 자기 자신에게 흐르는 세 가지 자비의 흐름이 있음을 암시)을 끌어들임으로써 그가 돌봄-헌신의 느낌과 접촉할 수 있도록 도왔다. 레온은 지도와 함께 자비로운 자기의 특성이 어려움을 겪고 있는 다른 누군가와 어떻게 관련될 수 있는지를 탐색했고, 이를 통해 그들을 자신 쪽으로 돌리기 시작했다.

비록 자비로운 자기의 세 가지 특성을 설명하는 것이 중요하지만, 치료자들은 이것이 인지적이지 않은 경험적인 개입이고 건강한 성인이 이러한 특성을 느낄 수 있게 하려면 안내된 심상을 통해 자비로운 자기와 연결되도록 도와야 한다. 수영을 배우려면 젖어야 하는 것처럼 자비로운 자기의 특성은 창의적 방법과 다양한 방법의 실천을 통해 경험하고 발달되어야 한다(Irons & Beaumont, 2017 참조).

변화를 위한 핵심 전략으로 자비로운 자기를 데려오기

일단 심리도식 치료자들이 자비중심치료를 도입하면, 다음 단계는 내담자들이 자신의 자비로운 자기와 연결하여 건강한 성인양식(자비로운 자기)을 강화하고 경험적 · 인지적 · 행동적 개입을 포함한 치료 작업에서 그들을 지원하도록 돕는 것이다.

의자 작업

심리도식치료와 자비중심치료 모두 내담자의 서로 다른 부분이 상황에 대해 어떻게 생각하고 느끼는지, 각 부분이 무엇이 필요로 하고 무엇을 하기를 원하는지 탐색하기 때문에 의자 작업은 자비중심치료의 여러 자아 작업을 통합하는 데 도움이 된다. 이 장의 시작 부분에서 설명했듯이 자비중심치료에서 다중 자아 작업은 자아의 다양한 정서적 부분(예: 불안, 분노, 슬픔, 수치심) 및/또는 동기(예: 경쟁, 돌봄)에 초점을 맞추는 것을 포함하여 다양한 형태를 취할 수 있다. 이러한 의미에서 자비중심치료는 이 훈련을 사용하여 취약한 아동 및 화난 아동양식을 완전히 탐색하고, 심리도식 치료자는 취약한 아동양식을 이 양식 내에 앉아 있는 다양한 감정을 나타내는 의자로 분리해 내는 것이 때때로 도움이 될 수 있다. 이를 통해 치료자와 내담자 모두 지나치게 지배적이거나 탐색되지 않은 감정 경험이 있는지 알 수 있다(Irons & Beaumont, 2017 참조). 이것은 어린 레온의 의자에서 말할 때 불안하고 수치스러운 자아가 지배하는 경향이 있는 레온에게 큰 도움이 되었다(특히, 그의 관계 파탄에 대한 그의 감정을 탐색할 때). 그리고 그의 슬픈 자아는 한쪽으로 밀려났고 그의 화난 자아(자비중심치료에서 '화난 자아'라고 부름)는 부정했다.

의자 작업은 레온과 치료자가 참여한 작업의 공통적인 특징이었으며, 도나가 떠나는 것에 대한 그의 감정을 탐구하는 데 여러 번 사용되었다. 어린 레온은 종종 불안으로 가득 차 있었고(이것은 자비중심치료에서 불안한 자아라고 함), 다른 사람을 절대 만나지 못할 것을 두려위했다. 그의 경멸하는 사람 양식은 도나가 떠난 것에 대해 자기에게 책임이 있다고 믿게 했고, 그의 완벽한 압박자는 그의 삶이 어떤 모습이어야 하는지(예: 그가 어떻게 관계를 맺어야 하는지)를 끊임없이 상기시켜 주었고, 이는 많은 수치심을 촉발했다(자비중심치료에서 수치스러운 자이라고 함). 레온은 자신의 슬프고 화난 자아 속으로 들어가는 것이 훨씬 더 어렵다는 것을 알았고, 시간이 지남에 따라 이것들을 구체화하고 연결하는 훈련을 해야 했다.

소크라테스식 질문과 자비로운 자기의 도움을 통해 레온은 자신의 건강한 성인양식과 관계를 맺을 수 있었고, 특히 그의 초기 경험에 비추어 자신의 감정적인 부분과의 투쟁을 이해하기 위해 이것을 사용할 수 있었다. 예를 들어, 그는 아버지가 종종 "다 큰 놈은 울지 않아."라고 말했기 때문에 슬픔이 어려운 감정이라는 것을 인식했으며 슬픔은 그를 취약하고 버려진 느낌으로 만들었다. 분노의 측면에서, 레온은 분노가 매우 위험하고 파괴적이라고 보았고, 그의 형이 언어적 · 신체적으로 폭력적이었던 기억이 있었다. 치료 과정에서 레온은 화난 자아가 종종 어린 레온(그리고 더 구체적으로는 그의 불안한 자아)을 촉발했기 때문에 분노를 외현화하는 것보다 내면화하는 것이 평생의 패턴이라는 것을 깨닫게 되었고, 그리고 그를 멋진 사나이 양식(분노와 통제력 상실에 연결하고 표현하는 것에 대한 두려움을 피하려고 다른 사람들을 달래는 보호 전략)으로 전환했다.

의자 작업을 하는 동안, 레온은 과소 규제되거나 과도하게 규제되는 부분을 포함하여 어린 레온의 다양한 정서적인 부분들을 지원하기 위해 그의 건강한 성인(자비로운 자기)을 사용했다. 또한 그의 건강한 성인(자비로운 자기)은 그의 불안한 자아가 그의 화난 자아를 받아들이도록 촉진하는 것을 포함하여 그가 자신의 모든 부분을 받아들이도록 도왔다. 자비로운 자기(안전한 피난처/안전한 기지처럼 행동)가 이별과 관련된 자신의 모든 감정을 탐색할 수 있도록 그를 지원하면서, 슬픔과 분노가 차단되었기 때문에 부분적으로 자신이 관계의 결말에 갇혀 버렸다는 것을 인식하기 시작했다. 이제 건강한 성인(자비로운 자기)을 통해 인간의 모든 감정을 탐색할 수 있는 능력이 향상되면서 레온은 삶의 어려움을 헤쳐 나가는 데 유용한 방식으로 자신의 감정을 더 잘 경험하고 처리하고 표현할 수 있게 되었다.

치료자의 도움으로 레온은 자신의 자비로운 자기를 구현하는 법을 배웠다. 그는 잠시 멈추고, 호흡을 가다듬고 잠깐 자신의 자비로운 자기(지혜, 강점 및 헌신)의 특성을 상상하고 구현했다. 그는 모든 인간이 고군분투하며 인생에서 겪는 어려움이 자신의 잘못이 아님을 상기시켜 자신의 지혜와 연결했다. 그리고 진정시키는 리듬의 호흡을 하고, 발을 바닥에 접지하고, 척추를 들어 올리고, 침착하고 자신감 있는 표정을 지으며 강점을 구현했다. 마지막으로, 그는 자신의 아동양식(불안한 자아, 슬픈 자아, 수치스러운 자아, 화난 자아)의 다양한 감정적 부분들을 나타내는 의자들을 바라보았고, 자신의 모든 부분을 지지하기 위해 돌봄–헌신 상태(그가 몸에서 가장 강하게 돌봄–헌신을 느꼈던 부위인 그의 심장과 내장에 주의를 기울임으로써 도움을 받음)와 연결되었다. 이것은 그가 위협 체계의 생리기능을 조절하고 자기 공감을 하도록 도왔다. 이를 통해 자신의 다른 감정적인 부분에 능숙하게 반응하고, 직면하고 있는 문제들을 좀 더 균형 잡힌 시각으로 볼 수 있었다.

레온은 그가 자비로운 자기에 접촉하여 관계가 단절되었을 때 나타나는 현상에 상당한 충격을 받았다는 것을 발견했다. 그의 건강한 성인(자비로운 자기)은 도나가 그 관계를 끝내는 방식으로 자신을 매우 나쁘게 대했지만, 함께 있는 동안 불행했다는 것을 알 수 있었다. 하지만 그는 멋진 사나이 양식(또는 분노/불만족을 억제하는 보호 전략) 때문에 도나에게 이것을 표현할 수 없었고, 혼자 있는 것에 대해 너무 두려워했기 때문에(유기에 대한 핵심 두려움) 어린 레온(특히, 불안하고 외로운 자아)으로 인정할 수조차 없었다. 그의 건강한 성인(자비로운 자기)은 도나가 삶에서 어려움을 겪고 있었고, 가족과 친구들과도 그녀의 감정을 나누기 어려웠다는 것을 인지할 수 있었다. 그런 의미에서 그는 그녀가 왜 그렇게 일을 끝냈는지에 대한 이유를 알 수 있었다. 이와 함께 레온의 건강한 성인(자비로운 자기)은 도나에게 관계를 끝낸 방식이 나에게는 도움이 되지 않았다고 단호하게 말하도록 동기를 부여받았다(부분적으로는 그의 화난 자아 생각과 느낌을 탐구하는 데 시간을 보냈기 때문에).

심상 재구성하기

레온은 또한 심상을 재구성하는 동안 어린 레온을 지원하는 것이 더 낫다고 느꼈다. 자신의 안녕, 특히 지혜에 대한 헌신 작업을 통해 어린 레온이 고통을 더 개방하고 민감하게 대처할 수 있게 해 주었다. 게다가, 이제 어린 레온이 경험하지 못한 현명하고 강한 아버지 모습을 구현할 수 있었고, 어린 레온을 재양육하기 위해 그의 치료자에게 덜 의존하기 시작했다. 레온의 건강한 성인(그의 자비로운 자기와 직접적으로 연결된)은 또한 극심한 고통에 시달릴 때 어떻게 어린 레온을 도울 수 있는지에 대해 더 많은 자신감을 가졌고, 종종 어린 레온에게 호흡을 안정시키고 친절과 지지하는 말로 그와 함께 호흡하도록 지도하곤 했다. 그는 어린 레온에게 자신의 어려움이 자신의 잘못이 아니라고 말할 수 있었다.

인지적 작업

레온이 처음 치료를 시작했을 때, 자기 생각을 과도하게 동일시했다. 그러나 자비중심치료 동안 그의 건강한 성인(자비로운 자기)은 진화가 우리가 모두 생존을 보장하기 위해 위협 기반 초점화에 편향되게 생각하도록 설정되었다는 것을 이해하게 되었다. 사고의 진화된 본질을 이해하는 지혜를 발달시키는 것은 레온이 자비롭고 균형 잡힌 사고를 기르는 데 필요한 첫 번째 단계였다.

심리도식치료 과정을 통해 레온은 경멸적인 사람 양식이 위협 기반 초점화를 통해서 번성했음을 깨달았다. 이 양식은 그의 완벽한 압박자 양식의 끊임없는 요구를 충족시킬 수 없었기 때문에 영속되었다. 또한 결함/수치심, 부정성 및 비관주의와 같은 그의 많은 심리도식(자비중심치료 언어의 핵심 '내면적' 두려움)도 이러한 유형의 위협 기반 주의를 영속시켰다. 레온이 진정시키는 호흡 리듬으로 생리기능을 조절하는 데 도움이 되는 자비로운 자기와 연결되어 전전두엽 피질이 활성화되었을 때 균형 잡힌 사고 능력이 향상되었다. 이것은 그의 사고의 초점을 개방하고 광범위할 뿐 아니라, 반복적이고 반추적인 사고를 줄일 수 있게 했다. 자신의 자비로운 자기와 연결되면서 그의 생각의 내용도 위협 기반의 부정적인 생각에서 돌봄, 따뜻함 및 자비를 뒷받침하는 생각으로 바뀌기 시작했다. 마침내 그의 의도는 처벌(경멸하는 사람 양식)에서 지원(건강한 성인양식)으로 바뀌었다.

레온은 종종 도움이 되지 않는 위협 기반 사고로 되돌아갔지만, 그의 마음챙김 기술, 생리기능 조절 및 자비로운 자기를 사용하여 이제 이 문제에서 벗어나는 방법을 갖게 되었다. 시간이 지남에 따라, 자신이 덜 반추하고 있고, 회피자 양식에서 보내는 시간이 줄어들고 있다는 것을 알아차리기 시작했다. 자신의 두려움이 덜하고 마음을 회피하는 것이 줄어들기 때문에 그는 가만히 있는 것을 잘 참을 수 있다고 생각했다.

자비로운 자기와 행동적 작업

자신의 욕구를 충족시킬 수 있는 행동을 함으로써 건강한 성인양식을 강화하는 것은 이미 심리도식치료의 중요한 요소이며, 특히 작업의 후반 단계에서 더욱 그렇다.

자비로운 행동은 다양한 모습을 가지고 있지만, 종종 간과되는 것은 어려운 것에 직면하는 용기이다. 레온의 치료자는 좋은 부모는 자녀가 세상을 두려워할 수 있을 때조차 세상을 용감하게 살아갈 수 있도록 지지하고, 강한 자비로운 정체성은 거의 같은 방식으로 작동한다는 점을 반영함으로써 용기의 중요성을 강조했다. 레온은 자비로운 자기를 대인 관계 상황에서 자신을 주장하는 것(따라서 회피자와 멋진 사람 모두의 힘을 약화함)과 인간관계와 연결에 대한 소망(어린 레온과 그의 건강한 성인의 욕구)을 염두에 두는 것과 같이 불안이 자극하는 상황에 점진적으로 노출되는 것에 관여하기 위해 사용했다.

아마도 레온에게 가장 중요한 단계는 독서클럽을 통해 친구가 된 루시(Lucy)에게 데이트를 신청하는 것이었을 것이다. 도나와의 결별에 대해 수행했던 다중 자아 작업은 관계를 정리하는 데 도움이 되었고, 다시 데이트할 가능성을 열어 주었다. 그런데도, 루시에게 데이트 신청을 하는 것은 레온이 취약하고 거절당할 수 있는 용기와 강점(그가 건강한 성인양식에 통합하고 있는 자비의 특성)이 요구되었는데, 이것이 겁먹게 하는 동안, 그는 두려움이 자신에 대해 수치스럽거나 약한 것이 아니라 인간으로서의 핵심 부분이라는 것을 인식했기 때문이다. 게다가, 그의 건강한 성인(자비로운 자기)은 (마음챙김, 진정시키는 호흡 리듬과 심상을 통해) 그의 위협 기반 감정을 조절할 수 있어서 불안으로 마비되거나 회피 양식(자신의 감정과 거리를 두는 보호 전략)으로 전환되지 않았다. 그는 어린 레온이 격한 감정에 덜 불안정하다고 느꼈을 때, 자신의 몸과 마음에서 더 안전함을 느꼈고, 이것이 그에게 용기를 주는 데 필요한 기반으로 인식했다. 루시와의 관계는 잘되지 않았지만, 치료가 끝났을 때, 레온은 다른 두 번의 데이트를 했고 미래의 자신이 다시 사랑을 찾을 것이라는 희망을 훨씬 더 많이 느끼고 있었다.

요약

건강한 성인양식을 강화하는 것은 심리도식치료의 가장 중요한 목표 중 하나이다. 내담자들이 자비로운 마음을 갖도록 돕는 것은 이를 위한 (많은) 잠재적인 방법의 하나로 볼 수 있다. 심리도식치료는 통합적인 접근 방식이며 심리도식치료와 자비중심치료는 계속 진화함에 따라 심리도식 치료자는 자비중심치료가 특히 강력하고 탄력적이며, 자비로운 건강한 성인양식은 육성하는 데 있어 자신의 작업을 향상시키는 방법을 탐색할 수 있는 풍부하고 흥미로운 기회를 얻게 된다.

치료자 조언

1. 초기부터 심리 교육을 도입하고, 특히 지혜를 강화하기 위해 우리가 어떻게 그리고 왜 고통을 겪는지에 대한 현실 점검을 시행한다.
2. 치료의 초기 단계에서 생리기능 조절을 도입하여 건강한 성인 기능을 위한 역량을 구축하도록 돕는다.
3. 진정 체계 도구상자를 재미있게 만들라.
4. 내담자들이 자신이 자비로운 특성이 있다고 생각하지 않더라도 문제가 되지 않는다. 대신에 그들이 자비(심)를 가졌다면, 어떤 모습일지 상상하도록 격려하는 데 집중하라.
5. 자비에 대해 논할 때 친절과 따뜻함만큼 용기와 강점에 무게를 두라.
6. 다중 자아 훈련을 하는 동안, 하나 이상의 감정이 즉시 명확하지 않더라도 시간을 내 취약한 아동양식 안에서 각 감정을 탐색하라. 또한 각각의 감정이 다른 사람들과 갖는 관계를 탐색하라.
7. 의자 작업을 하는 동안 내담자가 처음으로 성인양식 의자에 앉았을 때 진정시키는 호흡 리듬을 연습하고 자비로운 자아의 지혜, 힘 및 헌신에 연결하기 위해 몇 분을 할애하도록 격려하라.

참고문헌

Arntz, A., & Jacob, G. (2013). *Schema Therapy in Practice: An Introductory Guide to the Schema Mode Approach*. Chichester: Wiley-Blackwell.

Depue, R. A., & Morrone-Strupinsky, J. V. (2005). A neurobehavioural model of affiliative bonding. *Behavioural and Brain Sciences, 28*, 313-395.

Gale, C., Gilbert, P., Read, N., & Goss, K. (2012). An evaluation of the impact of introducing compassion focused therapy to a standard treatment programme for people with eating disorders. *Clinical Psychology and Psychotherapy* advance online publication DOI: 10.1002/cpp.1806.

Gilbert, P. (1998). The evolved basis and adaptive functions of cognitive distortions. *British Journal of Medical Psychology, 71*, 447-463.

Gilbert, P. (2009). *The Compassionate Mind*. London: Constable & Robinson.

Gilbert, P. (2010). *Compassion Focused Therapy: Distinctive Features*. London: Routledge.

Gilbert, P. (2014). The origins and nature of compassion focused therapy. *British Journal of Clinical Psychology, 53*(1), 6-41.

Gilbert, P., & Irons, C. (2005). Focused therapies and compassionate mind training for shame and self-attacking. In P. Gilbert (Eds.), *Compassion: Conceptualisations, Research and Use in Psychotherapy* (pp. 263-325). Hove: Routledge.

Gilbert, P., & Procter, S. (2006). Compassionate mind training for people with high shame and self-criticism: A pilot study of a group therapy approach. *Clinical Psychology and Psychotherapy, 13*, 353-379.

Irons, C., & Beaumont, E. (2017). *The Compassionate Mind Workbook. A Step-by-step Guide to Developing Your Compassionate Self*. London: Robinson.

Laithwaite, H., Gumley, A., O'Hanlon, M., Collins, P., Doyle, P., Abraham, L., & Porter, S. (2009). Recovery after psychosis (RAP): A compassion focused programme for individuals residing in high-security settings. *Behavioural and Cognitive Psychotherapy, 37*, 511-526.

LeDoux, J. (1998). *The Emotional Brain: The Mysterious Underpinnings of Emotional Life*. New York: Simon and Schuster.

Lin, I. M., Tai, L. Y., & Fan, S. Y. (2014). Breathing at a rate of 5.5 breaths per minute with equal inhalation-to-exhalation ratio increases heart rate variability. *International Journal of Psychophysiology, 91*(3), 206-211.

Lucre, K., & Corten, N. (2012). An exploration of group compassion-focused therapy for personality disorder. *Psychology and Psychotherapy: Theory, Research and Practice, 86*(4), 387-400.

Panksepp, J. (1998). *Affective Neuroscience*. New York: Oxford University Press.

Schmalzl, L., Powers, C., & Blom, E. H. (2015). Neurophysiological and neurocognitive mechanisms underlying the effects of yoga-based practices: toward a comprehensive theoretical framework. *Frontiers in Human Neuroscience, 9*, 1-19

제18장

섭식장애에서 건강한 성인 구축하기

-신경성 식욕부진증에 대한 심리도식 양식과 정서중심치료 접근법-

- Anna Oldershaw[1)]와 Helen Startup[2)]

신경성 식욕부진증의 배경

신경성 식욕부진증(Anorexia Nervosa: AN)은 체중, 체형 및 식습관에 대한 우려와 음식, 식사 및 정상 체중에 대한 극도의 두려움으로 자기 기아가 특징인 섭식장애이다(American Psychological Association, 2013). 저체중은 일반적으로 소비되는 음식의 양과 유형 모두의 제한을 포함하여 음식 섭취를 심하게 제한하기 위한 비정상적인 식습관의 채택을 통해 이루어진다. 이것은 과도하고 극단적인 운동이나 보상 행동(예: 구토 또는 설사제 복용)과 함께 발생할 수 있다.

영국에서 연간 신경성 식욕부진증 발병률은 여성 10만 명당 약 14건이다(Micali et al., 2013). 평생 여성의 4%와 남성의 0.24%가 광범위하게 정의된 신경성 식욕부진증의 영향을 받는다(Smink et al., 2013). 발병 나이는 여아 15~25세이고, 남아 10~14세이다(Micali et al., 2013). 신경성 식욕부진증은 모든 정신질환 중 사망률이 가장 높은 것으로 보고되었으며(Smink et al., 2013) 유의한 동반이환과 관련이 있다. 신경성 식욕부진증이 있는 성인의 약 4분의 3이 축 I 장애를 동반하고(Herzog et al., 1992), 약 3분의 1이 더 나쁜 치료 결과와 관

1) 정서중심치료(Emotion Focused Therapy: EFT)에 대한 추가 교육을 받은 선임 임상심리학자이다. 그녀는 EFT 치료 및 슈퍼비전을 제공하며 국제 정서중심치료학회(isEFT)의 회원이다. Les Greenberg 및 Robert Elliott와 함께 그녀는 영국 남동부에 있는 Salomons 응용심리학협회의 정서중심치료 연구소에서 EFT 교육을 공동으로 진행한다. 임상 훈련을 받기 전에 Anna는 신경성 식욕부진증과 정서에 초점을 맞춘 박사학위를 받았으며 이 주제에 대해 광범위하게 출판했다.

2) Sussex Partnership NHS 섭식장애 서비스 심리학의 공동 책임자이자 컨설턴트 임상심리학자이다. 또한 서섹스 대학의 선임 연구원이자 명예 선임 강사이기도 하다. 임상 훈련을 받기 전에, 그녀는 불안과 걱정의 심리적 메커니즘으로 박사학위를 받았고 학술지에 널리 출판되었다. 그녀는 4개의 자금 지원을 받는 다중 사이트 RCT에 공동 지원자로 참여했으며, 정신병리학(정신병, 섭식장애, 성격장애)의 다양한 측면에 걸친 개입을 검증했다. 그녀는 공인된 CBT 치료자-슈퍼바이저이자 및 고급 심리도식 치료자이다.

련된 동반이환 성격장애를 경험한다(Link et al., 2017). 섭식장애 증상은 특히 불안정한 관계, 정서적 불안정, 공허함, 정체성 장애, 부적절한 분노, 해리/편집증 및 자살 행동을 포함한 성격장애 증상과 관련이 있다(Miller et al., 2019).

신경성 식욕부진증의 치료

영국에서는 국립보건임상연구원(National Institute for Health and Care Excellence: NICE, 2017)이 신경성 식욕부진증이 있는 성인을 위한 선택 치료가 대화 요법이라고 제안한다. 그러나 신경성 식욕부진증은 '치료하기 어려운' 것으로 악명 높으며, 무작위 통제 실험에 따르면, 전문적인 성인 외래 내담자 치료법 간의 치료 후 또는 후속 관찰 시 서로 효과 차이가 없었고, 통제 비교집단에서 작고 유의하지 않은 변화를 나타냈다(Watson & Bulik, 2013). 새로운 증거는 조기 개입이 결과를 향상시킨다는 것을 시사한다(McClelland et al., 2018). 이것은 상당한 동반이환 또는 더 긴 질병 기간을 가진 사람들에게 제한적으로 적용될 수 있다. 따라서 더 큰 변화를 촉진하는 개입이 중요하다(Bulik, 2014; Startup et al., 2015).

임상적 재조명: 신경성 식욕부진증이 있는 사람들의 정서적 어려움과 심리도식

신경성 식욕부진증의 사람과 함께 작업하는 데 내재된 복합성과 신체적 위험 중에서 집중적인 심리적 개입을 유지하는 것이 어려울 수 있으며, 이로 인해 초점이 이동하면서 치료적 만남이 길어질 수 있다. 다른 복합 증상에 대한 향상된 심리적 개입은 하나의 핵심 추정유지의 과정을 통해 명확하게 정의된 모델에 초점을 맞춤으로써 달성할 수 있으며, 따라서 합리적인 기간 내에 주된 증상에 더 광범위한 영향을 미치기 위해 가설이 수립되었다(cf. 걱정, 수면, 자존감을 목표로 정신병 증상 전반에 걸쳐 변화를 일으킨다; Freeman et al., 2015). 우리는 신경성 식욕부진증과 함께 작업할 때, 특히 다음의 SPEAKS 개념화[Kent와 Sussex의 신경성 식욕부진에 대한 정서 전문 심리치료(Specialist Psychotherapy with Emotion for Anorexia)]에 요약된 '정서적 자아'를 향해 비슷한 주의의 집중을 제안한다. 이 장에서는 SPEAKS의 이론적 모델을 설명하고, 제안된 임상 변화 과정을 개략적으로 설명하며, 이러한 변화를 촉진하는 데 있어 정서중심치료(EFT) 및 심리도식치료(ST)의 주요 영향을 설명한다.

신경성 식욕부진증의 핵심 심리적 기제

정서적 어려움

섭식장애 모델에 대한 중요하고 전망이 좋은 발전은 감정의 어려움을 포함하는 것이다(Sala et al., 2016). 실제로, 정서적 회피와 복종적 행동은 치료 후 임상 결과의 유망한 예측 변수이다(Oldershaw et al., 2018). SPEAKS에서 우리는 감정을 외부 또는 내부 자극에 대한 학습된 또는 본능적인 반응으로 이해하여 즉각적인 환경, 관계 및 욕구에 대해 알려 준다. 감정은 인지적 · 행동적 · 생리적 · 사회적 기능을 지시하는 자아의 내부 관현악의 지휘자로 묘사되었다(Oldershaw et al., 2015). 감정 처리 및 조절의 어려움은 섭식장애를 포함한 많은 심리적 장애와 관련이 있으며(Aldao et al., 2010) 신경성 식욕부진증의 발달 및 유지에 중요하다(Treasure & Schmidt, 2013). 체계적인 개관에 따르면 신경성 식욕부진증이 있는 사람들은 감정표현 불능증과 낮은 정서적 명료성을 포함하여 정서적 인식에 어려움을 겪는다(Oldershaw et al., 2015). 감정의 과잉 조절 패턴이 있으며, 특히 대인 관계 갈등을 피하려고 감정 촉발요인의 극단적인 회피와 감정 억제를 포함하여 도움이 되지 않는 전략에 주로 의존한다(Oldershaw et al., 2015)

신경성 식욕부진증에서의 정서와 심리도식

신경성 식욕부진증에서, 우리는 초기 삶의 경험이 내담자를 압도적이고 혼란스러운 정서 경험에 취약하게 만드는 심리도식의 발달을 형성한다고 제안한다. 심리도식치료 관점에서, 부적응 도식은 기본적인 욕구가 만성적으로 충족되지 않을 때 발생한다. 신경성 식욕부진증이 있는 사람들은 모든 심리도식 하위 척도에서 통제집단보다 유의하게 높고, 결함, 사회적 고립, 복종, 의존/무능 및 정서적 억제에서 가장 큰 차이를 보인다. 심리도식은 다른 사람의 동기와 의도를 이해하고 후속 행동을 조직하는 '렌즈'라는 점에서 성인 관계에 영향을 미친다(Lavender & Startup, 2018). 예를 들어, 부모의 욕구로 인해 정서적으로 압도되고 부담을 느끼는 것이 어린 시절의 경험이라면, 자신의 감정과 내적 경험에 대응하고 자유롭게 표현하는 것은 거의 불가능할 것이다. 그것은 '안전을 유지'하거나 '받아들여지기' 위해 부모의 감정적 변동에 맞춰서 대응했을 수 있으며, 결과적으로 감정적 경험을 '무감각하게' 함으로써 자신의 압도적인 감정에 대처해야 하는 요구와 함께 감정은 '필요하지 않다'나 '가치가 없다'

라는 믿음(아마도 '지적' 측면으로의 도피를 통해)에 굴복하거나 완벽주의, 걱정 및 미룸과 같은 과잉 보상 대처방식을 통해 감정을 짓누른다(Startup et al., 2013). 이러한 대처전략은 '정서적 자아'에 대한 명확한 인식에서 한 걸음 더 벗어나 타인의 관점을 선호하게 되며, 결함, 복종, 사회적 고립, 의존/무능과 같은 도식이 영속된다.

신경성 식욕부진증의 SPEAKS 이론적 모델

SPEAKS는 정서적 회피 주기와 그것이 핵심 '정서적 자아'의 발달과 인식에 미치는 영향이 모두 치료에 중요하다고 주장한다. 우리가 정서적 경험을 피하거나 근본적으로 다른 사람의 경험에 의존하거나, 특권을 부여하려 하기 때문에 상향식 정서적 경험에 접근할 수 없다면, 세상, 자신 및 관계를 탐색하는 데 어려움을 겪는다. 중요한 정서적 정보 및 욕구와 연결할 수 없다. 요컨대, 자신을 안내할 내부 정서적 지휘자가 없다(정서적인 자아감; Oldershaw et al., 2019).

SPEAKS 변화의 통합 모델

변화의 SPEAKS 개념화는 정서중심치료와 함께 심리도식치료의 이론과 실천을 활용한다. 정서중심치료는 자기 구성의 기본 정서이며 변화를 촉진하기 위해 '자아의 부분들'과 이야기로 표현되어야 한다는 전제를 기반으로 한다(Angus & Greenberg, 2011). 마찬가지로, 심리도식치료는 자아가 다수의 상호작용하는 '부분들'로 구성된 자아 다중성의 원리에 기초한다(Pugh, 2020). 심리도식치료 관점에서 자아의 중심에는 핵심 취약성(취약한 아동)과 관련된 부적응 도식 및 충족되지 않은 욕구가 있으며, 자아의 다른 부분은 주로 고통을 표현하거나(예: 화난 아동), 이 고통을 관리하려고 시도한다(예: 대처양식을 통해). 따라서 처음부터 정서중심치료와 심리도식치료는 한 개인의 전체를 고려하고 자아(또는 양식)의 부분들이 상호작용할 수 있는 방법을 포함하여 자아가 구성되는 방식에 대한 이해를 가치 있게 여기는 치료 접근방식에서 유사하다.

정서중심치료와 심리도식치료 모두에서 정서는 개인에게 그 상황에서 진전되거나 해를 끼칠 수 있는 중요한 욕구, 가치 또는 목표를 알리는 데 중요한 것으로 이해된다. 따라서 신경성 식욕부진증의 SPEAKS 개념화와의 관련성은 분명하다. 심리도식치료는 이를 지원하기 위해 제한된 재양육의 관계적 입장을 채택하는데, 이는 단순히 현재 내담자의 충족되지 않은 욕구를 충족시키기 위해 어떤 방식으로(따라서 '제한된') 변화를 위한 적극적인 수단으로서의 치료적 관계의 개입이다. 정서중심치료는 치료적 관계를 활용하여 정서 변화의 핵심 원리(인식, 표현 조절, 반영, 변형 및 교정적 정서 경험)를 촉진하고, '유일한 출구는 통과하는 것'임을 이해한다(Pascual–Leone & Greenberg, 2007). 정서중심치료에서는 정서를 경험의 다른 '수준'을 나타낸다고 본다. 사람들은 종종 산만하거나, 모호하거나, 핵심 문제에 부차적인 것으로 나타난, 미충족된 핵심 욕구와 직접적으로 연결되어 있지 않은 '2차 정서'를 가지고 치료를 받는다. 2차 정서는 내담자의 현재 정서 상태를 나타내고, 대응과 확인이 필요하다는 점에서 중요하지만, 이 정서와의 연결은 그것을 넘어서는 수단으로 보인다. 주요한 1차 정서는 치료적 변화의 중심이며, 일반적으로 발달적 기원과 함께 충족되지 않은 욕구와 연결될 기회를 나타낸다. 그들은 두 가지 형태 중 하나를 택한다. 관계와 삶의 목표를 방해하는 대처양식과 관련된 고착된 감정 패턴(과거에는 도움이 되지만 지금은 파괴적인)을 나타내거나 핵심 욕구와 적절한 행동 반응에 접근할 수 있는 중요한 정보를 제공할 수 있다(Elliott et al., 2004).

두 접근법 모두 개인이 그들의 '핵심 고통'에 대처하는 법을 배웠는지와 이러한 대처 방식의 대가를 이해하려고 한다. 심리도식치료에서 이것은 핵심 부적응 도식과 관련하여 굴복, 회피 또는 과잉 보상을 통해 이루어질 수 있다. 정서중심치료에서 이것은 코치, 비판자 또는 감시자로 행동하는 자신의 부분에 의해 핵심 정서적 경험과 욕구에 대한 '차단'으로 개념화된다.

SPEAKS 양식 지도 개념화

SPEAKS 치료 모델은 특이한 신경성 식욕부진증 양식 지도를 통해 자아 다중성의 핵심 원리를 포착한다(Talbot et al., 2015). 일반적인 신경성 식욕부진증 양식에는 다음이 포함된다. 신경성 식욕부진증에서 정서적 자아 또는 취약한 아동은 종종 부분적으로 해리되고 때로는 비언어적이다. 이는 일반적으로 비판적 양식(종종 요구적이고 비판적인 특성을 가짐)에 의해 침묵하거나 비난받거나 핵심적인 섭식장애 심리도식 대처 양식 중 일부[예를 들어, 행동적으로(완벽주의 등) 또는 인지적으로(걱정, 반추, 강박관념 등) 엄격한 통제를 유지하는 '과잉 통제자', 피상적인 수준에서 감정을 무감각하게 하거나 짓누르는 '분리된 보호자', 드러난 감정을 다른 것으로 바꾸는(폭식 및 구토, 약물, 알코올 또는 기타 지속적 활동 사용 등) '분리된 자기 위안자' 등]를 통해 '관리'된다. 신경성 식욕부진증의 이질성은 다양한 심리도식 양식과 관련성이 있을 수 있으며, 이는 명명되고 개념화에 통합될 것이다. 실제로, 정서중심치료에서 자아의 부분들은 정서적 과정에서 내담자를 안내하고 따라가는 것을 통해 나타나며, 개인에게 특이하다. SPEAKS 모델에서 우리는 공통적인 '부분들' 또는 나타날 양식이 있음을 인식한다.

건강한 성인이 미발달되고 통합되지 않았지만, SPEAKS 변화 모델의 절대적인 핵심으로 간주되며, 처음부터 이름이 붙여지고 함께 작업하게 된다. 이 작업방식의 핵심 전제는 감정에 대한 차단을 제거하고 정서적 경험과 접촉하는 과정을 통해 핵심 고통에 접근하는 것이 개인의 후속적인 자기 재구성으로 이어진다는 것이다. 관현악단 지휘자(건강한 성인)가 주체가 되는 이 새로운 정서적 내용을 통해 점진적으로 '받아들이는' 법을 배우고 안내하는 자아의식이 생겨난다.

신경성 식욕부진증의 사람들은 종종 자신을 표현하는 데 문제가 있거나, 상상력이 부족한 것으로 생각된다. 따라서 SPEAKS는 양식 지도 내에서 이러한 부분들에 대한 내담자의 주의와 이해를 적극적으로 유도하려고 한다. 또한 SPEAKS는 내담자 자신의 '상향식' 탐색 및 자아 개념화를 장려하려고 한다. 이러한 이유로, 장난감은 자신의 지도를 '구성'할 수 있도록 사용된다. 장난감은 내담자가 선택하고 치료자와 함께 탐색한다. 치료자는 장난감의 특성과 재질에 대해 질문하고 의견을 제시하여 내담자가 자신의 부분과 관련된 속성에 대한 이해를 심화시키고 선택한 방식으로 함께 구성하도록 요청한다.

[그림 18-1]은 장난감을 사용하여 구성한 양식 지도의 예이다. 경험하는 자아/취약한 아동은 충격에 깨지지 않고, 앉거나 서 있을 수 없는 작은 고무 장난감이다. 비판적 자아는 입을 벌리고 있는 용으로 끊임없이 비판적으로 취약한 아동 위쪽에 서 있도록 내담자에 의해서 배치되었다. 다른 사람의 욕구에 복종하는 사슴과 같은 눈을 가진 강아지 형태의 '순응적 굴복자' 대처양식과 주먹을 꽉 쥐고 감정을 억누를 수 있는 '분리된 보호자'인 원숭이가 있다. 분리된 자기 위안자는 장난스러워 보여서 매혹적이지만, 감정을 산만하게 하고 차단하는 도움 되지 않는 행동 방식을 촉진한다. 마지막으로, 건강한 성인으로 선택된 인물은 강인함, 주체성, 주장적인 분노를 나타내지만, 현재 내담자가 사용할 수 없는 거리와 손이 닿지 않는 거리에 있다고 느끼기 때문에 가능한 한 멀리 배치했다.

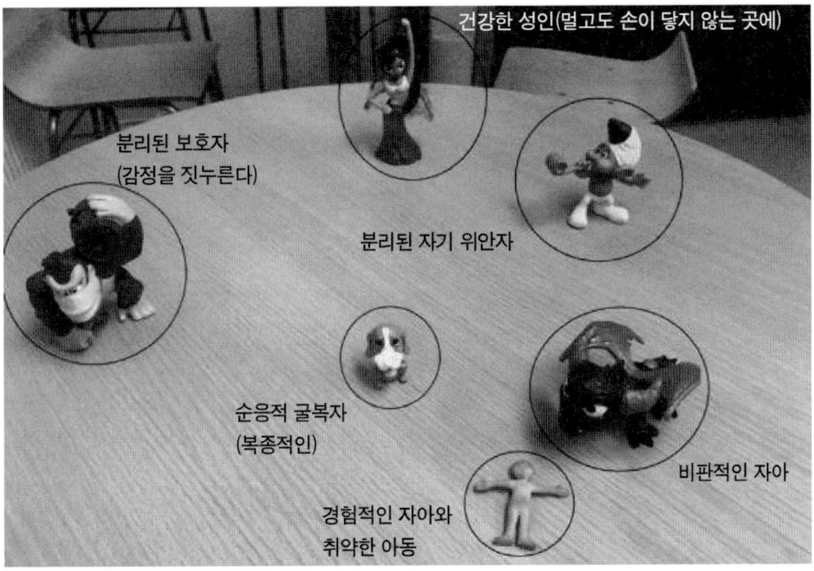

[그림 18-1] 양식 지도

*양식을 설명하기 위해 내담자가 선택한 장난감을 사용하여 표시됨.

건강한 성인을 구축하기 위한 변화의 기제

SPEAKS 치료 접근법은 치료자를 위한 '지침서'에 제시된 5개의 단계로 나누어진 과정 기반 모델이다. 각 단계는 치료 단계 목표와 가정된 변화 기제(즉, 그 목표가 달성될 수 있는 변화 과정)의 관점에서 설명된다. 변화의 기제를 촉진하기 위해 설계된 치료적 '과제'가 있으며, 각각은 관련성을 강조하기 위해 회기 '표시'와 연결되어 있다. 임상 지표는 단계의 완전한 완료 여부를 치료자에게 대략 설명하지만, 내담자가 단계를 통해 앞뒤로 이동할 수 있음을 인식한다. 안내 지침서 접근 방식은 치료자가 가져온 임상 기술과 경험을 존중하고, 개별 내담자와 함께 내용에 접근하는 방식에 유연성을 제공하는 동시에 내부에서 작동하기 위한 개념화 및 일관된 변화 과정 측면에서 명확한 중심 틀을 제공한다.

접근법의 핵심은 안전하고 검증된 치료 관계 내에서 감정에 접근하고 활성화하며, 궁극적으로 적응적 감정과의 연결을 통해 이를 변형시키고 건강한 성인을 구축하고 강화할 필요가 있다. 간단히 말해서, ① 구역을 설정하여 핵심 취약성/감정에 대한 표현과 처리를 쉽게 하고, ② 이 정서적 내용을 새로운 자기 재조직으로 통합하여 핵심 자아감(건강한 성인)을 생성함으로써 달성된다. [그림 18-2]는 SPEAKS가 가정한 변화 과정을 보여 준다.

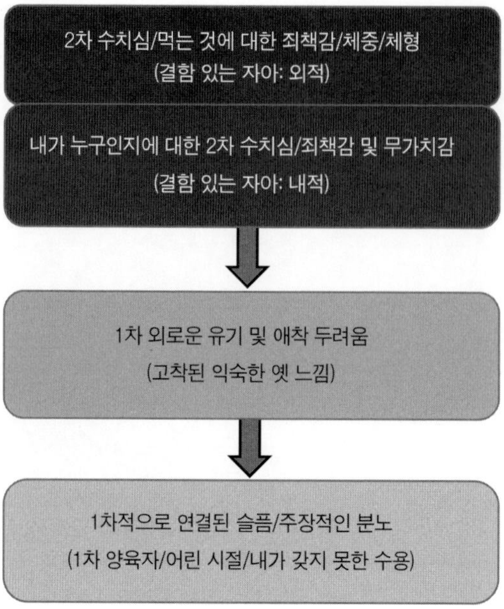

[그림 18-2] SPEAKS가 가정한 정서 변화 과정

다음에 젬마(Jemma)라는 내담자를 위한 SPEAKS의 전체 과정을 설명한다.[3] 각 단계에는 하나 또는 두 개의 관련 과제만 설명되지만, 전반적인 개입에는 하나의 변화 기제를 목표로 하는 여러 작업 및 또는 정서적 경험의 심화와 욕구에 대한 연결과 함께 동일한 작업의 반복이 포함된다. SPEAKS 이론 모델은 증거를 기반으로 하고 있으며(Oldershaw et al., 2019), 설명된 예비 임상 번역서는 타당성 시험을 통해 경험적으로 확인하고 있다.

1단계

SPEAKS의 초기 단계는 두려운 감정이 안전하게 나타날 수 있는 치료적 관계를 구축하는 데 중점을 둔다. 그것은 잠정적으로 사람이 먹는 것, 체중 및 체형에서 벗어난 이야기를 핵심 문제로 만들고 더 넓은 맥락과 관련된 감정을 고려하도록 돕는다. 치료자는 처음부터 '따라가기'(내담자의 정서적인 과정을 밝히기 위해 고통을 따르는 것)와 '안내하기'(내담자가 '가리키는' 말하지 않은 감정들을 향해 안내함으로써 감정 접촉을 심화시키는 것)의 실천을 보여 준다. 설명

3) 제시된 자료는 내담자의 비밀 유지를 보호하기 위해 작성되었으며 회기 예는 여러 내담자와의 치료 대화의 합성물이다.

한 바와 같이, SPEAKS의 핵심 목표는 '고통을 따라' 정서적 세계와의 연결을 구축하고 이러한 이해를 심화시키는 것이다(Pos & Greenberg, 2007).

치료자는 감정과 자아의 부분들이 나타날 때 지속적으로 귀를 기울인다. 신체 이미지와 음식에 대해 죄책감과 수치심을 유발하는 섭식장애 목소리와 같은 비판적 목소리의 형태는 일찍 나타난다. 다른 부분들은 대처양식이 포함될 수 있다. 즉, 분리된 보호자 또는 순응적 양식은 핵심 취약한 감정에 접근을 차단한다. 이것들은 이름을 붙이고 개념화할 수 있다. 불안 분열은 일반적이며, 불안(2차 정서 과정으로서)이 다른 형태의 정서적 과정을 차단한다. 신경성 식욕부진증이 있는 경우, 종종 동기 부여의 분열을 보게 되는데, 자신의 부분을 변화하기를 원하지만, 다른 부분들은 그렇지 않거나 너무 두려워하고, 이러한 부분들은 서로를 상쇄시켜 매우 갇혀 있다고 느끼게 된다. 점진적으로 탐색과 공감적 반응을 통해 내담자 자신의 이러한 부분들이 나타날 때 그 부분들에 주의를 끌도록 하여 이러한 부분들을 지도화하도록 돕는다. 그런 다음, 양식 지도와 의자를 사용하여 이러한 부분/양식을 나타내거나, 내담자가 장난감을 선택하고 배열하도록 요청하여 이를 '설명'할 수 있다([그림 18-1]의 젬마 양식 지도 참조). 치료자는 내담자의 감정에 공감과 이해로 반응하여 그들의 새로운 이야기로 다시 연결한다. 이것은 관계와 신뢰 구축에 필수적이며, 특히 내담자 집단에 만연한 높은 수치심을 고려할 때 더욱 그렇다. 인정하고, 강하게 공감하는 관계는 남은 치료의 토대를 마련하는 '교정적 정서 경험'의 시작을 제공한다.

2단계

젬마는 치료가 시작되자 불안했고 자신이 먹고 있는 음식의 양에 대한 죄책감에 시달렸다. 섭식장애 비판은 그녀가 뚱뚱하고 게으르며 먹을 자격도 없고 나을 자격도 없다고 말했다. 그녀는 다른 사람들(엄마와 여동생)의 욕구를 먼저 생각해야 하고(순응적 굴복자) 그녀(또는 그녀의 감정)를 위한 여지가 없다고 말했다. 한 회기에서 젬마는 자신의 새로운 식사 계획을 따르려고 했을 때 무슨 일이 일어났는지 설명했고, 섭식장애 부분은 매우 활동적이고 생생해졌다. 치료자는 먼저 의자를 사용하여 속도를 늦추고 자아의 이러한 부분들 사이의 관계에 대한 메타 인식을 높였다. 젬마에게 의자를 사용하여 자아의 이 섭식장애 부분을 구별하고 대화를 시작하여 정서적 영향을 탐색할 수 있도록 요청했다. 젬마가 다시 '경험하는' 의자(이러한 감정을 받아들이는 쪽에 있는 부분, 공동으로 '어린 자아'라고 함)로 전환했을 때, 처음에 섭식장애의 목소리와 그것이 그녀에게 말했던 비판적인 것들에 동의했다. 젬마는 이러한 비판적인 말을 들었을 때의 감정적인 영향에 주의를 기울임으로써 자신이 겪은 죄책감과 수치심 그리고 이것이 어떻게 변화를 일으키지 못하게 했는지에 대해 더 충분히 설명하기 시작했다. 이러한 초기 감정과의 연결은 쉽거나 간단한 작업이 아니었다. 앞에서 설명한 바와 같이, 이 내담자 집단은 정서적 경험에 연결하는 것이 특히 어렵고, 압도적이며 위협적이며, 따라서 정서적 경험에서 '과도하게 규제'된다. 치료자는 정서적 경험과의 연결을 지지하고 내담자가 작업을 지연시킬 수 있는 '인지적' 또는 머리로만의 경험 수준(대처양식으로의 전환을 나타냄)을 피하는 것이 중요하다. 이 경우 치료자는 공감적으로 인정하고 젬마가 신체적으로 느끼는 수치심과 죄책감의 경험을 탐색하여 정서적 경험을 심화시키도록 부드럽게 도왔다(제1부 제3장 참조). 치료자는 음식, 식사 및 체중에 대한 이러한 죄책감과 수치심이 젬마에게는 매우 현실적이며 인정이 필요하다는 것을 이해했지만, 젬마가 섭식장애와 다른 대처양식을 통해 자신을 보호하고 있다고 믿었던 더 깊은 핵심 고통에 부수적이었다.

3단계

3단계는 내담자가 2차 정서와 섭식장애 초점을 넘어 더 깊은 1차 정서로 분화하기 시작할 때 시작된다. 처음에 이러한 정서들은 일반적으로 핵심 심리도식 및 관계 패턴(예: 수치심, 죄책감, 자신의 무가치함, 외로운 유기; [그림 18-2] 참조)과 연결된 오래된 감정을 반영한다. 설명된 바와 같이, SPEAKS 용어로 이러한 1차 정서적 경험 및 관련 욕구와의 연결을 통해 건강한 성인이 나타나 행동 및 관계 경험의 변화를 촉진할 수 있다.

점진적으로, 자아의 섭식장애 부분과 작업을 통해 젬마는 더 많은 비판을 드러내기 시작했는데, 자신이 다른 사람들에게 전혀 충분하지 않으며, 항상 다른 사람들을 실망시키고, 아무것도 성취하지 못할 것이라고 말했다. 치료자는 이것을 그녀의 어린 자아의 정서적 경험이 깊어지고 핵심 심리도식을 반영하는, 보다 1차 정서적 경험에 접근하기 시작했다는 신호로 보았다. 이 경우, 그것은 무가치감, 가족 내에서 가치 없거나 받아들여지지 않는 느낌과 관련된 감정을 의미했다. 이것은 젬마에게는 꽤 미묘했고 엄마와 언니와는 다른 느낌이었지만, 그들에게 진정으로 받아들여지기를 간절히 바라는 마음과 같았다. 다시 말하자면, 치료자는 이 비판적인 부분에 의해 유발되는 정서적 경험을 탐색하기 위해 두 개의 의자 작업을 사용했다. 젬마가 경험하는 의자에 앉았을 때, 어린 자아는 외롭고 버림받은 느낌과 거부당할지도 모른다는 두려움을 표출하기 시작했다. 이 단계에서 다른 사람들의 욕구를 우선시하고 다른 사람들을 잃을까 두려워서 자신의 감정을 억제하는 순응적 굴복자라는 또 다른 측면이 나타났다. 이것은 감정을 허용하고 심화시키고 '건강한' 정서 과정에 접근하는 데 방해가 되는 것으로 이해되었으며, 이러한 오래된 고착된 감정 및 대인 관계 패턴을 변화시키는 데 도움이 될 수 있다. 치료자는 다시 의자를 사용했는데, 이번에는 순응적 굴복자가 정서적 욕구를 차단하면서 젬마에게 "너는 항상 다른 사람들이 원하는 대로 해야 해. 그렇지 않으면 그들은 너를 사랑하지 않을 거야!"라고 말했다. 점진적으로, 목소리가 거의 없고 정서적 세계가 제대로 발달하지 않은 취약한 아동으로서의 자신(어린 자아)의 경험 부분을 이해하기 시작했다. 치료자는 이 시점에서 취약한 자아의 발달적 나이에 맞춰 재양육하고, 공감하고, 진정시키는 어조로 반응했다. 치료자는 민감하고 비침습적인 방식으로 자아의 이 측면과 연결하려는 의지를 보여 유기 및 애착 공포를 깊이 느끼고 표현할 수 있게 했다.

외롭고 버림받은 느낌을 더욱 심화시키기 위해 젬마는 취약한 아동 의자에 앉아 있는 동안, 눈을 감고 부드러운 탐침으로 그녀의 몸을 통해 이러한 감정들의 경험을 자세히 설명하도록 부드럽게 안내되었다. "당신의 신체 어디에서 그 외로움을 느끼나요?" "그것이 어떻게 생겼나요?" 그러고 나서 "당신은 그 감정을 크게 만들 수 있나요? 힘들다는 건 알지만……. 외로움과 슬픔이 몸에 가득 차게 할 수 있나요?" '플로트 백' 기법(제1부 제2장 참조)은 젬마가 현재 생각을 '놓아 버리도록' 지원하고 그녀가 비슷한 정서적 '정취'를 가진 어린 시절의 기억이 문득 떠오를 때까지 그녀의 마음이 배회하도록 하는 데 사용되었다. 젬마는 부모님이 마을 중심가에서 공격적으로 언쟁하는 것을 지켜보며 길가에 남겨진 기억을 생생하고 강렬한 감정으로 묘사했다. 이전에는 이 사건에 대해 수치심만을 표현했지만, 이제는 언쟁에 이어 자신의 어머니를 진정시키고 위로해야 하는 것과 관련된 유기와 절망의 감정이 나타났다. 깊은 절망과 상실감, 아무도 그녀를 위해 있지 않았고, 아무도 그녀의 욕구를 볼 수 없었다고 설명했다. 치료자는 부드럽게 이미지에 '들어갈' 수 있도록 허락을 구했고(젬마가 편안하게 느끼는 회기의 공통적인 작업방식), 젬마와 어머니 사이의 이미지 속에 치료자에게 서 달라고 부탁했다. 이러한 유형의 관계적 외상의 경우처럼, 이미지 속의 아이에게 그 순간에 무엇이 필요했는지를 묻는 것은 무리일 수 있다. 물론, 그 당시에 의존했던 부모-자녀 관계에 너무 도전적으로 느껴질 수 있다. 오히려, 내담자의 욕구를 심상에서 충족시키는 것이 관건이다. 이 경우 젬마의 안내와 치료자의 제안으로 치료자에 의해 그 상황에서 벗어나, 자주 귀를 기울이고 안전하고 돌봄을 받는다고 느끼는 이모의 집으로 데려갔다.

이후 보고 회기에서 젬마는 이 작업이 수치심 아래에 있는 감정/고통(쓸쓸함, 절망, 유기,

슬픔)과 접촉하고, 이를 충족되지 않은 욕구(양육보다는 양육된 것과 관련된 모든 것)와 연결하고, 이 핵심 고통이 인정, 친절, 위안으로 반응할 수 있다는 것을 알게 하는 데 중추적인 역할을 한다고 밝혔다. 그러므로 플로트 백으로부터, 외롭고 유기된 취약한 아동은 엄마와 그녀의 개별화, 정서적 인정 및 돌봄에 대해 충족되지 않은 욕구와 관련하여 가장 강하게 느껴졌다는 것이 분명했다. 치료자는 젬마가 이러한 연결고리를 이해하도록 도우려고 노력한 다음, 이 핵심 고통과 더 연결하고 변화시키기 위해 빈 의자 작업을 사용할 것을 부드럽게 제안했다. 그녀 앞의 의자에 앉아 있는 엄마를 상상하고 자신이 느끼는 연결과 수용의 부족을 묘사하는 경험을 통해 젬마는 그것이 시작된 엄마와 관계의 맥락에서 수치심과 유기를 경험할 수 있었다. 일단 감정이 활성화되면, 그녀가 엄마에게 필요했던 것을 말하도록 격려했다. 빈 의자에서 상상하는 내사된 어머니에 대한 수용, 보호, 그리고 무조건적인 사랑의 욕구 표현은 즉시 슬픔의 감정을 촉발시켰다. 갈망했지만, 결코 갖지 못했던 어린 시절과 모성에 대한 깊은 상실감. 그녀는 이 관계에 대한 깊은 갈망을 인식하고 처리하기 시작했다. 그때 어머니의 역할을 함으로써 그녀의 놀라는 반응과 분개, 최선을 다했다고 반박하는 그녀의 반응을 탐색했다. 젬마는 자신이 아이였고 더 많은 것을 받을 자격이 있었다는 주장적 분노로 어머니에게 더 응답할 수 있었고, 따라서 이 핵심 발달 관계의 맥락에서 건강한 성인의 시작을 나타낸다.

4단계

4단계에서 내담자는 핵심 고통에 도달했고, 이를 변화시키기 위해 노력했다. 그들은 이제 변화된 정서적 경험을 보다 탄력적이고 통합된 자아 감각을 반영하는 대안적인 개인 내 또는 개인 간 관계 반응 방식, 즉 건강한 성인이 지시하는 방식으로 연결하기 시작했다(Pos & Greenberg, 2007). 이것은 그들 자신의 욕구에 대한 표현이나 건강한 주장과 같은 관계 경계 설정을 포함할 수 있다. 자기 자비의 내적 경험은 종종 여기에 나타난다. 이전에 젬마는 연민을 받을 자격이 있다고 느끼지 않았고, 자신의 감정과 욕구는 들을 가치가 없다고 생각했었다. 그녀의 핵심 고통과 충족되지 않은 욕구에 연결되는 과정을 통해, 그녀가 연민을 받을 자격이 있을지도 모른다 생각하기 시작했다. 그것이 더 일찍 자연스럽게 발생하지 않는 한, 자기 연민은 다른 치료법보다 SPEAKS의 치료 과정에서 나중에 직접적으로 다루어진다. 순응적 굴복자 및 분리된 보호자의 강력한 대처양식을 보여 주는 이 특정 내담자 집단의 경우,

진정으로 자신이 연민을 받을 자격이 있다고 믿고 '느끼기' 시작하기 전에 자기 연민에 대한 이러한 차단을 적어도 부분적으로 극복해야 한다. 일단 자신의 취약한 아동의 핵심 고통에 대한 감각 느낌에 접근하면, 비록 그것을 더 완전하게 혹은 더 일반적인 용어로 자신에게 보여 줄 준비가 되지 않았더라도, 그 고통에 대한 연민을 보이기 시작할 수 있다. 또한 자기 연민은 건강한 성인으로부터 지시되므로 연민이 '감각 느낌'으로 연결되는 방식으로 진정하게 표현되기 위해서는 자아의 이 부분이 나타나야 한다. 이러한 명시적이고 연결된 자기 인정은 건강한 성인을 더욱 강화하고 자아, 관계 및 세계를 탐색하는 새로운 방법의 기반을 공고히 한다. 이 경우에 자기 연민 작업은 3단계에서 설명한 부모와 함께 빈 의자 작업에 통합되었다. 작업이 두 번 이상 완료되었다. 감정이 활성화되자마자 두 의자 작업으로 슬픔에 빠진 아이를 위로하기 위해 자비로운 건강한 성인이 도입되었다. 이러한 자기 위안과 연민의 경험은 그것이 인정되고 마땅하다고 느꼈기 때문에 그녀의 정서적 욕구와의 관계를 심화시켰으며, 이것은 건강한 성인에 더 많은 목소리를 주었고, 따라서 강화되었다.

5단계

치료가 끝날 무렵(시작부터 약 9개월) 젬마는 새로운 남자친구와 안정된 관계를 맺고 있었다. 그녀는 출퇴근 시간을 줄이기 위해 새로운 직업을 모색했다. 오랫동안 원했지만, 관리자가 어떻게 생각할지 모른다는 두려움으로 말하지 않았다. 그녀는 '의무'에서 나온 불안한 연민이 아니라, 엄마에 대한 진정한 연민을 보여 줄 수 있었다고 말했는데, 이것이 그녀가 이전의 감정을 성찰하는 방법이다. 이러한 균형 잡힌 시각은 그녀가 한 걸음 물러서서 그 관계에 대한 자신의 욕구와 경계를 구축할 수 있음을 의미했다.

SPEAKS 치료의 이 마지막 단계는 치료적 관계의 종결에 초점을 맞춘다. 치료자와 내담자 모두 이것이 가져오는 감정, 좋은 연결을 통해 얻은 것, 그리고 종결에 가까워질 때의 슬픔과 상실감을 이야기한다. 이별에 대한 불안감에 직면하면서 이 단계에서 옛 대처 방식이 다시 표면화되는 것이 일반적이다. 이것은 정상적으로 그 밑에 있는 정서적인 고통을 이야기하고 인정하고 연민을 갖게 된다. 때로는 종결이 빨라지거나 연장되기도 하고 때로는 내담자들이 '추가' 작업을 위해 돌아오기도 한다. 우리는 또한 이행 대상이나 함께 보낸 시간을 상기시키는 것을 제공할 수도 있다. 모든 관계가 다르므로 모든 종결은 유연성, 사고력 및 주의를 기울여 개별적으로 관리되어야 한다. 핵심 작업은 치료자가 내담자에게, 또한 내담자가 치료자에게 편지 쓰기이다. 이러한 내용은 회기에서 서로 읽고 두 가지 관점에서 과정의 요약을 제공한다. 치료자의 관점에서 보면, 그것은 임상적인 편지가 아니라, 한 인간에서 다른 인간으로 그들이 자신의 내담자와 연결할 수 있는 최상의 방법의 하나다. 그들은 자신의 정서적 과정을 되돌아보고, 이제는 내담자를 볼 수 없다는 슬픔 그리고/또는 이 시간을 가졌다는 기쁨과 그 과정과 변화를 목격했다는 등과 같은 종결에 대한 반응으로 자신만의 건강하고 진정한 1차 감정을 표현하도록 촉구된다.

결론

결론적으로, SPEAKS는 정서중심치료와 심리도식치료의 기법을 바탕으로 한 통합 과정 기반 모델이다. 정서중심치료의 통합은 SPEAKS가 정서에 중점을 두고 정서의 층을 2차적인 것에서 1차적인 것으로 구분하여 핵심 고통에 접근할 수 있게 한다. 대처양식은 각 사례의 개념화와 개인의 대처 패턴에 대한 이해를 증가시킨다. 대처양식은 주로 정서적 경험에 대한 '차단'으로 간주되며, 이해할 수 있는 이유로 발달하지만 궁극적으로 핵심 고통을 해결할 기회를 거부한다. SPEAKS는 내담자의 핵심 고통이 느껴지고 궁극적으로 자신의 건강한 성인이 돌볼 수 있도록 이러한 대처양식을 협력적으로 이해하고 점진적으로 완화하려고 한다. SPEAKS는 건강한 성인을 별개의 양식으로 간주하지 않고, 치료 중에 나타나는 심리적으로 건강한 핵심 자아의 감각으로 간주하며, 이는 실행 중인 다른 모든 양식을 듣고 이해하도록 작동한다. 실제로, 핵심 전제는 핵심 고통에 접근하는 것이 개인의 후속적인 자기 재조직화로 이어져, 새로운 자아 감각이 좋은 정서적 정보와 건강한 관련 욕구를 '받아들이고', 인도되고, 행동할 수 있다는 것이다.

치료자 조언

1. 정서중심치료와 심리도식치료 모두에서 도출된 SPEAKS의 핵심은 치료자가 '고통을 따라가야 한다.'는 것이다. 이것은 정서적인 경험을 면밀히 따르고, 핵심 고통으로 인도하는 것을 의미한다. 회기의 초점을 보고 기다릴 때 이것을 명심하는 것이 도움이 된다. 또한 정서적으로 가장 두드러진 작업에 착수하도록 노력하라.

2. 의자 작업에서는 과정과 감정에 집중하고 이야기 내용에 지나치게 얽매이지 말라.
3. 일반적으로, 감정과 진행을 차단하는 요소를 인식하라. 여기에는 내담자의 핵심 고통을 따라가기 위해 고군분투할 때 정서적 경험, 심리도식 및 양식과 관련된 치료자 자신의 차단이 포함될 수 있음을 고려하라.
4. 이 작업은 '용감한' 요소가 있어야 하며, 때로는 직관적인 추측을 하거나 치료자가 경험한 감정을 사용하여 내담자가 느낄 수 있는 것을 제안한다. 강력한 치료 관계의 맥락에서 의문과 잠정적인 방식으로 수행된 내담자들은 이것이 도움이 된다고 보고한다. 치료자가 틀리더라도 내담자가 실제 감정을 확인하고 '착지'하는 것을 기억하고 치료자와 내담자가 자신의 핵심 욕구를 경청하고 감지하는 법을 배우면서 연결감을 형성하는 데 도움이 될 수 있다.

참고문헌

Aldao, A., Nolen-Hoeksema, S., & Schweizer, S. (2010). Emotion-regulation strategies across psychopathology: A meta-analytic review. *Clinical Psychology Review, 30,* 217-237.

American Psychological Association (APA). (2013). *Diagnostic and Statistical Manual of Mental Disorders.* Washington, DC: APA.

Angus, L. E., & Greenberg, L. S. (2011). *Working with Narrative in Emotion-Focused Therapy: Changing Stories, Healing Lives.* Washington, DC: American Psychological Association.

Elliott, R., Watson, J. C., Goldman, R. N., & Greenberg, L. S. (2004). *Learning Emotion Focused Therapy: The Process-Experiential Approach to Change.* Washington, DC: American Psychological Association.

Freeman, D., Dunn, G., Startup, H., Pugh, K., Cordwell, J., Mander, H. ⋯ Kingdon, D. (2015). Effects of cognitive behaviour therapy for worry on persecutory delusions in patients with psychosis (WIT): A parallel, single-blind, randomised controlled trial with a mediation analysis. *The Lancet Psychiatry, 2*(4), 305-313.

Herzog, D. B., Keller, M. B., Sacks, N. R., Yeh, C. J., & Lavori, P. W. (1992). Psychiatric comorbidity in treatment-seeking anorexics and bulimics. *Journal of the American Academy of Child & Adolescent Psychiatry, 31*(5), 810-818.

Lavender, A., & Startup, H. (2018). Personality disorders. In S. Moorey & A. Lavender (Eds), *The Therapeutic Relationship in Cognitive Behavioural Therapy.* London: SAGE.

Micali, N., Hagberg, K. W., Petersen, I., & Treasure, J. L. (2013). The incidence of eating disorders in the UK in 2000-2009: Findings from the General Practice Research Database. *British Medical Journal Open*, 3, e002646.

Miller, A. E., Racine, S. E., & Klonsky, E. D. (2019). Symptoms of anorexia nervosa and bulimia nervosa have differential relationships to borderline personality disorder symptoms. *Eating Disorders*, 1-14.

National Institute for Health, and Care Excellence [NICE]. (2017). *Eating Disorders: Recognition and Treatment: NICE Guideline [NG69]*. London: National Institute for Health and Care Excellence.

Oldershaw, A., Lavender, T., Sallis, H., Stahl, D., & Schmidt, U. (2015). Emotion generation and regulation in anorexia nervosa: A systematic review and metaanalysis of self-report data. *Clinical Psychology Review, 39,* 83-95.

Oldershaw, A., Lavender, T., & Schmidt, U. (2018). Are socio-emotional and neurocognitive functioning predictors of therapeutic outcomes for adults with anorexia nervosa? *European Eating Disorders Review, 26*, 346-359.

Oldershaw, A.V., Startup, H., & Lavender, T. (2019). Anorexia nervosa and a lost emotional self: A clinical conceptualisation of the development, maintenance and psychological treatment of anorexia nervosa. *Frontiers in Psychology, 10*, 219.

Pos, A. E., & Greenberg, L. S. (2007). Emotion-focused therapy: The transforming power of affect. *Journal of Contemporary Psychotherapy, 37*(1), 25-31.

Pugh, M. (2020). *Cognitive Behavioural Chairwork.* Abingdon: Routledge.

Sala, M., Heard, A., & Black, E. A. (2016). Emotion-focused treatments for anorexia nervosa: A systematic review of the literature. *Eating and Weight Disorders, 21,* 147-164.

Smink, F. R., van Hoeken, D., & Hoek, H. W. (2013). Epidemiology, course, and outcome of eating disorders. *Current Opinion in Psychiatry, 26*, 543-548.

Startup, H., Lavender, A., Oldershaw, A., Stott, R., Tchanturia, K., Treasure, J., & Schmidt, U. (2013). Worry and rumination in anorexia nervosa. *Behavioural and Cognitive Psychotherapy, 41*(3), 301-316.

Startup, H., Mountford, V., Lavender, A., & Schmidt, U. (2015). Cognitive behavioural case formulation in complex eating disorders. In N. J. Tarrier (Ed.), *Case Formulation in Cognitive Behaviour Therapy: The Treatment of Challenging and Complex Cases.* Hove:

Routledge), 239-264.

Talbot, D., Smith, E., Tomkins, A., Brockman, R., & Simpson, S. (2015). Schema modes in eating disorders compared to a community sample. *Journal of Eating Disorders, 3*(1), 41.

Treasure, J., & Schmidt, U. (2013). The cognitive-interpersonal maintenance model of anorexia nervosa revisited: A summary of the evidence for cognitive, socioemotional and interpersonal predisposing and perpetuating factors. *Journal of Eating Disorders, 1*(1), 13.

Watson, H. J., & Bulik, C. M. (2013). Update on the treatment of anorexia nervosa: Review of clinical trials, practice guidelines and emerging interventions. *Psychological Medicine, 43*, 2477-2500.

SPEAKS 개입 개발 및 타당성 시험은 영국 국립보건연구 및 보건교육연구소(Mational Institute for Health Research and Health Education England)가 지원하는 AO(ICA-CL-2015-01-005)에 수여된 통합 임상 학술 펠로우십-임상 강의(Integrated Chinical Academic Fellowship-Clinical Lectureship)에서 비롯되는 독립적인 연구이다. 이 출판물에 표현된 견해는 저자들의 견해이며 반드시 NHS, 국립보건연구소, 영국보건교육청 또는 보건부의 견해일 필요는 없다.

제19장

단기 작업

-심리도식 정보에 입각한 인지행동치료-

- Stirling Moorey[1], Suzanne Byrne[2]과 Florian Ruths[3]

이 장의 개요

이 장은 주로 치료 효과를 향상하기 위해 심리도식치료 아이디어와 기법을 작업에 통합하고자 하는 인지행동 치료자를 대상으로 한다. 먼저, '양식 대화'를 사용하는 의자 작업과 같은 심리도식치료 방법이 표준 인지행동치료의 장애물을 극복하는 데 도움이 될 수 있는 몇 가지 방법을 탐색한다. 그런 다음, 충족되지 않은 정서적 욕구를 이해하는 것이 어떻게 만성 및 치료 저항적 사례의 개념화를 풍부하게 하고 치료를 안내할 수 있는지 고려한다. 심리도식 정보에 입각한 개념화는 치료자가 인지행동치료 틀 내에서 심상 재구성하기, 제한된 재양육 및 공감적 직면을 도입할 수 있게 한다. 이 접근법은 우울증 내담자 치료 사례를 통해 설명된다. 장의 마지막 절에서는 단기 개입을 위한 빠른 서비스에서 심리도식치료 아이디어를 적용하는 실용성에 대해 논의한다.

---

1) 사우스런던(South London)과 모즐리 NHS 트러스트(Maudsley NHS Trust)의 CBT 컨설턴트 정신건강의학과 의사이자 정신의학, 심리학 및 신경과학연구소(Institute of Psychiatry, Psychology and Neuroscience)의 객원 선임 강사이며, 이전에는 SLaM 심리치료 책임자였다. 그는 Barts and Maudsley 병원에서 심리치료 부서의 임상 책임자였으며 우울증과 불안의 복합 증상을 치료한 광범위한 경험을 가지고 있다. 그는 CBT에서 IoPPN 대학원 학위과정의 공동 창립자이며 CBT에서 많은 전문 그룹을 교육하고 슈퍼비전하는 데 30년의 경험을 가지고 있다. 그는 또한 인지분석치료, 심리도식치료 및 MBCT에서 훈련을 받았다. 그는 정기적으로 동맹 파탄과 슈퍼비전 관계에 대해 강의한다.

2) 런던의 킹스 칼리지에서 IoPPN의 CBT(IAPT 프로그램) 박사후 과정의 협동 과정 책임자이다. 그녀는 CBT 훈련을 성공적으로 제공하고 불안장애 및 우울증에 대한 복합 증상을 다루는 광범위한 경험을 가지고 있다. 그녀는 심리도식치료 훈련을 받았으며 NHS의 시간 제한된 환경에서 심리도식치료 정보에 의거한 치료를 사용하는 데 관심이 있다.

3) 런던의 Maudsley 병원 컨설턴트 정신건강의학과 의사이다. 그는 CBT의 트레이너이자 슈퍼바이저이다. Florian은 2014년부터 Maudsley 심리도식치료 서비스를 공동으로 이끌고 있다. 그는 영국 사이트의 EUPD(주 연구자 A. Arntz, Amsterdam) 집단 심리도식치료의 국제다중센터 무작위 통제 실험의 선임 연구원이었다. Maudsley 마음챙김 서비스의 선두 주자인 그녀는 15년 동안 Stirling Moorey와 함께 만성 우울증 및 불안장애 내담자를 위해 마음챙김 기반 인지치료(MBCT) 그룹을 제공했다.

인지행동치료와 심리도식치료에서 도식

도식은 Beck이 우울증에 대한 인지 모델을 처음 개념화한 이래로 인지행동치료 이론의 중심 요소였다(Beck, 1963, 1964). Beck의 모델에서 도식은 "영향을 미치는 자극을 선별, 부호화 및 평가"를 위해 세상을 이해하기 위한 가설적 구조이다(Beck, 1964, p. 562). 도식은 종종 규칙이나 신념으로 요약된다(예: 내가 실수를 하면 나는 쓸모없다, 나는 항상 사랑받아야 한다). 이러한 규칙들이 융통성 없고 지나치게 일반화된 방식으로 적용될 때, 심리적 어려움을 겪기 쉽다. Jeffrey Young은 Beck과 함께 작업했지만, 부분적으로 신념에 대한 강한 강조가 그가 치료하고 있던 내담자의 정서적 복합성을 정확하게 평가하지 못하는 것처럼 보였기 때문에 성격장애에 대한 인지치료의 적용 가능성에 의문을 품게 되었다. 그의 초기부적응도식(EMS)은 Beck의 도식과 여러 면에서 다르다. 첫째, 초기부적응도식으로 이어지는 것에 대한 보다 명확한 발달과 병인학적 설명이 있다. 즉, 근본적인 아동기의 정서적 욕구가 충족되지 않을 때 부적응 도식이 형성된다는 것이다. 예를 들어, 인정 부족과 지속적인 부모의 비판은 결함 도식으로 이어지며, 강제 분리는 애착에 영향을 미치고 유기 도식으로 이어질 수 있다. 둘째, 초기부적응도식은 인지뿐만 아니라 정서, 기억, 신체 감각도 포함하는 것으로 보인다. 이 모든 것은 일반적으로 (심리)도식 활성화와 관련된 높은 수준의 각성을 설명하는 경험의 '범람'으로 '활성화'된다. Young은 초기부적응도식이 전통적인 인지행동치료를 방해할 수 있는 몇 가지를 강조한다(Young et al., 2003, pp. 23-24).

1. 단절 및 거절 영역(예: 유기, 불신/학대)에 심리도식을 가지고 있는 경우 긍정적인 치료 동맹을 구축하기 어려울 수 있다.
2. 손상된 자율성 및 수행 영역(예: 의존성, 융합/미발달된 자아)에 심리도식을 가지고 있는 경우 특정 목표를 식별하기 어려울 수 있다.
3. 타인 지향성 영역(예: 복종, 자기희생)에 심리도식을 가지고 있는 경우 인지 및 정서에 접근하고 이를 말로 표현하는 것이 어려울 수 있다.
4. 손상된 한계 영역(예: 특권의식, 통제 부족)에 심리도식을 가지고 있는 경우 과제를 따르기 어려울 수 있다.

내담자가 자기 신념의 비합리성을 볼 수는 있지만, 자신이 나쁘거나, 사랑스럽지 않거나, 무력하다고 느끼는 것을 막을 수는 없는, 일반적으로 발생하는 머리-마음의 단절을 이 목록에 추가할 수 있다. Young의 모델에서는 이러한 불일치가 전통적인 인지행동치료에서 심리도식의 정서 · 신체 · 기억 구성 요소가 충분히 다루어지지 않기 때문에 발생한다고 주장하였다. 심리도식치료 기법은 인지행동치료에서 교착 상태 또는 동맹 파열으로 이어지는 이러한 문제 중 일부를 처리하는 데 사용될 수 있다.

심리도식치료에서 중요한 발전은 심리도식 양식의 개념이었다. 도입부에서 설명한 바와 같이 심리도식 양식은 주어진 시간에 활성화될 수 있는 다양한 심리도식을 이해하기 위한 구성 용어이다. 정서적으로 불안정한 성격장애가 있는 사람들의 경우, 특정 심리도식은 반복적으로 발생하는 양식, 즉 취약한 아동, 화난 아동, 처벌적인 부모 및 분리된 보호자로 합쳐지는 경향이 있다. 이러한 자아 상태 사이를 전환할 수 있으며, 이는 회기 내에서 치료자에 대한 영향과 행동의 급격한 변화를 설명한다. 성격장애가 있는 사람들은 다른 양식들의 균형을 맞추는 데 필요한 정서 조절과 진정의 내면화를 나타내는 잘 발달된 건강한 성인 양식이 부족하다. 양식 개념화는 B군 성격장애보다 C군 성격장애에 더 잘 작동하는 Beck의 발달 모델의 더 정적인 인지 개념화에 역동적인 이해를 추가한다. 이러한 분리된 자아 상태는 우리가 모두 경험하는 것의 극단적인 형태일 뿐이다. 즉, 우리는 모두 부족하고, 결함이 있으며, 버려지고, 사랑스럽지 못하다고 느끼는 취약한 아동양식을 가지고 있으며, 취약한 자신을 보호하기 위해 과잉 보상하거나 회피하는 대처양식을 사용한다. 이러한 양식을 해결하면 치료의 장애물을 제거하는 데 도움이 될 수 있다.

장기 심리도식치료가 성격장애에 대한 효과를 입증했지만(Jacob & Arntz, 2013 참조), 인지행동치료는 불안장애, 우울증 및 섭식장애에 대한 선택 치료로 남아 있다(NICE, 2004a, b, c, 2005a, b, 2013). 이러한 장애에 대한 순수한 형태의 심리도식치료가 그만큼 효과적이라고 말하기에는 아직 이르다(예: Taylor et al., 2017의 개관 참조). 그러나 표준 치료에 반응하지 않는 경우 심리도식치료의 일부 원리는 인지행동치료 효과를 증가시킬 수 있다.

인지행동치료에서 심리도식치료 원리의 적용

인지행동치료에서의 장애물 극복하기

인지행동치료의 치료 및 협력 구조는 심각한 성격 병리가 없는 내담자의 도식 활성화를 방지하는 데 큰 도움이 된다. 명확한 의제, 목표가 있으며 내담자는 변화 과정에서 적극적인 파트너이다(Moorey, 2014, pp. 128-129). 이것은 잘못된 해석의 가능성을 줄이고 치료가 관계보다는 문제에 집중할 수 있게 한다. 예를 들어, 인지행동치료의 개방적이고 협력적인 입장은 불신/학대 도식을 가진 사람에 대한 신뢰를 강화할 수 있으며, 이런 경우, 정신역동적 해석과 자유 연상에 대한 집중이 의심을 증가시킬 수 있다. 그럼에도 도식은 여전히 촉발되며 인지행동치료에서 사용되는 변화 기술에 대한 저항이 있을 수 있다. 한 가지 일반적인 예는 과제를 따르지 않은 것이다. 불안장애에서는 두려움을 테스트하기 위한 행동 실험에 참여하는 것을 꺼리고, 우울증에서는 행동 활성화 작업을 수행하지 못한다.

인지행동치료가 이러한 동맹 파열을 협상하는 다양한 방법이 있지만(Moorey & Lavender, 2018 참조), 심리도식치료 방법은 이를 넘어 보다 감정적으로 생생한 수준에서 작업할 수 있다. 이를 양식 측면에서 개념화하면, 숙제하지 않는 것은 취약 아동양식(결함, 실패, 위험 또는 의존/무능에 대한 취약성과 같은 도식을 포함하는)을 보호하는 역할을 하는 분리된 보호자 양식에서 비롯된다고 말할 수 있다. 치료자는 의자 작업을 통해 내담자에게 변화가 너무 위험하다고 말하는 측면의 역할을 하도록 요청한다. 그런 다음, 치료자는 분리된 보호자 양식과의 대화에 참여하며, 연민으로 인정하고(이 양식이 취약한 아동을 안전하게 유지하기 위해 최선을 다하고 있음을 인정) 보호자 양식에게 아동이 두려워하는 것이 무엇인지 묻는다. 여기서 가정 중 하나는 취약한 아동이 '듣고 있다'라는 것이다. 대화에서 치료자는 두려움을 없애고 과제를 하는 긍정적인 이유를 강화하기 위해 더 인지적인 대가-이익 분석의 자료를 활용한다. 치료자는 감정적으로 더 격앙된 이 논의를 통해 취약한 아동을 안심시키고 특정 두려움에 맞선다. 사례의 개요는 다음과 같다.

양식 대화의 예: 안나

안나(Anna)는 반복되는 우울증과 대인 관계의 어려움을 호소하는 30대 후반의 여성이었다. 과거에 공황장애와 폭음 관련 사건들이 있었다. 그녀의 어머니는 정서적으로 방임했고 그녀의 아버지가 주 양육자였지만 그녀가 열 살 때 사망했다. 안나는 자기를 친밀한 관계를 '파괴하는' 것으로 묘사했다. 자신의 감정을 억누르고 욕구를 표현하지 않았지만, 이것은 좌절감과 원망으로 이어졌고, 그러고 나서 그녀는 화가 나서 폭발하곤 했다. 그녀에게는 친한 친구가 몇 명 있었지만 어떤 비판도 감당하기 어렵다는 것을 알았다. 그 결과, 그녀는 물러나서 반추하곤 했다. 치료는 활동 일정 계획 및 인지적 재구성과 함께 우울증에 대한 표준 인지행동치료로 구성되었다. 초기 치료에서 주제가 등장함에 따라 치료자는 안나의 장기 보상 전략과 과거 경험(예: 과도한 기준, 관계에서의 철수, 폭음으로 인한 마비)과 연결했다. '건강한 안나'라는 개념이 도입되어 운동하기, 음주량 줄이기, 친구 만나기 등 건강한 행동을 촉진하는 조직화 개념으로 작용했다.

안나는 약간 개선되었지만, 치료가 막혔고 부정적인 자동적 사고를 평가하는 데 어려움을 겪었다. 이러한 생각을 이성적인 관점에서 볼 수 있었지만, 어떠한 정서적 변화를 느끼지 못했다. 그녀의 주요 신념은 '나는 어리석다.' '나는 가치가 없다.' 그리고 '다른 사람들이 가까워지면 그들은 나를 해치거나 거절할 것이다.'였다. 치료자는 양식의 개념을 도입하고 이것을 개념화와 연결하였다. 치료의 진전을 가로막는 장애물은 그녀에게 '당신은 (사랑할 수 없고 가치가 없으므로) 상처받을 것이므로 너무 가까이 가지 말아라.'와 '다른 사람들이 너무 가까워지면 당신을 해치거나 거절할 거야.'라고 말하는 화난 보호자 양식인 것 같았다. 이것은 그녀를 외부의 거절로부터 보호했고, 또한 그녀에게 '당신은 어리석고 가치가 없어서 이 정도는 마땅히 받아야 해.'라고 말하는 그녀의 내부 비판 목소리(처벌적 부모양식)로부터 보호했다. 의자 작업은 지배적인 양식과 그 효과를 설명하는 데 도움이 되었다. 양식들이 이야기하는 동안 안나는 의자에서 의자로 이동했다. 이 작업을 하는 동안 중요한 순간은 안나의 화난 보호자 양식과의 대화였다. 화난 보호자 양식의 장단점을 살펴보았다. 어린 시절에 그것이 가치가 있다는 것을 인식했지만, 성인 생활에서 그것의 역할에 의문을 품기 시작했다. 그녀의 건강한 성인은 변화의 장단점, 즉 자신을 더 친절하게 대하고, 경계심을 낮추고 자신의 욕구를 표현함으로써 관계에서 위험을 감수하는 것의 위험과 이점을 살펴보았다. 화난 보호자 양식과 관련된 행동을 줄이는 실험을 시작했고, 심리도식(양식) 플래시 카드를 사용하여, 이런 유형의 보호가 더는 필요하지 않다는 것을 상기시켰다. 그녀는 자신의 욕구를 표현함으로써 '벽을 낮추는 것'을 실험했으며 많은 관계에서 상당한 개선이 있었다. 그녀는 더 친밀한 관계를 두려워했고, 새로운 관계를 시작한 직후에 회기가 혼란스러워졌는데, 이는 '오래된 행동 패턴'과 '기본' 양식이 '활성화'되어 있음을 인식할 수 있었기 때문이다. 새로운 파트너에게 질투심을 느끼고, 그를 비판하고 철수했다고 보고했다. 최근의 사건을 바탕으로 추가 의자 작업이 사용되었다. 그녀의 건강한 성인과 화난 보호자 양식 사이의 대화가 설정되었으며 다음에 설명되어 있다. 자신의 화난 보호자 양식을 '늙은 여인'이라고 결정했는데, 이는 그 양식을 탈중심화하는 데 도움이 되는 것 같았다.

늙은 여인: 그를 믿는 것은 어리석은 짓이야. 조심해야 해!. 그는 너를 해칠 뿐이야. 너는 행복을 누릴 자격이

없어. 지금 나가는 게 최선이야.

건강한 안나: 당신은 나에게 영원히 지속되는 것은 아무것도 없다고 말하면서, 보호자처럼 행동하는 것을 그만두세요. 왜 거기 있는지는 이해하지만, 실제로는 상황을 더 악화시키고 있어요.

늙은 여인: [질문을 받고 충격을 받은] 너는 상처받을 것이고 이것을 똑바로 보지 못하는 것은 어리석어. 너는 행복을 누릴 자격이 없고, 경계해야 하는 거야.

건강한 안나: 당신이 내 마음에 최선을 다하고 있다고 생각하고 우리가 집에서 보낸 끔찍한 시간을 잘 이겨 냈다고 생각하는 거 알아요. 어렸을 때는 당신은 나를 보호하려고 노력했지만, 지금은 그 보호가 필요하지 않아요. 실제로는 상황을 악화시키고 있어요. 당신은 나를 불안하고 우울하게 만들고 사람들을 밀어내게 하고 있어요. 나는 사랑할 가치가 있고, 좋은 친구들이 많고, 상처를 입을 위험을 감수할 만큼 강해요. 목소리 좀 낮춰서 내 삶을 즐기게 해 주세요.

늙은 여인: 네가 다칠까 봐 걱정된다.

건강한 안나: 제가 다칠 수도 있지만 괜찮아요. 나는 전에 상처를 입었지만 잘 극복했어요. 그것에 대처할 수 있어요.

늙은 여인: [사라져 가는 중]

치료에 저항하는 사례에 대한 인지행동치료 향상하기

만성 우울증을 앓고 있는 사람들은 급성 우울증을 앓고 있는 사람들보다 부모와 유대감이 낮고(Lizardi et al., 1995), 더 불안정한 애착(Fonagy et al., 1996)과 불리한 초기 가정환경을 포함하여 심각한 어린 시절의 역경(Durbin et al., 2000)을 경험했을 가능성이 더 크다는 증거가 있다. 이러한 역경은 핵심 부정적 신념에 대항할 설득력 있는 증거가 부족하다는 것을 의미할 수 있다. 예를 들어, 결함 도식을 가진 사람은 자신이 어리석다는 말을 반복해서 들었을 수 있으며, 자신감 부족으로 학교에서 나쁜 학교생활을 계속했을 수 있다. 어린 시절 양육자가 자주 바뀌면서 돌봄 받은 사람은 유기 도식을 가질 수 있다. 융합 도식이 있는 경우는 자율적으로 기능하도록 허용된 경험이 없을 수 있다. 이런 경우 중요한 어린 시절 욕구가 충족되지 않았다. 인지적 기법은 지적 변화를 촉진하지만, 머리–가슴 시차는 수치심, 유기 또는 의존의 감정이 이성적 사고보다 우선적이다는 것을 의미한다.

전통적인 인지행동치료에서 이성적인 측면이 감정적인 측면과 성공적으로 토론하지 못하는 반추적 순환에 갇힐 수 있다. 다른 때에는 심리도식 활성화가 이성적인 자아를 압도할 수 있다. 유기 도식이 활성화되면, 다시 여섯 살이 된 것처럼 느껴질 수 있고, 어머니의 죽음을 경험하는 것처럼 느껴질 수도 있고, 소리를 지르는 상사 앞에 서서 결함 도식이 촉발될 때, 마치 당신이 아버지에게 혼나는 어린 소년처럼 느껴질 수도 있다. 건강한 성인은 이 '심리도식 공격'을 처리할 만큼 강하지 않다. 심리도식치료의 보다 경험적인 기법들은 만성적인 어려움을 가진 내담자들에게 제공할 수 있는 것이 있다. 심상 작업에서 내담자의 건강한 성인, 또는 이것이 너무 발달하지 않은 경우, 치료자는 구조자 또는 위안자의 이미지로 들어간다. 의자 작업에서 치료자는 처벌하는 부모에게 대답하는 방법의 모델을 제공한다.

심상 재구성하기

심상 작업은 오랫동안 표준 인지행동치료에서 사용되었다. 예를 들어, Beck 등(1979)은 우울증에서 심상 연습 사용을 설명한다. 심상 재구성하기는 2부에서 설명한 바와 같이 심리도식치료의 핵심 개입이다. 이 접근법은 불안장애에 대한 인지행동치료에서 사용하기 위해서 변형되었다. 예를 들어, 사회적 불안에서 부정적인 자아상과 연결된 초기 기억을 대상으로 한다(Wild et al., 2008). 심상 재구성하기가 사용되는 방법은 사례와 증상의 특성에 따라 다르다. 다음에서 우리의 임상 실무에서의 몇 가지 예시가 요약되어 있다.

1. 안전지대 심상(Young et al., 2003, p. 113)은 삼촌의 어린 시절 성적 학대의 맥락에서 해리와 함께 PTSD를 경험한 45세 남성 존(John)과 함께 심상 회기의 시작과 끝에서 사용되었다. 존은 높은 수준의 감정을 관리하기 위해 안전지대 심상을 사용했다. 이는 그의 건강한 성인양식을 개발하고, 약물 및 알코올 사용과 관련된 분리된 보호자 양식에 대한 의존도를 줄이는 데 도움이 되었다. 존은 치료에서 진전을 이루었고 그의 안전지대 심상은 대마초와 알코올 사용에 대한 갈망을 관리하는 데 도움이 되도록 변형되었다. 괴로울 때 그는 자신이 대처할 수 있고, 감정은 시간이 지남에 따라 사라질 것이며, 그것은 그의 잘못이 아님을 상기시키는 부드러운 목소리를 가져왔다.
2. 55세의 루스(Ruth)는 만성 우울증과 신경성 폭식증 병력을 나타냈다. 어린 시절 내내, 그녀와 그녀의 형제들은 아버지로부터 신체적 학대를 경험했다. 어머니도 가담했고 이것이 '그들의 삶에서 마땅히 받아야 하고 당연한 것'이라고 말했다. 루스는 치료에서 진전을 이뤘지만 '항상 경계하지 않으면 나쁜 일이 일어날 것'이라는 신념과 함께 무가치함과 수치심의 감정이 두드러졌다. 가교 심상이 최근의 화가 난 사건에서 사용되었다. 치료자는 루스에게 감정을 유지하되 그 이미지를 내려놓고 떠오르는 어린 시절의 이미지를 살펴보라고 요청했다(Arntz, 2012; Arntz & Weertman, 1999). 어린 시절 이미지는 아

버지와 함께 부엌에 혼자 있는 8세의 모습이었고, 아버지의 표정에서 때리리라는 것을 알고, 두려움을 느꼈다. 장기간의 신체적 학대를 경험했고 적절한 부모의 돌봄을 받지 못했기 때문에, 치료자는 루스의 건강한 성인을 도왔다. 성인 루스는 너무 무서워서 아버지에게 말을 걸 수 없었지만, 부엌문에서 치료자에게 일러 주었다. 치료자는 어린 루스와 아버지 앞에 서서, 루스를 때리면 안 된다고, 루스를 때린 당신이 부끄러워해야 한다며 "루스는 어린아이로 보호받고 사랑받아야 해요."라고 말했다. 어린 루스는 부엌을 떠나고 싶어 했고, 루스에게 책임이 없으며, 아빠가 루스를 다시 때리는 것을 용납하지 않는다는 말을 들었다. 어린 루스는 여전히 겁이 났고, 집을 나가 동네 공원에서 성인 루스의 무릎에 앉아 햇살을 받으며 치료자를 옆에 앉히고 싶었다. 그녀는 그네 옆에 앉기를 원했고, 그곳에서 안전하고 편안함을 느꼈고 그네를 타고 놀고 싶었다.

제한된 재양육

좋은 인지행동치료 치료자는 내담자의 증상 특성에 따라 스타일을 조정하는 데 능숙할 것이다. 예를 들어, 사회적으로 불안한 내담자와 초기 치료에서 시선 접촉을 조정하거나, 자기비판적인 내담자에게 연민을 보여 주거나, 완벽주의 내담자에게 불완전함을 나타낸다. 더 복잡한 내담자와 함께 작업할 때 온정성, 공감 및 무조건적 존중의 핵심적인 관계적 특성만으로는 충분하지 않은 경우가 많다. 예를 들어, 부모 학대의 결과로서 불신/학대 도식이 있는 경우는 치료자를 신뢰할 수 있음에도 자기를 실망하게 할 것이라고 예상하면서 경험할 수 있다. 제한된 재양육은 인지행동치료 치료자에게 단기 인지행동치료에서 복잡한 사례와의 관계를 관리하기 위한 몇 가지 지침 원리를 제공한다(Lavender & Startup, 2018 참조). 제한된 재양육의 목표는 건강한 성인을 발달시키고 강화하도록 돕는 것이다. 내담자는 치료자와 치료 관계에 대한 자신의 경험을 내면화한다. 제한된 재양육은 충족되지 않은 욕구에 대한 개별적인 개념화에 의해 안내될 것이다. 치료자들은 좋은 부모가 각 내담자에게 무엇을 할 수 있는지 생각하는 것이 좋다. 융통성이 핵심이며 "치료 관계의 한계 내에서 충족되지 않은 욕구를 부분적으로 충족시키는 것"을 목표로 한다(Young et al., 2003, p. 183). 치료자는 신뢰할 수 있고, 믿을 만하며, 관심을 가지고, 신경 쓰고, 수용하는 의사소통이 필요하다. 인지행동치료는 일반적으로 심리도식치료보다 더 짧아서, 이 작업을 제한된 재양육보다는 '제한된 육성(limited fostering)'으로 보는 것이 더 적절할 수 있다(Nick Gray, 개인적인 의사소통). 좋은 이모나 삼촌은 욕구에 어떻게 반응할까?[4)]

---

4) Skewes 등(2015)은 혼합 성격장애에 단기 20회기 집단 심리도식치료를 적용하는 고무적인 예비 작업을 보고했다.

제한된 재양육이 치료 중 주요 지점에서 특정 욕구에 맞게 조정될 수 있도록 내담자의 충족되지 않은 욕구를 개념화하는 것이 필수이다. 적응을 위해 이메일이나 전화 통신과 같은 회기 간의 접촉이 포함될 수 있다. 루스는 회기 사이에 치료자를 접촉할 기회를 소중히 여겼다. 비록 그녀는 거의 연락하지 않았지만, 이것을 인정하고는 있지만, 억제하고 있다는 것을 알았다. 특히, 유기 도식이 있는 경우에는 회기에 빠지는 것에 대한 대비를 고려하는 것이 중요하다. 일부 치료자는 회기에서 사용되는 펜, 치료자의 목소리가 담긴 오디오 녹음 또는 핵심 메시지를 상징하는 대상과 같은 이행 대상을 내담자에게 제공할 것이다. 루스와 치료자는 모든 아동이 보호받을 기본권을 갖는지를 논의했고, 루스는 자신의 새끼를 보호하는 암사자의 용기와 힘, 헌신에 감탄했는지를 이야기했다. 다음 회기에서, 예정된 휴가 직전에, 치료자는 그녀에게 장난감 암사자가 그려진 열쇠고리를 주었는데, 루스에게 '이제 안전하고 스스로 보호할 수 있다.'라는 것을 상기시켜 주었다. 이것은 루스가 자기 효능감과 역량(건강한 성인양식)을 발달시키는 데 도움이 되었다.

일부 표준 인지행동치료 개입은 부적응 신념과 행동을 변화시키는 실험을 하도록 내담자를 지원하는 경우와 같이 그 자체로 제한된 재양육의 한 형태로 이해될 수 있다. 예를 들어, 우울한 내담자가 기분이 좋지 않을 때 산책을 하도록 권장하거나, 익숙함과 즐거움을 평가할 때 증상을 감안할 것을 권장한다. 부모와 마찬가지로, 치료자는 치료의 안전을 위해 무언가를 실행할 수 있는 발판을 제공하여 내담자가 혼자서 치료를 계속할 수 있도록 한다(Vygotsky의 근접 발달 영역과 유사: Vygotsky, 1978). 인지행동치료 치료자는 자율성을 장려하여 간접적으로 의존/무능 도식을 다룬다. 더 복잡한 증상을 가진 내담자의 경우, 이 영역에서 충족되지 않은 특정 욕구를 확인하여 자기 효능감과 능력을 장려하기 위해 재양육을 조정하는 것이 도움이 될 수 있다.

공감적 직면

공감적 직면은 또한 인지행동치료에서 사용하기 위해 변형될 수 있다. 30세의 조안(Joan)은 해고된 후 약물 복용으로 자신을 마비시키고 있었다. 그녀는 약속을 잊곤 했다. 치료자는 그녀의 행동에 공감하며, 부모의 방임 경험에서 비롯된 그녀의 근본적인 신념과 연결하게 했다. 조안에게 자신의 고통을 관리하는 보다 적응적인 방법을 실험하도록 격려했다. 의자 작업 외에도 회기 사이에 치료자에게 전화하는 것을 포함하여 자신의 고통을 인식하고 관리하기 위한 대체 전략을 개발하도록 격려되었다.

심리도식 정보에 입각한 인지행동치료 실행하기

우리는 우울증이 재발하고 아동기의 핵심 정서적 욕구가 충족되지 않은 내담자의 사례를 제시한다.

재그(Jag)는 38세의 영국계 아시아인 언론인이었다. 그녀는 결혼하여 다섯 살과 일곱 살 된 두 딸을 두었다. 심각한 우울증으로 인해 6개월 동안 일을 쉬고 있었다. 그녀의 우울증은 동료들을 실망하게 하는 것에 대한 심각한 죄책감, 일할 수 없다는 것에 대한 비판적인 반추, 언론계에서의 자신의 미래에 대한 불안, 자녀와 남편에 대한 짜증이 특징이었다. 우울증에 대한 15회기의 인지행동치료 과정을 제공받았다. 그녀의 어머니는 매우 비판적이었고 '착한 소녀'가 되는 것과 연결되어 '마음속 깊은 곳에서 나는 나쁘다.'라는 핵심 신념을 설정했다. 그녀의 사랑스러움은 엄마를 기쁘게 하는 것과 연관되어 있었다. 그녀는 '내가 최선을 다하지 않으면 다른 사람들을 실망하게 할 것이다.' '다른 사람들의 욕구가 더 중요하다.' '내가 무엇을 하든 절대 충분하지 않을 것이다.'라는 중간 신념을 발전시켰다. 그녀가 나빠지기 전 그녀의 보상 전략에는 초과시간 작업과 밤에 하는 컴퓨터 작업이 포함되었다. 치료에는 행동 활성화, 수면 습관, 완벽주의 신념 테스트, 그리고 '나는 내가 하는 일을 잘한다.' '전반적으로, 나는 좋은 의도를 가진 좋은 사람이다.' '친구와 가족에게 사랑받을 자격이 있다.'와 같은 대안적인 핵심 신념을 뒷받침하기 위해 생활 기록에서 자료를 수집하는 것이 포함되었다. 그녀는 정규직으로 돌아갔고 퇴원했다.

그녀는 18개월 후 우울증과 자해로 돌아왔고, 자신의 몸에 상처를 내고 머리를 부딪쳐서 자신의 깊은 죄책감을 다루었다. 그녀의 부정적인 신념이 다시 활성화되었다. 여기 있으면 안 된다고 느꼈고 처벌을 받아야 한다고 생각했다. 정신건강의학과적 검토 후 항우울제의 효과를 높이기 위해 다른 약물[즉, 쿠에티아핀(quetiapine)]을 추가했다. 그녀의 불안과 동요는 가라앉았고 자해는 멈췄다. 그녀의 충족되지 않은 어린 시절 욕구의 크기는 이전에 생각했던 것보다 더 중요했다. 그녀 어머니의 양육은 때때로 잔인했는데, 그녀는 예측할 수 없는 분노에 휩싸였고, 저지르지도 않은 잘못에 대해 충동적으로 아이들을 때렸다. 차 안에서 동생의 안전띠를 고정하던 것을 기억해 냈다. 그것이 까다로워서 실패하자 어머니는 고함을 지르며 얼굴을 때렸다. 울면, 엄마는 울음을 멈추라고 말했고, 그렇지 않으면 울었다고 다시 때렸을 것이다. 좋은 점수와 순응적인 행동은 엄마를 기분 좋게 만들고, 소리치고 때리는 것이 줄어들었을 것이다.

인지행동치료에 심리도식 정보에 입각한 요소를 도입하기

재그는 심리도식 정보에 입각한 인지행동치료에 참여하기로 동의했다. 심리도식 모델이 공유된 후, Young 심리도식 질문지(Young Schema Questionhaire: YSQ)는 11개 영역에 걸쳐 경도–중등도 범위의 심리도식 신념을 나타냈다. 치료자는 그녀가 양식 모델 접근법의 혜택을 받을 것으로 생각했다. 재그는 아동기의 핵심 정서적 욕구의 개념을 이해했고, 모든 영역에서 충족되지 않은 욕구를 확인했다. 예를 들어, 단절 및 거절 영역에서 그녀는 안전, 예측가능성, 인정 및 신뢰가 부족했고, 자율 영역에서는 지도와 확고한 정체성이 부족했다. 그녀는 타당한 감정을 표현할 필요가 있다는 데 강하게 공감했다. 어린 시절에는 즐거움과 자발성이 거의 존재하지 않았고, 그 영역에서 어떤 기억도 끄집어내기 힘들었다. 그녀의 부모님, 특히 엄마로부터 지나친 것은 아니더라도 강한 제한을 기억했다. 양식 지도가 그려졌다. 요구적 부모양식과 처벌적 부모양식이 강하게 마음에 와닿고 공감이 되었다. 의자 훈련에서, 그녀는 부적응적 대처양식인 '타인을 기쁘게 하는 사람'(순응적 굴복자), '자해자'(회피성 자기위안자)와 '열심히 일하는 사람'(과잉 보상자)이 어떻게 지속적으로 나타나는지 이해했다. 그녀는 학대받은 외로운 어린 재그와 가까워지려고 애썼다. 처벌적 양식의 의자에 앉았을 때 화가 났다. '이것은 항상 나야. 이 망할 의자는 절대 말을 멈추지 않는다!' 평소 치료 의자로 돌아왔을 때, 건강한 성인이 어떻게 일과 가족의 욕구, 그리고 휴식과 즐거움의 욕구 사이에서 균형을 맞출 수 있는지에 대해 거의 알지 못했다.

심상 작업

회기별로 양식을 탐색하고 이해했다. 더 강한 감정이 일어났을 때, 더 강렬한 슬픔, 두려움 또는 분노를 알아차렸을 때, 이것은 그녀의 어린 시절 기억으로 다시 연결되었다. 예를 들어, 업무용 컴퓨터로 이메일을 확인하는 동안 두려움의 순간을 보고할 때, 어린 시절로 가는 '정서 가교'를 사용하여 심상 훈련을 하도록 요청받았다. 눈을 감고, 신체 감각과 감정적인 어조를 확인하면서, 학교에 갈 준비가 되지 않은 남동생에게 화를 내는 엄마를 기억했다. 엄마는 이미 늦었고, 동생을 돕지 않은 재그를 탓하며 두 아이의 머리를 때렸다. 치료자는 재그에게 엄마의 반응을 1인칭 시제로 엄마의 표정, 음성 등을 생생하게 묘사해 달라고 요청했다. 엄마가 아이들을 때리기 직전에, 치료자는 재그에게 이미지를 정지하도록 요청했다. 그런 다음, 치료자는 이미지에 들어갈 수 있도록 허락을 받고 두 아동을 보호할 수 있는 위치에 자신을 배치했다. 이미지에서 충족되지 않은 핵심 욕구는 안전과 보호를 위한 것이었다. 부분적인 재양육 행위로, 치료자는 좋은 부모의 모습을 구현하고 두 아이 모두를 보호하여 엄마의 분노를 제한하고, 완전히 안전하게 지켜 달라는 재그의 요청에 반응했다. 재그가 엄마에게 미안하다고 말했을 때, 치료자는 그녀의 엄마가 더 좋고 더 사랑스러운 부모가 되기 위해서 부모교육에 보내질 것이라고 말했다. 친할머니와 같은 신뢰할 수 있는 인물을 데려와 엄마가 더 나아질 때까지 아이들을 보호하게 했다. 치료자는 엄마가 다시는 화를 내지 않을 것이며, 나중에 보복할 수 없을 것이라고 아이를 안심시켰다. 일단 재그가 완전히 안전하고 진정되었다고 느끼자, 그 이미지는 점차 사라졌다. 인지적 재구성과 행동 패턴 변화를 위해 대체 회기가 사용되었다. 인지적 재구성은 처벌적 비판 양식에서 오는 요구적 메시지에 초점을 맞췄다. 치료자는 대안적이고 건강한 메시지를 개발했다. 재그는 이 양식이 내부 괴롭힘의 한 형태라는 것을 알게 되었고, 그녀의 건강한 성인 의자에서 나와 적극적으로 괴롭히는 사람과 싸우고, 과거로 추방하고, 잘못되었다는 것을 말하도록 격려받았다.

양식 작업

취약하고 학대받는 아동 의자에 대한 건강한 성인양식의 접근을 차단하는 의자에 대처양식이 배치되었다. 어린 시절 대처양식의 이력과 가치는 인정되었다. "나는 당신이 어렸을 때 도움이 되었다는 것을 알지만, 지금은 도움이 되지 않아요. 옆으로 비켜서세요!" 부적응 대처는 다음과 같이 더 자세히 분석되었다. 재그는 자해를 처벌적인 부분에 순응하기 위한 자책의 한 형태로 이해했다. 그녀는 더 열심히 일하는 것을 통한 과잉 보상이 자신의 취약한 아동의 고통에 대한 칭찬, 안전 및 공감의 욕구를 충족시키지 못한다는 것을 깨달았다. 물러나야 할 필요가 있었다. 그런 다음, 취약한 아동 의자를 건강한 성인 의자 가까이 가져왔다. 이제 그녀는 취약한 아동을 직접 달래고 다음과 같이 말할 수 있었다. "나는 너를 안전하게 지키기 위해 여기에 있어. 나쁜 일은 이제는 일어나지 않을 거야. 내가 너를 괴롭히는 것들을 상대해 줄게!" "나를 함께 있게 해 준 네가 너무 자랑스러워. 나는 너의 두려움을 알 수 있어. 네가 불안해하는 것은 괜찮아!"

그녀의 충족되지 않은 어린 시절의 욕구가 어떻게 성인 행동을 이끄는 감정적인 기억을 남겼는지를 점차 알게 되었다. 양식들은 여전히 활동적이었지만, 건강한 성인양식이 서서히 강해지고 있다는 데 안심했다. 치료자는 그녀를 안심시키고 여정을 지원함으로써 자비심을 모델로 보여 주었다. 재그는 사회적 기능이 향상되었다. 그녀는 직장으로 복귀했고 매니저로부터 좋은 피드백을 받았다. 하지만 직장에서 갈등을 다루는 것이 어렵다는 것을 알았다. 갈등이 많은 복잡한 상황을 치료자는 그녀와 역할 연기를 했고, 함께 그녀의 선호를 주장하는 다양한 방법을 시험했고, 그녀의 진정한 감정을 더 명확하게 표현하고 대처양식의 촉발을 피했다. 재그는 취약한 아동에게 자비롭게 반응하고 억제하기 위한 행동 패턴을 개발했다. 치료자의 목소리로 녹음된 플래시 카드를 듣고, 안전지대 이미지를 떠올리면서 남편에게 문자를 보내고, 남편이 다시 이모티콘을 보내 그녀를 위해 함께한다는 것을 상기시켰다. 그녀는 스스로 진정시키는 감각 자극으로 간직할 특별한 부드러운 양털을 가지고 있었다. 이러한 기법들의 조합은 심리도식을 치유하고 자신의 양식을 더 효과적으로 관리하기 위한 인지, 행동 및 정서 중심 기술들을 제공하는 데 도움이 되었다. 그녀의 불안 및 우울증 점수는 더 감소했고, 결근이 줄어들었으며, 6개월 후에 약물(즉, 쿠에티아핀)을 낮추기 시작했다.

그런 다음, 회기는 단계적으로 줄어들었다. 주 단위에서 2주 단위로, 월 단위로 변경하여 그녀가 심하게 의존하지 않고 초과 근무 시간 동안 치료자와의 분리를 관리할 수 있도록 도와주었다. 회기 간 문자 메시지는 한 달에 약 한 건이었다. 재그는 동료와 친구들의 심리도식을 인식하기 시작했고, 충족되지 않은 어린 시절의 욕구를 가진 다른 사람들을 돕기 위해 자원봉사를 했다. 치료자와 재그는 계속 연락을 주고받다가 이제는 '필요한 경우'에만 만나고, 문자 메시지는 여전히 가끔 교환된다.

서비스 고려 사항

많은 국가에서 인지행동치료는 다양한 장애에 대한 강력한 증거 기반을 반영하여 공공 기금으로 운영되는 정신건강 서비스에서 사용되는 주요 양식이다.

영국에서 대부분의 인지행동치료는 1차 의료와 밀접한 관련이 있는 전용 심리치료 서비스인 IAPT(the Improving Acess to Psychological Therapies) 내에서 제공된다. 이것들은 표면상으로는 불안과 우울증의 일반적인 정신건강 장애를 치료하지만, 사례들은 종종 복잡해 보이고 상당한 동반이환이 있다. 예를 들어, Hepgul 등(2016)은 IAPT 서비스에 참여하는 내담자의 72%가 2개 이상의 정신질환에 대한 기준을 충족하고, 69%는 성격장애 특성, 16%는 경계성 성격장애 기준을 충족한다는 것을 발견했다. 이 장에서 설명하는 심리도식 정보에 입각한 방법을 사용하면 단기 인지행동치료의 장애물을 극복하고 그 효과를 높이는 데 도움이 될 수 있지만, 이러한 기법을 IAPT 및 다른 국가의 유사한 인지행동치료 서비스에 어떻게 적용할 수 있을까? 여기서는 IAPT를 예로 들지만, 다른 시간 제한적인 인지행동치료 서비스에서도 유사한 접근 방식을 취할 수 있다.

IAPT 서비스는 치료 과정에 사용할 수 있는 시간이 다양하지만, 12회기가 평균 틀인 것 같다. 교착 상태에 도달했을 때 단기 치료 과정에서 양식 대화와 같은 심리도식 방법을 사용하는 것은 확실히 가능하며, 이는 종종 치료를 정상으로 되돌리기에 충분할 것이다. 그러나 20회기보다 훨씬 적은 시간에 치료 저항성이 더 높은 사례에 관해 설명한 기법들을 적용하기 어려울 수 있다. 우리의 경험에 따르면 서비스는 더 복잡한 사례에 치료를 제공하는 경우 유연성을 고려해야 한다. 많은 IAPT 서비스에는 내담자가 회복되지 않을 때 치료를 검토하는 시스템을 갖추고 있어 일반적인 계약 이상의 치료 제공 여부에 대해 정보에 입각한 결정을 내린다. IAPT 치료자는 슈퍼바이저와 함께 내담자의 충족되지 않은 정서적 욕구를 개념화한 다음, 이러한 욕구를 해결하기 위해 심상 재구성과 같은 경험에 기반한 개입 시도를 고려할 수 있다. 때때로 3~5회의 회기로 치료를 진행하기에 충분할 수 있다. 2차 서비스는 일반적으로 제공할 수 있는 회기 수에 있어 IAPT보다 더 많은 유연성을 가지며, 이는 만성 치료 저항성 사례에 대해 심리도식 정보에 입각한 인지행동치료가 제공하는 서비스일 수 있다. 심리도식 정보에 입각한 작업에 대한 이해와 일련의 기술은 치료자에게 동일한 것보다 목표가 있는 도움을 제공하는 데 자신감을 줄 수 있다. 치료자들이 제한된 재양육을 포함한 심리도식치료 개입을 사용하는 경우 제공되는 회기의 길이를 고려할 필요가 있으며 치료의 종결을 신중하게 고려해야 한다. 이는 종결을 준비할 시간이 적기 때문에 장기 심리도식치료보다 더 중요하다. 회기의 만남을 줄여 가면서 종결을 준비하고, 추가 회기 또는 어떤 형태의 의사소통(예: 제한된 시간 동안 이메일 또는 문자 연락)을 준비하는 것이 중요하다.

치료자들은 일부 교육 없이 이 작업을 수행해서는 안 된다. 이제 공식적 심리도식치료와 심리도식 정보에 입각한 작업 모두에서, 많은 과정이 제공되고 있다. 내담자와 치료자의 심리도식(즉, 전이와 역전이) 간의 상호작용이 종종 협력 관계에 영향을 미칠 수 있으므로 복잡한 사례를 치료할 때 임상적 슈퍼비전이 필수적이다(Moorey & Byrne, 2018). 슈퍼비전은 치료자의 신념과 심리도식에 대해 논의할 수 있는 여지를 제공한다. 훈련된 심리도식 치료자가 슈퍼비전을 제공할 가능성은 제한되어 있으므로 서비스는 복잡한 사례가 관련될 때 일부 심리도식 훈련을 받은 치료자 간의 동료 슈퍼비전을 고려할 수 있다.

요약

심리도식 방법은 인지행동 치료자의 무기 창고에 흥미로운 추가 기능을 제공한다. 심리도식 정보는 모델의 가장 큰 강점인 문제 중심의 인지행동적 개념화를 손상하지 않으면서 표준 인지행동치료에 통합될 수 있다. 이 통합을 달성할 수 있는 두 가지 방법이 여기에 설명되어 있다. 기법은 치료의 걸림돌을 극복하는 데 사용될 수 있으며, 만성적 사례의 결과를 개선하는 데 사용될 수 있다. 충족되지 않은 어린 시절의 욕구를 이해하면, 인지행동치료 개념화를 향상하고, 치료자가 제한된 재양육, 의자 작업 및 심상 재구성하기와 같이 보다 경험에 기반한 개입을 목표로 하는 데 도움이 될 수 있다.

치료자 조언

1. 심리도식 정보에 입각한 개념화는 인지행동치료 구성 일부로 통합된 자기 개념화를 제공할 수 있다.
2. 제한된 재양육은 인지행동치료자에게 단기 인지행동치료에서 복잡한 사례와의 관계를 관리하기 위한 몇 가지 지침 원리를 제공한다.
3. 모든 표준 심리도식치료 변화 기법(심상, 의자 작업, 공감적 직면 및 한계 설정)을 시간 제한적인 인지행동치료에 통합할 수 있다.
4. 내담자와 치료자의 심리도식 간의 상호작용(예: 전이 및 역전이)이 종종 협력 관계에 영향을 미칠 수 있어서 복잡한 사례를 치료할 때 임상적 슈퍼비전이 중요하다.

추가적으로 읽을거리

Boersen, J., & van Vreeswijg, M. (2015). Schema therapy in groups: A short term CBT protocol. In van Vreeswijk et al. (Eds.), *The Wiley Blackwell Handbook of Schema Therapy. Theory, Research and Practice*. Wiley Blackwell.

참고문헌

Arntz, A. (2012). Imagery rescripting as a therapeutic technique: Review of clinical trials, basic studies, and research agenda. *Journal of Experimental Psychopathology, 3*(2), 189-208.

Arntz, A., & Weertman, A. (1999). Treatment of childhood memories: Theory and practice. *Behaviour Research and Therapy, 37*(8), 715-740.

Beck, A. T. (1963). Thinking and depression: I. Idiosyncratic content and cognitive distortions. *Archives of General Psychiatry, 9*(4), 324-333.

Beck, A. T. (1964) Thinking and depression II: Theory and therapy. *Archives of General Psychiatry, 10,* 561-571.

Beck, A. T., Rush, A. J., Shaw, B. F., & Emery, G. (1979). *Cognitive Therapy of Depression.* New York: Guildford Press.

Durbin, C. E., Klein, D. N., & Schwartz, J. E. (2000). Predicting the 2½-year outcome of dysthymic disorder: The roles of childhood adversity and family history of psychopathology. *Journal of Consulting and Clinical Psychology, 68*(1), 57-63.

Fonagy, P., Leigh, T., Steele, M., Steele, H., Kennedy, R., Mattoon, G. ⋯ Gerber, A. (1996). The relation of attachment status, psychiatric classification, and response to psychotherapy. *Journal of Consulting and Clinical Psychology, 64*(1), 22-31.

Hepgul, N., King, S., Amarasinghe, M., Breen, G., Grant, N., Grey, N. ⋯Wingrove, J. (2016). Clinical characteristics of patients assessed within an Improving Access to Psychological Therapies (IAPT) service: Results from a naturalistic cohort study (Predicting Outcome Following Psychological Therapy; PROMPT). *BMC Psychiatry, 16*(52). doi:10.1186/s12888-016-0736-6

Jacob, G. A., & Arntz, A. (2013). Schema therapy for personality disorders—A review. *International Journal of Cognitive Therapy, 6*(2), 171-185.

Lavender, A., & Startup, H. (2018). Personality disorders. In S. Moorey & A. Lavender (eds.), *The Therapeutic Relationship in CBT.* London: SAGE, pp. 174-188.

Lizardi, H., Klein, D. N., Ouimette, P. C., Riso, L. P., Anderson, R. L., & Donaldson, S. K. (1995). Reports of the childhood home environment in early-onset dysthymia and episodic major depression. *Journal of Abnormal Psychology, 104*(1), 132-139.

Moorey, S. (2014). 'Is it them or is it me?' In A. Whittington & N. Grey (Eds.). *How to Become a More Effective CBT Therapist: Mastering Metacompetence in Clinical Practice* (First edn.), Chichester: John Wiley & Sons, pp. 132-143.

Moorey, S., & Lavender, A. (Eds.) (2018). *The Therapeutic Relationship in CBT*. London: SAGE.

Moorey, S., & Byrne, S. (2018). Supervision. In S. Moorey & A. Lavender (Eds.), *The Therapeutic Relationship in CBT*. London: SAGE, pp. 256-270.

NICE. (2004a). Anxiety: management of anxiety (panic disorder, with and without agoraphobia, and generalised anxiety disorder) in adults in primary, secondary and community care. *Clinical Guideline 22, National Institute for Clinical Excellence.*

NICE. (2004b). Depression: Management of depression in primary and secondary care. *Clinical Guideline 23, National Institute for Clinical Excellence.*

NICE. (2004c). Eating disorders: Recognition and treatment. *Clinical Guidelines 9. National Institute for Clinical Excellence.*

NICE. (2005a). Obsessive-compulsive disorder: Core interventions in the treatment of obsessive-compulsive disorder and body dysmorphic disorder. *Clinical Guideline 31, National Institute for Clinical Excellence.*

NICE. (2005b). Post-traumatic stress disorder (PTSD): The management of PTSD in adults and children in primary and secondary care. *Clinical Guideline 26, National Institute for Clinical Excellence.*

NICE. (2013). Social anxiety disorder: Recognition, assessment and treatment. *Clinical Guideline 159, National Institute for Clinical Excellence.*

Skewes, S. A., Samson, R. A., Simpson, S. G., & van Vreeswijk, M. (2015). Short term group schema therapy for mixed personality disorders: A pilot study. *Frontiers in Psychology, 5*, 1592.

Taylor, C. D. J., Bee, P., & Haddock, G. (2017). Does schema therapy change schemas and symptoms? A systematic review across mental health disorders. *Psychology and Psychotherapy, 90*, 456-479.

Vygotsky, L. S. (1978). *Mind in Society: The Development of Higher Psychological Processes.* Cambridge, MA: Harvard University Press.

Wild, J., Hackmann, A., & Clark, D. M. (2008). Rescripting early memories linked to negative images in social phobia: A pilot study. *Behavior Therapy, 39*(1), 47-56.

Young, J. E., Klosko, J. S., & Weishaar, M. E. (2003). *Schema Therapy: A Practitioner's Guide*. New York: Guilford Press.

제20장

종결과 치료 관계

– Tünde Vanko[1)]와 Dan Roberts[2)]

치료 관계는 심리도식치료(ST)의 변화를 위한 기반을 형성한다. 즉, 내담자와 치료자가 그들 사이에서 발생하는 심리도식과 양식에 대해 함께 학습하는 장이며, 제한된 재양육이 이루어지는 곳이며, 심리도식과 양식이 공감적으로 도전받고 변화하기 시작하는 곳이다. 이 과정에서 함께 성장하며(그리고 종종 고군분투한다), 치료 관계의 질과 도전은 그들의 작업이 마무리될 때 더 큰 의미가 있다. 내담자에게 이전 치료의 경험을 물어보면, 관계에 관해 이야기할 가능성이 크며, 이는 종종 그들이 내면화하고 작업으로부터 배운 것의 핵심으로 보인다.

종결은 심리도식치료의 모든 핵심 요소 및 내용, 즉 애착 패턴, 핵심 심리도식(유기, 고립), 충족되지 않은 욕구(존재, 관여, 따뜻함 및 사랑) 및 핵심 대처 방식(회피, 굴복, 과잉 보상)을 재점화하며, 이것들은 이별이 다가올수록 본격적으로 나타난다. 물론, 대면 회기가 끝난 후에도 서로를 생각하고 그들의 관계를 '마음에 두고' 있어서 어떤 의미에서는 치료적 유대감이 지속되기를 바란다. 그러나 아동기 외상 정도와 양식의 강도는 이러한 유형의 내면화를 활용하는 능력에 영향을 미칠 수 있다. 치료자의 양식은 또한 애착을 방해하거나 복잡하게 만들 수 있다. 따라서 심리도식치료의 맥락에서 종결은 혼란스러울 가능성이 크다. (제대로 관리되지 않은 과거의 분리를 극복할 수 있는 기회와 함께) 더 많은 치유의 원천이 될 수도 있고,

1) 임상 및 발달 심리학 박사학위를 보유하고 있으며 공인된 인지행동 치료사이자 고급 심리도식 치료자, 슈퍼바이저 및 트레이너이다. 2007년 Fulbright 장학금을 받았을 때 미국 펜실베이니아 대학교에서 CBT 교육을 마쳤다. 또한 Fulbright 학년 동안 그녀는 뉴욕의 Jeffrey Young 프로그램에서 심리도식치료 교육을 시작했다. 헝가리 최초의 심리도식치료 인증 프로그램을 제공한 부다페스트의 헝가리 심리도식치료 협회의 공동 설립자이자 임상 책임자이다.

2) 인지 치료사이자 고급 인증 심리도식 치료자이다. 노스런던에 있는 개인 진료소에서 성인들과 함께 작업하며 발달성 및 급성 외상 그리고 기타 복합 심리적 문제가 있는 사람들을 치료한다. 그의 교육에는 인본주의 상담, 통합 심리치료, 인지치료 및 심리도식치료가 포함됩니다. 또한 심리도식치료 기술(Schema Therapy Skills)의 설립자이기도 하며, 이를 통해 영국 전역의 정신건강 전문가에게 교육 워크숍을 제공한다.

오래된 대처 방법이 더 도움되며, 잠재적으로 다시 표면화되고 고통스러운 상실감이 심화될 수 있다.

치료 관계는 내담자와 치료자가 처음부터 끝을 향해 노력해 왔다는 의미에서도 독특하다. 이 시점까지 대개 합의된 시간 틀을 염두에 두고 상당히 구체적인 목표에 집중해 왔을 것이다. 이상적으로는 내담자가 이러한 목표를 달성하고 심리도식 치유, 부적응적 대처양식에 대한 의존의 완화 및 삶의 핵심 영역의 원하는 변화 측면에서 충분한 진전을 이루었을 때, 종결하지만 꼭 그렇지만은 않다. 치료가 잘되지 않는 상황에서 종결이 이루어질 수도 있고, 기대했던 변화가 결실을 보지 못한 것에 대한 실망과 후회의 감정으로 이어질 수도 있다.

이 장에서는 치료 관계의 질이 치료의 종결 단계에 영향을 미치는 방식과 대면 회기가 종료된 후 내담자가 무엇을 얻어 가는지에 대해 고찰한다. 종결에 대한 우리의 이해를 애착 이론이 어떻게 도울 수 있는지, 치료가 끝난 후에도 성장과 자기 조절을 촉진하도록 우리의 치료 자세를 어떻게 조정할 수 있는지 고려한다. 우리는 또한 치료적 파열과 어려운 종결을 관리하는 방법에 대해서도 논의한다. 우리는 종결이 다가오면서 경계성 성격장애가 있는 내담자를 포함하여 특별한 어려움을 겪을 수 있는 다양한 경우의 종결에 관한 몇 가지 실용적인 아이디어와 개인적인 경험을 공유한다. 마지막으로, 우리는 심리도식치료의 제한된 재양육과 그 '결과'인 치료자의 돌봄 측면의 부분적 내면화가 심리도식치료의 궁극적인 목표인 자율성, 개별화 및 자기 조절에 도달하는 데 필수적인 방법을 탐색할 것이다.

애착 이론과 치료 관계

애착 이론은 치료자가 치료의 종결과 관련하여 이해하고 예측하는 데 도움이 된다. Bowlby(1969/1982)는 아이가 고통을 당할 때, 그들의 '애착 행동 체계'가 활성화되어 주 양육자와의 근접성을 추구하려는 일련의 강한 충동이 생성된다고 제안했다. 양육자가 필요할 때, 안정적이고 일관되게 응할 수 있고, 대응하고 달래는 방식으로 아이에게 반응한다면, 아이에게 '안전한 기반'이 될 것이다. 애착 행동 체계가 반복적으로 활성화되는 것을 경험한 아이는 자신의 욕구를 충족시키는 측면에서 자기의 효능을 포함하여 양육자의 가용성에 대한 '정신적 표상'을 형성한다. Bowlby(1969/1982)는 이러한 정신적 표상을 '내적 작동 모델(internal working model)'이라고 부르며 '타인의 모델'과 구별했다. 두 개체는 상호 보완적이다. 애착 대상이 필요할 때 가까이 있고, 돌봄을 받는 경우, 이는 타인에 대한 표상을 형성할 뿐만 아니라 자기 모델을 형성한다. 우리는 모두 촉발되면 '활성화'되는 애착 행동 체계를 가지고 있다. 그러나 아동과 안정적으로 애착된 성인 사이의 차이점은 애착 대상의 물리적 존재가 성인에게는 꼭 필요한 것은 아니라는 점이다. 스스로 진정시키기 위해 애착 대상의 정신적 표상을 활성화하는 것으로 충분할 수 있다.

스스로 진정시키고 성숙한 자율성에 도달하는 능력은 주로 어린 시절에 애착 대상과 함께 이러한 내면화된 긍정적인 경험을 발전시킨 것에 기반을 두고 있다. 삶의 초기에 양육하는 양육자에 의해 일관된 위안이 제공되었을 때, "…… 자기 모델은 애착 대상의 내사된 특성을 포함하게 된다"(Mikulincer & Shaver, 2007). 초기 경험이 그다지 긍정적이지 않았을 때, 아이들은 불안정한 작동 모델을 형성한다.

애착과 초기부적응도식

내적작동모델의 개념은 Young의 초기부적응도식의 개념과 겹친다. 둘 다 양육자 및 중요한 타인과의 초기 삶의 경험을 통해 형성된다. 작동 모델은 어떤 의미에서 관계적 초기부적응도식이며, 아동이 자신의 욕구를 충족시키는 것과 관련하여 다른 사람들에게 기대하게 된 것을 반영한다. 일단 형성되면, 심리도식과 같은 작동 모델은 우리의 인식과 "…… 직접적인 주의와 정보 처리"를 체계적으로 편향시킨다(Young, 2003). 항상 필요할 때 가까이 있지 않거나 학대를 받으면서, 내적 작동 모델은 제약을 받고 정신건강과 관계 어려움에서 중심적인 역할을 한다(Mikulincer & Shaver, 2007).

Bowlby(1988)는 불안정한 작동 모델에 대한 통찰력을 얻고 수정하는 것이 성공적인 치료 결과의 핵심이라고 주장했다. 심리도식치료에서 이러한 교정적 정서 경험을 달성하기 위한 핵심 기제는 내담자와의 첫 접촉에서 시작하여 치료가 끝날 때까지 계속되는 제한된 재양육을 통한 것이다. 심리도식치료의 핵심 개념인 제한된 재양육은 Bowlby의 안전 기지라는 개념을 포함한다. 치료 관계를 활용하는 이 독특한 방법은 내담자가 때로는 처음으로 핵심 욕구를 충족시키는 경험을 하는 수단이다. 치료자는 중요한 애착 대상이 된다. 그런 다음, 그들은 고통을 당할 때, 이 안전 기지로 눈을 돌릴 수 있고 또한 안전한 방법으로 이전 작업 모델과 관련된 기억을 탐색하고 직면할 수 있다.

Bowlby의 자녀−어머니 관계와 내담자−치료자 관계 사이의 유사성은 분명하지만, 후자의 경우 재양육은 '제한적'이다. 치료자는 치료 관계의 경계 내에서 취약한 아동의 욕구를 충족시키고 또한 자신의 욕구를 고려한다.

이 관계의 제한된 특성은 치료가 끝날 때 특히 두드러질 수 있다. 따라서 심리도식치료의 경우, 대부분의 다른 치료 접근법과는 달리, 치료 과정을 마친 후(예: 중요한 생활 사건의 발생 또는 추가 회기 요청) 가끔 연락을 취할 수 있도록 하는 것이 적절하다고 여겨진다. 핵심 도식이 단절 및 거절 영역에 있는 내담자들은 이것으로부터 가장 많은 혜택을 받고 종종 치료가 끝난 후에도 지속적인 연결감과 돌봄을 깊이 감사하게 생각한다. 그러나 많은 상황에서 이것은 실현할 수 있지 않으며, 성공적인 치료 종결을 보장할 필요도 없다. 이러한 서비스(그리고 많은 내담자에게 어느 정도)에서 관계의 지속은 치료자에 대한 애착과 치료에서 함께하는 여정이라는 측면에서 더 상징적이고 내면화된다.

사례 예시: 재양육과 치료 종결

20대 젊은 여성 내담자 아미나(Amina)와 함께한 국립보건서비스(National Health Service: NHS)의 치료 과정이 막바지에 다다랐다. 어린 시절에 아미나는 어머니와 아버지 둘 다로부터 가혹하고 비판적인 양육을 견뎌 왔다. 그 결과, 그녀의 핵심 도식은 결함/수치심이었다. 그녀는 의견이 다르거나 갈등이 있는 대인 관계 상황에서 자신의 판단을 신뢰하는 것이 거의 불가능하다는 것을 알았다. 그녀의 처벌적 부모는 이러한 촉발요인을 사용하여 그녀가 '더 잘 알 수도 있다.'라고 생각하는 것을, 어리석거나 까다롭다고 말하며, 내부의 자기 공격의 범람을 부추겼다. 일반적으로, 처벌적 부모의 맹공격은 '수치심과 죄책감의 구덩이'라고 묘사한 것에서 길을 잃는 것으로 끝날 것이다. 치료자와 함께 그녀는 죄책감과 수치심을 줄이는 방식으로 처벌적 부모양식을 관리하는 데 도움이 되는 도구가 필요하다는 데 동의했다.

치료하는 동안, 의자 작업은 그녀의 처벌적 부모에게서 벗어나고 자신을 옹호하는 연습을 하는 데 사용되었다. 이것은 치료자가 먼저 모델링한 다음, 건강한 성인양식 입장에서 격려했다. 시간이 지나면서 자신의 의견과 관점을 인정할 수 있는 말과 확신을 찾을 수 있었다. 건강한 성인이 발전하기 시작했지만, 종종 그렇듯이 치료자를 정서적인 수준에서 신뢰하고 연결했던 그녀에게 종결은 고통스러웠다. 종결이 다가오면서 '핵심 고통'(수치심/죄책감)이 되살아났고, 많은 상실감을 느낀 것에 대해 '한심하다'라는 자기 공격이 증가했다. 자신이 감정과 반응을 가질 자격이 있다는 의식이 점점 커지면서 그녀의 고통은 인정되었다. 치료자는 또한 그들의 대면 치료가 끝났을 때, 자신의 상실감을 공유했다. 끝에서 두 번째 회기에서 치료자는 아미나에게 작은 돌을 주었다. 돌은 완벽하지 않았다. 표면이 광택이 나거나 매끄럽지 않았지만 독특한 아름다움과 힘을 가지고 있었다. 치료자는 그녀에게 돌을 주머니에 넣어 두라고 했다. 그녀는 처벌적 부모로부터 가혹한 비판을 들을 때마다 돌을 만져 보고 완벽할 필요는 없고, 있는 그대로 사랑스럽다는 그리고 자신의 멋진 사람으로서 자신의 견해와 의견을 가질 자격이 있다는 치료자의 말을 기억할 수 있었다. 이것은 이행 대상 제공을 통한 치료 관계가 직접적인 대면 접촉을 넘어 어떻게 지속되는지에 대한 유용한 예이다.

치료자에 대한 '충분히 좋은' 애착을 내면화하면 내담자는 고통스러울 때 요청할 수 있는 '타인'의 내적 표상을 형성할 수 있다. Knox 등(1999)은 이러한 내적 표상이 청각과 시각 정보뿐만 아니라 치료자의 '느낌의 존재'를 결합한다고 주장한다. 재양육을 통한 교정적 정서 경험에 대한 이러한 기억은 내담자들이 치료가 끝난 후에도 오랫동안 자기 양육을 계속할 수 있게 한다.

사례 예시: 자신의 치료자를 떠올리기

경계성 성격장애가 있는 레베카(Rebeca)가 치료를 시작했을 때, 그녀의 주요 호소 문제는 직업을 유지할 수 없다는 것이었다. 자신이 일할 때 '겁먹은 어린 소녀'처럼 느낀다고 묘사했다. 회의에서 목소리를 낼 수 없다고 느꼈고 자신의 능력에 대해 끊임없이 의심했다고 밝혔다. 그러나 그녀의 투쟁 중심에는 학대적인 초기 관계의 이력이 있었다. 그녀는 의지할 수 있는 긍정적이고 안전한 역할 모델이 거의 없었다. 치료 과정에서 처음에는 치료자의 연결에 저항했지만, 시간이 지남에 따라 뚜렷한 분리된 보호자 양식에 대한 의존을 포기하고, 치료자에게 취약성을 나타내고 위로를 받을 수 있었다. 그러나 치료가 중단될 때마다 레베카는 다시 혼자라는 느낌에 빠져들었고, 자해를 시도하는 것으로 자신을 안정시켰다. 시간이 지남에 따라, 치료자는 레베카가 자비로운 심상을 통해 자신을 진정시키는 법을 배우도록 돕기 위해 심상기법을 사용하였다. 레베카는 치료의 중단에 대해 더 평온하게 반응하기 시작했다. 그녀의 취약한 아동양식이 나타날 때마다, 치료자 앞에서 취약한 아동의 음색에 맞춰 경험하고자 하는 위안의 '감각 느낌'을 설명했다. 그녀는 치료자의 친절하고 양육적인 말과 안심시키는 목소리를 들었을 뿐만 아니라 치료자의 손이 자신의 어깨에 닿는 것을 느꼈다고 설명했다. 치료자가 그녀의 더 자비로운 건강한 성인을 불러오는 방법에 대한 구체적인 지침을 제공하는 동안 단호하지만 애정어린 압박을 느꼈다. 이것에는 생각을 바꾸는 것이 포함되었고, 그래서 그녀는 더 강하고 더 안정감 있게 느꼈다. 치료가 끝날 무렵, 레베카와 치료자는 계속해서 주체성, 연결 및 지원을 느낄 수 있도록 돕기 위해 다양한 잠재적인 도전 상황에서 이 기술을 연습했다.

사례 예시: 심상 재구성으로 돌아가기

토니(Tony)는 치료가 끝나갈 무렵, 자신의 결혼 생활의 파탄에 대해 곰곰이 생각하기 시작했고, 외롭고, 버림받고, 미래에 대한 절망감을 느끼기 시작했다. 자신의 반추를 억제하기 위해, 그는 자신이 열 살짜리 아이였고 치료자가 매우 화가 난 가족 갈등에 직면하여 친절과 우호 및 이야기할 수 있는 누군가를 제공했던, 특히 감동적인 심상 재구성을 기억했다. 결혼 파탄이 그의 '유기' 도식이 촉발했고, 어린 시절 홀로 남겨진 것을 상기시켰기 때문에, 치료자와의 이 치유 경험을 기억하는 것이 그가 덜 외롭게 느끼도록 했고, 그의 반추는 줄어들었다.

이것들은 내담자들이 치료자의 양육적 존재를 내면화한 좋은 예이다. 그래서 치료가 끝난 후에도 도전이나 위기가 닥쳤을 때 외로움이 덜하고, 진정된다.

애착과 건강한 성인

치료자와의 애착 관계를 내면화하는 것도 내담자의 건강한 성인양식을 구축하는 데 도움이 된다. 심리도식치료의 이상적인 결말은 우리가 잘 확립되고, 지속 가능한 건강한 성인을 볼 수 있을 때이다. 건강한 성인은 다른 양식과 관련하여 실행 기능을 제공하며(Arntz & van Gendren, 2009) 치료자는 내담자의 이 측면이 취약한 아동을 양육하고, 부적응적 부모양식의 영향력을 빼앗고, 역기능적 대처양식을 조절하도록 격려하는 것을 목표로 한다.

치료의 마지막 단계에서, 내담자는 충족되지 않은 욕구를 계속 인식하고 중요한 다른 사람들에게 도움과 양육을 요청하는 법을 배우도록 격려된다. 치료자는 계속해서 대응하고 돌봄과 인정을 제공하지만, 내담자가 취약한 아동을 돕고, 대처양식을 조절하거나 핵심 욕구를 충족시키기 위해 그들이 해야 할 일에 대해서 건강한 성인과 함께 인정하도록 격려한다.

이 치료 단계에서, 내담자는 자율적으로 성장하고 자신의 감정과 더 조화를 이루며 친밀하고 신뢰할 수 있는 관계에서 취약성을 표현할 권리가 있다고 느낀다.

특히, 회기 수가 매우 제한된 일부 상황에서, 이 과정은 치료가 끝날 때 완료되기는 요원하다. 이런 경우, 치료자는 자신의 작업에 대한 외부 제약에 관해 설명해야 하며, 내담자의 양식에서 가장 역기능적이고 해로운 측면을 제한하려고 노력할 필요가 있다. 종종 내담자가 제약이 외부적이며 치료자가 종료하기를 원하는 것이 아니라는 것을 인식할 때, 자신의 진전을 평가하고 가치 있게 여길 수 있을 만큼 충분히 좋은 종결을 맺는 것은 여전히 가능하다. 다른 상황에서 치료자는 치료 작업을 다른 치료자 또는 서비스와 연계할 수 있으므로 집단적 '유지'와 재양육이 가능하다. 이것은 확대 가족이 모두 아이를 키우는 데 도움을 줄 수 있는 것처럼 제한된 재양육이 한 명의 양육자에 의해 수행될 필요가 없다는 것을 보여 준다.

심상 재구성하기 및 종결

제한된 재양육은 어린 시절 심상 재구성하기 연습을 통해 서로 얽혀 있어 내담자가 취약한 아동에 대한 치료자의 대응과 돌봄을 '느끼고' 내면화하는 데 도움이 된다. 치료가 끝날 때, 우리는 또한 어려운 미래 상황을 연습하기 위해 심상 훈련을 사용하고 싶을 수도 있다. 예를 들어, 한 내담자는 치료가 끝난 후에도 계속될 학업 과정을 시작했다. 그는 이것이 그의 결함 도식이 촉발되고 학교에서의 부정적인 경험을 상기시켰기 때문에 매우 긴장을 일으킨다는 것을 발견했다. 그는 치료자와 함께 몇 가지 심상 훈련을 했는데, 자신의 건강한 성인과 치료자가 그의 책상의 양쪽에 앉아 호흡하는 것을 상기시키고 자신이 완벽하게 일을 할 수 있으며, 치료 과정 내내 그를 위해 함께 있을 것이라고 상상했다. 이것은 그가 더 차분하게 느끼고, 혼자 이런 도전에 직면한 것이 아니라는 것을 느끼도록 도와주었다. 이러한 이미지들은 치료가 끝난 후에도 그가 중퇴하지 않고 그 과정에 남아 있도록 도와주었다.

종결과 치료자의 자기 개방

제한된 재양육의 핵심 부분은 또한 치료자의 자기 개방을 적절하게 사용하는 것이다. Novick(1997)은 종결이 건설적으로 되기 위해서는 치료자가 내담자의 욕구를 능숙하게 염두에 두면서 자신의 반응을 표현하는 것을 자제해서는 안 된다라고 주장한다. 치료자는 그들의 여정에 대한 진정한 감정을 함께 공유하고 상실과 같은 더 어려운 주제들을 포함하여 종결에 대한 그들의 감정 중 일부를 표현할 수 있다. 이를 수행하는 창의적인 방법이 있다. 예를 들어, 장기 내담자인 애덤(Adam)과 함께 마지막 회기에서 서로에게 감사하고 배운 것을 공유하는 편지를 썼다. 내담자가 따뜻함과 축하, 그리고 여전히 작업이 필요한 영역에 대한 솔직성 측면에서 이것을 다시 읽고 재양육을 받을 수 있어서 이것이 양쪽 모두에서 진정성이 있어야 한다는 것이 중요하다. 이것은 좋은 재양육이 인정과 친절뿐만 아니라 한계를 설정하고, 경계를 유지하며, 필요하지만 하고 싶지 않은 일을 하도록 격려하는 것이라는 사실을 강조한다.

경계성 성격장애 내담자와의 치료 종결

우리의 경험에 따르면, 경계성 성격장애와 같이 핵심 심리도식이 단절 및 거절 영역에 있는 불안정한 애착 유형을 가진 내담자는 종결을 특히 어려워하는 것으로 보인다. 이것은 그들의 특징적으로 강한 유기 도식과 치료나 그들의 개인적인 관계에서 결말이나 중단에 대한 부정적인 경험을 가졌기 때문일 수 있다. 따라서 이 내담자 집단에 대한 치료의 종결(특히, 조기 종결인 경우)은 애착 행동 체계가 과도하게 활성화되는 결과를 초래할 수 있다. 즉, 치료자와 지속적으로 연락하고 싶고 상실에 대한 위안을 느끼지 못하는 것이다(Mikulincer & Shaver, 2007). 이런 경우, 종결에 대한 감정을 탐색하고, 상실감을 자연스럽게 인정하며, 치료자와 함께 겪었던 것을 존중하는 것이 도움이 된다. 또한 치료 관계의 내적 표상은 내담자에 대한 보호의 상징적인 원천이 될 수 있다(Mikulincer &Shaver, 2007).

경계성 성격장애 내담자와의 종결을 관리하는 데 중요한 것은, 당신이 그 내담자가 애착을 가진 소수의 사람 중 하나였을 수도 있다는 것을 명심하는 것이다. 이것은 용기가 필요하며, 고통이 심할 때 존중하는 마음으로 관리하며 약간의 '추가적인 서비스'가 필요하다. 한 가지 징후는 종결 시 내담자가 치료자를 안전 기지로 내면화했으며(Bowlby, 1988), 치료 이

외의 다른 사람들과 소수의 안정 애착을 발달시켰다는 것이다. 치료를 끝낼 준비가 되었다는 신호일 수 있는 또 다른 단서는 그들의 유기도식의 강도와 활성화 준비가 약해지고 건강한 성인에 의해 더 쉽게 진정된다는 것이다. 이 취약한 내담자 집단에 대한 자율성을 격려하는 것은 두 가지이다. 우리는 회기의 빈도를 점진적으로 줄이거나 종결 후 약간의 접촉을 제공한다.

경계성 성격장애 내담자와 이 심리도식치료의 마지막 단계에서, 우리는 여전히 실행되고 있는 양식에 주의를 기울일 필요가 있다. 처벌적 부모양식은 '충분히 좋은 내담자'가 아니며 치료자가 '그들을 보는 데 질렸다.'라고 가정하여 종결에 대해 비난할 수 있다. 치료자는 또한 취약한 아동의 두려움이나 상실감에 공감할 수 있지만, 일상적 우정이나 파트너의 필요성 등 모든 욕구를 충족시킬 수는 없을 것이라고 공감적으로 언급한다.

경계성 성격장애 내담자의 일반적인 함정은 치료자가 종결과 관련된 활성 양식을 확인하는데 충분히 관심이 없을 때이다. 이로 인해 분리된 보호자를 건강한 성인으로 착각할 수 있다. 예를 들어, 치료자는 다양하게 다른 더 복잡하고 고통스러운 반응(예: 유기, 거절, 수치심 및 분노)을 경험할 수 있는 중요한 단서를 놓치고 종결에 대해 '괜찮다.'라는 내담자의 진술을 액면 그대로 받아들일 수 있다. 특히, 경계성 성격장애 내담자들은 치료자가 종결에 대해 괜찮게 느낄 필요가 있다고 말하는 복종 도식 때문에 이러한 감정을 제공하지 않을 수 있다. 실제로, 많은 치료자는 치료를 마치면서 죄책감을 느끼는데, 특히 내담자가 여전히 어려움을 겪고 있을 때 "괜찮아요."라고 말하며 분리된 보호자와 결탁하고 싶은 유혹을 느끼게 된다.

사례 예시: 경계성 성격장애 내담자와의 치료 종결

누군가 경계성 성격장애가 있을 때, 관계를 다루는 것의 중요성은 젊은 여성 내담자인 크리스틴(Christine)에서 분명했다. 치료 초기에 그녀의 주요 호소 문제는 남자친구 및 친한 친구들과의 관계에서 겪는 지속적인 어려움이었다. 그녀는 종종 아무도 그녀에게 관심을 기울이지 않거나, 그녀의 잘못이 아닌 것에 대해 부당하게 비난하고 있다고 느꼈다. 이 경우, 통제할 수 없을 정도로 화가 나서 근처의 물건을 부수거나 주먹으로 벽을 쳤다(그녀의 화난 아동양식에서).

치료의 초기 단계에서 크리스틴은 종종 치료자에게 "당신이 내 어머니였으면 좋겠어요. 난 절대 당신을 잃고 싶지 않아요."라고 말했다. 치료자는 어린 크리스틴을 양육해 준 사람이 없었기 때문에 이러한 감정들을 확인했다. 두 사람의 유대감은 치료 초기부터 매우 강했다. 크리스틴은 자신이 대처할 수 없다고 느낄 때마다 치료자에게 손을 내밀었다. 비록 그녀의 치료자가 항상 즉시 반응할 수 있는 것은 아니었지만, 치료자는 이행 대상(작은 특수 상자)을 제공하고, 스스로 진정시키는 데 사용할 수 있는 제한된 재양육 메시지를 담은 오디오 플래시 카드를 녹음했다. 크리스틴은 치료자가 어린 크리스틴을 어떻게 위로할지, 어떤 말과 어조를 사용할지 상상할 수 있었다. 이것이 매우 위안이 된다고 생각했다. 어머니는 알코올 중독자였으므로 어렸을 때 일관된 양육을 경험한 적이 없었다. 이것은 좋은 애착 대상으로 치료자를 내면화하여 어떻게 안전 기지가 되는지를 보여 준다. 결국 그녀는 치료 밖에서 안정적인 관계를 형성하기 시작했고, 안전 기지가 넓어졌다.

내담자는 개인치료를 받았고 건강 보험의 치료 기간이 18개월에 불과했기 때문에 그녀는 너무 짧은 시간처럼 느껴졌다. 마지막 회기에서 치료자와 내담자 모두 작별 카드를 작성하고 각 양식을 다루는 데 사용할 수 있는 모든 기법을 요약했다. 이것은 치료가 끝난 후 자신을 위해 '거기에' 있어 줄 안정된 애착 대상으로 치료자를 내면화하는 데 도움이 되었다.

퇴원한 지 몇 달 후, 내담자는 약간의 추가 회기를 요청했는데, 이는 위기 상황에 치료자에게 가까이 다가가는 모습을 보여 주는 것이었다. 그녀는 임신했고 자신의 화난 아동양식이 아기를 다치게 할까 봐 걱정했다. 치료자는 이 어려운 시기에 내담자의 이해할 수 있는 지원 요청이 타당하다고 생각했다. 치료자와 내담자는 아기를 해칠지도 모른다는 두려움에 대해 6회에 걸쳐 집중적인 방법으로 작업했다. 이 작업의 대부분은 새로운 것이 아니었다. 그것은 이미 배운 기술에 접근할 수 있도록 지원하는 것이었지만 그녀의 임신과 관련된 높은 불안이라는 이 새로운 상황에서 그것들을 이용할 수 있도록 하는 것을 포함했다. 또한 함께 '긍정적인 부모' 양식을 육성하기 위해 작업했는데, 이 양식에서 내담자가 치료자로부터 받은 재양육의 측면을 창의적으로 통합하여 자신이 되고 싶은 어머니 유형에 대해 생각하는 것을 볼 수 있다. 그로부터 2년이 지났다. 내담자는 여전히 문자 메시지를 통해 연락을 유지하고 치료자에게 잘 진행되고 있는 자신의 삶에 대해 알려 준다.

어려운 조기 종결

Bender와 Messner(2003)는 성숙한 종결과 조기 종결을 구분한다. 성숙한 종결은 치료 중에 달성한 목표와 개인적 발달을 검토하고 치료 관계가 종결되는 것과 관련된 감정을 통해 작업하는 것을 포함한다(Vasquez et al., 2008). 이 과정은 내담자가 유기와 상실감을 통합하고 기쁨과 축하를 나눌 수 있도록 도와준다.

그러나 모든 종결이 시기적절하거나, 내담자의 욕구와 일치하는 것은 아니다. 예를 들어, 우리는 내담자가 치료로부터 혜택을 받고 있으며, 자신의 목표에 도달하기 위해 계속하면 유익할 것이라는 명확한 지표가 있는 경우, 즉 작업은 불완전하지만, 치료자가 어떤 이유에서든 치료를 계속하지 않거나 할 수 없다는 명확한 지표가 있는 경우 종결이 도움이 되지 않는 것으로 생각한다. 시간이 맞지 않고 잘못 조정된 이 종결은 내담자의 심리도식에 따라 강한 유기, 불신감 또는 실패의 강렬한 감정을 촉발시킬 수 있으며, 역기능 대처양식을 촉발시킬 수 있다. 이러한 유형의 종결은 충분한 진전을 이룬 내담자에게 이해할 수 있는 건강한 성인의 분노를 촉발시킬 수도 있다. 이러한 유형의 만족스럽지 못한 종결이 발생할 수 있는 것은 여러 가지 이유가 있으며, 그들의 심리도식 촉발요인에 대한 치료자의 무지는 일반적으로 핵심 요소이다.

우리는 또한 치료자 자신 삶의 환경이 바뀌어서 치료를 끝내야 할 때 조기 종결을 고려한다. 예를 들어, 치료자와 내담자가 잘 맞지 않는 것처럼 보일 때 또는 내담자가 자살할 때이다. 주의할 점은 처음 두 상황에서도 제한된 재양육과 치료자의 진정성으로 여전히 건강하게 종결을 처리할 수 있다는 것이다.

어려운 조기 종결 관리하기

불행히도 평가 단계와 같이 내담자를 만나는 초기에 우리는 우리와 새로운 내담자 사이의 심리도식 화학반응을 인식하지 못할 수 있으며, 무의식적으로 내담자를 참여하지 못하도록 하는 방식으로 행동할 수 있다. 예를 들어, 일정을 여러 번 재조정하거나 내담자와의 연락을 지연시킬 수 있다. 또한 더 형식적/냉담하거나, 융통성이 없어 내담자를 밀어내 중도 탈락할 가능성이 더 크다는 것을 알게 될 수 있다.

그러한 반응은 치료자가 어떤 식으로든 깊이가 없다고 느낄 때 이해할 수 있으며, 슈퍼비전과 개인치료는 우리가 촉발되었을 때, 우리의 심리도식을 작업하는 데 매우 중요하다. 어떤 경우에는 내담자의 욕구를 적절하게 충족시킬 수 없다는 진정한 의미에서 우리의 반응이 주도되므로 의뢰를 연계하는 좋은 방법을 찾는 데 약간의 도움이 필요할 수 있다.

치료자의 삶의 환경 변화로 인한 조기 종결

때로는 그들의 최선의 의도에도 불구하고, 치료자는 삶의 환경 변화로 인해 치료를 조기에 끝낼 필요가 있다. 이것은 출산 휴가, 질병 또는 이전으로 인해 발생할 수 있다. 치료를 끝내야 하는 이유를 내담자와 성실하게 공유해야 한다. 개인의 사생활에 대해 자세히 설명할 필요는 없지만, 충분한 설명을 하는 것이 중요하다. 이렇게 하면, 내담자는 치료자가 의도적으로 그들에게서 벗어나는 것이 아니라, 치료를 끝내는 것 외에 다른 선택의 여지가 없다는 것을 알게 될 것이다. 치료자의 진정성은 조기 종결을 관리하는 데 도움이 될 수 있다. 내담자의 자연스러운 상실감을 인정하고 남은 시간에 나타나는 양식과 작업하는 것이 필수적이다. 예를 들어, 처벌적 부모양식이 활성화되어 충분히 잘하지 못하기 때문에 돌보지 않을 것이라고 말할 수 있다. 화난 보호자는 다른 사람을 다시 믿을 수 없으므로 다른 치료자나 기관에 의뢰되는 것을 원하지 않는다고 말할 수 있다. 또한 치료자가 가까운 미래에 회기를 재개할 수 있다면 치료자의 사진이나 치료 중단 기간에 간직할 수 있는 따뜻한 메시지가 담긴 카드와 같은 이행 대상을 준비하는 데 도움이 된다.

경계성 성격장애 내담자와 평가 단계에서, 치료자는 자신이 임신했다는 것을 알게 되었다. 다음 회기에서 자신의 임신 소식을 내담자에게 전했다. 치료에서 관계가 매우 중요한 것이므로 다가오는 출산 휴가를 고려하여 그들이 계속하는 것은 현명하지 않다고 설명했다. 치료자는 내담자가 이전에 실망하고 버림받았다고 느낀 경험을 고려할 때 이것이 어려울 수 있음을 인정했다. 내담자는 여전히 "이건 내 운이야!" "나는 벌을 받고 있다. 나는 일이 잘 안 풀린다."라고 말하면서 촉발되었다. 치료자는 이것이 그녀에게 얼마나 힘든 일인지 인정하고 위로하며, 내담자에게 적합하다고 생각하는 동료에게 의뢰하도록 주의를 기울였다. 좋은 부모라 할지라도 때때로 삶의 어려움으로 항상 약속을 지킬 수는 없다는 것을 기억하는 것이 중요하다.

사례 예시: 치료자 죄책감

치료를 마친 지 3년 후, 치료자는 이전의 내담자가 자살했다는 것을 알았다. 내담자가 점차 연락을 끊었기 때문에 치료자는 그녀가 재발하고 있다는 것을 알지 못했지만, 그녀의 자살은 치료자에게 슬픔, 수치심 그리고 자책의 강렬한 감정을 유발했고, 그것은 극복하는 데 슈퍼비전과 개인 관계의 많은 지원이 필요했다. 결국 치료자는 내담자의 죽음이 자신의 잘못이 아니며, 그녀를 돕기 위해 할 수 있는 모든 일을 했으며, 슬프게도 자살의 위험은 매우 복잡한 내담자 집단 심리도식 치료자들이 떠맡는 작업에서 피할 수 없는 부분이라는 것을 깨달았다. 이것은 치료자가 비극을 처리하는 데 도움이 되었고, 현재 자신의 담당 사례에 다시 집중할 수 있게 해 주었다. 또한 내담자가 자살 충동과 생각을 느꼈을 때 침착하고 효과적으로 대응할 수 있었다.

요약

심리도식치료는 핵심적으로 관계적 모델이다. 우리는 복잡한 내담자들과 함께 작업하며, 그들 중 많은 사람이 평생 긍정적인 역할 모델을 거의 경험하지 못했다. 다른 사람들은 상당한 유기, 거절, 방임 또는 학대를 견뎌 냈을 것이다. 이러한 내담자들과의 종결은 우리가 '하는 일'이 아니다. 그것은 우리의 애착 이력과 매주 복잡한 감정, 그리고 잠재적으로 다시 나타나는 다양한 대처 패턴을 포함하는 두 사람(또는 그 이상) 사이의 과정이다. 만약 치료자로서 내담자에게 적절하게 대응하고 애착이 있고, 자신의 초기 삶에서 충분한 긍정적인 양육(또는 자신의 취약한 아동을 지원하기 위한 개인적인 치료)을 경험했다면, 이 과정을 통해 내담자를 치료하고 대인 관계 안정 및 안전에 대한 새롭고 내부적이고 건강한 작동 모델을 제공할 수 있는 방법을 찾을 수 있다. 치료자에 대한 안정적인 애착의 내면화는 내담자가 치료가 끝난 후에도 스스로 진정되고 건강을 유지하는 데 도움이 되는 핵심 요소라고 믿는다. 치료가 복잡하거나 어려운 상황에서도 치료자는 안전 기지가 될 수 있으며, 이는 대면 작업이 끝난 후에도 심리도식치료의 영향이 지속된다는 것을 의미한다.

치료자 조언

1. 치료자는 성숙한 또는 조기 종결을 관리하기 위해 애착 유형, 심리도식과 양식을 알고 있어야 한다. 이러한 각 요인은 종결 방식에 영향을 미친다.
2. 함께하는 작업과 치료 종결에 대한 자신의 감정을 표현하는 카드나 종결 편지를 교환한다.
3. 재양육 메시지가 포함된 오디오 플래시 카드를 녹음한다.
4. 때때로 그들의 삶의 변화를 수시로 확인하라(당신의 환경에서 적절한 경우).

5. 예를 들어, 어려운 시기에 작은 심상으로 치료자나 그들의 삶에서 양육적인 대상을 떠올리도록 격려하라. '이 상황에서 치료자는 나에게 뭐라고 말할까?'
6. 우리의 심리도식을 촉발하는 내담자와 대면하는 경우, 슈퍼바이저의 도움을 받아 도전하고 성장할 기회가 될 수 있다(Behary, 2018, 개인적인 의사소통).

참고문헌

Arntz, A., & van Genderen, H. (2009). *Schema Therapy for Borderline Personality Disorder.* Oxford: Wiley-Blackwell.

Bender, S., & Messner, E. (2003). *Becoming a Therapist: What Do I Say, and Why?* New York: Guildford Press.

Bowlby, J. (1969/1982). *Attachment and loss: Vol. 1. Attachment.* New York: Basic Books.

Bowlby, J. (1988). *A Secure Base: Clinical Applications of Attachment Theory.* Oxford: Routledge.

Knox, S., Goldberg, J. L., Woodhouse, S. S., & Hill, C. E. (1999). Clients' internal representations of their therapists. *Journal of Counseling Psychology, 46*(2), 244-256.

Mikulincer, M., & Shaver, P. R. (2007). *Attachment in Adulthood: Structure, Dynamics and Change.* New York: Guilford Press.

Novick, J. (1997). Termination conceivable and inconceivable. *Psychoanalytic Psychology, 14*(2), 145-162.

Vasquez, M. J. T., Bingham, R. P., & Barnett, J. E. (2008). Psychotherapy termination: Clinical and ethical responsibilities. *Journal of Clinical Psychology: In Session, 64*(5), 653-665 doi:10.1002/jclp

Young, J. E., Klosko, J. S., & Weishaar, M. E. (2003). *Schema Therapy: A Practitioner's Guide.* New York: Guilford Press

찾아보기

편저자 소개

Gillian Heath

런던에 거주하는 임상심리학자로서 뉴욕 심리도식치료 연구소(New York Institute of Schema Therapy)에서 Jeffrey Young 박사에게 교육을 받았으며 고급 심리도식 치료자이자 트레이너이자 슈퍼바이저이다.

Helen Startup

Sussex Partnership NHS 섭식장애 서비스 심리학의 공동 책임자이자 컨설턴트 임상심리학자로서 서섹스 대학의 선임 연구원이자 명예 선임 강사이기도 하다. 임상 훈련을 받기 전에, 불안과 걱정의 심리적 메커니즘으로 박사 학위를 받았고 학술지에 널리 출판되었다. 그녀는 공인된 CBT 치료자-슈퍼바이저이자 및 고급 심리도식 치료자이다.

역자 소개

이은희(Lee, Eunhee)

전남대학교 심리학박사
한국심리학회 소장학자 학술상 수상
상담심리사1급전문가(한국상담심리학회)
심리도식상담전문가1급(한국심리도식치료협회)
현 경남대학교 심리학과 교수

송영희(Song, Younghee)

영남대학교 교육학박사
상담심리사1급전문가(한국상담심리학회)
심리도식상담전문가1급(한국심리도식치료협회)
현 영남대학교 교육학과 겸임교수
와이심리상담센터(주) 대표
(사)한국심리도식치료협회 회장
사단법인 한국심리도식치료협회(https://ksta.online/)

임상현장에서의
창의적인 심리도식치료 기법
Creative Methods in Schema Therapy
– Advances and Innovation in Clinical Practice –

2023년 7월 10일 1판 1쇄 인쇄
2023년 7월 15일 1판 1쇄 발행

엮은이 • Gillian Heath · Helen Startup
옮긴이 • 이은희 · 송영희
펴낸이 • 김진환
펴낸곳 • (주) 학지사
04031 서울특별시 마포구 양화로 15길 20 마인드월드빌딩
대표전화 • 02)330-5114 팩스 • 02)324-2345
등록번호 • 제313-2006-000265호

홈페이지 • http://www.hakjisa.co.kr
인스타그램 • https://www.instagram.com/hakjisabook/

ISBN 978-89-997-2866-2 93180

정가 27,000원

역자와의 협약으로 인지는 생략합니다.
파본은 구입처에서 교환해 드립니다.